暮らしの視点からの地方再生

地域と生活の社会学

徳野貞雄［監修］　牧野厚史・松本貴文［編］

九州大学出版会

暮らしの視点からの地方再生——地域と生活の社会学

はしがき

近年、地方再生論や地域再生論が大きなブームとなっている。2013年には、藻谷浩介氏らによる『里山資本主義——日本経済は「安心の原理」で動く——』(角川書店)がベストセラーとなり、2013年から2014年にかけて、増田寛也氏を中心とする日本創成会議・人口問題検討部会のレポートが『中央公論』紙上に発表され話題となった。それをまとめた書籍(『地方消滅——東京一極集中が招く人口急減——』中央公論新社)も、かなりの反響を呼んでいる。今日では、両者に関連する言説だけでも膨大な数にのぼり、さしずめ1970年代後半の「地方の時代」再来とも取れる活況を呈している。こうした潮流は、限界集落への注目以降、それなりに長期的なものとなっており、数だけみれば過去にないほどの報道・論説が発表されている。

こうしたメディアを中心とする地方・地域再生論ブームは、現実の政策とも強く連動しており、現政権においても地方創生が政府の重要課題として掲げられている。ただ、このかまびすしいまでの言説の氾濫には、大きな空白が残されたままになっているように思われる。それは、住民の暮らしと、それに密着した家族や住民自治組織などによって構成される地域社会の存在である。現在の地方・地域再生論で中心となる話題は、地方行財政の合理化・効率化、地域資源のあらたな活用や6次産業化による地域経済の活性化、交流人口や田園回帰(Ⅰターン)誘致による人口対策であり、地域住民がいまどのように暮らし、それがどう変わろうとしているのかを、正面から捉えようとする動きは少ない。そのせいか、現代の地方・地域再生論や関連政策は、どこか地域の現実のうえを上滑りしてしまっているようにも感じられる。

i

そうしたなかにあって、本書は、社会学という学術的パースペクティヴから、この取り残された地域社会や地域生活という問いを、多様な側面から捉えようと試みている。人口や経済の構造転換が進み、人口減少・経済低成長期に突入した現代社会において、地域の人びとの暮らしはどのように変わろうとしているのか。そして、高齢者福祉や交通、食と農、貧困、スポーツ、教育活動など各方面で噴出する生活課題に、地域の人びとや集団・組織が意識的・無意識的にどのように対応しているのか。各章の論文では、地域と生活を研究テーマとしてきた社会学者たちが、丹念なフィールドワークの成果に基づきつつこれらの問いを探求し、地域課題を解決するための実践へ向けた知見やこれからの研究課題の整理を行っている。

上記のように、本書は現在の地域研究のなかではやや異色の視点に立つが、研究史をたどれば、生活に焦点をあてる方法は決して新しいものではない。むしろ、地域社会学の伝統のなかに根付き、受け継がれながら、時代にあわせて再解釈されてきたものである。われわれは、人口減少をはじめとする社会の大きな転換点にあって、この生活という視点の再構築が、地域社会の理解と地域課題の解決に決定的に重要であると考える。

そのうえで、多くの執筆者たちが共有し議論の手掛かりとしているのが、「生活構造」という概念である。現代のように大きく社会の仕組みそのものが変容していく時代にあって、地域社会を分析する枠組みそのものが問い直され、再構築されてゆかなければならなくなっている。そのさい、様々な条件の下にある個々の地域の現状を、総合的に捉える立場に立つことが肝要となるだろう。地方や地域といっても、その置かれている状況は極めて多様であり、少子高齢化や人口減少のような現象を、経済のような単一の要因によって説明するなど不可能だからである。都市社会学生まれの生活構造概念は、これまで十分に整理される機会は少なかったものの、マクロの構造変動の影響を個人や生活基礎集団などの主体の立場に立って総合的に描き出す道具として、前述の要求を満たしており、現代の地域分析においてきわめて高い有効性を発揮しうるものでる。

本書は、いわば生活構造論的な立場からの新たな地域社会学構想の第一歩であり、その研究へいざなう入門書と

はしがき　ⅱ

なることを意図して執筆されている。それゆえ、専門的な地域研究者だけでなく地域をこれから学びたいと考えている初学者のテキストとして利用できるよう、平易な記述を心がけつつ、基礎的な視点・方法から始めて広範囲にかけるテーマの事例分析まで盛り込んでいる。各論文には、それぞれのテーマに関する生活構造論からの地域社会分析の核心とそのける一次データが豊富に利用されており、専門の研究者にとっても生活構造論からの地域社会分析の核心とその可能性を一望できる、読みごたえのある内容となっているはずである。

また、われわれは、本書が、普段学術的な研究とは距離を置いている一般の人びとにも手に取ってもらえる書物となることを期待している。昨今の社会情勢や地方・地域再生論ブームからか、地域に関心を持つ人びとはますます増加する傾向にある。そのこと自体は、いうまでもなく歓迎されるべきことである。とはいえ、地方・地域への関心は、そこでの暮らしへの関心とイコールではない。それに、地域づくりの焦点は、交流人口数や経済効果に向かいがちで、住民の暮らしに対する関心がステレオタイプ的なもので済まされてしまっている。場合によっては、地域住民自身による地域に対する理解は不十分なままに、地域づくりが始められてしまうこともある。

しかし、生活実態への配慮を欠いた地域政策や地域づくり実践によって、地域が抱える課題を解決し魅力ある地域社会を構築してゆくことは困難である。だからこそ、地域の危機が仰々しく語られるいま、あらためて地域の暮らしに対する関心を高めてゆくことが求められる。地域社会とは、そこに住む人びとの参加によって成立するものであり、リーダーや自治体、企業の活動のみによって成り立っているものではない。それゆえ、できる限り多くの人びとが自身を地域社会の一員として自認することこそ、これからの地方・地域再生にとって望まれるのであり、多くの住民に自らの暮らしと地域社会との関係を見直す機会が提供されることを強く望んでいる。本書がそのための道具として、多くの人びとや地域集団・組織によって活用されることを強く望んでいる。

ここで、本書の構成について簡単に述べておきたい。以下の本文は3部構成となっており、それぞれ第1部が「視点・方法」を、第2部が具体的な「事例分析」を、第3部が特論として「古典的研究からみた今後の研究課題」

iii　はしがき

を扱っている。また、本文の前に、監修者による巻頭論文を掲載し、近年の地方・地域再生論を批判しつつ、これからの地域研究の方向性を示している。

第1部は5つの章によって構成され、最初の章で全体の総論となる研究視点や研究課題の整理が行われている。続く4つの章では、生活の基礎となる家・家族を中心に、地域社会や基幹産業である農業を分析してゆくための粗点と方法が示され、その意義について論じられる。しめくくりとなる第5章では、海外での応用事例もとりあげる。本書の各論文は独立して読むことも可能だが、できればこの第1部から読み始めることを強く勧める。

第2部は、交通、福祉、貧困、食と農、スポーツ、教育など、多様なテーマに関する事例分析にあてられている。各論文は、生活という視点からそれぞれの課題に迫るための視点や道具立てを提供するとともに、具体的な現状の描出や実践の分析を行っている。さらに一般の読者に配慮し、こらからの地域社会や地域づくりの展望までを議論している。

最後の第3部には、地域社会研究の古典的業績に対して現代的な解釈を加え、新たな研究課題を探究した2本の論文が収められている。初学者や一般の読者にはやや難解な部分も含まれるが、本書の議論を消化したうえで更なる研究課題を見つけ出そうとするものにとっては、大きな手掛かりとなるだろう。

最後に、通読していただければ分かるように、各論文や執筆者たちは、監修者でもある農村社会学者、徳野貞雄氏の議論に大いに触発を受けている。氏は長年にわたる研究活動のなかで、農村社会学・地域社会学における新たな地平を切り開き続けてきた。その研究は多様な地域の実践ともつながり、素朴でありながら現代における人びとの暮らしの論理を力強く描き出している。こうした生活理解に根差した実践志向の研究の意義は、これからますます高まるであろう。本書の一部は、こうした氏の研究成果の発展と継承にあてられている。実践者を含めた一般の読者を広く意識した記述を心掛けた理由の一部も、ここにある。

2015年1月　牧野厚史・松本貴文

はしがき ………………………………………………………… 牧野厚史・松本貴文　i

《巻頭論文》 人口減少時代の地域社会モデルの構築を目指して …………… 徳野貞雄　1
　　　　　——「地方創生」への疑念——

1　本書のねらい　1
2　本章の社会的および学術的背景　2
3　人口減少の基本要因と社会的影響　6
4　増田レポートの問題点　14
5　人生80年時代の【役立ちプレミアム世代】の出現　17
6　ピークアウトしない生産年齢人口比率（65パーセントの生産年齢人口の維持）　19
7　「人口減少」に対する新たなアプローチの提案　20
8　「人口減少・容認論」から見た「農山村の地域社会モデル」の構築　29
9　人口減少に適応した地域社会モデルの構築のための分析枠組み　32

第1部　地域と家族の暮らし

第1章　都市・農村の良いところ・悪いところ
　　　　——過疎農山村研究の2つの課題—— …………………… 山本　努　39

1　都市の良い・悪いところ、農村の良い・悪いところ　39

第2章 農業と環境──環境論としての生活農業論の可能性……………牧野厚史 62

2 都市の良さ、都市の可能性 43
3 「食」と「農」の分離の問題 46
4 都市に吸い寄せられる人口 50
5 今日の農山村研究の2つの重要課題 53
おわりに 56

1 農業と人間 62
2 近代化に伴う農業の変貌 63
3 生活と結びついた農業のありよう 70
おわりに 79

第3章 新しい地域社会調査の可能性……………松本貴文 85

1 問題の所在 85
2 実践が生み出した方法──「地元学」── 87
3 T型集落点検 90
4 新しい地域社会調査の意義 96
5 新しい地域社会調査から何が見えるのか──熊本県上益城郡山都町K集落の事例から── 100
おわりに 105

第4章　結婚・家族から見た現代農村 …………………………… 池田亜希子 109

　はじめに　109
　1　「T型集落点検」調査と家族　111
　2　小規模集落の人口・世帯　113
　3　現代農村の生活実態──諸塚村N集落を事例に──　118
　4　農村のゆくえ　125

第5章　生活構造論的視点から現代トルコ農村を読み直す ……… トルガ・オズシェン 129
　　　──T型集落点検のトルコ社会への応用可能性を探る──

　はじめに　129
　1　トルコ型近代化論から見る産業化・都市化　130
　2　生活構造論から見たトルコ農村社会　132
　3　T型集落点検から考えるトルコ農村政策と農村研究　147

第2部　地域課題と課題解決実践──多様な生活課題と地域の持つ可能性

第6章　過疎山村における交通問題──大分県日田市中津江村の事例から── …………………… 加来和典 155

　はじめに　155

1 中津江村概況 156
2 過疎地山村の交通問題 157
おわりに——地域公共交通のあり方を中心に—— 171

第7章 人口減少社会における社会的支援と地域福祉活動
——山口県内の「見守り活動」の実態から——　　高野和良　175

1 人口減少と地域福祉活動 175
2 生活機能要件と地域福祉活動 176
3 地域福祉活動の支援機関 180
4 見守り活動の実態——山口県内の状況—— 183
5 見守り活動と生活支援 190

第8章 地域社会と生活困窮者支援
——北九州市での若年生活困窮者への伴走型就労・社会参加支援事業を事例として——　　稲月　正　195

はじめに 195
1 伴走型就労・社会参加支援事業の仕組み 196
2 伴走型就労・社会参加支援事業の効果 206
3 伴走型就労・社会参加支援を通した参加包摂型地域の形成——相互多重型支援 213
おわりに 218

第9章 地域の生活からスポーツを考える 後藤貴浩

1 地域社会とスポーツ 222
2 徳野「生活農業論」に学ぶ 224
3 五木村の生活構造の変容とスポーツ 227
4 これからの地域スポーツ研究 242

第10章 現代日本の森林問題における木育の意義
——森林化社会に向けた都市住民活動の分析視角から—— 田口浩継

1 社会運動としての木育 247
2 現代日本の森林問題 248
3 木育運動 251
4 木育にかかわる状況 252
5 木育運動の生成と展開 254
6 木育運動の成果 258
7 今後の課題と展望 264
おわりに 265

第11章 「食と農の分断」再考 …… 堀口彰史
　　――現代日本における「食」と「農」の結び直しの事例を通して――

はじめに　268
1　研究視座　270
2　O氏のライフヒストリー　275
おわりに　293

第3部　特論：これからの研究課題

第12章　鈴木榮太郎の社会学と時間的視点 …… 辻　正二
　　――農村社会学の射程――

はじめに　301
1　鈴木榮太郎の経歴と社会学　302
2　鈴木社会学の出発と『日本農村社会学原理』　306
3　朝鮮農村社会における「年中行事」の研究　311
4　『都市社会学原理』の生活構造論の視点　315
5　『国民社会学原理ノート』　319
6　結語：時間的視点の意義　322

第13章　山の神と祖霊——中国と日本の水と山の事例から——………鳥越皓之

1　農民の目線 329
2　山の神と祖霊は一致するのか 331
3　水と先祖との関わり——中国江蘇省無錫市—— 338
4　山の神と先祖との関わり——中国雲南省麗江市—— 341
5　奥に山の神、手前に先祖——種子島南種子町—— 342
おわりに——山の神と先祖との関係—— 344

あとがき………徳野貞雄 351

〈巻頭論文〉

人口減少時代の地域社会モデルの構築を目指して
——「地方創生」への疑念——

徳野貞雄

1 本書のねらい

本書は、生活構造論を軸として人口減少に対応可能な地域社会モデルを提示することを目的とする。人口減少がもたらす社会的影響は、数量的・外形的に論じられることが多いが、人々の日常生活の実態やその変容などの質的内容については意外と把握されていない。また、事象としての人口減少現象と社会的課題としての人口減少問題を混同して論じられる傾向が強い。ここでは峻別していきたい。本書は、人口減少の顕著な九州沖縄地域の地域社会で、特に中間集団（家族や集落）を調査してきた筆者が、人口減少の生活側面から対応可能な地域社会モデルの論理を構築しようとするものである。関連する社会的現象は、農山村・都市・環境・福祉・交通・階層・文化（スポーツ）・時間論などの広範囲な領域にわたる。また、学術的にも実践的にも有効な地域社会モデルの提示を目指すものである。しかし、巻頭論文にあたる本論は、過疎農山村地域の人口減少問題への適応モデルを示すことを軸としたい。なお、本書では他の執筆者が、関連する領域からの本書の課題をサポートしてくれている。

2　本章の社会的および学術的背景

(1)　「地方創生」のバックグラウンドと特徴

2013年から2014年にかけて日本創成会議の増田寛也が発表した2本のレポート（以下、「増田レポート」）によって、地方の人口減少問題が改めてクローズアップされている。1970年代の過疎論に始まり、近年では「限界集落」という言葉によって注目されたこの問題は、「消滅可能性自治体」が全国自治体の約半数を占めていること。さらに大都市に人口が集中する「極点社会」では、地方だけでなくやがて都市まで消滅に向かうと指摘したことで注目をあびた。そのこともあって人口減少問題は国の最重要政策課題と位置づけられることになった。人口減少時代の到来は、われわれの社会のあり方について根本的な反省を迫っており、特に地方の地域再生に焦点をあてた政策の必要性が高まっている。

政府は、「地方から日本を創生する長期ビジョン・総合戦略」（以下省略して「地方創生」）を閣議決定し、2015年度の最重要課題とした。さらに、各自治体も「地方版・総合戦略」の策定が求められている。政府の言う「長期ビジョン」は、【Ⅰ　人口減少問題の克服——2060年に1億人程度の人口を確保、Ⅱ　経済成長の確保——2050年代に実質GDP成長率1・5〜2パーセント程度維持】が、2本の柱となっている。すなわち、人口維持と経済成長を軸とした地方再生の戦略を創ろうと意図している。しかし、この戦略は特別目新しいものではなく、高度経済成長期の成功モデルのリニューアル版であり、その光の部分だけを強調し、影の部分（人口減少や社会解体の根本原因）を無視したものであると言えよう。

増田レポートは、上記課題に対し投資と施策の「選択と集中」による「地方拠点都市」を中核とした「新たな集積構造」の構築という解決策を示している。この案は、経済的な効率性という観点から見れば合理性を有してお

り、従来の地域政策においても概ね支持されてきた方向性を踏襲している。しかし、もう一歩踏み込んで深読みしてみると、増田レポート以降の一連の政策動向は、経済界を軸とした企業成長の戦略としての「地方創生」ではないのかという疑念は拭えない。

「地方創生」という曖昧な政策的ビジョンを出しながら、具体的な政策遂行では、(i)平成の市町村合併を皮切りに、(ii)TPPの導入と(iii)農業改革による規制緩和、そして、(iv)過疎地の小・中学校の統廃合などの地域衰退につながる施策を推し進めている。経済成長原理主義としか思えない。「地方都市ですら消滅可能性があるのに、農山村まで構っていられない」という本音が透けて見える。別言すれば、「戦後レジームからの脱却」と「選択と集中」という形容詞を用いながら経済的に非採算部門となりそうな農業・農村部門を縮小し、農山村切り捨て論まで醸成することを目指しているのではないのかと思えるのである。その具体的な動きと問題点は左記のように整理できる。

【具体的政策の動き】と問題点の指摘（括弧内）

① 増田レポートによる「人口減少」の社会的危機論の強調——生産年齢人口の減少と高齢者人口の増加
（人口推移の現象と問題の混同。非常に問題点の多い統計データの使用。特に60年前の社会実態をベースに、将来を予測することは不可能）

② TPP加盟への促進
（TPPは、大企業・多国籍企業の戦略で、国家すら邪魔になりつつある。TPPは、農業問題だけでなく、国民（都市）消費者生活全般に関わる問題）

③ 規制改革会議が出した「農業改革案」の促進。
（a 農協中央会の解体、b 農業委員会の解体、c 株式会社の農地取得の促進など、農業の産業化と家

④ 小・中学校の統廃合の促進
（地方自治体の合併に続く、行政効率を目指す非経済部門の切り捨て。地域や集落の直接的解体に繋がる）

農山村「切り捨て論」の醸成

(2) 地域分析の視点のパラダイム転換

統計的数字に依拠したこれらの政策提案には、人口減少と対応する人々の日常の生活構造についての実証的分析が欠けていることから、地方のさらなる疲弊を引き起こすのではないかとの指摘もある。同様の批判は、限界集落論やそれを受けて提案された「撤退の農村計画」についてもなされており、地方再生の理念を含めて、分析や再生の視点やパラダイムを再構築することが急務の課題となっている。

筆者は、上記の課題に長期にわたって取り組み、人口減少型社会を受け入れつつも持続が可能な地域コミュニティや農山村の広域的地域社会のあり方を研究してきた。その成果の一つがT型集落点検という独自の調査方法の開発である。この方法は、地域社会学における生活構造論の視点を応用したワークショップ型の調査法である。住民自身が自らの生活実態を整理することを通して、「世帯」と「家族」の実態と機能の違いを明確にした上で、近隣の都市部に住む他出子と老親世帯との関係の再評価や、車の保有状況などによる「マチ」的な空間にまで広がる潜在的で多様な現実的生活基盤を見直すねらいがある。これらの作業の上に、持続可能な地域コミュニティの再構築へ向けた、具体的な行動計画を立案することを目指している。

従来の過疎論や限界集落論の枠組みでは、固定的・外形的に集落を把握するのみで、生活上の変容を捉えきれなかった。そのため、効率化は地方の切り捨て政策と結びつきがちだった。だが、そこで暮らす人々の生活を支える

〈巻頭論文〉 人口減少時代の地域社会モデルの構築を目指して　4

関係や集団、それらを含む地域構造の分析から、より現実的な生活基盤と政策を提示する必要がある。たとえば、近隣に居住する生活上のかかわりの深い他出子とその世帯を加算することで、家族・集落の人口構成は全く違ったものに見えてくる。「世帯」と「家族」は違う。「家族」は空間を超えて機能する。旧来の枠組みを用いて、マクロデータを分析する作業を繰り返していても、地域再生の現実的な課題を解決する政策を提示することはできない。

筆者は、以上のような分析枠組みの再構築だけでなく、具体的な地域課題から持続可能な地域社会のモデルをつくる作業も進めてきた。九州の過疎農山村を中心に被災地を含む全国の過疎地域から持続可能な地域社会のモデルを提示することに注目してきたが、近年では、鹿児島県沖永良部島の和泊町を事例に、所得水準が低く生活が不便だとされている離島において、若者のUターン現象に注目することによって、合計特殊出生率2・1以上という持続可能な島の生活構造を明らかにしてきた。なお、和泊町は離島で過疎地指定を受けていながらも、今度の「消滅可能性自治体」には入っていない非常に安定した生活構造を構築している（徳野 2014）。

以上のように、個人や家族の生活実態から始めて、住民生活と密接にかかわる中間集団を分析することで、持続可能な地域モデルを構築してゆく方法は、学術的・実践的に優れた可能性を有している。

上記の生活構造の変容を具体事例で述べておこう。たとえば、一般的に過疎農山村は公共交通が衰退しており、交通問題が重要な地域課題とされている。しかし、我々の生活実態調査では、80歳以下の男性の96パーセントが自家用車を運転している。60歳以下の女性もほぼ同様である。また運転免許を持たない者も、配偶者や近接居住の子供、集落の人の車に同乗している。現在、**農山村の公共交通機関は、バス・鉄道ではなく「自家用車」へと**変化し、この変化を見据えた公共交通システムの構築が急務となっている（徳野 2011）。しかし、現在の公共交通対策は従来のバス・鉄道を軸としたものにとどまっている。また、現代の農山村の生活に不可欠なガソリンスタンドの減少や道路政策などは手つかずのままである。このような視点での研究が首尾よく進捗すれば、自家用車を活用した集落自治型の新たな公共交通システムを、生活構造から掘り起こすことも可能になる。

5 〈巻頭論文〉 人口減少時代の地域社会モデルの構築を目指して

このように、地域住民の具体的な生活上の個別課題に対しても、総合的な生活実態調査を通しした包括的・全体的な資源の条件を踏まえることが重要である。その上で現実的な課題の解決策を提示し、この過程を積み上げていくことによって、人口減少に対応できる地域社会モデルを構築することができるのである。

3 ── 人口減少の基本要因と社会的影響

(1) ステレオタイプ的な農山村衰退論の問題点

現代の農山村は、大きく変容している。従来の1960年代頃に作られた分析枠組みで、現代の農村を分析しても、その姿化が見えてこない。逆に、図1のごとく地域社会や集落における【人口減少、少子・高齢化、農林業の衰退、雇用の場の少なさ、公共交通機関の不便さ、結婚難、家族の極小化など】のデータを集めてステレオタイプ的に「限界集落化が進行している」と結論づけて、消滅可能性の危機感だけを煽っている。しかも1960年頃(昭和の合併直後の最も農山村人口が多い時期)の自治体データを基に、その統計的数値を根拠に、現代の数値と比較し「農山村はダメ」論の大合唱を行っているかのようだ。しかも、数字の外形は見ていても、中身や生活の変質は見ていない従来型の経済至上主義的な言説が横行している。

たとえば過疎農山村の地域活性化対策は、上記の課題に対症療法的に反応するステレオタイプ的な政策的事業の羅列である場合が多い。その課題の本質的構造について考察が欠けている。【人口減少、少子・高齢化、担い手不足】に関しては、都会からの若者導入(地域おこし協力隊など)が、補助事業がらみで縦割り行政的に羅列・遂行されている。【結婚難・花嫁不足】には、特産品の開発と農業の6次産業化のオンパレードである。【雇用の場が少ない】については、企業誘致と観光・交流による雇用の創設を声

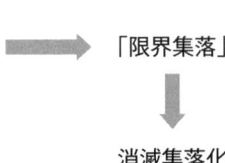

図1 ステレオタイプ的な「農山村はダメ」の大合唱

高に叫んでいる。言い換えれば、人間の数と経済的な売上高が伸びれば地域は活性化し、上記課題は解決するという非常に粗雑かつ安易な対策である。だから、これらの事業がどれだけの有効性があるのかを検証しようともしていないし、行政主導による活性化事業の遣りっ放しである。また、これらの課題がどのように相互連関しているのかという本質的構造への目配りはほとんどない。まるで、「賽の河原の石積み」の如くである。

そこで、以下ではこれらの課題の前提をも疑ってみたい。

(2) 人口減少は日本社会にとって、本当に「悪い」ことなのか？

まず第1に、国際的レベルから見れば、今問題となっているのは人口の爆発的ともいえる増加である。人口減少が日本社会にとって本当に「悪い」ことなのだろうか。この点から疑ってみよう。国連やFAO（国際連合食料農業機構）は、20世紀初頭の地球人口16億人から現在の72億人への増加への対処を、地球規模の危機として捉えている。食料不足の飢餓とエネルギー問題および環境問題への警鐘を鳴らし続けているのである。日本の政府もマスコミもこの地球規模の人口増加問題の深刻さを理解・報道しながら、「わが国・日本の人口減少問題は深刻！人口増加を！」を大合唱している。完全に矛盾している。すなわち、1億人以上もの人口増加とともに経済発展をしてきたかつての成功モデルをベースに、人類の危機よりも経済界の利己的要求のほうが大切だという経済至上主義的な思考から、日本の経済・政治リーダーは抜け切れていない。

また、マスコミもそれに追随している。日本は、すでに発展途上国ではないのだが、政治・経済リーダーたちは、未だ発展途上国的パラダイムに埋没していると言わざるを得ない。なお、国内的には戦前の「農村過剰人口」問題や、戦後の「計画出産」による人口増加抑制政策が、時の政府の重要課題でもあったことは衆知の事実である。事実としての人口の増加・減少の人口推移現象と、人口問題としてどう捉えるかの政策問題は峻別されるべきである。

第2に、現在日本の人口問題について具体的に検討してみよう。図2は日本における人口推移とその将来予測図である。1960年までの人口ピラミッドは、三角形型人口であり、【発展途上国型社会モデル】の人口構成を如実に示している。すなわち、多産ではあるが死亡率も高く【人生60年モデルの社会】であり、高齢者の比率は少ない。2060年の人口構成は、完全な釣鐘型の【成熟型社会モデル】という少死少産の人口構成を示すことが予測されている。問題なのは2010年現在の人口構成である。非常に歪な逆三角形型人口ピラミッドになっており、少子・高齢化の現代社会の姿を如実に示している。ただし、このカタチは【発展途上国型社会モデル】から【成熟型社会モデル】への【移行期型の社会モデル】であり、少産化に伴う若年人口の割合の低下と、戦後ベビーブーム時代に大量に生まれた者たちの長寿化に伴う人口現象としての少子・高齢社会である。したがって、30年後には【成熟型社会モデル】に移行し、この【移行期型社会モデル】は変形していく。以上のことは、すでに周知の社会的事実であり、この変化は、マクロな長期的な展望から見れば、成熟社会への正常な推移現象であることを強く確認しておきたい。それゆえこの人口変容に対してどのように国家政策や経済システムや行政機構を、さらには人々の人生設計を変容させていくのかが問われている。しかし、この度の増田レポートや政府の「地方創生」の政策案件には、このようなマクロで長期的な社会構造の変動にはあまり考慮せず、目先の人口減少への危機感を強調し、各地方自治体に人口減少に対して恫喝的に対応を迫るという構図が透けて見える。すなわち、経済成長をバックにした【発展途上国型】の成功モデルを、時代錯誤的に展開しようとしている。そのために、国民やマスコミの注意

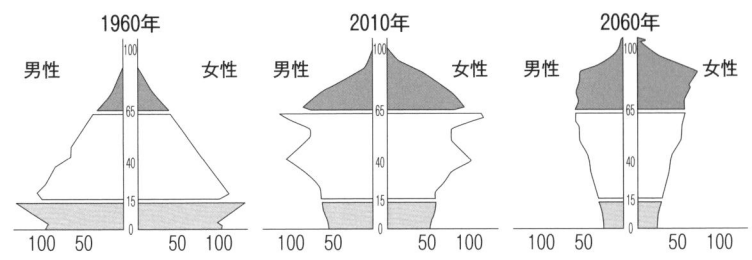

出所：1960年および2010年は総務省「国勢調査」、2060年は国立社会保障・人口問題研究所「日本の将来推計人口（2012年1月推計）」の出生中位・死亡中位推計。
注：縦軸は年齢、横軸は人口（単位：万人）。

図2　日本の人口推移とその予測

を、【人口減少のマイナス点】に過度に向けさせようとしている。

(3) 2・0の【完結出生児数】と【システム過疎】

人口減少に関して表1を見て欲しい。表1は【完結出生児数】といって結婚して15年から19年を経た夫婦の出産児童数である。1977年以降平均2・2人の児童を産んでおり、近年若干の減少傾向はみられるが、2010年で、一般の夫婦が生んでいる子供の数は、2人が56・2パーセント、3人が19・4パーセント、4人以上が2・2パーセントとなっており、一般家庭の夫婦の8割近くが2人以上の子供を産んでいる。そのこともあって、人口減少に関して、一般家庭からはほとんど不満は聞かれない。しかし、財界をバックにした「日本創成会議」や政府およびマスコミが、国民と地方自治体に危機感を煽っているのが真実である。文句があるなら、企業と国家が子供を作ってみたらよい。絶対にできない。

確かに、日本の総人口はここ数年わずかだが減ってきている。しかし、明治初期の3,300万人から現在の12,700万人まで約4倍近くも大幅増加してきたことのほうが、様々な社会的問題を発生させてきたと言える。明治以降に急激に人口爆発とも言える形で、人口が増える時代が1960年まで続いた。ようやく1950年代にバースコントロールによる少産化が可能になったのである。ただし、1960年までに合計特殊出生率が、それまでの5・4人台から急激に2・0人に低下しても、人口の総

9　〈巻頭論文〉　人口減少時代の地域社会モデルの構築を目指して

表1 完結出生児数
　　　調査別にみた，出生子ども数分布の推移（結婚持続期間 15～19 年）

調査（調査年次）	総数（集計客体数）	0人	1人	2人	3人	4人以上	完結出生児数（±標準偏差）
第7回調査（1977年）	100.0%　(1,427)	3.0%	11.0	57.0	23.8	5.1	2.19人（± 0.023）
第8回調査（1982年）	100.0　(1,429)	3.1	9.1	55.4	27.4	5.0	2.23　（± 0.022）
第9回調査（1987年）	100.0　(1,755)	2.7	9.6	57.8	25.9	3.9	2.19　（± 0.019）
第10回調査（1992年）	100.0　(1,849)	3.1	9.3	56.4	26.5	4.8	2.21　（± 0.019）
第11回調査（1997年）	100.0　(1,334)	3.7	9.8	53.6	27.9	5.0	2.21　（± 0.023）
第12回調査（2002年）	100.0　(1,257)	3.4	8.9	53.2	30.2	4.2	2.23　（± 0.023）
第13回調査（2005年）	100.0　(1,078)	5.6	11.7	56.0	22.4	4.3	2.09　（± 0.027）
第14回調査（2010年）	100.0　(1,385)	6.4	15.9	56.2	19.4	2.2	1.96　（± 0.023）

出所：国立社会保障・人口問題研究所（第14回出生動向基本調査）

普通の夫婦世帯では約8割が2人以上の子どもを持っている。

数は2005年まで増加し続けた。長寿化が進行し60歳では、死ぬことができなくなってきたのである。すなわち、少産化以上に長寿化が進行した結果、少子・高齢型の人口構造が形成された。人口減少も少子・高齢化も社会の成熟化への移行による必然的な社会現象であるとすれば、それほど悪いことではない。

現在日本では、60歳では死ねず80歳代まで生きられる有史以来の【成熟社会】が出現しつつある。長生きできることは人間にとって長年の願望であった。にもかかわらず、だれもこの新しい時代の社会の意味を理解しないまま、60歳までに死ぬ20世紀型のモデルの中で、経済・社会・政治システムさらには人生設計すら考えていない。

この20世紀の【多産・中死、人口増加、人生60年型社会】が変容し、21世紀の【少産・少死、人口減少、人生80年型社会】にモデルチェンジしているにもかかわらず、経済・社会・政治システムが固定化され、その20世紀システムを適用するため、社会に多くの歪みが発生している。この農山村での歪みを筆者は【システム過疎】と呼んでいる（徳野 2002b）。この歪みが現代の最大の社会課題である。

だから、現代の少子・高齢社会は何も異常な現象ではなく、当たり前の正常な社会現象である。そして、人が長生きできる今の社会が、昔に比べてよい社会であることを再確認すべきである。明治期

〈巻頭論文〉　人口減少時代の地域社会モデルの構築を目指して　　10

までは、生まれてきた子供は20歳までに半数が死に、45歳までに2/3が死ぬ。そして50歳からは隠居・老人であり、60歳を迎えたものはほんの少数で還暦として祝ってもらった。70歳は、「古代稀也」（古希の原意）であり、点として老人は存在していた。また、人口爆発を起こした大正期から昭和前期は多産・中死の状態であり、一般の農家家庭には5人から6人、多い家庭で8人から10人の子供がいた。この苦労が、戦前の日本社会をいつも暗く覆っていた。こんな社会がいいほど苦労したかはまだ記憶に新しい。この苦労が、戦前の日本社会をいつも暗く覆っていた。こんな社会がいい社会なのか。確かに昭和30年代の経済成長期には、この農村部で育った若年労働力（子供たち）を大規模に都市の産業労働力として移動させて、日本の企業は驚異的な高度成長をした。だからといって生産年齢人口の比率の高い昔に戻れというのは現実的ではない。

【システム過疎】については、非常に重要なもう一つの課題がある。高度経済成長期以降の産業化・都市化に伴う人口移動・流失の問題である。少子化や長寿化が人口現象の自然動態であるのに対し、転出・転入の人口移動は社会動態であり、経済社会システムが引き起こした【システム過疎】の典型である。農山村の人々が、実感として人口が減少してきたと感じているのは、山本努の言う「少子型過疎」(2013)もさることながら、1960年代から営々と続いてきた18歳を軸とする若者流失であろう。農山村の若・壮年層の都市流失に伴う人口減と年齢構成の歪みによって生じる、地域社会の生活要件の充足機能が悪化することとして捉えられてきた。そして現代もその現象は続いている。それゆえ、今も過疎地の人口の年齢構成は18歳を境に極端に減少している。

このマクロな経済社会構造が作り出した【システム過疎】については、膨大な研究がなされ、ほぼそのメカニズムも解かっている。しかし、問題は全く解決しない。最大の理由は、マクロレベルでの国家の経済社会体制が、産業化や経済成長を是認し促進させる方針を採り、ミクロレベルの国民も個人および世帯員の間で、学校教育やメディアなどを通じてこの体制を受容する傾向が強いなかで、様々な生活問題や地域問題が発生していても、大勢と少しく

11 〈巻頭論文〉 人口減少時代の地域社会モデルの構築を目指して

して若年層の都市移動は続いてきた。しかし、ミクロな個人および世帯は、その流動型の生活構造の変容に対し、問題を抱えつつもなにほどか主体的に対応してきた。しかし、ミドル（メゾ）レベルの集落や自治体は、空間的固定性やその組織の性格上、最も過疎化の影響を受けるとともに対応困難な情況に置かれている。今回の「地方創生」はマクロレベルの問題を、「少子化」や「自治体消滅可能性」という観点のすり替えで、最も体制的【システム過疎】に対応困難なミドルレベルの自治体に向けて発せられた行政課題であるということもできる。筆者も、この対応困難な体制的【システム過疎】に真摯に取り組んでいるが、本章では人口減少問題は、現象と問題を峻別して、「少子化」や「高齢化」という人口の自然動態現象で発生しているものではない、ということの解明に重点が置かれている。

(4) 「生活婚の解体」と出生率の低下

日本の人口減少の要因のもう一つ重要な原因は、結婚しなくても生活できる社会・経済システムを産業化を軸に作り上げたことである。すなわち、産業化の進展が非婚化・晩婚化を進展させた。そのことは結果として人口減少をもたらしてきた。産業界は、モノとカネを創るシステムを発展・高度化させたが、ヒトを創るシステムに関しては、考慮してこなかった。

現在の、合計特殊出生率の低下は、結婚年齢が遅くなる晩婚化と、結婚しない人たちが増加した非婚化が最大の要因である。平均初婚年齢は、1950年では男性（夫）が26歳、女性（妻）が23歳であったのが、2011年には男性（夫）が30・7歳、女性（妻）が29・0歳と晩婚化が進行している。すなわち、結婚適齢期は25歳前後から30歳前後に変わり、5歳ほど遅くなった。一方、男性30〜34歳層の未婚率は、1960年の9・9パーセントから2010年には47・3パーセントに上昇している。また女性30〜34歳層でも9・4パーセントから34・5パーセントに上昇している。生涯未婚率も2010年には男性20・1パーセント、女性10・6パーセントとなっている。こ

〈巻頭論文〉 人口減少時代の地域社会モデルの構築を目指して　12

のように婚姻構造も大きく変わり、世帯構成のみならず子供の出生数も大きく変容した。すなわち、日本社会の基礎構造が大きく変容しているのである。1960年ごろの日本社会と2014年の日本社会は同じではない。

結婚や出産・近代化などの社会の基礎要因構造の変化には様々な原因が絡んではいるが、ここでは一つの現象に絞り込んで、産業化・近代化に伴う人々の生活様式の変化から分析していきたい。それは「生活婚の解体」という現象である。「生活婚」という概念は、人々が日常の生活を維持・継続していくために、結婚という生活集団を形成している状態を言う。結婚の契機が「仲人婚」か「恋愛婚」かは問わない。すなわち、もともと赤の他人であった夫婦が食事や炊事、風呂や掃除、洗濯や雑事などの日常生活要件を満たすために生活関係・集団を維持することである。当然、その関係の中に性関係や出産・育児も関わってくる。また、老親の介護や扶養等も含む家族機能の中核的機能の中心的担い手として夫婦は位置づけられる。

一方「生活婚の解体」とは、夫婦によって形成・維持されてきた生活要件充足の一部を、外部のサービス産業に委ねることによって結婚が持つ機能が低下し、結婚への動機づけが弱まり婚姻率が低下している状態である。1960年以前の生活様式では、一人暮らしは非常に不便であったため、結婚は生活を維持するためには不可欠な営みであるとともに、早期から行われた。かかる意味で一般人にとって結婚は「生活婚」であった。しかし、現在では一人暮らしでも、食事はレストランや食堂での外食、炊事は惣菜店やコンビニ、風呂や掃除は電化製品、洗濯はクリーニング店や洗濯機に依存している。個人レベルでの生活要件の一部の充足を貨幣を媒介とするサービス産業に委ねれば、あえて結婚という人間同士の複雑な感情や関係性がなくとも、生活要件は充足できる。

ここで重要な問題は、個人レベルでの日常の生活要件の充足・維持が可能になったとしても、次世代への継承や継続である出産や育児はできないことである。また、老親の扶養・介護の問題も外部のサービス業に頼るだけではいというものではない。産業化・近代化の負の部分が顕在化してくるのである。「目先の合理化を進めれば、全体が非合理化する」と言うM・ウェーバーのテーゼの現実化であるとも言えよう。

現代の生活営為から見た結婚問題は、シンボリックに言えば「コンビニ婚」への移行である。人間同士の男女が結婚して生活を営む「生活婚」から、貨幣を媒介としたコンビニに依存することによって生活を維持していく「コンビニ婚」的生活様式（非婚化）への移行である。生活の産業化や近代化は、就業構造や利便性の向上などの経済的・物質的変化によって論じられることが多かった。だが、我々の暮らしに直接影響を与えている。日本における未婚率の増加は、1980年代のコンビニ店舗の増加とは無関係ではないだろう。物品の購買の利便性が世帯形態の変容、すなわち独身世帯の助長に繋がるような「意図せざる結果」についても想像力をはたらかせ、その問題点を発見するのが社会学者の仕事の一つでもある。現在、過疎農山村の集落で「T型集落点検」を行うと、40歳代男性で約30パーセントの人が、50歳代で20パーセントの人が独身である（木村 2013）。過疎農山村における結婚問題は、地域・集落の存続の要ともなりつつある。このような「意図せざる結果」が山本の言う「少子型過疎」の原因の一つでもある（山本 2013）。

4 増田レポートの問題点

図3は、現在の人口減少問題や増田レポートによる「消滅可能性自治体」論および政府の「地方創生」政策の大本にもなっている日本の人口推移のグラフである。このグラフによって全国の自治体やマスコミが、地域の人口減少問題に対して右往左往している。しかし、このグラフには非常に大きな問題点がある。3点にわたってその問題性を指摘しておきたい。

まず第1に、「日本の人口が減少し始めている」という国民への恫喝の問題性である。しかし、日本の人口が減少し始めることは、50年前から分かっていたことである。何よりも、人口減少は「日本社

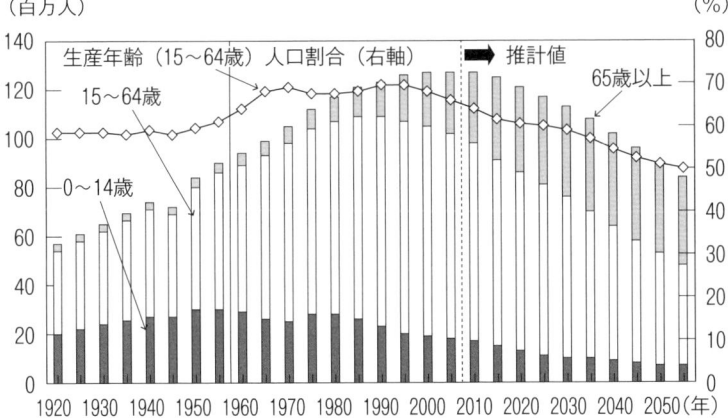

（備考）2005年までは総務省統計局「国勢調査」，2010年以降は国立社会保障・人口問題研究所「日本の将来推計人口（平成18年12月推計）」により作成。

注：統計と実態の乖離―（増田レポート。かなり恣意的な統計グラフの内容）
① 100年前（1920）や60年前（1960）の社会実態をベースにした統計トレンドで，現在（2010）の社会変動も，ましてや40年後（2050）の社会動向は測定不可能である。誰が考えても判ることを疑問視しないのは，行政・マスコミ・学者の思考停止か，【大本営的体質】か。
② 1960年頃までの60歳以上の人は，腰が曲がり老人であった。しかし，現在の〔60～75歳〕の人は，体力・気力・財力においても十分に社会的活動が可能な【プレミアム世代】であり，決して「老人」に入れるべきではない。
③ 1960年頃までの〔15～23歳〕は，中学校卒業後，即就農か集団就職等で「生産年齢人口」であった。しかし，2010年現在の〔15～23歳〕は，高校生と18歳以上の75パーセントは大学生・専門学校生であり，完全に「非生産年齢人口」である。むしろ，最もカネのかかる【若年消費世代】である。
④ 1960年の実線は，著者が加筆したもの。
1960年頃を境に，日本社会の構成が大きく変化したため。

図3　増田レポートの将来人口推移

会にとって悪いこと」と頭から決め付けてステレオタイプ的に反応しているが、前にも記したように経済界にとっては購買の顧客人口や若年労働力の減少というマイナス要因を強調するが、一般国民の夫婦は8割が2～3人の子供を産み育てている。かつてのような多産時代の子育ての苦労から解放されて、人々は「ほっ」としている。

第2の問題点は、1920年から2050年の年齢別人口構成（0～14歳の年少人口、15～64歳の生産年齢人口、65歳以上の老年人口）の130年間の推移と予測値を提示し、特に生産年齢人口の推移にこだわっていることの問題性である。現在の生産年齢人口は、歴史上最も人数的（8,000万人）にも比率上（62パーセント）も多いのだが、将来予測において、人口減少とともに生産年齢人口が減ることを強調している。

しかし、問題は実質的な社会的内実の差異を無視していることである。1920年の社会と1960年、そして2010年の社会は全く異なっている。ましてや、2050年の社会実態は非常に曖昧である。にもかかわらず、1960年ごろに定式化された年齢別人口構成をもとにして将来予測を行い、国家システムの基礎に置こうとしている。非常に恣意的なレポートである。

具体的に検証してみよう。まず、生産年齢人口の15～22歳の人口は、1960年頃までは紛れもなく生産年齢人口であった。中学校卒業の15歳の若者は、そのまま家業の農業を継ぐか、集団就職によって都市部の企業の労働力となっていった。しかし、現在の15～17歳の若者はほぼ97パーセントが高校生であり非生産年齢人口である。また、18～22歳までの若者も、2010年現在で75パーセントが大学・短大・高専・専修学校の進学者であり、ほとんどが非生産年齢人口である。この年齢層を生産年齢人口として捉える行政の統計センスは、現実からかけ離れているとしか言いようがない。逆に、この15～22歳の若者は、【若年消費世代】でもある。すなわち、最もカネのかかる年齢層であることは、周知の事実である。しかし、マスコミなどでは、「この若年層が老人世代を支える」と喧伝している。事実認識が誤っている。この【若年消費世代】を、50歳代世代が支えているのである。

5 ─ 人生80年時代の【役立ちプレミアム世代】の出現

第3点目の老年人口の捉え方の問題性にもふれておく必要がある。65歳以上の人口の社会的把握が現代日本の重要な社会的課題となってくるからである。65歳以上の人々を「老人」という概念で捉えたのは、1960年頃までは一応の妥当性があった。当時の65歳以上人口は、約540万人で総人口のわずか5・4パーセントに過ぎなかった。そして何よりも、老人という概念が妥当であった。個人差はあるが、かつての65歳以上層は身体的には腰が曲がっていたり、社会的にも引退した人たちでという、イメージが当て嵌まっていた。すなわち、年齢階層としては社会的残余範疇に属し、余生を送っている人たちを多く持っていなかった。

しかし、現在（2010年）の65歳以上層は、かつてとは全く異なった世代である。特に、65～75歳層は、今まで歴史上存在しなかった新人類【プレミアム世代】ともいえる。腰も曲がらず、身体的にはまだ矍鑠（かくしゃく）としている人たちが多い。確かに、歳はとっており体のあちらこちらにガタは来ているが、まだ「修理」すれば十分動ける。社会的にも十分活動できるし、現に活動している人も多くいる。だけど、一般的には、1960年代に作られた65歳以上を老人とする制度的規制により、企業や役所を60～65歳までに「強制失業」させられ、社会的規範の中で高齢者の烙印を押され、「老人」として扱われている。そして、80歳代まで生き続けなければならない運命を、人生目標も定まらない中で時間をもてあまし、現代社会に漂流し続けている。このような現代の社会的・経済的なシステムや風潮・動向に対して、人々は憂鬱と不満そして怯えすら抱え始めている。

『里山資本主義』（藻谷浩介他 2013）が大ブレークしたのは、農村の人たちが買ったのではなく、地方出身の都会のサラリーマンとその定年退職組が、自分たちが生きてきた都市的かつ経済至上主義的な生活に疑問と将来不安、そして、それを自己否定することの憂鬱感の表出として、この本を購入したのではないだろうか。

17　〈巻頭論文〉　人口減少時代の地域社会モデルの構築を目指して

現在、この【プレミアム世代】は、2010年で3,395万人、総人口の26.8パーセントを占める最大勢力であり、社会的貢献や役割を果たし得る人的資源の宝庫である。なお、この【プレミアム世代】には、60〜65歳代を加えてもよい。すなわち、従来、還暦を迎え漠然と「老人」と社会的にイメージされてきたこの世代を、全く新しい視点から現代社会に明確に位置づけなおすべきである。時代は全く新しい成熟社会の時代に突入している。人口減少問題や経済成長問題よりも、日本社会にとって重大かつ喫緊な課題かもしれない。この世代の人々の可能性を追求することが、現代日本社会の最大課題の一つである。

この【プレミアム世代】の特徴を整理すると次の3点になる。第1に、まだ心身ともに十分活動できる世代である。技術も知恵も生活経験も持っている。ただ、今までと違うのは、おカネを稼ぐためだけの仕事や組織の中で自分を殺してまで企業集団に隷属する気はないことである。子供を育てていく責任も大幅に軽くなったし、自分の死期や限界点も漠然と視野に入っている。自分が心から望んでいることや子供や家族に喜んでもらえること、また地域や近隣の人々に「役立つ」仕事をしたいと考えている人たちが多い。そして、第3の特徴は、かなりの人が貯蓄を持ち、金銭的余裕がある人も多いことである。すなわち、この人たちが新しい時代の中で、新しい役割を自覚して活動し始めている。筆者は、この人たちを【役立ちプレミアム世代】と呼んでいる。しかし、増田レポートには、全くこのような視点はない。

なお、現在の【プレミアム世代】の、身体的・社会的年齢は、あくまで印象論ではあるが従来の年齢に0.8を掛けた年齢が相当する。すなわち、現在の60歳は、0.8を掛けると（1960年当時の）48歳に相当し、75歳は0.8を掛けると60歳に相当する。このような現象を、年齢の社会的【遅齢化】と呼ぶことにしたい。時代・社会の変化とともに、社会的年齢も変化する。織田信長の「人生50年……」を思い起こせば、容易に理解できる。

6 ピークアウトしない生産年齢人口比率（65パーセントの生産年齢人口の維持）

増田レポートの最大の主張は、要約すると、人口減少に伴い２０１０年を境に生産年齢人口の比率が65パーセントから将来50パーセントに低下し、老人人口が増加し超高齢社会が出現し、経済を軸とした日本社会の活力が衰退するというシナリオを描き出す。

これに対して我々の主張点は、「人口が減少しても、生産年齢人口は変化しない」である。図4は、上記の増田レポートの人口推移グラフ（図3）に、①15〜22歳の【若年消費世代】を生産年齢人口からはずし、②65〜75歳の【プレミアム世代】を生産年齢人口に加えた人口推移のグラフの修正モデルである。確かに、総人口は減少する。しかし、生産年齢人口の比率はピークアウトせず、２０１０年とほぼ同様の65パーセント前後を維持し続ける（●−●の点線）。この生産年齢人口の比率は、今後の日本の人口の年齢構成の推移（人口ピラミッドの紡錘型への移行）からみても、かなり長期に維持されるだろう。

この修正型グラフから言えることは、増田レポートから「地方創生」まで続く一連の政策シナリオの前提が崩れていくという可能性である。すなわち、【人口減少→生産年齢人口比率の低下→経済的競争力の低下と超高齢化社会の出現→地方および国家的な危機】というシナリオは、ある種（経済界から）の虚偽意識・イデオロギーの色彩が強い。むしろ現代的な社会・経済・政治的な課題は、65〜75歳の【プレミアム世代】が生産年齢人口として活躍することが可能なシステムと制度的整備を進めることにある。この【プレミアム世代】は、すでに指摘したように、現在では「老人」でもなければ社会的世代の残余範疇でもない。歴記とした「現役」であり人口構成上の最大勢力でもある。さらには、成熟社会へのステップへの鍵を握っている世代である。

見てきたように「地方創生」政策は、地域振興に対する「アクセルとブレーキを同時に踏む」という形に見える

〈巻頭論文〉 人口減少時代の地域社会モデルの構築を目指して

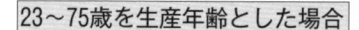

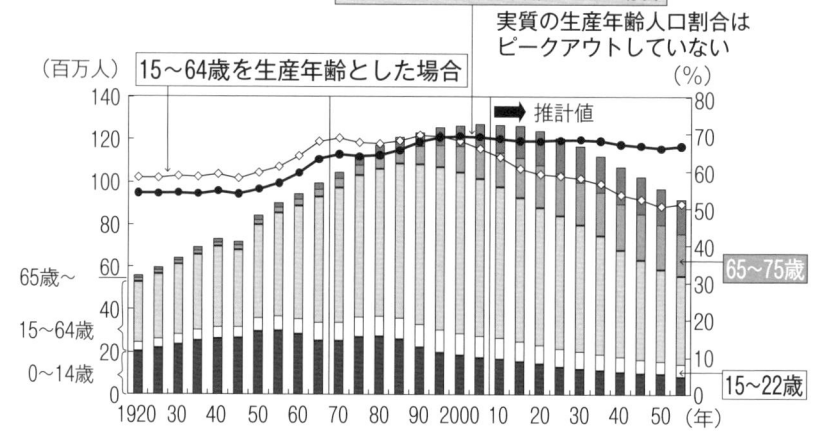

出所：総務省統計局「国勢調査」及び国立社会保障・人口問題研究所「日本の将来推計人口（平成18年12月推計）」の実数値を徳野が再構成しグラフ化したもの。
注：65～70歳の人口を65歳～の人口の55％と仮定。
　　15～22歳の人口を15～64歳の人口の12％と仮定（年齢各歳別人口（平成24年）の割合で簡易推計）。

図4　修正した人口推移（徳野）

が、現実的には経済成長路線のリニューアル版である。つまり農山村の切り捨てにより、国民の豊かさを更に増大させるシステムを再構築（近代主義の更なる邁進）することが、彼らの日本社会の再生のシナリオの本意ではないかと考えている。ある意味で、内山節のいう「農業・農村的な前近代的なものの払拭」をもくろんでいるのかもしれない（農文協編2014）。国民はすでに、経済的豊かさだけでは幸せになれないことを自覚し始めているにもかかわらず。

7　「人口減少」に対する新たなアプローチの提案

以上のような「人口減少」に対する考え方を【人口減少容認論】と呼んでおこう。すなわち【人口減少容認論】から、今後の「人口減少時代の地域社会の再構築」を具体的に考察していきたい。その前に【人口減少容認論】の基本的認識を再確認しておく。（i）日本社会は、よう

く人口減少時代に入り、多産時代の圧力から開放され「ほっ」としている。その傾向は今後しばらく続く。とはいえ(ⅱ)一般家庭の夫婦は、8割近くが2人以上の子供を産み、社会基盤である次世代の再生産は維持され、機能している。さらに(ⅲ)長寿化・遅齢化に伴い【プレミアム世代】が、歴史上初めて社会的年齢層として登場してきた。この人たちの活動が、今後の日本社会のあり方の鍵を握る。そして(ⅳ)発展途上国型の経済成長システムの豊かさだけでは、人々が幸せになれないことを自覚し成熟社会のモデルを求めている。ここでは、紙数の関係上、「地方創生」の対象から外されようとしている農山村についての「人口減少時代の地域社会モデル」について考察していきたい。

現代の農山村社会に対する一般的な認識は、図1に示したごとく、【人口減少、少子・高齢化、家族の極小化、担い手不足、結婚難、農林業の衰退、雇用の場の少なさ、公共交通機関の不便さなど】の生活課題の情況の悪化をベースに、過疎化や限界集落化といったステレオタイプ的な「農山村衰退論的」な認識が主流である。筆者も「危機論」とは異なっているが、現在の農山村の住民が多くの生活課題を抱えていることに異論はない。このような農山村危機論や生活課題に対して、大きく分けて2つの流れの対応理論が存在すると考えている。

第1の流れは、外部から統計データを軸として現在の農山村の経済的な構造分析を加え、各課題がどの程度悪化しているかを個別課題別に原因を探り、その解決策を模索する方法である。そして、その解決方法の多くは、人口論や経済合理的な視点からの補助金を軸とした政策支援や経済振興策を中心に提示されてくる。一般的な行政やコンサルがよく行っている手法や理論である。具体的に言えば、大野の「限界集落論」(2005)や「農村撤退論」(林他 2010)、および、増田レポートをベースとした「地方創生」論 (2014) などに続く系譜である。

第2の流れは、現在農山村に住み暮らす人々の生活実態に着目し、彼らの居住地が過疎地であろうが限界集落であろうが、暮らし続けたいという住民の生活基盤を拡充するための条件を模索するものである。特徴は、経済的合理性だけでなく生活合理性をも含めた内発的主体性を重視する手法である。本論もこの系譜に属する。人口減少な

以上2つの分析手法の特徴の違いを意識して表2に整理してみた。かなり大きな差異が存在することがわかる。以下、A「危機論」とB「変容論」とでは、一般論的な生活課題をどのように異なって認識しているのかを、課題別に検討してみよう。

まず、①【人口減少】に対する認識はA「危機論」では、日本社会や地域社会の経済的視点から社会の危機として人口減少現象認識する。一方、B「変容論」は、上述したように世帯・家族などの生活基礎集団が多産状態の人口圧力から開放され、「ほっ」としているという生活実態を重視する。マクロなレベルでは紡錘型人口ピラミッドに移行する変革期として捉える。なお、一般の夫婦は、8割近くが2人以上の子供を産んでいるので、人口の減少はしばらく続くが、次世代の生活基礎集団への継承は保証されている。

②【少子・高齢化問題】に対する認識は、A「危機論」では、超高齢社会となり、高齢者の年金・医療費などの社会福祉費に負担が増大し、経済的な社会負担の破綻を強く危惧している。一方、少子化の進行により「消滅可能性自治体」の出現を危惧し、国民への社会的危機感を呼びかけている。具体的・現実的な解決策は「地方創生」では見えてこない。一方、B「変容論」では、高齢化を基本的には、人類の夢であった本来の長寿化として捉える。少子・高齢化現象は様々な課題があるが、多産多死から多産中死による人口爆発の途上国型社会を脱して、少産少死型の成熟国家への移行期における正常な年齢構成の偏在として捉える。

③【担い手不足】に対する認識は、B「変容論」では、生産年齢人口の減少に伴う産業労働力の枯渇に対する不安と国際競争力の弱化を懸念する。B「変容論」では、上述した如く60～75歳の【プレミアム世代】の登場により、生産年齢人口は、ピークアウトせず維持は可能であるという見解を取る。課題は、この歴史上初めての【プレミアム世代】の人々の役割を生かせる具体的なシステムの構築である。また、都市―農村間の空間的な人口の偏在

表2　過疎農山村の生活課題に対する認識の差異

生活課題	A．人口減少・危機論の特徴（増田レポート）	B．人口減少・変容論の特徴（本章の立場）
① 人口減少への評価	経済的・社会的危機の強調	人口増加圧力からの開放　紡錘型人口ピラミッドへの移行（正常な人口推移）
② 少子・高齢化問題	超高齢化社会への不安　消滅可能性自治体への危機	成熟社会への移行における人口構成年齢の偏在
③ 担い手不足	生産年齢人口比の減少と不安	【プレミアム世代】の登場と生産年齢人口の安定的持続
④ 農林業の衰退（農業・農村政策）	「攻めの農業」とTPPの導入，所得形成機能の強調	「生活農業論」的な人間存在・社会基盤等の安定化機能
⑤ 雇用の場が少ない（職業と仕事の違い）	「職場」＝経済的な所得基準からの判断と収斂	「仕事」としての生活・社会の維持のための労働への評価
⑥ 交通が不便（公共交通とは何か？）	バス・鉄道が公共交通機関であるという時代錯誤的認識	自家用車が現代の公共交通機関であるという認識
⑦ 結婚難問題（生活婚の再評価）	非婚化・晩婚化の進展	「生活婚」の見直し
⑧ 家族機能の解体（縮小化）	家族と世帯の混同	他出子世帯の存在と相互サポート機能の再評価

も現実的な大きな課題である。この課題を是正していくためにも、成熟型社会における【農】の魅力は、かなり機能すると考えている。

④【農林業の衰退】に対する認識は、A「危機論」では、農林業を過度な産業論的視点から捉え、儲ける「攻め」の農業を標榜するが、TPP導入なども視野に入れた現行の農業政策は、貨幣より資本主義よりも古いし、人間の暮らしの基盤部分を形成するという「生活農業論」的な立場を取る。それゆえ、現在の農学や農政には、「農業生産政策」と「農村維持政策」の分離（デカップリング）を要求する。また、成熟社会や【プレミアム世代】にとって、【農的生活】は非常に親和性があると同時に【役立ち感】を持てる作業であ

23　〈巻頭論文〉　人口減少時代の地域社会モデルの構築を目指して

```
                                                    現代社会の中での
                                                     貨幣との関係
                        ┌ 家族内  ┌ 育児（報酬・子供の成長）
                        │ 労働   ├ 家事（快適な日常生活維持）┐
              ┌ 社会的労働 ┤       └ 介護（人生の保障）      │
              │ （非経済的 │                            ├ お金をつぎ込ん
              │  活動）   │ 地域社会 ┌ 地域社会の役（役立ち感） │  でもよい行動
              │ （仕事）  └ 労働   └ ボランティア活動（自己実現）┘
「労働」       │
【人間の生存・  ┤           ┌ 非貨幣的 ┌ 百姓（自然との交歓,
 生命を維持する │         ┌ │ 労働   │  作る喜び, 環境保全）┐
 ための"行為"】│         │ 農業 ┤     └ 農業（所得形成）    │
              │ 経済的労働 ┤ 労働 │                      ├ お金とはボチ
              └ （職業）  │    └ 貨幣的 ┌ 経済的労働（所得, 組織│ ボチの関係
                        │      労働 │  体の運営）経済的労働┤
                        └ 産業労働   └ 雇用的労働（給料, 福利 │お金を儲ける
                                        厚生）           ┘ための労働
```

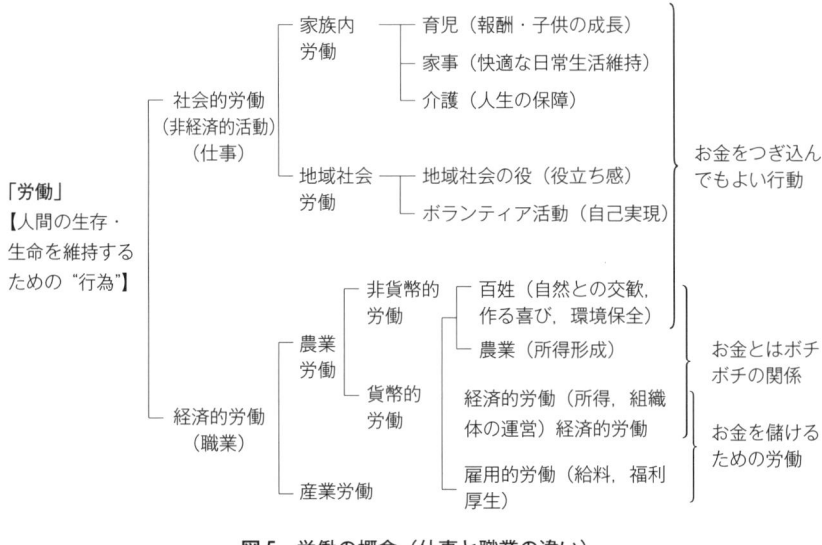

図5　労働の概念（仕事と職業の違い）

今、多くの人々が、産業としての農業ではなく、暮らしとしての【農】を見直し始めている。食糧不足の時代にできた農学・農政のパラダイムは、逆に現在では、桎梏となりつつある。貨幣だけでは人は暮らせない。【農】は、カネを儲けるだけでなく、時にはカネを注ぎ込んでも価値あるものと見ている。

⑤【雇用の場が少ない】という認識は、まず図5に示した【労働の概念】（職業と仕事の違い）の説明を、大まかではあるが先に行いたい。仕事や職業や雇用といった言葉が、非常に曖昧に混同されて使われているからである。仕事や職業（職場）の上位概念になるのは【労働】である。【労働】とは、「人間が生存・生活を維持し続けるための行為」と定義することができる。その中でも食べ物を作る農耕とか、生活上に有用なものを作る労働を、経済的労働と呼ぼう。経済的労働には、貨幣換算できるものもできないものがある。農作業をして農作物を作っても必ずしもお金になるとは限らない。農業は、貨幣

よりも資本主義よりも企業よりも古くから現在まで営んできた生産行為である。しかし、会社に勤めに行きアルバイトをするのは、お金を稼ぐためである。このような労働を【賃労働】と呼び、賃金の高い【雇用労働】を【よい職場】（職業）という。一方、出産や育児、家事や介護、近隣との付き合いやボランティア活動などは、お金のために行うことではないが、生活上も社会上も不可欠でかつ重要な行為（仕事）である。むしろ、次世代への継承や継続のためには、お金をつぎ込んでもよい仕事である。

Ａ【危機論】から見た「農山村に雇用の場が少ない」は、よい賃金の雇用（職場）が少ないことで、農山村に賃労働や職場がないことではない。ましてや、仕事がないことではない。仕事は、農山村の方が、都市に比べて相対的に多い。すなわち、「職場」＝経済的な所得基準から判断された相対的な優位な職場が少ないことである。しかし、学校教育（特に高等教育など）を軸とした近代化、産業化政策の長期間の遂行の中で、多くの人々は社会や労働を貨幣経済的価値に偏重した視点から見ている。かつて戦前の日本が、軍人の軍国主義イデオロギーに染めあげられたように、現在の日本の社会および政治が、企業経営者の経済至上主義イデオロギーに塗りつぶされようとしている。だが、社会は企業活動だけで動いているわけではない。

一方、Ｂ【変容論】では、経済的所得の機能を無視するわけではないが、それだけに偏向するわけでもない。だがむしろ現在では、所得・雇用を軸とした経済的な「選択と集中」が、他の社会的労働を疎外し始めていると認識している。すなわち、所得チャンスの強調は、人口の都市への一極集中を呼び起こし、サービス産業の振興は「生活婚」を排除し始め、非婚化と晩婚化を促進し、結局日本全体の人口減少と地方の疲弊を生み出している。このような【産業化の意図せざる結果】は、現代社会の様々な現象、たとえば、家族の縮小化と世帯の分離、環境問題やITによる人間関係の疎遠化などの基礎原因として作用している。経済的成長と合理性を追求すればするほど、人間の暮らしと社会の継続との紐帯を非合理化してしまう【近代化の矛盾】を深く自覚し、現代社会のあり方を反省する必要がある。

Ｂ「変容論」では、このような【近代化の矛盾】を深く自覚した上で、労働における社会的労働と経済的労働をどのようにバランスを取っていくのかに腐心することになる。その具体的過程を解明していくことも、私たち社会学者の研究の役割である。

⑥【交通が不便】に対する認識は、Ａ「危機論」的視点からは、乗客数の激減から鉄道・バスの公共交通機関が縮小・撤退し、中山間地を中心に住民の移動手段を懸念している。そして、そのための公共交通問題の検討委員会を開催しても、解決策はなかなか見つからない。

Ｂ「変容論」では、**現代の公共交通機関は自家用車**であり、一九六〇年代の鉄道・バスが公共交通手段であった時代の認識は、完全に時代錯誤的な固定観念であると考える。我々の調査によれば、中山間地の住民の85パーセントが車の運転免許を持ち、交通弱者と言われる非免許保持者（70歳代以上の女性が中心）の85パーセントが、買い物や通院などの移動手段は自家用車である。この人たちは配偶者や近隣地域に居住する子供たちに同乗させてもらっている。

車で移動できない交通弱者は、実質的には「免許を持っていない者」15パーセント×「同乗させてもらえる相手がいない」15パーセント＝2・25パーセントぐらいであり、交通弱者の個体識別ができる。それゆえ、公共交通を自家用車として定義し直せば、デマンド交通や集落の自主運営システムを構築することも可能になるし、現に鳥取県東伯郡三朝町の和田集落ではその試みがなされている。すなわち、一九六〇年頃庶民が車保有していなかった時代の公共交通の概念とイメージが、システム化され固定されたまま政策的に再生産され続けた結果である。現代では見方によっては、公共不便とされている地方のほうが、車でドア・トゥ・ドアで便利ということもできる。

⑦【結婚難問題】に対する認識の差異が現れる。Ａ「危機論」では、晩婚化や非婚化が進展し、家族や社会解体の兆し=「生活婚」の見方に対する認識の差異が現れる。本章第3節(3)「生活婚の解体」と出生率の低下で詳細に叙述したように「生活婚」であり人口減少の要因の一つとして、指摘されてはいる。しかし、「生活婚」の変容に対する認識は浅い。すなわ

ち、「生活婚」の変容は、近代化・産業化の【意図せざる結果】として発生しており、さらなる人口と経済の「選択と集中」は、結婚問題の解消には逆行する可能性がある。

一方、Ｂ「変容論」的な見方は、「結婚ありき」ではないが、何ほどか生活基盤の維持・存続の基礎要件とみなす。生活を、個人レベルの生活要件の充足を行うために、産業化された外部セクターのサービスにだけ依存するのではなく、生活基礎集団の内発的な生活充足・維持の機能を再評価し、「生活婚」の現代社会での機能と意味を見直していきたい。個人レベル、生活基礎集団（家族や世帯）レベル、集落や地域レベル、そして社会全体レベルでも、この「生活婚」を形成する集団の維持・存続が、最も社会の安定・継続に役立つと考えるからである。

⑧【家族機能の解体（縮小化）】についての認識である。この認識の誤解が、現代社会のあり方を根本的に誤った情況に導いている最大の要因である。すなわち、「世帯」と「家族」の違いを混同したまま、世帯の極小化や分散化の現象を、安易に家族の機能縮小や解体として誤解して、現代社会を分析していることである。世帯と家族は同じではない。「世帯」とは、行政の住民台帳上、同じ家屋に居住し共同生活を営んでいる集団である。だから、ある時点で、使用人や赤の他人でも同居して暮らしていれば同一世帯としてカウントする。

確かに現在の世帯の動向は、非常に縮小・極小化してきている。1960年代までの農業・農村をベースとして営まれていた時代の世帯構成は、世帯メンバーの多い「大家族的」な構成であった。それが高度経済成長期に産業化・都市化の中で、世帯員の流動が続き、世帯の分散化と極小化が発生した。これを、マスコミが「世帯の分散・極小化」ではなく、「核家族化」というラベルを貼った。ここに、世帯と家族の混同が決定的となり、世帯の分散化・縮小を「家族の解体」として捉えてしまう誤った素地ができた。

しかし、「家族」は時間や空間を超えて存在する。家族の定義や概念は、世帯のように簡単・単純ではない。無理をすれば「近親者からなる感情融合に基づいた幸福を追求する第一次集団」（森岡 1967）と学術的には定義することはできるが、抽象的で一般的には理解しにくい。要するに、家族は空間的な縛りがないのである。

簡単に説明することは難しいが、誤解を恐れずに簡略化して説明すると、「世帯」は、メンバー人数も言えるし、存在している場所も簡単に言える。しかし、「家族」は人数すら明確に判らない。（そんな馬鹿なことがあるか？と思われても）「嫁に行った娘は家族ですか？」「産んで育ててくれた実家の父母は家族ですか？」「孫娘の亭主は家族ですか？」などのいずれの問いにも簡単には答えにくい。それゆえ、田舎の実家にいるご夫婦に「ご家族は、何人ですか？」と尋ねたら、多くの場合「私と妻の2人です」と答える。「お子さんは、いなかったのですか？」と尋ねると「3人いたが、マチへ出て行った。結婚して孫も7人いる。よく孫を連れて野菜や米を取りに来る。」と答える。さらに「そのお子さんやお孫さんは、家族ではないのですか？」と尋ねると、答えはしばらく無言で「……」となる。

これが、私たちが最も大事だと思っている「家族」についての認識である。非常に曖昧模糊とした認識のままで、家族とは何か、また世帯とは何であるのかを判らないままでも生活していける。しかし、人々が生活を維持していく非常に重要な集団である。このように、家族と世帯は、非常に類似した曖昧模糊とした概念である。しかし、人々が生活のかなりの部分は、家族の相互サポート機能によって維持・存続していると見ている。だから、国勢調査は「家族」ではなく「世帯」の人数を聞いて統計を作る。しかし、その意味をきちんと考えないまま行政マンや大学の先生、マスコミは、世帯の統計を分析して「家族が縮小・解体している」と誤って解説する人も多い。

A「危機論」では、家族と世帯を混同したまま、人口減少や少産化に伴い「家族が解体した」と認識し、家族機能に代わる産業的サービスや行政的サービスの充実・拡張が、社会解体の歯止めであると主張している。しかし、B「変容論」では、世帯の縮小・分散化は進行したものの、家族の機能は完全に解体したとは見ていない。現在でも、人々の生活のかなりの部分は、家族の相互サポート機能によって維持・存続していると見ている。例えば、東日本大震災の支援・援助は、確かに、ボランティア団体や企業・行政の支援が重要であった。しかし、東京や遠隔

同時に、時代や社会の変化によってその世帯も家族も形や機能を【固定化】されたものではなく【変容】してゆくものでもある。

地に他出している子供たちとその世帯員からの支援は、震災直後から現在まで、そして将来も継続していく。家族機能を過小評価することは戒めるべきである。

特に、過疎農山村における高齢者・小規模世帯の生活や集落維持に関しては、近隣の他出子やその世帯の相互サポートが大きく機能していることを明らかにした。また、集落のあり方に関しても【修正拡大集落】を形成する傾向が見られる。このことに関しては、拙著（徳野・柏尾 2014）に詳しく述べてあるので、参照して欲しい。

8 「人口減少・容認論」から見た「農山村の地域社会モデル」の構築

以上のように、A「人口減少・危機論」的な視点から見た【人口減少、少子・高齢化、家族の極小化、担い手不足、結婚難、農林業の衰退、雇用の場の少なさ、公共交通機関の不便さなど】の現代社会の様々な生活課題の把握の仕方は、各課題がバラバラに認識され、徹頭徹尾【経済合理性】を軸とした産業界からの視点で貫かれている。それゆえ、これらの課題を従来のアプローチや視点で取り組んでも、解決策の見えない【賽の河原の石積み】的行為となる。すなわち、「人口減少は社会的に悪いこと」であるという固定観念を持ちながら、地域の人口減少が進行することのみを重視し、経済成長戦略だけを手段に生活課題を解決することは、確実に自己矛盾に落ちる。

「地方創生」政策の「疑念」とは、このような徒労の作業を、現場自治体職員に強制的に課すことによって、「選択と集中」による地方拠点都市への集積を遂行するための戦略ではないのかと疑いたくなる。すなわち、「努力しても、やはり農山村はよくならない」という諦観的な実感を抱かせて、経済的な企業成長さえ達成できれば、他の社会的課題は二の次であるという構図ではないのか。

この自己撞着的な情況からの脱却は、「人口減少は、悪いことばかりではない」、「人口減少は、成熟社会への移

行期である」と考える B「人口減少・変容論」から現代の生活課題にアプローチしていく方法を選択すべきではないかと考える。その具体的な展開については、第7節の表2である程度整理し解説も加えておいた。ここでは紙数の関係上、集落の変容について述べてみる。まず第1に世帯と家族の変容を軸に、第2に足で歩いていた時代と車社会化し携帯やメールが飛び交う現代での差異に注目して、家族と集落のあり方の変容を「他出子・他出世帯」の存在を軸に整理しておきたい。また、その結果見えてくる集落のあり方を【修正拡大集落】と【入れ込み型地域社会】の発現として考察しておきたい。

図6は、福岡県八女市立花町白木地区にある中山間地にある鹿伏集落の現在の人口ピラミッドである。白木地区は1955年3,875人の人口から、2012年には1,773人まで人口が半減した。鹿伏集落に居住している住民の少子・高齢化の情況が一目で解る。高齢化率は45・1パーセントである。夫婦2人世帯も26パーセントと世帯の極小化も進んでいる。

それゆえ、地区のリーダーや行政職員は、集落の「限界集落化」が進んでいると危機感を持ち、我々に「T型集落点検」の実施を要請してきた。(8)

そして、図7は、我々が行った「T型集落点検」によって明らかになった、鹿伏集落から40分以内に他出し別居している子供世帯を加えた集落の人口ピラミッドである。「T型集落点検」の特徴は、現在集落に居住している人だけでなく、他の地域に居住している他出子およびその世帯の人々のこともかなり詳しく調べる。特に、実家と他出世帯との相互サポート関係や将来のUターンやJターンの意識については詳細に調べる。何よりも、両者の関係が、日常的な車での往来を軸に、就業関係、農業のサポート、買い物、医療、教育、娯楽などの各家の生活要件の充足のみならず、集落の会合や祭り、運動会などの地域維持に際しても、多くの相互サポートを行っている実態が、明らかになった(徳野・柏尾 2014)。

なお、実家世帯が受けるサポートよりも、子供世帯が受けるサポートの方が、圧倒的に質・量とも多かった。明ら

鹿伏集落の例

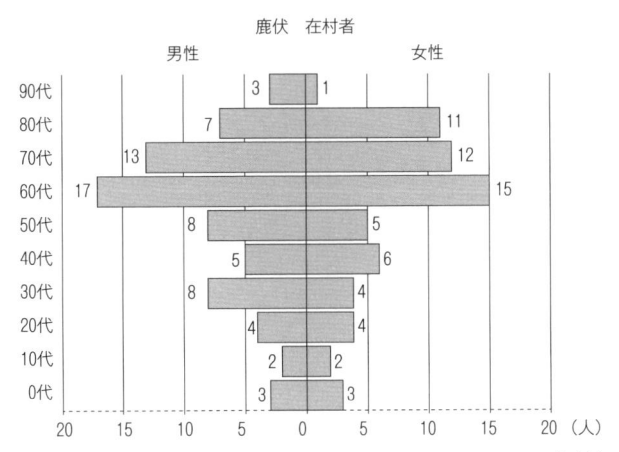

鹿伏 在村者

年代	男性	女性
90代	3	1
80代	7	11
70代	13	12
60代	17	15
50代	8	5
40代	5	6
30代	8	4
20代	4	4
10代	2	2
0代	3	3

出所：『家族・集落・女性の底力』徳野貞雄・柏尾珠紀，2014，農文協，p. 25

図6　山間地集落の人口ピラミッド（在村居住者のみ）

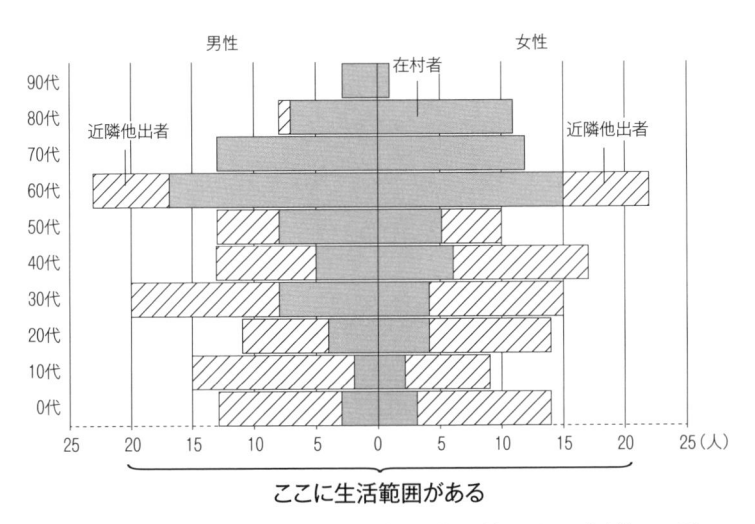

ここに生活範囲がある

出所：『家族・集落・女性の底力』徳野貞雄・柏尾珠紀，2014，農文協，p. 25

図7　在村者＋近隣他出者（車で40分以内）の人口ピラミッド

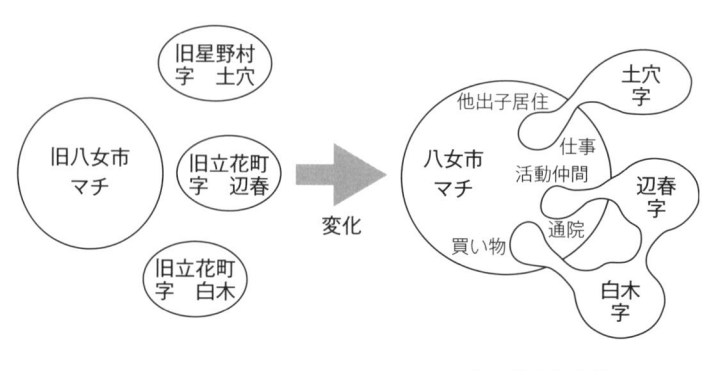

[自己完結型集落構造] → [修正拡大集落構造]
（新マチ・ムラ連合型地域社会）
日帰り集落と生活圏の拡大

図8　変容するムラ（集落）の概念図

かに、車や携帯による生活様式の変化が、世帯と家族の生活構造を変えている。車で30分ぐらいの距離ならば、何ほどか修正拡大家族的な生活構造を形成している。

同様のことは、集落レベルでも言える。旧八女のマチは、昔の他所行きのマチではない、年がら年中行き来し、子供も孫も住んでいる特別のマチである。しかし、ムラのように住民たちがお互いをよく知っているわけではない。「俺のマチでもないが、他所のマチでもない」。このような現代の【入れ込み型のムラとマチ】との関係を概念的に描いたものが図8である。しかし、この空間的関係を社会学的に概念定義する言葉が見つかっていない。無理を承知で、【新マチ・ムラ連合型地域社会】と呼んでおく。これらが、人口減少に適応した地域社会モデルの家族および集落バージョンの一つである。

9　人口減少に適応した地域社会モデルの構築のための分析枠組み

数多く行なわれてきた過疎農山村の住民調査においても、我々は非常に大きな一つの誤りを繰り返してきた。それは、我々研究者が当該地域を調査した場合、客観的データや資料から過疎化・

高齢化・少子化・農林業の衰退などの外的社会環境の悪化のみを認識しがちである、さらに地域住民自身による「高齢化が進み、将来この地域での暮らしは大変不安である」という現実感覚からの内的な生活条件の悪化を示唆された場合、視点を住民の将来の暮らしの安定に置き分析してしまうということである。その結果、「限界集落論」に代表されるような、昔の安定していた村落社会の要件・形態からから村落解体がどのようにして進んだのか、そして昔の安定を回復するには今の分析視角にはどのような施策が必要なのかを中心テーマとして分析を行っていくことが多い。

しかし、この分析視角には一つ大きな陥穽がある。すなわち、この問題は次の疑問に集約される。住民調査を行うと、住民は「人口は減る、高齢化は進む、跡取りはいない、将来は大変不安だ……」と答えながら、「将来もずっとこの地域に住み続けたい」という回答が、全回答者の80〜90パーセントに及ぶことを我々は知っている。体力の続く限りは住み続けたい。住民は研究者や行政に対して、自分たちの将来の不安を口にはしながらも、現実に生活していく基盤があるかぎり、そこに住み続けるのである。この意識と行動のギャップの回答を我々は出せていない。過疎地住民にとっても我々にとっても、現在最も究明されなければならない課題である。

この【現実的生活基盤】は、時代や社会構造の変容によって、住民の生活構造の変化として立ち現われてくる。現在の過疎農山村での住民の生活の維持・存続要件は、図9のごとく提示できる。この生活要件群の相互連関性と相互機能性の総体が、農山村住民の【現実的生活基盤】と見なしてよいだろう。

この生活要件群を軸とした生活要件群の詳細は、拙著（徳野・柏尾 2014）に記してあるので、ここではその概略を述べておく。大きく分けて5つの生活要件群に分かれる。〈A〉家族基盤要件群、(1)個人レベルの年齢・性別・学歴などの要件と、(2)世帯レベルの世帯員数、世帯の形態などである。特に、世帯形態は、家および集落の維持存続にとって重要視する。〈B〉経済基盤要件群、(3)家レベルの農地・山林などの保有状況と農林業経営の状態を把

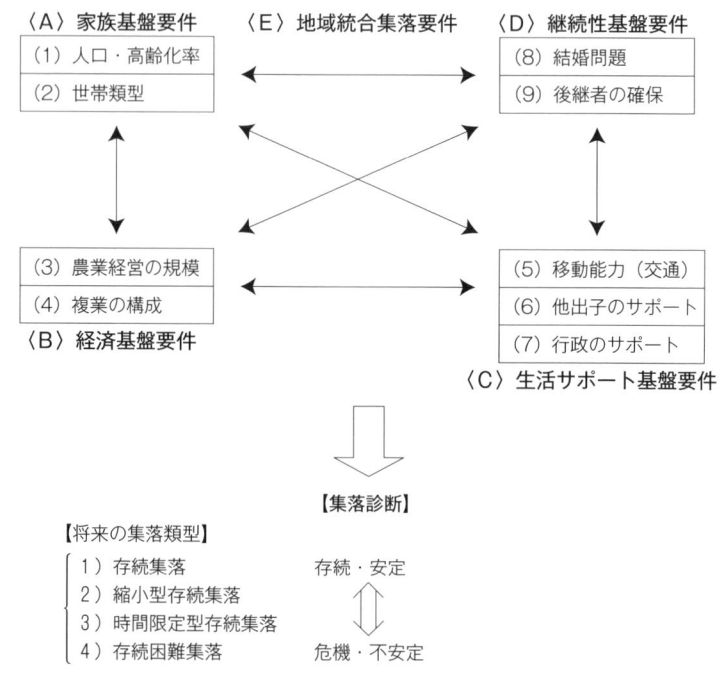

```
〈A〉家族基盤要件      〈E〉地域統合集落要件    〈D〉継続性基盤要件
(1) 人口・高齢化率                              (8) 結婚問題
(2) 世帯類型                                    (9) 後継者の確保


(3) 農業経営の規模                              (5) 移動能力（交通）
(4) 複業の構成                                  (6) 他出子のサポート
〈B〉経済基盤要件                                (7) 行政のサポート
                                                〈C〉生活サポート基盤要件
```

【集落診断】

【将来の集落類型】
1）存続集落　　　　　　存続・安定
2）縮小型存続集落
3）時間限定型存続集落
4）存続困難集落　　　　危機・不安定

出所：徳野貞雄 2011b「集落維持・存続の分析枠組み」『社会福祉学研究』8号

図9　過疎農山村での生活構造の維持・存続要件分析と集落診断

握する。また、(4)個人レベルでの就業状況を把握する。〈C〉生活サポート要件群、(5)移動手段の確保のための車の運転免許の保有状況（自助）、(6)他出している子供やその世帯の情況、他出場所、職業、往来頻度、Uターンへの意識、および相互サポートの実態を把握する（共助）。(7)行政からの様々の公的サービスの情況（公助）である。〈D〉継続性要件群、(8)結婚問題に関する状況把握と、(9)後継者の継承問題への把握である。後継者の確保情況や子供の進路、およびU・Jターンの意志や相続問題を把握する。〈E〉地域統合要件群、集落維持の運営状況や集落リーダーの資質や性格など。

以上のような、生活に根ざした人々の暮らしの【生活基盤要件】を再整理し、総合的分析を加えることによって集落の

将来像を【存続・安定】から【危機・不安定】の程度を判定することができる。これが【集落診断】である。人口減少を危機論的に煽り経済的活動の単一要因の活性化から、地域や社会の課題を解決しようという増田レポート的な発想とは、異なった本書の分析パラダイムの概要も紹介できたと考える。その具体例は以下の諸章でより具体的に展開されることになるだろう。

[注]

（1）生活構造とは多様な定義の仕方があるけれども、ここでは「個人および世帯・家族、集落、職場を軸にした生活基礎集団の日常生活を支えるため、諸生活要件群から構成される、その個人および生活基盤集団の維持・存続を図るための要件連関システム」と定義しておく。なお、生活要件群については本章34ページに詳述してある。

（2）「増田レポート」とは、具体的には（増田他 2013、2014）を指す。後に新書（蓮田編著（2014）としてまとめられた。

（3）撤退の農村計画とは、条件不利地域ではもはや「すべて守る」ことは不可能であり、「撤退」について真剣に検討すべき時期にさしかかっているという認識に立つ論者たちから提唱された政策提言。詳しくは論者たちのウェブサイト（http://tettai.jp/ 2015年2月22日閲覧）および（林他 2011）を参照。

（4）人口増加型分析パラダイムを批判し、縮小を前提とする地域分析や地域計画の必要性を主張した筆者の研究として、徳野（1998、2002a）がある。さらに徳野（2010）では、T型集落点検などの具体的な方法論も含めて議論をさらに展開している。

（5）完結出生児数とは、「夫婦が結婚後、十分に時間が経過して、もはや子どもを生まなくなった時点の子ども数」(http://www.mhlw.go.jp/toukei/list/118-1b.html 2015年2月22日閲覧）のことである

（6）合計特殊出生率とは、「15〜49歳までの女性の年齢別出生率を合計したもの」で一人の女性がこの期間に産む子供数の近似値である。年次比較などで用いるのは「期間合計出生率」であり、本章で用いる値もこれである（http://www.mhlw.go.jp/toukei/saikin/hw/jinkou/geppo/nengai1/sankou01.html 2015年2月22日）。

（7）1990年代以降、従来の「若者流出型」の過疎にくわえ、農山村未婚男性の増加によって出生数が減少し、子供がいない世帯が増加する「少子型過疎」が生じていると山本努（2013）は指摘している。

（8）西日本新聞 2015年2月21日朝刊 「人口減少社会を考える」第2部 "消滅"の衝撃 第7回、「生活圏 "限界" 線引きする前に」

[参考文献]

木村亜希子 2013「現代農山村における結婚難——生活構造論的視点から」『社会分析』40号 p. 21-39

林直樹・齋藤晋編 2010『撤退の農村計画——過疎地域からはじまる戦略的再編』学芸出版社

増田寛也＋人口問題研究会 2013『2040年、地方消滅。「極点社会」が到来する』中央公論』12月号 p. 18-31

増田寛也 2014「提言。ストップ「人口急減社会——国民の「希望出生率」の実現、地方中核拠点都市圏の創成」『中央公論』6月号 p. 18-31

増田寛也編著 2014『地方消滅』中央公論新社

森岡清美 1967『家族社会学』有斐閣

農文協編 2014『規制改革会議の「農業改革」20氏の意見』農山漁村文化協会

大野晃 2005『山村環境社会学序説——現代山村の限界集落化と流域共同管理』農山漁村文化協会

徳野貞雄 1998「少子高齢化時代の農山村社会」山本努・徳野貞雄・加来和典・高野和良『現代農山村の社会分析』学文社 p. 138-170

―― 2002a「人口増加型パラダイムの脱脚をめざして」『地域開発』449号 p. 7-13

―― 2002b「過疎論のニューパラダイム」『農業と経済』68巻4号 p. 14-22

―― 2007『農村の幸せ、都会の幸せ』NHK出版

―― 2010「縮小論的地域社会理論の可能性を求めて」『日本都市社会学会年報』28号 p. 27-38

―― 2011a『生活農業論——現代日本のヒトと「食と農」』学文社

―― 2011b「集落維持・存続の分析枠組み」『社会福祉学研究』8号 p. 25-141

徳野貞雄・柏尾珠紀 2014『家族・集落・女性の底力——限界集落論を超えて』農山漁村文化協会

山本努 2013『人口還流（Uターン）と過疎農山村の社会学』学文社

第 1 部

地域と家族の暮らし

第1章 都市・農村の良いところ・悪いところ
―― 過疎農山村研究の2つの課題 ――

山本　努

1 都市の良いところ、農村の良いところ・悪いところ

地域社会には都市と農村という両極が設定できるが、それぞれに優っているところ、劣っているところがある。そこで、現代（日本）の都市や農村の優れたところ、劣ったところについてのいくつかの見解を示しておきたい。

(1) 祖田の見解

これについて、まず、周到な一覧は祖田（1997）の表1がある。これは「農村の魅力」「都市の魅力」「農村の欠点」「都市の欠点」を経済、生態環境、生活―社会的・文化的の3側面で比較を試みたものである。ここから「農村の魅力（たとえば、水、空気のおいしさ）」の逆が「都市の欠点（たとえば、大気、河川の汚れ）」であり、「都市の魅力（たとえば、ビジネス・チャンスの多さ）」の逆が「農村の欠点（たとえば、就業機会が少ない）」であることがわかる。つまり、都市と農村は相互補完的な関係にあり、「都市民は農村の魅力を、農村民は都市の魅力を欲し、両者の適切な結合」（祖田 2000, p. 183）が必要である。したがって、現代社会においては、「都市と農村の適切な結合」なくしては、持続的農村の形成にも、都市人の総合的価値の実現にも展望を与えるのは難しいだろう（祖田 2000, p. 190）。したがって、この問題は非常に重要である。

表1 都市・農村の魅力と欠点

A 農村の魅力	B 都市の魅力
[経済的側面] ◆家族経営や兼業の持つ強みと面白さ◆安い土地と広い家・屋敷・離れ座敷◆安い生活費◆十分な物置の場所（使い捨ての回避）◆山菜・きのこ・野菜などを利用した多数の漬物（味噌蔵）などでの貯蔵◆手作りの味噌◆庭先の果実（柿，なし，みかん，ブドウ，びわ…）◆家庭菜園の野菜（家族の仕事・趣味）◆通勤時間・信号や渋滞の少なさ　など [生態環境的側面] ◆水・空気のおいしさ◆冷涼な湧き水・井戸水の利用◆あふれる自然と景観美◆移り変わる四季と成長する生命の実感◆十分な日照◆庭園の借景◆多様な植物・動物の存在と接触◆無農薬で安全で新鮮な食品の自給◆小川の清水と沢が，岸辺の草花◆鳥の鳴き声や姿◆温泉◆集落を還流する小さな河川と池，鯉や亀の飼育◆物のリサイクル利用の可能性・地域エネルギー利用可能性　など [生活一般的・文化的側面] ◆社会の協同性・連帯性・義理人情◆親しみやすく暖かい人間関係（内部の開放性）◆ゆとりと安らぎ（農村的生活リズム）◆治安の良さ◆子供を育てるのに良い環境（自然体験，遊び場の広さ，手づくりの遊び）◆感謝の念◆心と体のバランスを保てる・多様性・安定性・永続性◆年齢や性にあった農作業がある◆トータルな人間性の回復◆自営の独立性・自由性◆農閑期の自由性◆伝統行事や新しいグループ活動への参加◆晴耕雨読の可能性◆農村的な芸術・趣味・研究活動と素材の豊富さ（俳句，陶芸，木工，魚釣り，染色と織物，民謡，各種伝統芸能，絵画，郷土史研究，方言研究，農民文学など）◆庭園・盆栽・菜園作りの楽しさ　など	[経済的側面] ◆ビジネス・チャンスの多さと成功の可能性◆市場・業界・政界・消費者情報などの収集に便利◆高等専門教育の機会と人材の豊富さ◆就業機会の多さ◆多様な職種と選択可能性◆賃金・所得の高さ◆先端的な消費生活◆集中・集積に伴う経済的利益・交通・運輸の利便　など [生態環境的側面] ◆自然生態系を破壊した完全に人工的な都市空間（スマートな高層建築，街路樹とフラワーボックス，都市公園）　など [生活―社会的・文化的価値] ◆各種生活施設の整備（上下水道，ガス，道路，情報）◆買い物に便利◆先端的で華やかな生活◆流行に遅れない◆医療システムの充実◆スポーツ・娯楽施設の充実（サッカー，野球，遊園地，飲食店，映画，演劇，ダンス，盛り場）◆多様な接触・社交の仲間が多い◆恋愛・結婚へのチャンスが多い◆文化施設の充実（博物館，美術館，図書館，水族館）◆教育施設の充実（大学，専門学校，研究所，各種生涯学習施設，職業訓練施設，子供の学習塾）◆知識・芸術・文化など情報収集・交流の機会が多い◆社会参加の種類と機会が多い（社会奉仕，社会事業，赤十字，NGO，各種市民運動）◆しきたり・家柄・身分・慣習・因習・古い倫理からの人間解放◆匿名性や秘密性◆ある種の無責任性◆変化と流動性◆刺激性と緊張性◆人生の生き方の多様性を許容する　など
C 農村の欠点	D 都市の欠点
[経済的側面] ◆就業機会が少ない◆選択可能な職種の多様性が低い◆一般商店やコンビニ・ストアが少ないまたはない◆消費生活の華やかさがない◆交通・運輸の利便性が低い　など [生態環境的側面] ◆建築物など人工的な美がない◆鳥獣の害がある（猪，猿，鳥，鹿など） [生活―社会的・文化的側面] ◆かなりの農村に過疎性がある◆生活・文化的施設の少なさ（図書館，集会ホール，スポーツ施設，劇場，美術館，博物館など）◆生活環境整備の低さ（用排水施設，道路，鉄道，バス）◆買い物の場が少ない◆人権意識が低い（特に女性の地位）◆家の構造とプライバシーの少なさ◆対外的な閉鎖性◆伝統固執的である　など	[経済的側面] ◆地価が高い◆事務所の賃貸料・家賃が高く家が狭い◆通勤時間が長い◆交通マヒ◆ゴミ問題・エネルギー問題など無駄が多い　など [生態環境的側面] ◆自然の欠如◆大気・河川の汚れ◆地下水の枯渇と汚れ◆飲料水の汚れ◆食品添加物入りの既成食品の氾濫◆日照の不足◆都市災害時の大量死の可能性◆地下利用・高層化・暖房による温室化効果◆限りのない都市農地や緑地の追い出しと宅地化・工場用地化　など [生活―社会的・文化的側面] ◆画一化と個性の埋没◆生活空間の過密性◆学校格差と校内暴力◆登校拒否や家庭内暴力◆青少年犯罪の増加・悪質化◆コミュニティーの欠如◆情報の過多◆過剰の競争性と過労死の可能性◆孤独と心身の健康阻害◆振動・騒音・喧騒◆核家族化と高齢者の疎外　など

出所：祖田修『都市と農村の結合——西ドイツの地域計画』増補版，大明堂，1997年，p. 248

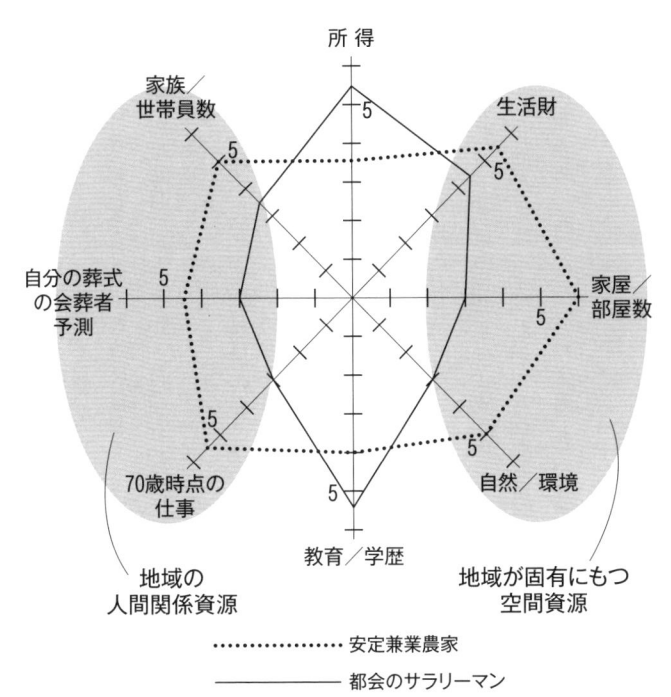

図1 都会のサラリーマンと安定兼業農家の生活社会指標

出所：徳野貞雄 2007『農村の幸せ，都会の幸せ』NHK出版，p. 135

ただし、表1は網羅的な対比であるがゆえに、都市・農村の〈魅力と欠点における〉本質的差異が判然としないという憾みがある。いろいろな有益な違いは十分説得的であり重要である。しかし、都市と農村におけるどの違いが本質的で重要なのか、そこが判然としないのである。

(2) 徳野の見解

これに対して、徳野（2007）の図1は祖田の表1に比べて、対比の項目が少数に限定されており、「農村の良さ」を示すのに成功している。具体的には、都市と農村のイメージを鮮明にするために、「都会のサラリーマン」と「安定兼業農家」の生活比較という設定で、所得、生活財（車やテレビ）、家屋／部屋数、自然／環境（食料）、教育（学校）／学歴（病院）、70歳時点の仕事、自分の葬式の

41　第1章　都市・農村の良いところ・悪いところ

会葬者予測、家族／世帯員数の8点で比較を試みている（ただし、カッコ内は徳野（2014a, p.149-152）で改訂された項目）。

ここから農村が都市よりも優れているのは、①生活財、家屋／部屋数、自然／環境（食料）からなる「地域が固有にもつ空間資源」、および、②70歳時点の仕事、自分の葬式の会葬者予測、家族／世帯員数からなる「地域の人間関係資源」、とされる。これに対して、都市が農村より優れているのは、獲得される所得と教育（学校）／学歴（病院）の2項目にすぎない。ただし、学校／病院は都市部に相当有利な項目と言っていいだろう。所得と教育／学歴は個人主義的、業績主義的に獲得される属性であり、個人の努力や達成によってはじめて入手可能なものである。これに比べて、上記の農村の良さは、地域で普通に暮らしていれば、大概の場合、地域が与えてくれる地域固有の良さである。

(3) 都市の良い・悪いところ、農村の良い・悪いところ

この図1から示されるのは、山本陽三（1981, p.24）が熊本県矢部調査で紹介した、農民の名台詞、「矢部は儲けるところでなく、暮らすところだ。農業は労働でなく仕事だ」と同型の認識であり、その具体的（経験的）提示と言えるだろう。徳野も山本もトータルな評価では、農村の評価は高く、都市の評価は低い。

ただし、図1には含まれなかった「都市の良さ」もあるだろう。これを考える時、表1の「都市の魅力」にある「人生の生き方の多様性を許容する」という項目は重要である。「都市の空気は人間を自由にする（Stadt Luft macht frei./City air makes men free.）」というドイツの古い格言があるが、これは今日でもかなりの程度、真実である。都市においてこそ可能な（逆に、農村（小コミュニティ）では難しい）、自由な個性の発揮、生き方の選択というのは、現代でも確かにあるだろう。とはいえ、図1は農村の良さを強調することに眼目がある。その限りで図1は非常に有益である。

第1部　地域と家族の暮らし　　42

2 都市の良さ、都市の可能性

(1) 社会的実験室としての都市

都市の良さに「人生の生き方の多様性を許容する」という特性があることは前項で見た。この点を都市の特徴のひとつに据えるのは、古くはソローキン＝ツィンマーマンの見解がある。すなわち、都市農村の有名な9項目比較（①職業、②環境、③人口量、④人口密度、⑤人口の同質性・異質性、⑥社会移動、⑦移住の方向、⑧社会分化・階層分化、⑨社会的相互作用組織）の5番目の項目で人口の同質性（農村）・異質性（都市）がそれである（1940, p. 3-98）。

またパークによれば、都市にはあらゆるタイプの人が暮らすことができる。これに対して、農村（小さなコミュニティ）ではそれが難しい。農村では「変人」は「普通でない者」と見られ、交際を切断され、孤独な生活を送ることになるという。「犯罪者でも、欠陥のある者 (the defective) でも、天才でも、都市では常に彼の生まれつきの性質を伸ばす機会があるが、小さな町ではそうした機会はないのである」（パーク 1972, p. 42）。これに対して、「都市の自由の中では、どんなに風変わりであろうとあらゆる個人が、各自の個性を伸ばしてそれを何らかの形で表現できる環境を、どこかで見つけ出す。もっと小さなコミュニティでも異常さが許容されることが時にはあろうが、都市の場合、それが報酬をもたらすことさえしばしばある」（パーク 1986, p. 34-35）のである。

このように都市はあらゆるタイプの人間の見方を提起した。つまり、ここから、パークは「小さなコミュニティでは普通の社会的実験室としての都市」(the city as social laboratory) という都市の見方を提起した。つまり、都市は「小さなコミュニティでは普通は曖昧にされ、抑圧されている（中略）人間性と社会過程を巧みに、また有効に研究できる実験室あるいは臨床講義室である」（パーク 1972, p. 47）と言えるのである。

43　第1章　都市・農村の良いところ・悪いところ

(2) 都市の下位文化理論

パークの「社会的実験室としての都市」に非常に似た内容を持つのが、フィッシャーの都市の下位文化理論 (subcultural theory of urbanism) である。どちらの理論とも都市の異質性、言い換えれば、「人生の生き方の多様性を許容する」という都市の特性を強調する。

フィッシャーによれば、「都市的なところに住むか都市的でないところに住むかによって、諸個人の社会生活はちがったかたちになる。しかもおもに、人口の集中によって人びとが特別の下位文化を形成できるようになるという理由からそうなるのである」(フィッシャー 1982＝2002, p. i)。

そして、人口の集中によって形成、強化された下位文化は、通常、以下の3つのタイプを含む。①非行少年やプロの犯罪者や同性愛者などの「逸脱 (deviant)」的と見なされている者、②芸術家や新興宗教教団の宣教師や知識人などの「変わっている (odd)」と見なされている者、③ライフスタイルの実験者やラジカルな科学者など「伝統やぶり (breakers of tradition)」と見なされている者、がそれである。①は逸脱、②と③は非通念性 (あるいは「自由さ」「型破り性」) (unconventionality) と呼ぶべき性格を持つ (Fischer 1984, p. 38)。

フィッシャーの言う都市の下位文化は「逸脱」や「非通念性」(つまり「変わっている」者や「伝統やぶり」と思われる者) を含んでいた。このような都市の革新性、自由さは古くはウェーバーの都市論にも指摘されていた。ウェーバーによれば、「文化の全領域にわたって、都市はたぐいない大きな貢献を残している」(1955, p. 175–176) のである。具体的には、都市は政党 (パルタイ)、民衆指導者 (デマゴーグ)、都市芸術、科学 (学問、数学、天文学など)、宗教 (ユダヤ教や初期キリスト教)、神学的思索、束縛されない思索 (プラトンなど) などを生み出す基盤であった。

このように都市が新しい文化を生むことは都市論の古典的な見解である。すなわち、フィッシャーの言う都市の下位文化は、「逸脱」や「非通念性」もこれと同じ系統の指摘である。

第1部　地域と家族の暮らし　　44

性」を通して、新たな社会的世界を形成する（契機になる）（フィッシャー 1996, p. 59）。「ある時代において非通念的なものは、次の時代において完全に通念的なものになりうる」（フィッシャー 1996, p. 363）のである。

農産物の価値が分かる

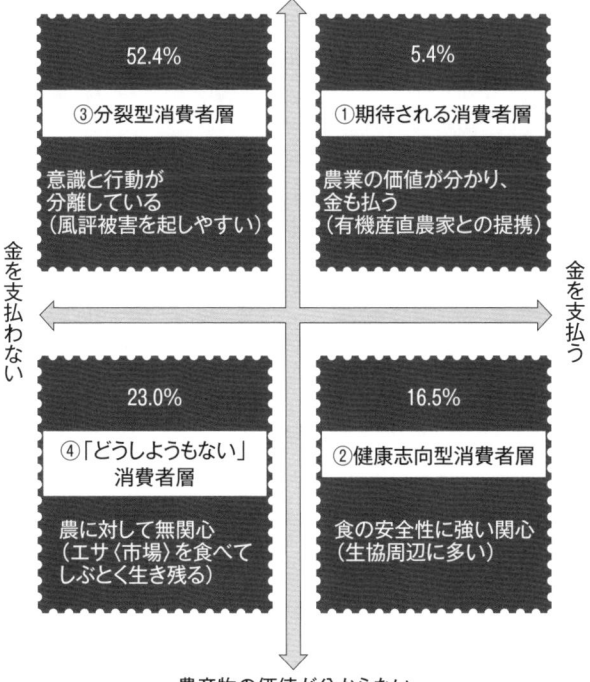

③分裂型消費者層 52.4%
意識と行動が分離している
（風評被害を起しやすい）

①期待される消費者層 5.4%
農業の価値が分かり、金も払う
（有機産直農家との提携）

金を支払わない ／ 金を支払う

④「どうしようもない」消費者層 23.0%
農に対して無関心
（エサ〈市場〉を食べてしぶとく生き残る）

②健康志向型消費者層 16.5%
食の安全性に強い関心
（生協周辺に多い）

農産物の価値が分からない

注：消費者類型は下記の選択肢からどれを選択するかによる。調査は2003年2月実施、福岡市内15歳以上の居住者781人有効回収（回収率78.1%）。
　1．「期待され」型…「食と農」は生命の源であるので、安全なものなら多少高くても買うし、虫がついても平気だ。また援農など農水産家を支援する活動にもなるべく参加している。
　2．健康志向型…家族の健康や食の安全性を守るために食生活に注意しているし、生協の購入活動や青空市場などもよく利用している。
　3．分裂型…食の安全性や家族の健康には日頃から注意しているが、特別なことはしていない。
　4．「どうしようもない」型…日々忙しくて、食のことは大事だと思うが、おいしいものが食べられればそれで満足だ。
　5．その他。

出所：徳野貞雄 前掲書, p. 90

図2　消費者の四対型

3 「食」と「農」の分離の問題

(1) 現代的消費者

祖田は「都市と農村の適切な結合」という問題を提起したが、それは逆に言えば、現状では都市と農村が「適切」には結合」されていないということである。それを徳野は「食」と「農」の分離の問題として提起している。「人間は、有史以来農耕をし、その生産物を食べるという意味で、[本源的生産者]＝[本源的消費者]であった。[本源的生産者]であると同時に[本源的消費者]であった。[本源的生産者]であると同時に[本源的消費者]という形態が崩れ、少数の生産者]であると、それは徳野によればこうである。

(3) 食べ物をめぐる消費者類型論

これらの都市の下位文化に見る非通念性を理解するにも有益である。徳野によれば都市の消費者は、1、期待される消費者、2、健康志向型消費者、3、分裂型消費者、4、どうしようもない」消費者が都市の消費者のドミナントなパターン（75・4パーセント）である（図2）。「分裂型」と「どうしようもない」消費者の食べ物をめぐる消費者類型論を理解するにも有益である。徳野（2011, p.35, 2007, p.90）の食べ物をめぐる消費者類型論を理解する」消費者が都市の消費者のドミナントなパターン（75・4パーセント）である（図2）。しかし、都市には、少数だが、農業の価値を分かり、お金も払い、有機産直農家と直接取引したり、援農にも行くという、期待される消費者（5・4パーセント）もいる。この人達は新たな社会的世界を生み出そうとしている人びとであり、都市の下位文化に見る「非通念性」の事例である。

都市はドミナント・カルチャー (dominant culture) として「化け物のような消費者」（徳野 2011, p.32-33）を生む。しかし、都市はそれに対抗するサブカルチャーも生むのである。ここにおいて、都市は農村の非常に重要なパートナーでもある。先に見たように祖田は「都市と農村の適切な結合」という問題意識を示したが（本章第1節①）、この問題の重要な一端がここにもあると言うべきであろう。

産者が農産物を作り、多数の消費者が農産物を商品として買うという形態が、高度経済成長以降一般化した」。その結果、「食」と「農」が大きく分離して、「農作物は自分で作らず、買うものだと考えている」現代的消費者が出てきたというのである（徳野 2011, p. 31-32）。そして、その現代的消費者の主要なタイプが図2の「分裂型」と「どうしようもない」消費者であった。ここには現代の大きな問題がある。

(2) 食糧自給率とフード・マイレージ

「食」と「農」の分離をマクロ（国家）レベルで示すのが食料自給率の問題である。これに対して、「食」と「農」の分離をミクロ（個人生活）レベルで示すのが現代的消費者の問題である。日本の食糧自給率（カロリーベース）に関しては、次の２つの基本的事実は重要である。

- その１　日本の食糧自給率は1960年の79パーセントがもっとも高かったが、2013年で39パーセントまで落ち込んでいる（農林水産省 2013）。
- その２　日本の食糧自給率は先進諸国の中では非常に低い。

このように食料自給率は現代の「食」と「農」の分離を考える重要な指数である。ただし、食糧自給率には日本の食料供給の構造を考える時、欠点もある。食料輸送の距離が含まれていないからである。日本の食料輸入は遠くの国からのものが多いのである。これに対して、欧米は近くの（地続きの）国々からのものが多い。しかし、食料自給率はその違いを何ら反映してない。

そこで考えだされたのがフード・マイレージという概念（指数）である。フード・マイレージとは、Sustain: The alliance for better food and farmingというイギリスの民間団体が提唱する「フードマイルズ（Food Miles）」運

動にヒントを得て、中田（2003）が提唱したインデックスである。フードマイルズとは、消費する食料の量に食卓から農場（生産地）までの距離を掛けた値である。これに対して、フード・マイレージは、輸入量と輸送距離を掛け合わせたもので、単位は t・km（トン・キロメートル）である。数式で示せば以下のようである。

フード・マイレージ＝ΣΣ（$Q_{j,k}$ × D_j）

ただし、$Q_{j,k}$＝輸入相手国（輸出国）j からの食料 k の輸入量
D_j＝輸入相手国（輸出国）j から当該国（輸入国）までの輸送距離

輸送距離を含めることは、次の3つの点から重要である。1つは輸送距離の長短は食料の安定供給に関わる重要な要素である。2つは、食の安全や品質への関心や懸念に関わる重要な要素である。3つは、輸送に伴う環境負荷の問題である。

(3) 日本のフード・マイレージの特徴

表2より各国のフード・マイレージの概要を見てみよう。以下の点が指摘できる。

- その1　日本のフード・マイレージ（実数）は非常に高い。韓国、米国の3倍、英仏独の5〜6倍程度になる。
- その2　日本の食料輸入量は多い。ただし、次に見る輸送距離ほどの格差はない。
- その3　食料の平均輸送距離は日本の値は非常に高い。韓国も高いがそれを上まわる。日本の平均輸送距離は米国の2倍強、英独仏の3倍から4倍程度である。

表2　各国のフード・マイレージの概要

	単位	日本	韓国	アメリカ	イギリス	フランス	ドイツ
食料輸入量 [日本＝1]	千t	58,469 [1.00]	24,847 [0.42]	45,979 [0.79]	42,734 [0.73]	29,004 [0.50]	45,289 [0.77]
同上（人口1人当たり） [日本＝1]	kg/人	461 [1.00]	520 [1.13]	163 [0.35]	726 [1.57]	483 [1.05]	551 [1.20]
平均輸送距離 [日本＝1]	km	15,396 [1.00]	12,765 [0.83]	6,434 [0.42]	4,399 [0.29]	3,600 [0.23]	3,792 [0.25]
フード・マイレージ（実数） [日本＝1]	百万t・km	900,208 [1.00]	317,169 [0.35]	295,821 [0.33]	187,986 [0.21]	104,407 [0.12]	171,751 [0.19]
同上（人口1人当たり） [日本＝1]	t・km/人	7,093 [1.00]	6,637 [0.94]	1,051 [0.15]	3,195 [0.45]	1,738 [0.25]	2,090 [0.29]

出所：中田哲也（2003）「食料の総輸入量・距離（フード・マイレージ）とその環境に及ぼす負荷に関する考察」『農林水産政策研究』5：45-59.

フード・マイレージは、食料輸入量と輸送距離の積である。日本のフード・マイレージが高いのは、食料輸入量が多いという要因もあるが、平均輸送距離が極端に長いという要因が大きく関与している。つまり、「食」と「農」の分離の問題は日本においてより極端に現れている。なお、人口1人当たりで見ると、以下の点が指摘できる。

- その4　人口1人当たりのフード・マイレージも、日本の値は非常に高い。韓国も高いがそれを上まわる。英国が日本の半分程度、独仏米国が3割以下から1割5分程度の値である。
- その5　ただし、人口1人当たりの食料輸入量は日本は多くない。米国よりは多いが、英仏独韓よりもやや少ない。

したがって、日本の人口1人当たりのフード・マイレージが高いのは輸入距離の長さに起因するということである。このように輸入距離は日本の食糧供給の大きな問題である。千葉（2005, p.82）はコンビニの「和風幕の内」弁当の食材がいかに遠くの国々から輸入されているか（なんと輸送距離、約16万キロメートル＝地球4周である！）を示している。コンビニ弁当はここでの議論を理解する身近な実例になる。これは、徳野（2011, p.33-34）の言う「外材和食」

49　第1章　都市・農村の良いところ・悪いところ

4　都市に吸い寄せられる人口

(1)「極点社会」

さて、「食」と「農」の分離の問題は重要である。この問題を国内の地域に投影すれば、都市と農村、3大都市圏と地方圏の問題と言い換えられる。「食」(消費者) は都市 (3大都市圏)、「農」(生産者) は農村 (地方圏) という住み分けが、大枠としては成り立つからである。

そこで、ここでは、3大都市圏と地方圏の転入・転出超過の動きを見ておきたい。図3によれば、3つの移動時期を中心に膨大な人口が地方圏から大都市圏へ移動した。そして、その動きは今後もとどまる見込みはない (理由は第4節(3)で触れる)。ここから引き起こされるのは、ひとつは、都市圏 (特に東京圏) への人口集中であり、ふたつは、地方圏の人口減少である。このような社会を増田 (2013, p. 27) は「極点社会」と名づけている。すなわち、「東京圏をはじめとする大都市圏に日本全体の人口が吸い寄せられた結果、現れるのは、大都市圏という限られた地域に人々が凝集し、高密度の中で生活している社会」がそれである。

(2)「人口のブラックホール現象」と「地方消滅」

「極点社会」では、大都市圏 (特に東京圏) のみが大量の人口を吸収するが、大都市圏の出生率は非常に低いので、都市は消滅の方向に向かう。増田 (2013, p. 28) はこのような現象を (都市の)「人口のブラックホール現象」と言う。あわせて、地方は「若年層」の流出から、出生力が低下して、こちらも「地方消滅」の方向に向かう。すなわち、「極点社会」は都市 (特に東京) と地方 (特に過疎農山村地域) の両極から消滅しつつある社会である。

「人口のブラックホール現象」は都市の低出生率を意味している。それは従来の社会学の都市認識と一致しており（たとえば、後掲のソローキン＝ツィンマーマンの都市認識）、新しい現象（認識）ではない。ただし、この用語のユニークさは、都市（東京）への人口移動（集中）と都市での超低出生率（消滅）を連動した社会過程として捉えたところにある。すなわち、大量の人口が都市に吸い込まれて、消耗され、消えてゆくという過程を巧みに表現している。

(3) 都市の魅力（あるいは向都移動）を生み出す要因：経済的優位性と自由と是認

　その社会過程の前半である、地方から大都市（東京）への人口移動（向都移動）は収まりそうにない。向都移動

これまで3期にわたり大きな人口移動があった。

三大都市圏及び地方圏における人口移動（転入超過数）の推移

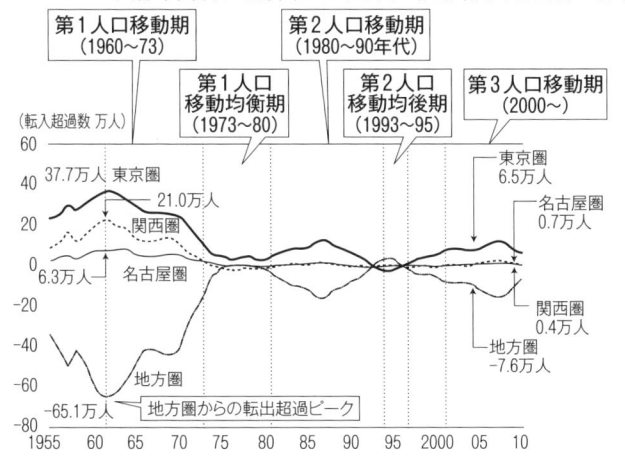

第1人口移動期（1960〜73）
第1人口移動均衡期（1973〜80）
第2人口移動期（1980〜90年代）
第2人口移動均衡後期（1993〜95）
第3人口移動期（2000〜）

（転入超過数 万人）
東京圏 37.7万人 → 東京圏 6.5万人
関西圏 21.0万人 → 名古屋圏 0.7万人
名古屋圏 6.3万人 → 関西圏 0.4万人
地方圏 -65.1万人（地方圏からの転出超過ピーク）→ 地方圏 -7.6万人

出所：増田寛也編著『地方消滅――東京一極集中が招く人口急減――』中央公論新社, 2014年, p. 20
注：上記の地域区分は以下の通り。
　東京圏：埼玉県, 千葉県, 東京都, 神奈川県
　名古屋圏：岐阜県, 愛知県, 三重県
　関西圏：京都府, 大阪府, 兵庫県, 奈良県
　三大都市圏：東京圏, 名古屋圏, 関西圏
　地方：三大都市圏以外の地域

図3　人口の社会移動の推移

は大都市の雇用や所得などの経済的な優位性に起因するが、その優位性の構造はそう簡単に反転しそうにないからである（増田ほか 2013, p. 25）。

とはいえ、大都市への人口移動が経済的要因によってすべて説明されるわけではない。以下の社会学的要因も非常に重要である。

まず、都市ではどんな人間も個性を自由に表現できる。都市のこのような性質については、本章第2節(1)(2)の都市論（パークの「社会的実験室としての都市」やフィッシャーの「都市の下位文化論」）で示した。「窮屈」な田舎から、「自由」な都市へ移動した人々が少なからずいることは容易に推察がつく。

また、都市は人々の能力や活動に是認 (sanction) を与える。これについては、ソローキン＝ツィンマーマン (1940, p. 66-67) の次の指摘が説得的である。すなわち、「社会における個人の垂直的循環（社会的昇進および下降）の通路としての役目をなすあらゆる機関、大学、教会、財政的及び経済的力の中心、科学、美術、文学の中心部、国会、有力新聞、および他の〝社会的昇降機 (social elevators)〟は都市にあって、田舎にない」。かくて「富める農夫はなお単に農夫にすぎないのであり、且つ世界に広く知られる事はない」。こちらも都市の大きな魅力であり、都市への移動を生み出す要因である。

以上から、地方圏からの都市圏への人口移動の要因は雇用、お金などの経済的要因も重要であるが、「自由」の追求や「夢」の実現などの社会学的要因も重要である。都市の魅力、つまり、都市への人口移動の構造は、このように非常に強固にできており、そう簡単には崩れそうにない。

第1部　地域と家族の暮らし　52

5 今日の農山村研究の2つの重要課題

(1) 2つの重要課題：出生と人口移動の研究

都市の魅力（＝大都市に向かう人口移動の構造）はそう簡単には崩れないので、現状では「極点社会」（「人口のブラックホール現象」＋「地方消滅」）の構造を反転させるのは難しい。しかし、反転のない場合、「消滅」に向かうのが「極点社会」である。したがって、反転の可能性をさぐるには、少なくとも、2つの研究が必要である。ひとつは高出生率（地域）の研究であり、いまひとつは地方（過疎農山村など）への人口移動の研究である。前者は「人口のブラックホール現象」の、後者は「地方消滅」の反転を意図した研究である。

(2) 高出生率（地域）の研究：南西諸島の高出生率調査（徳野 2014b）

そこで、高出生率（地域）の研究に関しては、所得が低い九州・沖縄の離島地域でなぜ、出生率が高いのかを分析した徳野（2014b, p. 173-224）の研究が重要である。徳野によれば、東京（つまり「人口のブラックホール現象」）の対極にある離島では、「住民が生活しやすいから、出産・育児などの総体の子育てという社会的行為が容易にでき、それゆえに出生率が高い」（徳野 2014, p. 174）という仮説（現状分析）が示される。この仮説は出生の「生活要件充足」仮説とでも名づけることができる。「生活要件充足」仮説は出生の原因を景気の低迷などに求める「経済構造決定仮説」への対抗仮説を意図している。

これら2つの仮説に対して、「子ども債務（資産）仮説」とでも呼ぶべき、パークやバーガーらの見解を置いておけば、仮説は少なくとも3つ成り立つ。パーク（1916＝1972, p. 45）によれば、「子どもは田舎では資産であるが、

53　第1章　都市・農村の良いところ・悪いところ

回答者総数 381 人）

主な定住理由	家　　族	その他の特色	正常・異常
地域愛着	大・直系家族多い	＊	正常
後継者・地域愛着	大・直系家族多い	＊	正常
仕事や商売上の都合	小・独居多い	やや若い	正常
土地・自宅・家族	大・直系家族多い	女性が多い	正常
自然環境・周辺環境	小・夫婦家族多い	転入やや遅い	正常
家族・社会関係，その他	中・独居やや多い	無職が多い，40代50代の転入が多い	やや異常

よび 110～135 頁参照。
はない。

都市では負債である」。資産は増やしたいが、負債は減らしたい。ここから農村の出生率は高く、都市の出生力は低いのかもしれない。

これら3つの仮説の優劣に目配りしながら、出生率問題から見ると「大都市よりも『社会的辺境』と言われている離島社会の方が、暮らしやすい社会ではないか」という徳野（2014, p. 177）の論争的な仮説（現状分析）を検討するのは今後の研究の重要な課題である。

(3) 地方（過疎農山村など）への人口移動の研究：過疎農山村地域への人口還流研究（山本 2013）

ついで、地方（過疎農山村など）への人口移動の研究については、山本（2013）の人口還流（Uターン）研究を示しておきたい。人口還流研究は「第1人口移動均衡期（1973～80年）」頃の都市圏への流入人口の鈍化を反映して、一時かなり活発に研究が行われた。しかし、その後、都市圏への人口集中が再び進み（図3）、研究は明確な結論を示すことなく、いつのまにか消えてしまった（山本 2013, p. 111-112）。

とはいえ、還流人口（Uターン）を含めて、様々の流入人口（婚入、仕事転入、Iターン、Jターン、その他）や定住人口（土着）が過疎農山村地域を支えているのは事実である。したがって、これら人口層の定住経歴、生活選択、生活構造などの研究は非常に重要である。たとえ

表3 定住経歴別生活構造の特徴（北広島町調査：2006年8月実施，20〜59歳層，

	人口割合	地域移動	田園回帰	明確な定住意思
土着	21.0%	小	中間的	持つ者多い
Uターン	33.6%	大・都市的	中間的	持つ者多い
仕事転入	9.2%	中間的・ローカル	極小	持つ者少ない
婚入	27.6%	中間的・ローカル	中間的	持つ者多い
Iターン	4.2%	大・都市的	大	持つ者多い
その他	3.9%	大・都市的	極小	持つ者少ない

出所：山本（2013）所収，表6-4，表6-17より。調査でのワーディングは同所収，図6-1お
注1：正常・異常は鈴木榮太郎（1969）の意味で用いる。もちろん，価値判断を含む用語で
注2：Jターンは非常に少数（0.5%）なので表に記載していない。

ば、中国山地の過疎山村地域である広島県山県郡北広島町での調査（2006年8月実施）によれば、地域の中核（20〜59歳）層の定住経歴は、土着21.0パーセント、Uターン33.6パーセント、仕事転入9.2パーセント、婚入27.6パーセント、Iターン4.2パーセント、Jターン0.5パーセント、その他3.9パーセントとなった（表3、定住経歴別の生活構造の特徴も参照されたい）。過疎地域は人口減少がとまらず、非常に厳しい新たな局面があるのは事実だが（山本、高野 2013）、このような地域を支える人口の動きや生活構造もあわせて研究される必要があるだろう。

(4) 人口還流研究の意味：ソローキン＝ツィンマーマン（1940）の見解

都市から農村への人口移動は地域社会学の古くからの課題である。ソローキン＝ツィンマーマン（1940）においてすでに反対流による移住流補償の法則 (the law of compensation of migratory current by counter-current) という問題が取り上げられている。すなわち、「都市の中心に移住者の流入するごとに、ある程度、他の場所に都市生まれのものの流出が行われるということは疑いのないこと」であり、たとえば「合衆国の都市への農村移住民の流入は、一部都市生活者 (the urbanites) の田園への移動を伴っている」などという問題がそれである（ソローキン＝

55　第1章　都市・農村の良いところ・悪いところ

ツィンマーマン 1929＝1940, p. 302）。このような問題は今日の人口還流研究にきわめて近い。

ソローキン＝ツィンマーマンによれば、この反対流（＝人口還流）は社会の存続にとって重要な問題である。「非常に都市化して充分農村的脊地をもたぬ社会（a highly urbanized society with an insufficient rural hinterland）は長くかつ首尾よく存続し得るかどうか非常に疑わしい」（前掲 p. 367）からである。反対流が「農村的脊地」を支えるひとつの重要な基盤であることはいうまでもない（この点は、表3も参照されたい）。ただし、ソローキン＝ツィンマーマンらの問題提起はあるものの、その後この分野での研究が蓄積されているとは思えないのである。

おわりに

(1) ソローキン＝ツィンマーマンに見る高度に都市化した社会の将来

ソローキン＝ツィンマーマン（1940, p. 362-364）は高度に都市化した社会の将来を予測して、以下のように言う。「超都市化せる社会の将来はいかになりゆくのであるか（中略）。この質問に対する答えは、その高度に都市化した社会が（中略）農村的脊地を有するか或いは如何なる農村的脊地をも有しないかによる事が大きい」。そして、その「農村的脊地」が充分にある場合には社会の存続に問題はないが、「もしも農村的脊地が少な過ぎるならば、（中略）而も農村地域が既にかなり半農半都市化（rurbanized）されて居るならば、斯かる社会の安定性は著しく危険なものである」という。

その理由は、「都市化した地域は、その社会の増大を来す事ができない程、出生率が非常に低くなりがちである。また、僅かな農村地域は既にかなり半農半都市化して居るのでまた出生率が非常に低くなりがちである」からである。このような状態においては、「その社会は純粋に人口が停滞するようになるか又はそれよりも事実に近いのであるが規則だって人口が減少するようになる。その結果徐々に或いは急激にその社会は死滅する」（ソローキン＝

第1部 地域と家族の暮らし 56

ツインマーマン 1940, p. 365）のである。[7]

(2) 高出生率地域研究と人口還流研究の位置

ここにあるのは、まさに現代の日本社会の姿と思われる。本章では、都市・農村の良いところ・悪いところについて考えながら、過疎農山村研究の課題について検討してきたが、ソローキン＝ツィンマーマンの予測（問題提起）は非常に適切であったと言える。現代の過疎農山村地域はまさに大きく都市化が進み、日本社会でも半農半都市化の事態がある（山本 1998）。そしてそこに見られるのは、「都市社会は死滅しつつある消費社会である」と指摘された都市の超低出生率（鈴木 2001）、および、過疎地域での少子型過疎（山本 2013, 山本 1996）の同時進行である。増田（2013）の「極点社会」（「人口のブラックホール現象」＋「地方消滅」）もまさに、ソローキン＝ツィンマーマンの予測した事態である。

その現実に対応して、過疎農山村研究の2つの重要課題として高出生率（地域）研究と人口還流研究を示した。ただし、これら2つは本来、別個に進められる研究ではない。人口還流によって出生は促進されるし、出生は還流人口の基盤であるからである。したがって、出生と人口還流（流入人口）の研究は総合して同時並行的に進められるべき課題である。[8]

また出生と還流（流入）は、地域人口の自然動態、社会動態の一部であり、地域人口の土台である。現代の過疎農山村では地域人口の土台がまさに問われている。これは現代の過疎が地域人口の全年齢階層での総体的人口減少（「高齢者減少」型過疎、「消える村」）の段階（山本 2013, 山本・高野 2013）に入ったことに対応する問題である。

このように高出生率（地域）と人口還流の2つの課題は非常に重要である。しかし、この課題は地方（農山村）研究の一部という位置づけでもある。現代の地方地域社会研究には種々の重要問題が山積しているのである。[9]

[付記] 本章の増補は山本（2015）がある。本章では紙幅の関係で割愛せざるを得なかった部分を含んでいる。ご参照くだされればありがたい。本章は科学研究費補助金（高野和良九州大学教授研究代表：研究課題番号25380740、山本努研究代表：研究課題番号23530676）による。

[注]

(1) これはドイツの自由都市に荘園から農奴が逃れてきて、1年と1日都市の空気を吸ったら、その農奴を自由民に認めていたことをいう（パーク 1972, p.12, 佐藤次高・木村靖二・岸本美緒 2006, p.147）。ただし、ウェーバー（1979, p.637）によれば、1年と1日ではなく、「期間はまちまちであるが、ともかく比較的短い一定の期間」とある。

(2) 他国の食糧自給率（カロリーベース）はカナダ223パーセント、オーストラリア187パーセント、アメリカ130パーセント、フランス121パーセント、ドイツ93パーセント、イギリス65パーセント、イタリア59パーセント、スイス56パーセント、韓国50パーセントなどである（2010年の数字、「農林水産省／食料自給率とは」http://www.maff.go.jp/j/zyukyu/zikyu_ritu/011.htmlより）。

(3) 日本の食料輸入国は輸入重量（トン）で見ると、米国38パーセント、カナダ12パーセント、中国12パーセント、オーストラリア7パーセント、タイ5パーセント、フィリピン4パーセント、ブラジル4パーセント、メキシコ2パーセント。その他の国16パーセント、となる（平成21年度輸入食品監視統計より。詳しくは、http://www.mhlw.go.jp/topics/yunyu/dl/07toukei.pdf）

(4) 移動人口は1954～2009年で1147万人に達している（増田ほか 2013, p.23）。この数は九州7県の人口（1311万人、総務庁統計局平成25年10月1日人口推計値）より少し少ないが中国5県の人口（747万人、同上）を明確に上まわる膨大な人口である。

(5) 都市への人口移動に社会学的要因が重要であるのは、たとえば、劇作家、評論家の倉田百三（2002, p.235-244）の自伝が例証になる。倉田は「草深い田舎」（広島県庄原市）の裕福な呉服商の子で、「家業を継ぐなら父の大喜びなのは解りきっている」が、「大きな精神と、自由の気魄とのある東京の学校に行きたい」と願っている。「僕は哲学者になりたいのです」と懇願する倉田に、「父は私をあわれむのあまり、私の遊学を許した。但し一高はいけない。早稲田の専門部に3年間だけ遊学してくるがいいというわけだ。私はもう決心していた。断じて一高を受ける。（中略）私はもうどんな事があっても商業は継がない」と書

いている。倉田は結局、旧制広島県立三次中学校から、第一高等学校に進んでいる。また、「一高はいけない」、早稲田の専門部に」といった「父」の発言も学歴の社会的機能を考える上で興味深い。

(6) 同じく、バーガー＝バーガー（1972＝1979, p. 102）の次の言明も有益である。「出生率の減少には、明らかに経済的な意味がある。家族が生産の単位から消費の単位に変貌するにつれて、子どもは、経済的資産でなく、経済的な債務となった。たとえば農家では、家族が経済的にみて役に立つ者でありうるが、都会のアパートに住む公認会計士の家族では、〈経済的にみて〉子どもにできることといえば費用を作り出すことだけである」。

(7) ここで半農半都市化（rurbanization）とは次のような事態である。ソローキン＝ツィンマーマンによれば、都市・農村の分化ないし相違の程度は歴史的に見ると、①微少→②拡大→③拡大の頂点→④縮小といった形の放物線的趨勢をなす。そして、現代はこの放物線的趨勢の最終局面④にあり、都市と農村の相違が希薄化した（しつつある）時代にある。ここに見られるのが、半農半都市化という事態にほかならない。

ただし、この半農半都市化は、「農村地方において都市社会及び文化の基礎的な特徴がより強力に浸透し（中略）、都市部分に田舎の特徴の二、三がより弱い程度においてであるが浸透して行くという方法において行われる」（前掲 p.335）、すなわち、半農半都市化のプロセスは「都市の農村化」と「農村の都市化」の2つのプロセスを含むが、「都市の農村化」より「農村の都市化」において強力に進行する。

(8) 徳野（2014b）の高出生率調査には人口還流分析が、山本（2013）の人口還流調査には家族構成分析が含まれているので、実際の研究もこのような方向性を持っている。

(9) この研究課題は非常に多岐にわたるが、増田ほか（2014）に示された政策項目は議論のスタートに参考になる。また、本章では、地方という言葉を「国内における非中枢的な地域社会」の意味で用いたい。この用語の使い方、および、地方地域社会研究の必要性は山本（2008）を参照。

[参考文献]

Berger, P. L. and B. Berger 1972, *Sociology: A Biographical Approach*, Basic Books.（＝1979 安江孝司・鎌田彰仁・樋口祐子訳『バーガー社会学』学研）

千葉保 2005『コンビニ弁当16万キロの旅』太郎次郎社エディタス

Fischer, C. S. 1982, *To Dwell among Friends: Personal Network in Town and City*, The University of Chicago Press.（＝2002 松本

康・前田尚子訳『友人のあいだで暮らす――北カリフォルニアのパーソナルネットワーク――』未来社）

倉田百三 1894 *The Urban Experience*, Harcourt Brace Jovanovich．（＝ 1996 松本康・前田尚子訳『都市的体験』未来社）

倉田百三 2002『光り合ういのち――わが生いたちの記――』倉田百三文学館友の会

増田寛也編 2014『地方消滅――東京一極集中が招く人口急減――』中央公論新社

増田寛也＋人口問題研究会 2013「2040年、地方消滅。「極点社会」が到来する」『中央公論』12月号：p. 18-31

―― 2014「提言 ストップ「人口減少社会」――国民の「希望出生率」の実現、地方中核拠点都市圏の創成――」『中央公論』6月号 p. 18-31

中田哲也 2003「食料の総輸入量・距離（フード・マイレージ）とその環境に及ぼす負荷に関する考察」『農林水産政策研究』5号 p. 45-59

農林水産省 2013「よくわかる食糧自給率（平成25年11月）」

Park, R. E. 1916 "The City: Suggestions for the Investigation of Human Behavior in The Urban Environment", *American Journal of Sociology*, 20, 577-612（＝ 1972 大道安次郎・倉田和四生訳「都市：都市環境における人間行動研究のための若干の提案」R・E・パーク、E・W・バーゼス他『都市：人間生態学とコミュニティ論』鹿島出版会 p. 1-48）

―― 1929 "The City as Social Laboratory", Smith, T. V. and L. D. White eds., *Chicago: An Experiment in Social Science Research*, The University of Chicago Press, 1-19．（＝ 1986 町村敬志訳「社会的実験室としての都市」R・E・パーク『実験室としての都市――パーク社会学論文選』御茶の水書房 p. 11-35）

佐藤次高・木村靖二・岸本美緒 2006『詳説 世界史B』山川出版

祖田修 1997『都市と農村の結合――西ドイツの地域計画』大明堂

―― 2000『農学原論』岩波書店

Sorokin, P. A. and C. C. Zimmerman 1926 *Principles of Rural-Urban Sociology*, Henry Holt and Company．（＝ 1940 京野正樹訳『都市と農村――その人口交流――』巌南堂書店）

鈴木榮太郎 1969『都市社会学原理』（著作集第Ⅵ巻）未来社

鈴木広 2001「アーバニズム論の現代的位相」金子勇・森岡清志編『都市化とコミュニティの社会学』ミネルヴァ書房 p. 1-15

徳野貞雄 2007『農村の幸せ、都会の幸せ――家族・食・暮らし――』NHK出版

―― 2011『生活農業論――現代日本のヒトと「食と農」――』学文社

―― 2014a「現代農山村分析のパラダイム転換――「T型集落点検」の考え方と実際――」徳野貞雄・柏尾珠紀『家族・集落・

山本努 1996『現代過疎問題の研究』恒星社厚生閣

―― 1998「過疎農山村研究の新しい課題と生活構造分析」山本努・徳野貞雄・加来和典・高野和良『現代農山村の社会分析』学文社 p. 2-28

―― 2008「地方からの社会学」の必要性」堤マサエ・徳野貞雄・山本努編『地方からの社会学――農と古里の再生を求めて』学文社 p. 1-11

―― 2013『人口還流(Uターン)と過疎農山村の社会学』学文社

―― 2015「都市と農村の機能的特性と過疎農山村研究の二つの重要課題――高出生率地域研究と人口還流研究の位置――」『県立広島大学経営情報学部論集』7号 p. 59-83

―― /高野和良 2013「過疎の新しい段階と地域生活構造の変容――市町村合併前後の大分県中津村調査から――」『年報村落社会研究』49号 p. 81-114

山本陽三(山本陽三先生遺稿集刊行会編) 1981『農の哲学』御茶の水書房

ウェーバー、M./黒正巖、青山秀夫訳 1955『一般社会経済史要論（下巻）』岩波書店

―― /倉沢進訳 1979「都市」尾高邦雄編集責任『ウェーバー（世界の名著61）』中央公論社 p. 600-704

―― 2014b「南西諸島の高出生率にみる生活の充足のあり方――沖永良部島和泊町の生活構造分析から――」徳野貞雄・柏尾珠紀『家族・集落・女性の底力――限界集落論を超えて――』農文協 p. 173-224

女性の底力――限界集落論を超えて――』農文協 p. 114-172

第2章 農業と環境
―― 環境論としての生活農業論の可能性 ――

牧野厚史

1 農業と人間

　日本の人々の多くは、都市部に比べ農村部には豊かな自然があるというイメージを持っている。内閣府が行っている様々な世論調査の結果を見ても、農村に期待される役割として、自然の豊かさの維持が上位に入ることが多い。このイメージには、回答者の多数を占める都市の人々の考え方が投影されていると考えてよいだろう。つまり、都市の人々が自分たちの居住環境を思い浮かべたときに、農村は自然豊かな場所と映るのである。

　ただ、農村の自然は、ほとんどの場合手つかずの自然である。なかでも、田んぼや畑などの農地は原型をとどめないほどに変形されている。平野部の水田の多くは本来は湿地だったはずだが、その面影はない。この変形は、農業という労働の投下が継続的に行われてきたためである。たとえば、好ましい景観の代表である棚田もまた人が築いた環境であることは言うまでもない。したがって純粋な原生的自然を守るという立場からすれば、農業は自然環境を破壊していると言っても全くの誤りではない。

　けれども、現代では原生的な自然を守るという立場からの農業批判や、今ある耕地をできるだけ自然に戻そうという意見はあまりない。その理由はいくつかある。第1に、食料生産という農業の基本的な役割の大切さへの自覚

がある。狩猟と採集によって食料を得ていた時代の人々とは異なり、現代の人間は農業からしか基本的に食料を得ることができない。農業が人の生存にとって不可欠な営みであることを認める必要がある。この食料生産という農業の基本的な役割は、近年の食と農への関心の高まりのなかでとりわけ強調されるようになっている。

第２に、農業が生物の生息を保障する環境をつくり出してきたことである。たとえば水田を見てみよう。水田は農民による水の管理が重要である。しかもその水は川や湖とつながっている。水を管理しながら農民が農業を続けることは、川や湖の生物、たとえば魚類から見て、もともとの湿地ではないにしても水域と陸域が交代する一時的水域を維持してきたことになる。そのことがたとえば魚類や昆虫さらには鳥類などの生物が生息できる環境を保障してきたと生態学の研究者は指摘している。

それらの農業の役割についての自覚は、自然を破壊する農民という極端論を沈静化する上では意味があった。しかし、食料生産という役割を持つ農業が人の健康保全や環境の保全にその役割を十分発揮できるものになってきたかというと、多くの人々はそうではないと考えている。もし、そのような反省がなかったとしたら１９９９年に改訂された新しい農業基本法に政府が「食料」や「環境」という項目を入れることはなかったであろう。では、どこに問題があったのだろうか。

2　近代化に伴う農業の変貌

(1) 食と農の分断

食料生産は今でも農業の基本的な役割である。しかしながら私たちは、食料を農業から得ているという実感を持ちにくい。大多数の人々が都市で生活するようになった日本では、食料は購入することが当たり前になっているからである。購入の際、人々は農産物の色つやなどの品質、食味や価格には関心を向けても、それらの食材をだれが

63　第2章　農業と環境

どこで生産したのかといったことまでを考えることはあまりない。このように、農業から食料を得ていることは明らかであっても農業や農業をする人々との具体的な関係が見えにくくなっている社会の状態を指して、一部の研究者は食と農の分離もしくは分断と呼んでいる。

このような食と農の分断は、産業化に伴う農村と都市との社会的分業の拡大がもたらした問題と考えられてきた。農業という言葉が農業に従事する人々がつくる社会というニュアンスを持っているために、農村の人々は自分たちの消費する食料を農業から得ているというイメージがあるからだろう。実際、日本列島の人々の歴史において は長い間農業は自給自足のものであったから、このイメージには根拠がないわけではない。つまり農業の歴史から見ると、都市人口の急増によって食と農との距離が大きくなるのは産業化された社会の特徴ということになる。

ただ、このような都市と農村の人々の関係に比べると気づかれにくいが、現代の農村には農業に固有な食と農の分断が広がっている。それは、農業をしている農民自身が自分たちの食べ物の生産よりも商品を生産しているという感覚を持ちはじめた、あるいは持たざるを得なくなったことである。農業の近代化のなかで、日本を含む各国の政府は農産物を商品化することで農業生産への農民の意欲を高める政策をとったからである。その結果、農業は、自給を重視する生業から工業に類似の産業へとその論理を変えていくことになった。その一方で農業の工業化は環境の問題を引き起こすことになった。それが農業に由来する環境問題の登場である。

(2) 農業に由来する環境問題の登場

日本の近代から1960年代頃まで、農民や漁民などの第一次産業に従事する人々は産業化による環境破壊の被害者と見なされることが多かった。足尾鉱毒事件や1940年代に激甚期を迎えたイタイイタイ病、さらに戦後もない時期から顕在化しはじめた水俣病などの産業公害を見れば、農地や漁場という環境を仕事場とし、さらに農産物や魚介類を自分たちの食料にしてきた農民たちや漁民たちが、加害企業の生産活動によって農漁業や健康面で

の重大な被害を受けていることは明らかだったからである。

ところが、高度経済成長期が終わった1970年代頃から、日本の各地では農業に由来する環境問題の発生が注目されるようになった。たとえば、農薬の大量使用による農民と消費者の健康問題や、化学肥料の成分を含んだ農業濁水による河川や湖沼の水質汚濁といった農業による環境問題の登場である。さらに、農地からの赤土流出による珊瑚礁の死滅や農地の非生物化なども指摘され、マスコミなどでも取り上げられた。そのこともあって農業は環境への加害要因の一角とみなされるようになる。自然環境を破壊する農民という極端論が主張されるようになったのもこの時期である。

政府の環境政策などでは、農業に由来する環境問題を、企業という経営体が引き起こす産業公害になぞらえて、私的な経済活動がもたらす外部効果の問題として説明する場合が多い。ただ、農業が要因となる環境問題は公害とは構造的な違いがある。最も大きな違いは、被害を受けるのが農作業をしている農民自身やその家族、同じ集落の住民だという点である。これは農薬散布による中毒死や健康被害の当事者が農民自身であることを考えればよいであろう。問題への対処が、まずは農民自身や農業に深くかかわる人々による農業の見直しという形をとったのも自己加害性という農業の環境問題の基本的特徴と関わっている。このような農業の見直しは、1970年代～80年代にかけて日本の各地で始まった有機農業運動や減農薬運動というかたちをとったことはよく知られている（松村 1995, 青木 1998）。

(3) 生活と農業との疎遠化

農民は、自分たちがしている農業について一番よく知っている人々のはずである。にもかかわらず、農業に由来する環境問題が他ならぬ農村で農民への自己加害性を持つ問題として深刻化してしまったのは、食と農の分断の深化のなかで2つの事態が進行したことと関わっている。2つの事態とは、少数品種の大量生産に適した農業の目標

の単純化、さらに科学技術の応用による農業技術のブラックボックス化である。すなわち、食料の自給から商品生産へと重点が移行するにつれて1人の農民がつくる農作物の種類は減少してしまった。野菜ばかりつくる農家とか米ばかりつくる農家といった風に、農業はモノカルチュア化の様相を強めることになったのである。とりわけ戦後の1960年代になると、農産物の商品化によって農民の生産意欲を高める政策が取られたこともあって、この傾向は一層顕著になった。1961年に農業基本法が制定され、主産地形成や専作主義が奨励されると、農民は、販売価格の高い農産物を生産することにより一層大きな関心を向けるようになったのである。

こうした農作物の種類の限定は、農業の生産効率を上げる上では役に立ったけれども農民の生活を経済的に豊かにしたわけではなかった。商品化された農産物の交易はすぐに国境を越えて広がり始め農産物の価格は下落し始めたからである。割高になった国内の農産物は、輸入農産物の増加によって市場におけるシェアを落としていくことになった。これに対して都市に近い平野部農村では、農民は兼業化することによって農外所得を増やそうとし、その一方で若者の新規就農者は年々減少していくことになった。さらに農業近代化に制約があった山村や離島では人口流出に拍車がかかることにもなったのである。

他方、生産効率の向上には農民の経験からかけ離れた技術が応用されたために、技術適用についての農民の判断力を結果として奪うことになった。生産効率の向上は農地の装置化、さらに植物や家畜の成長への生物学的・化学的介入の2つの側面で進められた。

たとえば農地の装置化としては、1960年代中頃から始まった公共事業である農業構造改善事業が重要な役割を果たした。農業構造改善事業は、水利施設の改造と圃場整備をセットにして進められ、工学技術の適用によって農地や水路を農業生産の装置へと変化させていくことになった。景観の上でも田畑は工場に似てきたのである。このことによって機械化は促進されたし農業の省力化は進んだけれども、耕地の非生物化や土壌の流出による湖や海

の沿岸漁業への被害が指摘されるようにもなった。極端なケースでは、農民と漁民が同じ村落で生活しながら被害をめぐっていがみ合う関係まで生じたのである（脇田健一 2009）。

もう一つは、化学薬品による作物の生長や生物への介入である。これはより抽象度の化学的介入と言ってもよいかもしれない。農業の化学化の進行は化学肥料や農薬の使用量の増加をもたらした。その結果、日本は農薬使用における世界有数の大国となってしまった。農薬の使用も省力化や生産性の向上を促進したものの、農民や消費者の健康への影響、さらに鳥類や昆虫の消滅などの生物の死滅が懸念されるようになった。さらに、湖などでの魚の大量死も農薬の使用と関わっている。化学肥料についても何かと問題がある。リン、窒素を含む化学肥料は水質汚染をひどくすることにもなったからである。

農薬は、合衆国のレイチェル・カーソンの有名な著書『沈黙の春』による警鐘もあって、その害性は世界中で厳しいまなざしにさらされた（Carson, 1962=1974）。その結果今ではどの政府も農薬を野放しにはしていない。日本でも厳しい毒性試験を経て農薬は商品化されることになっており、ある範囲内の適切な方法での使用はずである。ただ半世紀に及ぶ農薬使用の歴史を見ると、経験的に見て共通するパターンを見出せると農薬問題に詳しいNPOの代表者は言う。「新しい農薬は発売当初はすばらしい効き目と安全性が強調されて世界中に広まるが、数十年後にその危険性が明らかになり信用が地に落ちる」という経過をたどるというのである（水野 2014, p. 113）。

このようなパターンは、化学的に未知なリスクを農薬が抱えていることを意味している。より深刻な問題は、防除についての指導を受ける立場にある農民自身が自分で農薬を撒かないという判断を下すことが難しい点にある。農薬の使用については都道府県の農業試験場が作成する基準に沿ってJAの営農指導員や農業普及員などが作成した防除暦を参照し、農民が農薬を購入、散布している。こうした仕組みの中で、農薬について十分判断できる知識を農家が持っているかというとそうではないし、その毒性についての情報が十分公表されているわけでもない（宇根 1996）。

67　第2章　農業と環境

このように見ると食と農の分断は、単に農村の生産者と都市の消費者の分離という問題のみではないことに気づく。食と農の分断は、農村においては自分たちのための食料生産という農業の意義を縮小し、農業をする人の農業への関心の低下をもたらしている。この場合の食料生産を生活保全と言い換えるとすれば、農民の生活保全と農業の疎遠化の進行こそが食と農の分断のもう一つの側面なのである。

(4) 生活に農業を近づける論理

環境問題の発生には生活と農業との疎遠化が関わっている。このように考えるなら、農業に由来する環境問題発生の基本的な予防法はそこで生活する人間と農業とを近づけることだということになる。では、どうすればそのようなことが可能になるのだろうか。生活への農業の現代的な近づけ方についての見通しを与えてくれる理論の一つに、徳野貞雄が提唱した生活農業論がある (徳野 2011)。

生活農業論とは生産力農業論に対置する農業論である。生産力農業論とは「農産物をたくさん作れば農家も豊かになり、国民も飢えずに幸福になれる」という理論である (徳野 2011, p. 11)。このような主張をもつ生産力農業論は、日本の人口爆発が注目された20世紀前半までの「食糧が足りなくて農業者(ヒト)が農村に溢れていた」時代においては重要だったかもしれないと徳野は言う (徳野 2011, p. i)。

だが、現代においては「食糧が輸入農産物によって溢れ、逆に農業者(ヒト)が農村から消え始め」ている (徳野 2011, p. ii)。このような変化への対処を考えようとするならば、農業論の基本的な考え方を生産力向上から生命・生活へと変える必要があると徳野は言う。だが、実際にはそうなってはいない。そこで、その道筋を現代人の生活から考えようというのが生活農業論である (徳野 2011, p. 11-14)。生活農業論のポイントは、現代の日本では、農業のありようを生産力の向上が規定しているのではなくて、農業者の生活保全が農業の仕方を決め始めていると

いう指摘にある。その指摘を裏付ける事例として紹介されるのは、福岡市の減農薬運動や合鴨農法の実践者たちである。[10]

私たちが、合鴨農法などの有機農業に通常読み取るのは、農業近代化の弊害に対する農民からの代替的な選択肢の提示である。これに対して、徳野は、農民が農業によって自分たちの食生活を支えることに関心が持てるかどうかに関心を置く。たとえば、合鴨農家の食生活を見てみよう。「古野家の農業経営の最大の特徴は、無農薬栽培と産直販売の経営であるが、それを可能にしているのは、多様な複合経営の仕組みであり、作物の多様性である。米・麦・野菜（何種類作っているかは、古野氏自身も把握していない）、イチゴ、鶏（採卵）、合鴨（水田の除草用として導入、結果として養鴨経営）、養蜂、椎茸、農産物加工品（味噌、もろみ、漬物、もち、小麦粉など）である。（中略）作れるものは何でも作っている」（徳野 2011, p. 53）。徳野は「こういう作物体系を成立させている基本的考え方は、『自分の家で食べるものをすべて作り、余ったものを消費者に届ける』という自給思想であると言う（徳野 2011, p. 53）。

さらに、徳野は有機農業運動における農業と生活との近さについて次のような指摘もしている。合鴨農法とは除草剤を合鴨に置き換えることではない、と徳野は言う。そうではなくて「農業のもつ楽しさや多様性などの魅力を、再発見させる」ことに重要なポイントがあるというのである。「従来嫌われものであるはずの雑草が合鴨の餌に変わるという、『逆転』が存在する楽しい技術」が農民のやる気にとっては重要なのである（徳野 2011, p. 348）。さらに徳野は、このような「楽しさ」は、減農薬の運動にもあり、そのことが「百姓自身の行動」を引き出していくという。徳野は、福岡における虫見板を用いた減農薬運動の創始者である宇根豊の「（百姓が　牧野注）田圃に行くことが農薬を減らせる」という考え方を重視している（徳野 2011, p. 345）。

では、徳野が「百姓技術」と呼ぶように、環境という視点から見て、このような生活農業論の位置をどのように考えたらよいのだろうか。それは、農民が生活に適合した農業の在り方・技術を選択できるようにすることを農業

第2章　農業と環境

と環境との関係の基本に据えるという考え方である。農民は一方で家族の一員であり、また村落というコミュニティのメンバーでもある。だから、自分たちの生活に適した農業の在り方と技術を選択することができれば、環境破壊のような農業の自己加害を抑えられるはずだし、農業を通してよりよい環境を目指すこともできるということになる。

では、このような考え方の変化、すなわち徳野の言葉で言えばパラダイムの転換はごく普通の日本の農村に果たして見いだせるであろうか。

3 生活と結びついた農業のありよう

(1) 食を楽しむ山間地農業

① 焼き畑から水田へ

最初に山間地の農業の例をあげよう。山間地は、近代化が素通りした古典的な自給的農業の「原型」が見られる場所として語られることが多い。自給という形態に研究者が引きつけられがちだからであろう。私たちの目の前にある自給的な農業は、そこに住み続けるために近代化のなかで人々が新しくつくりあげてきた現代的な生活スタイルであることが多いのである。

ここでは熊本県と宮崎県の県境に近い槻木という山あいの村で人々が行っている農業をやや詳しく紹介しよう。槻木は熊本県の南部、球磨郡の多良木町にある大字である。森林に囲まれた多くの山間地と同様に、この村における農業も森林の近代化政策によって生じたという側面を持っている。もっとも近代化政策のマイナスの影響は大きく、たとえば若者がいなくなった村の住民の平均年齢は68・5歳となってしまった。高齢化と人口減少、さらに世

第1部 地域と家族の暮らし　70

帯規模の縮小が著しいので今の時点で何らかの手を打つ必要がある。その実践についての詳細はすでに徳野が詳しく論じている（徳野 2014）。そこで、ここでは現在の住民生活のバックボーンにある農業について紹介しながら、人の生活にとってのその意義を考えてみたい。

まず、住民の仕事のなかでの農業の位置を見ておこう。仕事と言っても多くの人々が高齢なので、森林組合に関連する山仕事への雇用と農業にほぼ限られている。なかでも、注目されるのは、住民のほとんどが農業と関わっていることである。しかも、農業をしている住民の多くが自分の体力が続くかぎり農業は続けたいと考えている点も注目される。その場合の住民の意欲は農産物の商品化が引き出した意欲ではなさそうである。住民が行っている農業をみると、栗やシイタケを出荷する規模の大きな農業もわずかにあるが、多くは自家消費を中心とした規模の小さな農業だからである。

熊本大学地域社会学研究室が行った調査によると、住民の多くが露地野菜を作っていると答え、次いで水田で稲作をしていると答えた世帯が多い（熊本大学総合人間学科地域社会学研究室・多良木町役場企画観光課、2011）。水田は槻木川に沿って開かれており、そこは洪水の危険のある土地だと地元の住民は言う。米は、自家消費向けで余剰を販売に回すといった方が実情に近い。なかには14アール程度の田んぼでの小規模な稲作をしている世帯もある。このような稲作を中心とした自給的な山間地の農業は、この地域では戦前から戦後にかけての森林利用の近代化とともに生じたと考えられる。

この地域は九州の代表的な焼き畑地帯に属した。これまでの研究によれば、槻木の位置する球磨郡の山岳地帯は九州における焼き畑の最も盛んだった地帯に属している（佐々木 1972）。明治期の初頭までさかのぼると、槻木の人々も主穀のほとんどを焼畑から得ていたという記録がある（多良木町 1980）。記録によると、田んぼも少しはあったが水温が低く実りは極端に悪かった。これに対して、生活の根幹を支える重要な農業だったのは焼き畑であ
る。槻木は、粟と稗を常食としながらも近郷の中では窮乏者の少ない村だったと言われている。

しかしながら九州の山岳地帯での焼き畑は戦後の1950年代には急速に消滅に向かう。近代的な林業の育成に向けた造林が始まったからである。多くの地域では、森林利用の近代化を契機として主穀の生産を水田に切り替えていくことになった。槻木の場合も、この頃までに主穀の生産を水田に切り替えたようである。

近代的な林業の育成を含む森林利用の近代化は地区人口の増加をもたらしたようである。戦後の1950年代は槻木の人口は1,500人を数えたと言う。そのこともあって、2つの小学校、1つの中学校を持つ大規模な村落となった。だが、その後の人口は急減してゆく。大量の人口流出を招いたという点で森林利用の近代化は大きな問題があったことは明らかである。

このように森林政策そのものは今のところ失敗と呼んでもよいものであった。ただ、近代化の副産物とも言える焼き畑から水田への農業の変更は、この村の人々の生活にとってプラスの面が大きくなっている。高齢化の著しい村人にとっては、居住地に比較的近い水田での稲作が取り組みやすい農業だということもあるが、それだけではない。こうした自給的な稲作農業があるということが、高齢化の進んだ地区住民の生活を豊かにしているという側面があるからだ。

たとえば、夫婦で生活しているK家の農業を見てみよう。夫妻とも50代（2011年、調査当時）でこの村では若手と言える。子どもたちは独立他出していて、同じ町内で生活しており孫もいる。ご主人は森林組合で働いており、収入は安定している。そのかたわら農業も行っている。田んぼは、人から頼まれて耕作している分も含めると約1ヘクタール程度を耕作している。米はほぼ自家用というが、やや面積が広いので多少は販売しているかもしれない。もっとも、この地区の田は平野部と較べて収量は少なく、反収で5〜6俵程度であるという。その他に畑で

② 田んぼから山菜の畑づくりまで

ジャガイモ、大根、ジキュウリなどの野菜も栽培している。また、栗やタケノコ、シイタケの収穫と乾燥も行っている。

さらにこの家の農業には、農業と呼べるかどうかわからないものもある。たとえば、山から自生しているゼンマイやウドを採ってきて田んぼの横に植えたりしている。シカが増えてきて食べられてしまうので、シカによけに田んぼのそばに植えておいて自家の食用にして楽しんでいるという。ご主人は狩猟も行っている。獲物は主にイノシシとシカである。電柵を張った田んぼのそばに植えておくと、歳をとると山に行くのがおっくうになるから楽しいという。ご主人によれば、歳をとると山に行くのがおっくうになるのないこの地域では水もまた山の沢の水を使っている。燃料はさすがにガスを使っているが、薪も使用している。
このようにK家の生活は、米や野菜などの食料については、ご主人が説明するようにほぼ自給自足と言ってよい状態にある。ジキュウリは焼き畑で栽培していたキュウリで、通常よりも太くみずみずしい。K家の農業は、自分で食べることに主眼をおく農業でよいのであれば山間地の農業は楽しい農業にもなりうることを教えてくれる。ことに、環境という点で重要なのは楽しさという利益が実感されることが人と農業との疎遠化を防いでいる点である。

(2) コミュニティが保障する生活農業

① 共通する問題

先に見た山間地農業では、農業という仕事や食料となる農産物の消費などの個人や家族レベルでの楽しみには、たとえばウドやゼンマイの〝畑〟をつくるといった予想外の工夫があったりする。そのため、農の楽しみは山間地農業の研究者の多くが注目する領域となっている。

ただ、楽しさの内容は人によっても違うし実際には楽しさや面白さだけですまない点も農業にはある。たとえば先の事例でも、農業が好きだからとご主人が答えているのに対し奥さんは他によい仕事がないから農業をしているという。家族で一緒に農業をしていても微妙な考え方の違いがある。このよう

に、個人や家族のやる気というレベルだけで見た生活農業は少し不安定である。

これに対して、個人や家族のレベルでは安定性を欠きがちな生活農業をコミュニティとして保障しようとしているケースがある。滋賀県琵琶湖湖岸域の平野部農村からその例を見ておこう。

日本最大の湖琵琶湖を中央部に抱える滋賀県は稲作の盛んな地域として知られている。琵琶湖の周囲に広がる平野部農村の農業は、槻木のような山間地とは対照的な条件にある。第1に、10代、20代の若者の数も多いし集落の人口そのものも減っていない。湖の周囲には水田地帯に集落が点在する農村的景観が広がっている。琵琶湖の周囲に広がるこの地域は稲作の盛んな地域と知られている。第2に、農業近代化の中心地だったことから、構造改善事業が強力に進められ全国の農業地域のなかでも最も生産性の高い（労働節約的な）機械化された稲作農業が可能な地帯となっている。第3の特徴として、兼業化が早く進んだこの地域では農家所得がかなり安定していることがある。第4に、京都や大阪などの大都市近郊に位置しているために、通勤する子と同居している多世代居住の大規模な農家世帯が多いことも特徴の一つである。

しかし、山間地と共通する問題も抱えている。それは農業者の減少と高齢化である。集落における農業者の減少は規模の拡大にとってある程度は仕方のないこととある時期までは考えられてきたが、今では、農地の保全を難しくするなどのマイナス面も意識されている。また、下流に琵琶湖を抱えていることもあって、農業近代化による環境問題の発生も注目を集めてきた。1960年代頃から除草剤（PCP）による魚貝類の大量死が生じたし、農業濁水の問題も注目された（木村 2001）。農薬や化学肥料の改良は続けられているが、すでに述べたように、どのように改善が加えられたとしても不可知のリスクを抱えていることには変わりない。

では、そのような条件のなかで農業をしている人たちは、自分たちの生活と農業との関係をどのように考えているのだろうか。この点を、集落というコミュニティに焦点をおいて見ていくことにしよう。

② 農業をする人の意欲

滋賀県南部の平野部にある80戸ほどの須原は、野洲市の大字の一つで稲作農業を中心とする農村である。琵琶湖

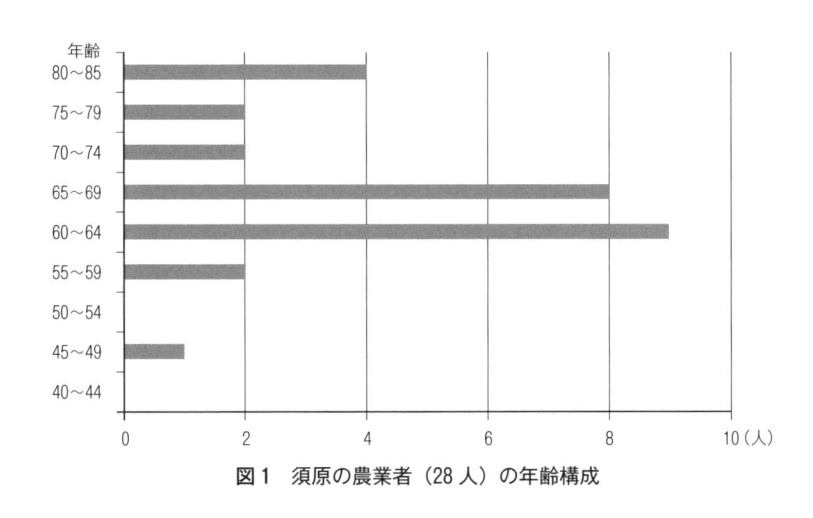

図1 須原の農業者（28人）の年齢構成

に近い須原は、かつては湖とつながる小さな内湖（陸側の小さな湖）を村で所有していて、明治期初頭の資料によれば小規模だが漁撈も行っていたようである。しかし、戦前から戦後にかけての食糧増産の時代に内湖は埋め立てられて水田に変貌した。さらにその後の土地改良事業や圃場整備事業などの農業構造改善の実施によって、農地のほとんどは水田となっている。

一方、この村でも農家の数の減少と農業者の高齢化は著しいものがある。1970年時点での須原の農家は65戸で、村内世帯の多くが農家という状況だったが、2012年には33戸と約半分になった。また、農業をしている人々の高齢化が進んでいることは否めない（図1）。けれども、農業をしている人々から話を伺って気づかされたのは、経済活動としての農業の展望はあまり明るくなくても、農業については人々がとても前向きだという点である。

前向きというのは、今の農業への「安全で、おいしい米が食べられる」や「健康によい」などの意見を指している。須原では、琵琶湖の水質保全などへの配慮から化学肥料の削減や使用する農薬の削減を県独自の基準で行う、「環境こだわり農産物」の生産に力を入れている。この点も上記のような人々の農家への評価と無関係ではないだろう。農薬を減らすことは、できれば農家自身がしたいことでもあるからだ。また、この村では琵琶湖の魚が田んぼで産卵する

75　第2章　農業と環境

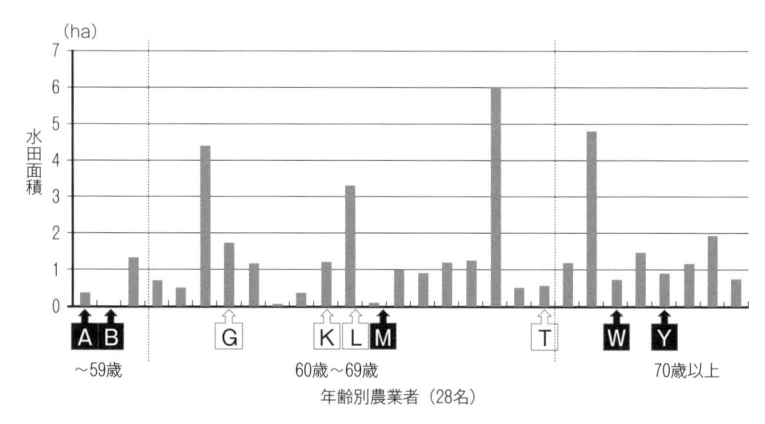

（図：年齢別農業者（28名）の水田面積の棒グラフ。横軸にA, B（～59歳）、G, K, L, M（60歳～69歳）、T, W, Y（70歳以上）などの記号。縦軸は水田面積(ha)、0～7の範囲。）

面接した28戸の農業従事者（28名）に農地増減について意向を尋ね、その理由について聞き取りをした。質問は①増やしたい、②現状維持、③減らしたい、の三択である。
回答のうち、①増やしたい、③減らしたいと答えた回答者のみをそれぞれ□、■で抽出した。
アルファベットは回答者の名前を仮名化したものである。

図2　年齢別にみた農家（個人）の農地増減についての意向

ことを応援する滋賀県の政策にも積極的に参加していることもある。さらに目立たないが重要な意見として、農作業は「土をいらう（いじる）のが好きなので、しんどいと思うことはあっても、辛いとは思わない」という意見や、「辛いというようなことはない」、「農作業そのものを辛いと思ったことはない」といった意見があった。

このように、農業をしている人が減っており高齢者が増えていること、その一方で農業をしている人は、健康維持や環境保全を含めて自分たちの農業の価値を前向きに評価していること、この2点を踏まえて、この地区の農業の実態について考えてみよう。この点を考えるために作成したのが図2である。

都市近郊のこの地域では、人が農業に本気で取り組む契機は、ごく限られた専業の大規模稲作農家を除くと中途退職か定年に限られる。なかでも最もありふれたケースは60歳の定年である。定年までは土地を人に預けている人（土地持ち非農家）でも、定年を迎えたら農業を本格的にやろうと考えている人が多い。そこで、農家の年齢ごとに耕作している田んぼの規模および今後の自分の農業をどうしていくかという農業についての考え方を図化したのが図2とい

第1部　地域と家族の暮らし　　76

うことになる。この図を見ると、農業の規模については現状維持という人が大半だが、農地を増やしたい人、あるいは減らしたい人に注目すると、その人のライフステージごとに考え方がきれいに三つに分かれていることに気づく。

第1に、59歳までの比較的若い農家の中には、農地を減らしたいという人が多い（図ではAさん、Bさん）。Bさんは農地がほぼゼロになっているが、これは調査の時点が減らした直後だったからである。この世代の人たちは、いわゆる兼業農家であるけれども、農業の規模を縮小したいと考えている人が多い。ある農家は「職場との両立が時間的に難しい」と述べていたが、確かに今の企業の労働密度ではこの年代の人々は激務に従事することが多く、兼業で行う農業と職場の両立には苦しい面がある。また、70歳以上の高齢の農民のなかには別の理由から減らしたいと答える人が出てきている。典型的な例としては「高齢で体調が思わしくない」などの理由をあげる人があった（Wさん、Yさん）。これも予想通りであるといえるだろう。

これに対して、第2に、70歳以上の農地の他に、農地を増やしたい、あるいは拡大してもよいと考える人がかなりいた（Gさん、Kさん、Lさん、Mさん）。この人々は定年後間もない人たちが多い。農地を増やした理由としては「退職したばかりで余力がある」、「地域の人に頼まれたら引き受ける」といった理由の他に、「村の農地は村で守るべき」だからと答えた人もいる。その理由には「息子から、自分を当て込んで農地を増やさないで欲しい」というものもあった。

③ ライフコースに合った無理のない農業

この図から浮かび上がる須原の農業は、経済的利益を求めてというよりも、自分のライフコースと家族の状況に合わせて人が無理なく農業をする形である。モデル的に言うと、学校を出た後、まず企業に就職し兼業で農業を行うか、土地を他人に預けて企業労働にシフトするか、あるいは高齢の親に農業を任せる。そのうち、子どもたちが独立し自分が定年を迎えてから農業を本格化し農地を増やす。やがて、70歳以上になってくると体力に合わせて農

業の規模を縮小し始めるという人のライフコースに農業を合わせる形になっている。やがて農業を辞めてしまうと、その農地は集落の誰かが借りることになる。農業についての前向きな答えが多かったのは、ただやりたい人が農業をする、あるいは好きな人が農業をするという個人の意欲のみではなく、ライフコースに合わせて人が無理なく農業をするという仕組みがあるからだ。

このような仕組みを保障しているのが集落というコミュニティである。先ほどの農地を増やしたいと答えた人の中に「村の農地は村で守る」と答えた人がいた。この考え方は様々な理解の仕方が可能である。たとえば、「総有」という農地についての所有観の表れとみなすことも可能である（川本 1978）。さらに、滋賀県下の多くの村落では、農業を辞める人が出てきたら土地の借り手を集落の外ではなく集落内で見つけようと努力する人々の行動が観察される。その行動を支える論理としても理解が可能である。この考え方は、今の農業生産法人の規模拡大や企業の農業参入などのいわゆる農地流動化政策とはぶつかることになるので評価は分かれている（桂 2004）。

しかし、全ての経営体が家族農業で占められる須原の農業者にとっては、「村の農地は村で守る」という農地保全の仕組みは、ライフステージに合わせて農業をしたい人が農業をすることを保障する仕組みとしてうまく機能している。須原の農家の人たちに、なぜ、広域的な農業法人に土地を委託しないのかと尋ねたことがある。その際、ある人は次のように答えていた。農業法人に土地を委託すると契約期間の間は土地を自由にできなくなるからだという。少し言葉を補いながら説明すると、自分や自分の子どもたちが農業をしたいと思ったとしても農業ができなくなるかもしれないからだ。

今の日本政府は、環境保全を重視する農業を鼓舞しながら、他面生産性の高い大規模な農業経営体作りに奔走している。だが、生活農業論からすれば、食などの農民自身の生活保全から遠ざかった農業が環境保全的になる可能性は本当にあるのかという疑問が生じることになる。農業をする人がカネになるかどうかで自分たちの農地の環境保全の重要度を判断するようになったとすれば、そのような農業が農民や国民が関わる環境にとってプラスになり

うるかどうかは難しい問題である。環境保全と生活力農業とが本当に両立するのかについてきちんと考えるべき時期に来ていると言える。生活農業論からの農業の現状分析は、この点をリアルに考えていくことが可能な現場からの環境論としてのとしての意義と可能性を持っていると言えるであろう。

おわりに

農業は列島の人々の仕事のなかでも古い仕事である。その長い歴史の大半の時期においては農業は自分たちの食料生産を支える重要な生活技術であった。他方、古くからある仕事であるがゆえに、列島の自然に保全と利用の両面から与えた影響は大きい。たとえば、近代までの日本列島は、世界的に見ても生物の多様性に恵まれた地帯でもあったといわれている。その理由を考えるなら、きちんとした根拠は今のところ出せないものの、農業を中心とした人々の自然との関わり方にも理由があると考えることが適切であるだろう。

しかし、明治期以降の日本の近代化は全く異なる論理に農業を導くことになった。生産力農業論などとも呼ばれるその論理は、とりわけ高度経済成長期以降になると反省を迫られることになった。農民の身体への深刻な健康被害や河川、湖沼、海洋などの水質汚濁などの農業に由来する環境問題が顕在化したからである。けれども農業政策の中心は今でもやはり生産力農業にある。生産力農業にとっては、環境問題とは技術の問題や技術採用にかかるコストを内部化する経済政策の問題でしかないのである。

これに対して、生活農業論ではこのような対策は本当に問題の解決になるのかという疑問を出すことになるだろう。

環境問題の発生は農業をする農民の生活保全と農業との疎遠化に要因があったからである。農林水産業近代化の渦中においては、近代化は人々にとっての農林業の重要性を高めるものと考えられ歓迎されたが、その政策が失敗したことによってかなり明瞭に問題点を把握できるようになったと言える。たとえば、山間地の村落では林業近

代化の失敗によって大量の人口の流出を生み出した。他方、1960年代の農業基本法制定以来、生産力農業の優等生と見なされていた平野部農村においても経済的には第二次産業や第三次産業に農業生産性の向上は及ばず、多くの人々は農村にいながら農業を辞めることになった。

このような近代化政策の失敗に対して、列島の各地では、様々なかたちで生活と農業とを結びつけようとする動きが登場している。それらは、いわばモダンを超える農業の始まりということになる。山間地農業や平野部農村でのそれらの新しい稲作農業の動きが環境保全とつながっているのは、けっして偶然ではない。自分たちの生活に農業を近づけることが、農業がもたらす環境の問題への人々の感覚を鋭くするからである。宇根豊は、1980年代に始まった減農薬運動の論理について「百姓が第一に自分の体を守ろうとしなければ、決して消費者の健康も守れるはずがない」と述べた（宇根 1996 p.29）。この論理を少し拡張すると、自分の田んぼや畑の環境を生活に必要な環境として保全することに関心を持たない農業が環境保全的であるはずはないということになる。そして、このような動きのいくつかが確実に現場で見られることを本章では紹介したことになる。

[付記] 本章には科学研究費補助金（牧野厚史研究代表：研究課題番号24530634）で得た研究成果の一部を用いた。

[注]

（1）内閣府が2014年に行った「農山漁村に関する世論調査」。回答者の割合では、「多くの生物が生息できる環境の保全や良好な景観を形成する役割」を挙げた者の割合83.4パーセントについで高くなっている（内閣府 2014「農山漁村に関する世論調査」）。

（2）これは日本人の食のグローバル化と関わっている。世界的な人口爆発のもとで、農業による食料の生産に関心がもたれている。食と農の問題についての社会学からの応答としては、桝潟俊子・谷口吉光・立川雅司 2014『食と農の社会学 生命と地域の視

(3) この点を分かりやすく述べた専門的著作としては、鷲谷いずみ 1999『生物保全の生態学』共立出版株式会社、および、鷲谷いずみ・椿宜高・夏原由博・松田裕之 2010『現代生物科学入門6 地球環境と保全生物学』岩波書店がある。

(4) 1999年に改訂された新農業基本法は「食料・農業・農村基本法」という名称を持っている。この法は4つの基本理念を掲げている。①食料の安定供給の確保、②多面的機能の発揮、③農業の持続的発展、④農村の振興である。このうち②、③がそれぞれ環境と関わる理念とされている。経済史研究者で農村環境の問題にも詳しい高橋基泰は、このような法の理念的変化は農産物輸入自由化圧力などの外圧を契機としたもので「表面的」だとしながらも、新農業基本法によって「環境をベースにおく農村地域政策が日本農政の柱の一つに組み込まれたことは事実」という判断を下している（高橋 2007, p. 92）。

(5) 自給という概念は誤解を招きやすい言葉である。ここでの自給とは、自分たちの消費分を除いたものを販売に回すことを原則としているという意味である。したがって、ひとつの村落が食料を自給できたかどうかではない。実際には、漁村のように交易によってしか食料を得られない村も多かったからである。

(6) 農村地域の環境問題については物質循環についての自然科学からの研究が多かったが、1980年代に入ると社会学者による研究成果が出るようになった。たとえば、滋賀県琵琶湖の水質汚濁問題を取り上げた鳥越皓之・嘉田由紀子編著 1984『水と人の環境史』御茶の水書房、などが、その古典的研究である。また、沖縄における農村からの赤土流出の問題については、中茂 2000「地域環境問題における公論形成の場の創出過程——沖縄県恩納村漁協による赤土流出防止の取り組みから」『村落社会研究』7巻1号 p. 9-20 がある。また、高度経済成長期までは農民は産業化の被害者とみなされてきたと述べたが、政府が食糧増産のなかで奨励した干拓などによる農地開発と漁業や狩猟などの水辺の生業を行う人々との葛藤や紛争の問題は20世紀初頭の日本にすでに出現しはじめていた。この分野の研究としては、菅豊 2001「コモンズとしての『水辺』——手賀沼の環境誌」井上真・宮内泰介編『コモンズの社会学』, p. 96-119. 佐野静代 2008『中近世の村落と水辺の環境史』——景観・生業・資源管理——』などがあり、今後の展開が注目される。

(7) 新古典派経済学では、環境問題とは、経済主体の行動が自分たちの私的経済計算に入らない不利益を第三者にもたらす場合を指している。たとえばガソリンの消費は、窒素酸化物（NOx）などの有害物質の排出を伴い、大気汚染の原因となる。これらの影響にかかる対策の費用は第三者が負担することになる。これが外部不経済であり、外部不経済がもたらす非効率性を環境問題と見なしている。この外部性という考え方は、環境直接支払いのような外部不経済削減のための行動を農民に促す補助金の性格を理解する上では役立つ。だが、たとえば農民が農薬散布によって健康被害を受ける場合、これを外部不経済と呼ぶのは、常識的に考えて現場の状況からかけ離れた発想であると言える。

81　第2章　農業と環境

(8) 農産物商品化に伴う農業の単純化が人々の生活にもたらす問題性を早い時期に指摘したのは、柳田國男である。柳田は、1929年に『都市と農村』を出版し、そのなかで「不自然なる純農化」というたいへん重要な論点を提起し、「都市の威力が村落を衰徴せしめた事実が若し有りとすれば、それは農業の一本調子を煩雑に導いたという点よりも、寧ろこの自然に反した生産の単純化であったろうと思ふ」と述べた（柳田 1969 p. 263）。

(9) 農業近代化の本格化と離島、山村からの人口流出との関係を指摘したのは、農業経済学研究者の安達生恒である。安達は、「過疎」の生じている農村では「"資本からの疎外"という、農民のもつ一般的疎外の上に"普通農村からの疎外"がもう一つつけ加わる形で、いわば"二重の疎外"にさいなまれるという意識の疎外状況」が起きていると指摘した。この"普通農村からの疎外"とは、今言い直すとすれば農業近代化からの疎外と言ってよいであろう（安達 1981. p. 88）。

(10) 減農薬運動とは、農民が「虫見板」というユニークな道具を持って田んぼに行くことを通して病害虫の発生状況を見極めて農薬散布を行う、農民の主体性回復の活動である。百姓自身が田んぼをよく知ることが、結果として散布する農薬の減少につながるという論理の下、福岡県の農業改良普及員・宇根豊氏の指導で農民の実践・協力を得て、1980年代に福岡県から活動が全国に広がった。アイガモ農法とは、水田の雑草を食べるアイガモ（合鴨・あいがも）を水田に放飼し、完全無農薬栽培を行うと同時にアイガモの飼育と販売も目標とする実践で、「合鴨水稲同時作」とも呼ばれている。「合鴨水稲同時作」は、減農薬運動のリーダー宇根豊の友人でもあった福岡県桂川町の古野隆雄・久美子夫婦が、1988年から始めた工夫から出発した。その後「全国合鴨水稲会」が結成され、その大会結成にあわせて各地で合鴨水稲会が組織されていき、全国的な交流もさかんである。

(11) 本調査は2012年1〜2月にかけて、環境省地球環境総合研究推進費 D-0906「水田地帯の生物多様性再生に向けた自然資本・社会資本の評価と再生シナリオの提案」（研究代表者 夏原由博）に関連する調査として行われた。なお調査は、須原自治会、農業組合の協力を得て、地区内農家の農業者を対象に、半構造化された質問項目による面接調査の形で実施された。33戸の農家のうち28戸から回答を得ることができた。調査員は柏尾珠紀、川田美紀、平井勇介、金子祥之、牧野厚史の5名である。

[参考文献]

青木辰司 1998 「都市農村関係と環境問題」『講座社会学12 環境』p. 43-73
安達生恒 1981 『過疎地再生の道 安達生恒著作集4』日本経済評論社
荏開津典生 2008 『農業経済学 第3版』岩波書店

Carson, R. [1962], 2002, *Silent Spring*, First Mariner Books ed., New York: Houghton Mifflin Publishing Company.（＝1974 青樹築一訳『沈黙の春』新潮文庫）

桂明宏 2004「集落営農と個別大規模経営のはざまで――滋賀県琵琶湖東岸地区――」田代洋一編『日本農業の主体形成』筑波書房、p.261-286.

川本彰 1983『むらの領域と農業』家の光協会

木村康二 2001「琵琶湖にとって農業は敵か味方か？」琵琶湖百科編集委員会編『知っていますかこの湖を びわ湖を語る50章』サンライズ出版、p.183-194

熊本大学文学部総合人間学科地域社会学研究室・多良木町役場企画観光課 2011『槻木地域社会調査』報告書

桝潟俊子・谷口吉光・立川雅司 2014『食と農の社会学 生命と地域の視点から』ミネルヴァ書房

松村和則 1995『有機農業の論理と実践「身体」のフィールドワークへの希求――』ミネルヴァ書房

水野玲子 2014「農薬開発――ネオニコチノイド系農薬を事例として――」桝潟俊子・谷口吉光・立川雅司 2014『食と農の社会学 生命と地域の視点から』ミネルヴァ書房、p.111-126

中島紀一・古沢広祐・横川洋 2005『農業と環境 戦後日本の食料・農業・農村 第9巻』農林統計協会

佐々木高明 1972『日本の焼き畑』古今書院

祖田修・杉村和彦 2010『食と農を学ぶ人のために』世界思想社

高橋基泰 2007「日本における農政の変遷と地域政策」日本村落研究学会・池上甲一責任編集『フィールドからの発想 むらの資源を研究する』農山漁村文化協会、p.86-95

多良木町史編纂会 1980『多良木町史』熊本県珠磨郡多良木町

徳野貞雄 2011『生活農業論』学文社

――2014「超限界集落」における集落の維持・存続――熊本県多良木町槻木地区の事例から」徳野貞雄・柏尾珠紀『家族・集落・女性の底力――限界集落論を超えて』農山漁村文化協会、p.56-113

鳥越皓之・嘉田由紀子編著 1984『水と人の環境史』御茶の水書房

鳥越皓之 2004『環境社会学 生活者の立場から考える』東京大学出版会

宇根豊 1996『田んぼの忘れもの』葦書房

脇田健一ほか 2009「農業濁水問題の複雑性：琵琶湖を事例として」和田英太郎（監修）谷内茂雄・脇田健一・原雄一・中野孝教・陀安一郎・田中拓弥編『流域環境学』京都大学学術出版会、p.69-98

鷲谷いずみ 1999『生物保全の生態学』共立出版株式会社
──・椿宜高・夏原由博・松田裕之 2010『現代生物科学入門6 地球環境と保全生物学』岩波書店
家中茂 2000「地域環境問題における公論形成の場の創出過程──沖縄県恩納村漁協による赤土流出防止の取り組みから」『村落社会研究』7巻1号 p. 9-20
柳田國男 1929『都市と農村』(『定本柳田國男集 (新装版)』16巻、1969 筑摩書房)

第3章　新しい地域社会調査の可能性

松本貴文

1　問題の所在

社会科学において、社会調査は重要な認識手段であり、「統計分析／事例分析」、「量的調査／質的調査」のような類型を用いて、それぞれの特徴が整理されてきた（佐藤 2006, 盛山 2004）。それは、地域社会を研究するものにとっても必須の道具であり、調査法の選択が研究成果の性格に関わるため、地域社会研究者たちも少なからず関心を寄せている。

農村の地域社会を研究する農村社会学者たちも、初期において民俗学から具体的な調査法を学び（本書第13章鳥越論文）、今日までそれを発展させてきた。戦後期には、マルクス主義やアメリカ社会学から科学的な視点と方法を本格的に摂取し、経済階層や政治の構造を対象とする「構造分析」や、調査票を用いた統計的分析の手法が導入された（蓮見 2008）。今日では、質的調査法を中心に膨大な情報取集に基づく事例分析と、その成果としてのモノグラフがこの領域の特徴ともなっている。

もちろん、農村社会学の方法については、現在でも活発な議論が続いている。近年だけでも伊藤勇（2012）が、事例研究によって生産される知識の一般性を問うており、山本努（2013）は、成果の共有可能性という観点から計量モノグラフの意義を指摘している。いずれも、知識の客観性やその共有可能性という重要な論点に関わる指摘と

そのほかにも、今という時代により密着した批判が、地域社会研究全般に対してなされている。そこでは、知識の生産・活用にさいして非アカデミックな領域の人びととの対話を活発化し、地域の課題解決へと接合していくべきであるという、学問の公共性が議論されている。たとえば、民俗学者の菅豊は、自身の研究に関するオートエスノグラフィーと海外の研究動向の整理をとおして、知識生産と実践の接合を目指す「新しい野の学問」の必要性を主張している（菅 2013）。社会学のなかでも「公共社会学」の名のもと、一部の研究者から同様の主張がなされるようになっている。

このような科学観は、これまでにも存在していなかったわけではない。菅が「新しい」と形容するゆえんであろう。柳田國男の民俗学や、その影響を色濃く受けた初期の農村社会学者、有賀喜左衛門の研究などにも、身近で切実な課題に応えるという実践志向が存在していた（鳥越 2002）。とはいえ、方法の精緻化や科学の置かれている状況の変化によって、それが弱められてきたことも事実であろう。公共社会学を広くしらしめたブラヴォイの講演論文（Burawoy 2004）でも、過去の社会学者たちが行ってきたように、われわれも公衆との対話へ踏み出すべきだと主張されている。

以上、客観性と公共性という2つの観点からの批判を取り上げたが、農村研究にかぎっても、これらの批判に応えるような研究方法が、徐々に登場してきている。これらの方法では、住民との対話をとおした調査活動をとおして、その後の実践への接合や科学的知識の客観性に関する新たな見方を提示しようとしており、「新しい地域調査」の地平を切り開きはじめている。

そこで、本章では、そのような研究に着目しながら、そこで用いられている調査法がいかなる論理によって立ち、それが現代の地域研究においてどのような意義を有するのかを検討してみることにしたい。新しい地域社会調査法の特性と、それが射程におさめる知の領域を明らかにすることで、地域社会研究のあり方を再考してみること

第1部　地域と家族の暮らし　　86

が本章の目的である。

2 実践が生み出した方法──「地元学」──

今日において、地域住民との対話を取りこんだ研究法ということでまず思い浮かぶものに、「地元学」の取り組みがある。「あるもの探し」というスローガンで知られるこの方法は、在野の実践家によって生み出されたものであり、多様な地域づくりの実践とも関わっている。まさに、本章が対象とする新しい地域調査の典型といえる。まずは、この方法の特徴をつかむことからはじめたい。

(1) 地元学の定義

地元学とはいかなる学問なのか。地元学運動の代表者である結城登美雄は、明確な定義を避けつつも、それを「地元の暮らしに寄り添う具体の学」（結城 2009, p. 14）と位置づける。地元学の目的は、「同じ地域に生きる人びとともう一度関係を再構築するために、それぞれの地元の資源とそれを生かす知恵と技術と哲学を学ぶこと。そしてその力を合流させ自分たちの生きやすい場所に整え直すこと」（結城 前掲書 p. 39）であり、その根本において実践への接続が強く意識されている。
定義の都合上、かなり多様な実践をそのなかに含みこんでしまうためか、結城の著書のなかで具体的な調査法のようなものは論じられていない。ただ、指針のようなものは示されているので、長くなるが引用しておく。

「住民は〔─松本注〕たとえ専門的な知識がなくても、長年その土地に生きていれば喜怒哀楽はもちろんのこと、それなりの深い思いと考えを秘めている。まずはお茶でも飲みながら、その心のうちに耳を傾けてみるこ

87　第3章　新しい地域社会調査の可能性

と。そこから地元学は始まるのである（中略）地元学とはポツリポツリの会話の学である。お互いの経験を持ち寄る場をつくることである。そうすると、将来のビジョンに寡黙だった人びとが、この町のこれまでについては饒舌になってくる。そしてそれを語る顔がいきいきとしてくる。地元学とは、その土地を生きた人びとから学ぶことを第一義とする（結城、前掲書 p.26-7）。

「会話の学」とあることからも、地元学が具体的な調査法として、住民との対話を重んじていることは明白である。対話をとおした関係性や共同性の再構築から、地域づくりの具体的実践へと接合するという流れが、すなわち、「語ることで社会を変える」と言うことが、地元学の論理の骨格をなすと考えてよい。

(2) 特徴と意義

結城の著作に示された漠然とした方法だけでは、生活史研究など他の方法との差異が明確ではない。その特徴を考えるうえで助けになるのが、もう1人の地元学の中心人物、吉本哲郎の議論である。

吉本の地元学について詳細を論じる紙幅はないが、結城の実践から影響を受けつつも、方法について言えば以下の点をより明確に主張しているところに特徴がある。すなわち、第1に、地元学の主体は住民であること。第2に、地域外の人びとに調査・実践の補助者という役割を与えたこと。第3に、調査方法や手順を体系的に整理し、写真や情報を書き記したカード、図表などを用いて、住民間で情報の共有をはかる必要性を指摘したこと、この3点である（吉本 2008）。なお、地元学を地域づくりワークショップとみなすむきもあるが、主に吉本の方法に基づく理解と言えよう。

ここにあげた3つの特徴と実践との結合は、地元学をほかの調査法から区別する明確な基準となっている。地元学とは、住民が主体となって外部の人びとがそれを補助し、自分たちの生活を豊かにするために、自分たちの住む

地域のことを知り情報を共有する方法なのであり、いわば「語り合い」による「地域再生」の方法がある。ゆえにそれは、研究者が専門的な知識の生産（のみ）を目的として行う「研究のための研究の方法」ではない。それは、住民が自分たちの地元を自分たちの暮らしの目線から捉えなおす作業であり、中央（政府や経済界、そして学界）の目線から持ち込まれる評価や政策への対抗の契機ともなる。

こうした視点・方法に立つことで、地元学の実践者は、「鳴子の米プロジェクト」や「食の文化祭」など多様な地域づくり実践に関与し、成果を生み出してきた。地域のなかに受け継がれてきた技術や社会制度は、長期的な持続のなかで当地の環境にあわせて精練されたものであり、都市の文化に劣らない、もしくはそれ以上の豊かな暮らしを創造しうるものである。さらに、実践をとおした消費者・観光客とのつながりやそこから得られる評価は、住民の地域に対する思いにも好影響も与えており、地域の再評価から生まれた実践によって地域の生活環境が改善され、地域への評価がさらに高まるという正のフィードバック循環が形成されることにもつながっている。外部の視点から限界集落というラベルを貼られ、地域内部で不安や諦めが拡大しているとの指摘もあるなか（小田切 2009）、住民の空洞化した誇りを再度充填しようとする地元学の意義は極めて大きい。

とはいえ、これによって、科学的な地域研究の意義がすべて失われてしまったわけではない。今日のように社会環境が目まぐるしく変化し、多様な情報が行き交う時代にあって、地元学の目標とするより暮らしやすい地域を構築してゆくためには、住民の視点だけではなく科学的な専門知に基づく視点が求められることもあるだろう。そこで、次に、学術的な研究のなかから生み出された、住民との対話に基づく調査法について取り上げ、その論理と意義を検討してみたい。

3 ── T型集落点検

はじめに論じたように、近年、学術的にも住民との対話や実践への志向を有する研究は増えている。しかし、具体的な調査法まで示した研究となると少数と言わざるをえない。ここでは、その注目すべき例である、徳野貞雄が編み出した「T型集落点検」に着目してみたい。

この調査法については、すでに徳野本人による紹介もなされており（徳野 2005, 2009, 2011, 徳野・柏尾 2014）、山下祐介による影響力のある過疎研究でも取り上げられている（山下 2012）。実際の様子がメディアによって報道されたこともあり（『NHK明日へ支えあおう復興サポート』2013年8月25日放送、『季刊地域』16号、2014）、すでにそれなりの社会的評価を受けている調査法だと言ってよい。

しかし、その調査法としての特性や意義については、十分に論じられてこなかったことも事実である。私の考えでは、この調査法の目的も、地元学と同様、住民が自分たちの地域の生活について語り合う場を創造することで、地域社会を変えてゆこうとする実践を生み出すことにある。ただし、その背景には独自の地域社会論が存在しており、現実的な生活構造の把握によって、現代の地域社会の変容とその将来像を捉えようとする学術的な関心から生み出された調査法でもある。以下、この調査法の特徴と背景にある論理を詳しく見ておきたい。

(1) T型集落点検とはどのような方法か

考察をはじめるまえに、T型集落点検の手順を説明しておく。以下の記述は、徳野（2005）に準拠しつつ若干順序をかえて整理しなおしたものである。

(a) 集落の住民に、公民館などの施設に集まってもらう。ここでいう集落とは、いわゆる基礎的地域社会として

第1部　地域と家族の暮らし　　90

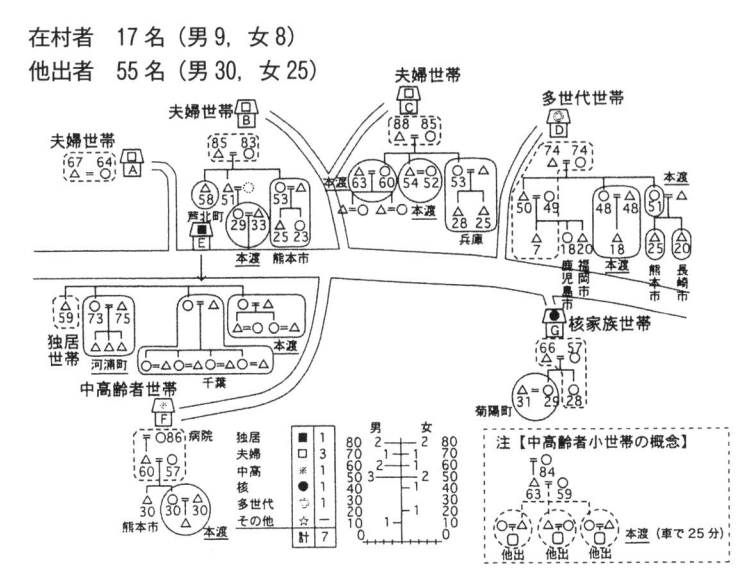

在村者　17名（男9，女8）
他出者　55名（男30，女25）

「T型集落点検」図の例　天草市D集落甲組

甲組――各戸の生活・経済課題

	家の生活課題				農業・経済的課題					
	10年後の家の存続	他出子からのサポート	進路・結婚問題	高齢者問題	農　地	作　　物	就業	現在の労働力	10年後の労働力	10年後の農地の荒廃
□ A	(◎)	(×)	(×)	(◎)	田－40a 小作（貸）	米　20a 飼料 20a	－(年)	－	－	他人が作っているこれからが不明
□ B	(◎)	(◎)週に1回	(×)	(△)	田－40a 小作（貸）	葉タバコ 40a	－(年)	－	－	〃
□ C	(◎)	(◎)誰かが毎日来る	(×)	(△)	田－65a 小作（貸）	葉タバコ 60a 米　5a	－(年)	－	－	〃（来年からなくなるかも）
◎ D	◎	◎	×なし	○	田－60a	米　20a 飼料 20a	2人	1.5人	1.5人	なし
■ E	(◎)	(◎)誰かが定期的に来る	(×)	(◎)いない	田－20a 小作（貸）	米　20a	－(年)	－	－	－
※ F	◎	◎	△これから	○病院	田－55a	米　55a	2人	2人	2人	なし
● G	○	△	×	○なし	田－75a	米　75a（家・JA・個人）	1人	1人	1人	なし
	◎ 2 ○ 5	◎ 3 ○ 2 △ 1	△ 1 × 6	○ 5 △ 2	190a（自作） 165a（貸）					

出所：徳野貞雄2010年「縮小論的地域社会論の可能性を求めて」『日本都市社会学年報』（28号）p. 37

図1　T型集落点検の集計例

の村落、またはより小規模な村組の単位をさす。

(b) 次に、組や班などと呼ばれる小規模な近隣組織単位に分かれてもらい、模造紙に道路と家屋を書き込んだ簡易の地図を作成する。この地図は作業を進めるためのものであり、住民が自身の家屋を認識できる程度の完成度で十分である。

(c) 簡易地図上のそれぞれの家屋の横に、その世帯の家族構成図を書きこみ、これをもとに組の人口ピラミッドや世帯分布表を作成する。ここまでの作業で、集落の人口減少、少子高齢化、世帯規模の縮小などの進展について、住民が視覚的に確認することができる。

(d) 次に、さきほど(c)で作成した家族構成図に、別の色を使って世帯主から見た他出子（別居子のこと。徳野の表現に従い「他出子」という表現を用いる）たちの家族構成、居住地、帰省頻度を書き足す。その後、他出子のなかでも集落から日帰りが可能な範囲に住むものや、それより遠方でも月に1回以上の頻度で帰省しているものの数を人口ピラミッドに書きくわえる。これが、潜在的に集落や各世帯を支援してくれる可能性の高い人びとを表した図となる。

(e) くわえて、世帯ごとに農業や農外就労、家事・育児、通院・介護、交通手段、後継者確保の現状などを聞き取り、それを別の模造紙にまとめる。他出子からの支援がある場合には、その内容を書きこんでおく。これが集落を構成する家族の生活実態を表したものとなる。(d)に示された人的資源と、(e)の表にあがった生活を支えている資源が、T型集落点検が掬い取る地域資源であり、生活構造理解の基礎資料となる（図1に集計例を示す）。

(f) 以上の作業が終わったら、(d)で作成した地図と人口ピラミッドをつかって、5年後、10年後の集落の状況を シミュレーションしてみる。できれば、(e)で聞き取った後継者確保の情報などを参考に、望ましいものから危機的なケースまでいくつかの予想を立ててみる。比較によって何が達成されれば将来どうなるかを明確にできるからである。

(g) さらに、(e)で作成した表でもシミュレーションを行い、生活のどの部分に今後どのような変化が生じるかを確認する。それをもとに、将来、個々の世帯や集落の抱える可能性が高い課題を書きだす。そして、それをどう克服すれば持続可能な状態を維持できるかを検討する。

(h) これらの作業をもとに、具体的な集落の将来像とそこへ向けた行為計画を作成して調査は終了となる。

(2) 方法の特徴

手順からもわかるように、T型集落点検とは、住民自身が自分たちの生活の現状を整理し、地域課題の解決法を考案するためのワークショップ型の調査法である。それゆえ、その実施にあたっては調査する研究者と住民の対話が必須となり、生産された知識は住民による実践へと直接接合されることになる。

また、調査を集団で実施することで、住民どうしの対話を引き出すことが意図されており、とりわけ、家族単位の生活に関する情報を、集落単位で共有することが重視されている。もちろん、過疎地域の大半をしめる農村では、公と私の分離はそれほど明確ではないため、収集される情報は多くの住民がすでになんとなく知っているものである。とはいえ、「よその家のことはよくわからない」、「それぞれの家のことはそれぞれの家で」、という個人主義的な感覚は強まっており、なにより、日々繰り返されている生活を支える資源について、日常のなかで見定めることは難しい。

そこで、T型集落点検では、調査者がファシリテーターとしての役割を果たしながら、生活を支えている資源をその再生産の単位でもある家族を軸に、集落全体で可視化してゆく作業を行う。地図作成やシミュレーションをとおして、住民たちは自分たちの生活を維持するための地域資源が集落にどれだけ残されているか、集落の人口や世帯構成が将来どのように変化してゆくのかなどを、感覚的にではなく理性的に確認することができる。

これらの情報を参加者全員で確認しあうことで、個々の家族・世帯の生活の維持が、どれだけ集落全体の持続性に関わる問題なのかが認識される。隣の家の後継者確保が集落機能の維持に大きく関わっており、自分たちの暮らしにも影響を与えるのかが将来予測とともに鮮明になるからである（ここで頭で理解したことが心の動きを生み出す）。これを起点にして、それぞれの家族の暮らしの課題や他出子との関係などを見直し、集落単位で解決へ向けた仕組みを考え行動計画を作成する。作業をとおして目指されているのは、対話による関係性の再構築であり、情報収集による集落の仕組みや範囲の見直しと地域社会の再編である。語り合うことと専門知の接合によって、意識されていなかった関係や集団の意義を顕在化することが、この調査法の特徴なのである。

(3) 背景にある地域社会論

繰り返し述べているように、T型集落点検の背景には、徳野の地域社会研究の視点と理論的な枠組みが存在している。その核となっているのが、生活者としての住民の目線に立ったうえで、社会構造の変化に対応して生活主体であるところの住民個人や家族の、生活のパターンの変化を捉えようとする独特の生活構造論である。知的生産技術としてのT型集落点検は、生活構造を明らかにすることを目的として設計されているが、なぜ生活構造の解明が現在の地域研究において必要なのだろうか。

今日における地域社会研究の最大のテーマの1つに、人口減少の問題がある。高度経済成長期以降の過疎の発生からはじまるこの問題は、近年の少子高齢化の進展によってさらに深化し、ついには集落の消滅が現実的な課題として議論されるまでになっている。高齢化率が50パーセントを超え社会的共同生活を維持することが困難な「限界集落」が増加していると指摘され（大野 2005）、その対応策として、「撤退」という戦略的な集落移転を進める議論も登場し反響を呼んだ（林・齋藤編 2010）。さらに2014年には、増田寛也ほか日本創成会議・人口減少問題検討部会のレポート（増田編著 2014）によって「地方消滅」の危機が指摘され、地方の人口減少問題は国策として

取り組まれるべき課題と位置づけられるようになっている。

T型集落点検も、この人口減少、少子高齢化という環境のなかで、地域社会の持続可能性をいかに高めてゆくかに関心を置いている。しかし、そのさい、上記の限界集落論や地域再生論とはかなり異なる視点に立つ。そもそも、限界集落論や撤退論、地方消滅に関する議論については、一見、計量的なデータに基づく客観的判断であるように見えながら、政策的な意図の反映された解釈に結びつき、かえって地方を衰退に導く危険性を秘めている。秋津元輝（2013）による撤退論批判や、山下祐介（2014）による地方消滅論批判によって既に指摘されているとおりである。

しかも、徳野によれば、これらの議論のもとになるデータ収集や分析は、経済成長や人口増加を前提とする社会のなかで生み出された人口増加型パラダイムに基づくものである。そのため、そこから引き出される結論は、現代の過疎地域における住民生活の現状からずれたものとなってしまう（徳野 1998）。「世帯」と「家族」を例にとろう。かつて、農村部において人びとの交通手段が限られていたころ、世帯は家族の代理するものとして十分に機能しえた。ところが、道路の整備が進み自家用車での移動が常態化した今日、両者はもはや同一視することができないものになりつつある。とくに、近隣の都市に住む他出子は、日常のソーシャル・サポートをはじめ集落の親世帯と緊密な関係にあり、住民の定住経歴を見ても、Uターン経験を有する者が多く将来の回帰まで期待できる存在である。ゆえに、家族を考えるさいには他出子との関係までを視野にふくめた分析が必要となる。にもかかわらず、既存の地域社会分析では、彼（女）らの存在は顕在化されることもなく、主題とされることも少ない（徳野・柏尾 2014）。

これにかぎらず、農村の地域資源のうち、既存の分析では正確に捉えられないものが多々ある。ゆえに、集落の生活構造の解明から逆照射するかたちで、地域資源の分析枠組みや概念（たとえば「家族」や「集落」など）を再検討してゆかなくてはならない。T型集落点検はそのための方法であり、こうした学術的関心を、実践的関心へと

結びつけることを意図した調査法なのである。

4 ─ 新しい地域社会調査の意義

次にこのような調査法の意義について、資源の活用法と学問の公共性・客観性の両面から検討をしておきたい。

(1) 新しい地域社会調査の資源活用法

過疎農村だけでなく地方の地域社会全体が、衰退傾向を示しているという統計指標は多数存在している。農村部でもかつては「社会の安定層」と呼ばれた兼業農家すら、農業所得だけでなく農外所得まで減少し、生活インフラについても、都市との相対的な遅れだけでなく絶対的な後退までが生じている（小田切編 2013）。

しかし、これらの指標だけから過疎地域の生活状況は悪化しており、地方再生に向けて末端集落からの「撤退」や、「選択と集中」による政令指定都市・中核市への新たな集積（＝末端の切り捨て）が絶対に必要だと判断するのは早計である。撤退論や増田レポートのような、経済や行政施策の合理化・効率化によって地域問題を解決しようとする枠組みが支配的となれば、農村の持つ暮らしの豊かさの多くの側面が見えないままとなってしまう。

それゆえ地元学やT型集落点検は、別の視点から農村生活のなかで暮らしを支えている資源を可視化し、その管理・活用を促そうとする。最近では、「里山資本主義」という言葉によって、新しい循環型の地域経済の構築に関する過疎地域での取り組みが紹介されているが（藻谷他 2013）、農村の地域社会には、現代社会の抱える課題に対応するための、物的・制度的資源が残されている可能性がある。徳野も、いくつかの生活指標を設定して都市─農村間で比較を行い、農村の兼業農家世帯の生活が、都市のサラリーマン世帯に比べて総合的に豊かであると理念的に示している（徳野 2007）。別のところでは、沖永良部島の調査をもとに、一般に生活が不便だと論じられ

第1部　地域と家族の暮らし　　96

ている離島が高出生率を維持しているのは、そこに相互扶助的な関係性が維持されており、ある程度の生活の豊かさが達成されているからだと論じている（徳野・柏尾 2014）。

この点は極めて重要である。ここでポイントとなるのが、対話をとおした情報の共有である。実践を志向する新しい地域社会調査にとって、では、その資源をいかようにして管理・活用しようとすべきか。限界集落や消滅可能性都市といったラベルは、必ずしも住民の生活についての理解に沿ったものではない。とはいえ、このようなラベル付けをもとに立案された「合理化や効率化」を目指す地域政策や住民のなかに沸き起こった不安が、地方の地域社会の疲弊を加速させてきたおそれがあることは否定できない。潜在的な地域資源が十分に管理されていれば十分に持続可能だった地域でも、子どもたちが転出し、潜在的な資源が活用されなくなれば、生活を維持することが困難になってしまうと予想されるからだ。いわゆる、「予言の自己成就」のメカニズムが働いてしまうことが危惧されるのである。

そこで、生活を支えている資源を可視化することが非常に重要である。それによって、住民の不安を払拭して安心につなげることができるだけでなく、日常のやりとりでは話題になることのない、それぞれの「村事（むらごと）」であることや「家事（いえごと）」とされている家族生活や世代継承の問題が、集落の持続可能性に関わっている「村事（むらごと）」であることを確認する場になるからだ。この作業をとおして、集落の将来について、住民たちが自分たちの問題として、みんなでどうするかを話し合おうという機運を高めることができる。高野和良（2013）は、参加を前提とする生活構造が、過疎地域の高齢者の生活満足度を引き出している可能性を指摘しているが、対話によって情報を共有し、住民の参加を引き出して地域組織を再生・変容させる動きを生み出すことが、新しい地域社会調査の目指す地域資源活用法なのである。

(2) T型集落点検の客観性と公共性

新しい地域社会調査の手法が公共性への強い関心に導かれたものだとして、社会調査の基本となる客観性を満たしえるものなのだろうか。実践を重視するばかりに、「実は存続の困難な集落が持続可能であると論じ、人口統計などに基づく診断の意義を過小評価してしまっているのではないか」、「政策的な動向や社会構造上の諸問題を無視して、集落や家族の意義を過大に評価しているのではないか」、過疎の厳しさを強調する立場からはそのような批判も予想される。

確かに、新しい地域社会調査の手法は、情報収集の手段として厳密さに欠ける部分がある。だからといって、収集されるデータの質が必ずしも低いというわけではない。住民生活の仔細に関する情報を聞き取ることができるうえ、1人の語りが他の参加者の語りを引き出すこともある。そして、なにより、集合調査の利点を活かした記憶の照合も可能で、1人の語りが他の参加者の語りを引き出すこともある。そして、なにより、集合調査の利点を活かした記憶の照合も可能で、1人の語りが他の参加者の語りを引き出すこともある。そして、なにより、集合調査の利点を活かした記憶の照合も可能で、1人の事例において適当と思われる範囲に設定でき、それぞれの資源管理や生活上のつながりが濃厚な範囲を、調査の過程から浮き上がらせることができる。川上の山村集落の調査から、河川をつうじた川下の漁村集落との資源共有関係を浮き彫りにしたり（吉本 2008）、空間的に限定された、統計調査の単位となるような農業集落や行政区の調査から、他出子との関係を含めて拡大された集落のあり方を発見したりすることにもつながるのである。

ただ、新しい地域社会調査は、あくまで住民自身が、自分たちの住む地域のことを知ることを本義としている。そのため、実践へ向けたある種のバイアスがあることも事実だろう。将来にわたって暮らしを持続させてゆくというう特定の目標を志向しており、データもそのための素材としての側面を強く持つ。

このバイアスという点について2点ほど付言しておきたい。1点目に、これらの調査法において目標を設定するのはあくまで住民の役目であり、調査者が決定するものではないこと。そして2点目に、そもそも社会調査の目指す認識が規範的な性格を持つこと自体が否定されないのではないかということである。

後者の認識の規範性について、盛山和夫が「社会学とは何か」という問いに引き付けて面白い議論を行っている。盛山の議論を引きつつ詳しく論じておこう。盛山は社会学を、「学問世界を超えた一般的な社会について、『共同性』のありようを経験的および規範的に探究する学問である」（盛山 2011, p. 261）と定義している。また、それは成立当初から「共同性という価値に志向した秩序構想の学であった」（同上 p. 261-2）。社会学は、価値規範を含みながら経験的研究を行う学問なのであり、社会のなかにある共同性の破れを検証し、そこに共同性の秩序を再構成しようとする試みなのである。それゆえ、たとえば環境社会学とは、「環境問題という一見自然科学的な問題に潜む社会的共同性の危機と回復をテーマとするもの」（同上 p. 262）となる。

もちろん、こうした探究の姿勢が、しばしば保守的な「現状維持」や「閉鎖性」に帰着する可能性がある（同上 p. 263）。したがって、現にある共同性の解明を超えて、よりよい共同性とは何か、また、それはいかにして可能かを問う必要があるという（同上 p. 264）。そして、この共同性の「よりよさ」こそ、社会学の営為を嚮導する価値としての公共性なのだと盛山は述べる（盛山 2013, p. 263）。

ここまでの議論からすでに明らかだと思うが、新しい地域社会調査が達成しようとするのが、まさによりよき共同性の実現なのである。既存の統計調査や地域政策の目線によって破れが生じている集落の共同性を再度編みなおすために、語り合いの場を創造することをとおして、メンバーシップや資源管理の技法と範囲、生活圏などに関する認識を再構成する方法なのだ。そして、そのために、住民の生活という目線から情報を収集・解釈し、明らかになった住民感覚にあわせて分析枠組みを修正してゆく、対話によってそのような再帰的な構造を調査法自体に組み込んでいるのである。

5 新しい地域社会調査から何が見えるのか──熊本県上益城郡山都町K集落の事例から──

ここまで抽象的な議論に終始してきたので、最後に具体的な使用例を紹介し、新しい地域社会調査から一体何が見え、何ができるのかを少しでも明確にしておきたい。取り上げるのは、筆者が熊本県上益城郡山都町K集落で2012年に実施した、T型集落点検調査の結果である。

(1) 対象地域の現状

対象地域の山都町は、熊本県の北東部、宮崎県との県境に位置する過疎に悩む農山村で、県都熊本市の都市圏に含まれ生活上の利便性はある程度維持されているものの、奥まった集落ではかなり過疎が進行している。2010年の国勢調査によると人口16,981で2005〜2010年の人口減少率はマイナス9・5パーセント、高齢化率は39・8パーセント、世帯数5,906で一世帯当たり平均世帯員数は2・9と、人口減少・少子高齢化・世帯の小規模化がそろって進んでいる。

山都町では、こうした危機に対して住民自治活動を活発化させるべく、旧中学校区の範囲で28の「自治振興区」を組織している。筆者は、2012年に、その中のA自治振興区（以下、「A区」と表記）による補助を得て、A区内7つの集落のうち3つの集落でT型集落点検を実施した。今回はそのなかからK集落の調査結果を紹介したい。

A区のなかでも高齢化率が最も高く、集落の将来について住民から否定的な意見が寄せられた集落だったからである。

実際に、作業を始めてすぐ「なんで今更こんなこと」、「何したってもう若者はおらん」という声も出たほどだった。集落の人口79人に対して65歳以上の老年人口が33人と高齢化率は42パーセントにのぼり、10年後にその数値は50パーセントを超えてしまう可能性が非常に高いことがわかった（図

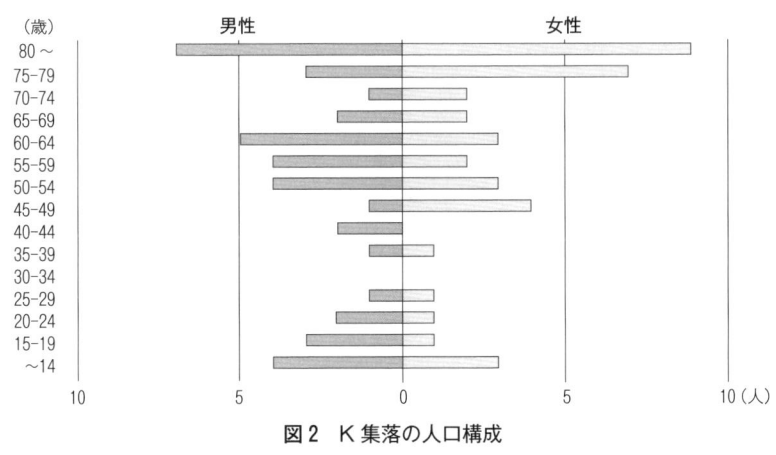

図2　K集落の人口構成

2)。20〜49歳までの層が抜け落ちた人口構成はかなり歪んでおり、地域内での人口の維持は厳しいように見えた。そのほか、世帯の小規模化も進んでおり、高齢者による独居世帯が集落全体の約4割を占めていた。

A区は山都町のなかでも農業の盛んな地域として知られている。しかし、K集落では、その農業についても状況は芳しくなく、65歳以下の専従者のいる農家は25世帯中2世帯のみだった。このように地域農業の核となるような農家が少ない背景には、国と役場の支援をえてA区全体で取り組んだ農地造成事業が関係している。この事業によって、A区では100ヘクタールもの農地が造成されたが、もともと小規模な農家が多かったK集落では、金銭面の都合から拡大した規模に対応するだけの投資ができる農家が少なかった。そこで小規模農家は、好条件に恵まれていた新しい農地を貸出し、兼業に出るという戦略をとったのである。せっかくの農業資源は、当初行政が意図した方法では活用されないまま、K集落の農業は衰退しているかのように見える。

ここまでの記述から、K集落は、存続が困難な地域資源を欠いた集落と結論づけたくなるだろう。地域経済の活性化戦略として期待されている都市農村交流や、6次産業化などの事業に取り組む目立った農家や団体も見られない。住民が地域の将来に不安を持ち、次の世代は残らないだろうと考えていたことも納得できる。

101　第3章　新しい地域社会調査の可能性

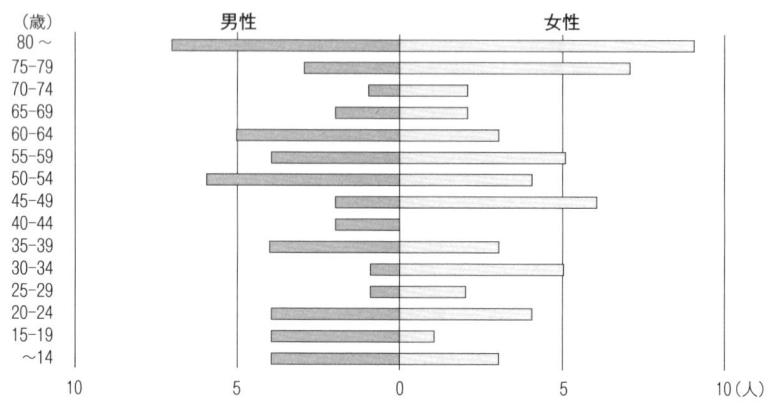

図3　近くに住む・頻繁に帰省する他出子を含めたK集落の人口構成

(2) T型集落点検が可視化するK集落の地域資源

しかし、T型集落点検を進めていく過程で、上記の第一印象とは全く異なるK集落の側面が見えてきた。もっとも危惧されていた人口問題については、他出子を集計してみると全体の約75パーセント中29人）が山都町を含む熊本都市圏に居住しており、約半数（19人）は月に1回以上帰省していることがわかった。もちろん、ただ帰省するだけでなく、買い物の手伝いなどソーシャル・サポートを提供しているものも多い。一度、河川の除草作業を見学したが、親の代理として熊本市から帰省している30代の女性が作業に参加していた。このように、普段は目に見えず統計上も計測されていない他出子の存在は、個々の世帯だけでなく集落にとっても重要な人的資源となっている。

そこで、自動車でおよそ1時間圏内の近隣市町村に居住している子どもたちを加えて、流動的な成員を含めたK集落の人口ピラミッドを構成してみると、図2とは大きく印象の違ったものになることがわかった（図3）。50代以下の層が厚くなり、子どもを産む世代の数もぐっと増え持続可能な人口構成に大きく近づく。しかも、ここでは他出子のみを数えてその家族（夫・妻・子ども）は含めていないので、実際に集落に関わりを持つ壮年層の数はもっと多くなる。

存続の危機が危ぶまれていた若壮年層についても、たとえ専業農家は少なくとも、比較的世帯規模の大きい15世帯の兼業農家が下支えを行っ

第1部　地域と家族の暮らし　　102

ており、小規模でも集落全体での農業とのつながりは維持されている。そのことも関係してか、河川や道路の清掃などの集落の共同作業についても、農業生産や住環境に関わる資源の維持・管理は続けられている。

それに、K集落は商店街までの交通アクセスに恵まれており、道路の整備が進んだことで、スーパーやコンビニエンスストアなどの商店、ファミリーレストランや居酒屋、役場、銀行、郵便局、医療・介護施設、ガソリンスタンド、教育機関（小・中・高）、保育園、パチンコ店などの機関・施設について、いずれも自動車を使えば10分程度でアクセスできる状況にある。そのせいか生活に不便を抱えている世帯もなく、都市部から移住してきたUターンやIターンの子育て世代も、待機児童などもなくかえって都市より便利だと話していた。

集落の機能を低下させるとされている高齢化についても、65歳以上の退職者の男性たちが同年代の仲間で新たな集団を組織し、年中行事の計画・実行において中心的な役割を果たすようになっている。調査の実施期間中も、メンバーが中心となって集落の資料を独自に収集し、周辺に生息する生物や植物、それに神社やお堂についてまとめた集落紹介の地図を作成するなど、活気のある活動が目立った。

周辺の山林で「山遊び」ができるように整備を進めたり、集落の共同作業をまとめる役割を果たしたりするように楽目的で結成されたもので、炭焼き窯を作り、同年代の住民の憩いの場・遊び場として活用していた。そこから、なり、今では地域づくり集団としての機能を担うようになっている。この集団は、そもそも娯

また、退職者だけでなく、女性たちの活力が、K集落の生活を支える大きな資源となっていることも明らかになった。特質すべきは、K集落と隣接する集落からなる行政区の区長を、女性が勤めていることである（2012年現在）。もちろん、輪番制ではなく、役員がしっかりと人選を行い、寄り合いで承認を得て選ばれた区長である。大型機械に乗って畑を切り盛りしている60代の女性もいた。過疎や少子高齢化が問題視される中で、農作業の役割分担でも、K集落では退職者や女性が活躍することで、集落組織や生活の基盤がしっかりと維持されているので

ある。

このように、T型集落点検をとおして、K集落は将来展望を築くための資源を、少なくとも現段階ではある程度維持していることが確認されていった。人口についても、他出子によるソーシャル・サポートが存在し、集落の中核となりうるような世帯規模の比較的大きな農家がしっかりと残っていることから、直ちに危機的な状況におちいるとは考えられない。それに、現代の縮小型社会に対応するような、高齢者や女性による地域運営への積極的な参加も見られており魅力的な集団も生まれていた。利便性についても高い地域であり、実際のところよく見ればどうしてこの集落で消滅が問題になってしまうのか、と思えるような集落なのである。住民のなかにも、調査の過程で集落での暮らしを「諦めてもうやめたとは言えなくなった」と語る人も出てきた。

(3) T型集落点検から明らかになった課題

一方で、調査から、集落の持続可能性を担保するための課題も明らかになった。とくにK集落の場合、Iターン者や他の集落からの転入が期待できる状況にはないため、家の継承が滞りなく行われるかどうかが鍵となる。その ことを確認したうえで、全25世帯にこれからの世代継承の予定を尋ねたところ、既に明確な後継者が決まっている世帯は6世帯に過ぎなかった。これでは今後、K集落の人口は大幅に減少し、短期的に危機が顕在化する可能性が高い。しかし、残りの19世帯も、後継者の確保が不可能だと答えたのは4世帯のみで、ほかの15世帯は検討していない、わからないという答えだった。

つまり、K集落の人口問題というのは、一般に考えられているような後継者が全くいないということではなく、むしろ後継者を確保しようという環境が整っていないことにある。図3からもわかるように、今後、Uターンなどをつうじて後継者の確保がすすめば、それなりの人口を維持してゆくこと自体は不可能ではない。住民からは「農業

が儲からないから集落で暮らす意味がない」、「子どもには期待できないから、農業をやりたいという都会の人を呼んだほうがよい」という意見も出た。しかも、農業の活性化やIターンの誘致は「役場や国に頑張ってもらうしかない」という。まさに既存研究で指摘されているような状況が責任の外部帰属化（他人事化）をもたらし、後継者の確保のために住民や地域社会が動き出すことを妨げてしまっていたのである。

K集落では、対話による情報の共有をとおして、若干ではあるものの、集落の将来へ向けた課題について内部帰属化がなされていく過程が見られた。人的資源が枯渇しそうだという課題が、自分たちの手の届く・自分たちに責任のある問題へと変換されていったのである。たとえば、後継者確保という課題に対して、退職者組織の活動が再活性化し、しばらく途絶えていた炭焼きを、子や孫たち世代を呼んで再開しようとする動きがおこった。他出子家族との関係を維持し、集落に帰省する機会を増やすことが重要だと考えたからである。うまくいけば、普段は地域にいない他出子たちが集まり、交流する場にもなりうる。このほかにも、調査に協力していただいた役場職員からは、調査の翌年（2013年）に行われた自治振興区での地域ビジョン作成過程で、以前に比べて話し合いの質が変化し良いビジョンが作成できたと報告があった。小さいながらも、T型集落点検は住民主体の地域づくりのきっかけを作り出したのである。

おわりに

本章では、近年の科学的研究に対する公共性の要求を足掛かりとして、地元学とT型集落点検を事例に、新しい地域社会調査の特徴や論理、そして有効性を検討してきた。

これらの調査法は、知識を生産する作業のなかで、研究者が媒介者となって住民間の対話を促すことにより、住民が主体的に自分たちの暮らしを支える地域資源を再評価し、地域社会のなかの共同性の再構築をとおした地域資

105　第3章　新しい地域社会調査の可能性

源の管理・活用の可能性を開くことを目標としている。そこには、「語り合うことで社会を変える」という論理がある。

そして、こうした目標の背景には、地域社会に対する理論的な考察と、現代における地域分析や地域政策への批判が存在していた。新しい地域社会調査は、科学的な調査と実践を混同しているのではない。対話をとおして住民の目線からの地域社会の実態を浮かび上がらせ、生活の単位としての地域社会の姿を描写し、それをよりよいものにしてゆくために、このような手段が取り入れられているのである。

最後に念のためつけくわえておくが、これらの地域社会調査は万能の手段ではない。高度で体系的な分析を行うためには、既存の調査法の方がはるかにすぐれている場合もある。ゆえに、単体で用いるより他の調査法を組み合わせた方が、地域社会の理解に有効な場合が多いだろう。しかし、社会調査では得られた情報を誰のどのように解釈するのかが決定的に重要となる。新しい地域社会調査は、住民の対話から生まれる、住民による住民自身のための解釈の必要性を強調しており、それが地域社会を理解する研究という営みにとって重要であると主張しているのである。

そのうえで、社会が人々の関係とわれわれ意識によって成立するものであるなら、人びとが自分たちの地域社会について語り合うことは、社会の意識的な再構築にうってつけの方法と言える。現代の地域社会研究に求められているのが、地域社会の共同性を再構築するためのメカニズムを解明することにあるのなら、新しい地域社会調査はその有力な手段として機能しうるといえるだろう。

［参考文献］

秋津元輝 2013 「「撤退」しない農村を支える論理」『農業と経済』第79巻第1号 p. 36-45

Burawoy, Michael, 2005, "For Public Sociology", American Sociological Review, 70: 4-28

蓮見音彦 2008 『福武直』東信堂

林直樹・齋藤晋編 2010 『撤退の農村計画――過疎地域からはじまる戦略的再編』学芸出版社

伊藤勇 2012 「村落社会研究における事例研究の方法的意義――菅野正・田原音和・細谷昂3氏の庄内研究に学ぶ」『村落社会研究ジャーナル』18（2）p. 44-56

増田寛也編著 2014 『地方消滅――東京一極集中が招く人口急激』中央公論新社

藻谷浩介・NHK広島取材班 2013 『里山資本主義――日本経済は「安心の原理」で動く』角川書店

小田切徳美 2009 『農山村再生――「限界集落」問題を超えて』岩波書店

小田切徳美編 2013 『農山村再生に挑む――理論から実践まで』岩波書店

大野晃 2005 『山村環境社会学序説――現代山村の限界集落化と流域共同管理』農山漁村文化協会

佐藤郁哉 2006 『フィールドワーク――書を持って街へでかけよう』新曜社

盛山和夫 2004 『社会調査法入門』有斐閣

――― 2011 『社会学とは何か――意味世界への探求』ミネルヴァ書房

――― 2013 『社会学の方法的立場――客観性とはなにか』東京大学出版会

菅豊 2013 『「新しい野の学問」の時代へ――知識生産と社会実践をつなぐために』岩波書店

高野和良 2013 「空間の孤立と「限界集落」」藤村正之編『協働性の福祉社会学』東京大学出版会

徳野貞雄 1998 「少子化時代の農山村社会――「人口増加型パラダイム」からの脱却をめざして」山本努・徳野貞雄・加来和典・高野和良『現代農山村の社会分析』学文社 p. 138-170

――― 2005 『少子・高齢化時代の農山村における環境維持の担い手に関する研究――平成13年度〜平成16年度科学研究費補助金〔基盤研究（B）（2）〕研究成果報告書』

――― 2007 『農村の幸せ、都会の幸せ――家族・食・暮らし』NHK出版

――― 2011 『都市他出者による過疎農山村の維持システムの研究――平成20〜22年度科学研究費補助金〔基盤研究（C）〕研究成果報告書』

徳野貞雄・柏尾珠紀 2014 『T型集落点検とライフヒストリーでみえる家族・集落・女性の底力――限界集落論を超えて』農山漁村文化協会

鳥越皓之 2002 『柳田民俗学のフィロソフィー』東京大学出版会

山本努 2013『人口還流（Uターン）と過疎農山村の社会学』学文社
山下祐介 2012『限界集落の真実——過疎の村は消えるのか？』筑摩書房
—— 2014『地方消滅の罠——「増田レポート」と人口減少型社会の正体』筑摩書房
吉本哲郎 2008『地元学をはじめよう』岩波書店
結城登美雄 2009『地元学からの出発——この土地を生きた人びとの声に耳を傾ける』農山漁村文化協会

第4章 結婚・家族から見た現代農村

池田亜希子

はじめに

わが国の社会全体で未婚化・晩婚化が進展しているなか、結婚や出産、人びとが歩むライフコースは多様化している。だが不思議なことに、男女の結婚願望が「選択できる」ものとなり、人びとが歩むライフコースは多様化している。近年、結婚したいのにできない状況への打開策として、婚活イベントをはじめさまざまな取り組みが実施されていることは周知のとおりである。

高度経済成長以来、都市部よりも早く、その取り組みに力を入れてきたのが農村地域である。自治体や農協では、結婚相談所の開設や農村で暮らす男性と都市部に暮らす女性との交流会などを開催し続け、1980年代には「ムラの国際結婚」現象が話題ともなった。現在でも頻繁に、自治体は新聞などのメディアを通して、農村男性との交流会に参加する独身女性を募っている。

ここで強調しておかなければならないことは、農村地域の青年男性の未婚率は、都市部と比べても、そして全国と比べても高いわけではないということである。青年男性の未婚化は全国的な傾向である。ではなぜ、農村地域が青年男性の結婚問題に敏感に反応してきたのか。それは農村の結婚の動向が、農家と集落の維持存続に深くかかわっているからである。結婚が個人の配偶者選択の問題として位置づけられている都市部とは違い、農村における

109

結婚は、特に後継者である男性の結婚は、個人―家―集落―地域の生活にかかわる、非常に重要な地域社会的課題としてみなされているからである。

では、学術的関心はどうであろうか。紙幅の都合で簡単ではあるが、ここで農村社会学と地域社会学における結婚に関する既存研究について整理することにしたい。

戦前においては、柳田國男（[1931]1993、[1948]1990）、有賀喜左衛門（[1948]1968）らにより、農山漁村における婚姻慣行に関する豊富な研究成果が生み出されていた。これらの研究では、どのような制度、仕組みの下で男女が付き合い、結婚に至るのかが焦点となっているため、個人の心理や行動は問題としない（上子ほか 1991）。そのため、農山漁村の結婚と言えば、封建的な村落構造や社会制度に基づいたものという印象を抱きがちであるが、若い男女は村落生活のなかで、自由な意思で付き合い、結婚相手を選んでいた実態が大いに描かれているのである。

しかし、戦後に入ると、わが国の社会学における結婚研究自体乏しくなり、1970年代に入ってようやく家族社会学を中心に都市部を対象とした研究が展開されたという指摘（上子ら 1991）がある。このことはつまり、農村社会学ならびに地域社会学における結婚研究の欠乏を意味している。数は少ないが、既存研究を整理すれば、家族社会学的アプローチを用いて農村地域の婚姻行動について明らかにしている研究（小松田 1993、内藤 2004、堤 2009）、農村男性の結婚難問題の要因を探る研究（岩本 1995、光岡 1996）、そして生活構造論的視点から農村の結婚問題を取り上げた研究（徳野 1998、高野 1998、松本 2014）があり、筆者も生活構造論的視点から、結婚と集落維持との結びつきについて考察している（木村 2013）。

農村家族の領域に目を向ければ、農村女性に着目することによって、より生活に密着した個人の姿、家族の姿が描かれるようになってきた。農村女性研究の多くで示されていることは、家族や地域とのかかわりの中で実現されている農村女性の充実した暮らしぶりである。だが、結婚難を抱える農村男性の側に立てばそれはどうであろうか

か。結婚——それによって可能な家族形成と次世代再生産——、そして家・家業の継承などが、「あととり」である農村男性に大いに期待されているが、青年男性の未婚化は深刻を増している。すなわち、家族形成が容易ではない状況にあるが、農村社会の持続性を考えるのであれば、結婚を通して、家族、農村を見ることが必要不可欠であり、そして結婚、家族と絡めながら今後の農村社会の展望についても論じる必要があるのではないだろうか。

本章ではそうした問題意識のもと、徳野貞雄が考案し、精力的に実施している「T型集落点検」調査から、農村集落に住む人びとの婚姻状況がどのようなものか、どのような世帯・家族構成を持ち、そのなかでどのようにして日々生活を送っているのかを明らかにする。本章で用いているデータは、筆者がかつて所属していた熊本大学地域社会学研究室が、これまで実施してきた九州地方での「T型集落点検」調査をまとめたものである。

1 「T型集落点検」調査と家族

「T型集落点検」調査について詳細なことは徳野（2014）を読んでいただきたいが、家族に関する点はここでしっかりと押さえておくことにする。

「T型集落点検」調査を行う際にまず重要なことは、徳野が、「現代日本において『家族』と『世帯』の概念を区別することが混同され、ぼやけている」（徳野 2014, p. 133）と鋭く指摘しているとおり、これは調査でよく見かける光景であるが、老夫婦に「家族は何人ですか？」と尋ねると、「夫婦2人です」と答える。「お子さんは？」と尋ねてみると、「息子と娘の2人」いて、2人とも結婚して子どももいるという。聞けば、息子は車で1時間程度のところに住んでおり、孫とともに週に1度は実家に来て、米や野菜を持ち帰る。娘は同じ町内に嫁いでおり、孫とともに週に1度、実家に来て、米や野菜を持ち帰る。しかも時には孫の面倒を見に娘のところに行くこともあるという。「息子さん、娘さん、お孫さんは家族ではないのですか？」と改めて聞くと、「そ

ういえばそうだ」という具合になる。

世帯とは「同一家屋に居住する生活集団」という厳密な定義があり、統計的に把握することができる。一方、日頃寝食を共にしていなくても、離れて暮らしていても、家族の一員であると認識しているメンバーは個々存在しているはずである。そしてそのメンバーとの関係によって私たちは日々の生活を送っている。言うまでもなく、彼らの生活は彼らのみによって成り立っているわけではない。親族、近隣住民、友人、行政などによって支えられている側面もあるが、離れて暮らす子ども(以下、他出子)やその子どもの家族(子どもの配偶者やその子ども。以下、他出者)が行っているサポートが中心を占めていることが多い。

「T型集落点検」調査の大きな役割は、「家族は空間を超えて存在・機能している」(徳野 2014, p.134)という点を、集落住民にきちんと認識してもらい、今後どのように生活を送っていくのかを家族関係をベースに考えてもらうことにある。つまり、この調査は自分や家族、集落の人びとが幸せに生活できるためにはどのようにすればよいのかを考える場であり、生活にたいへん密着した調査手法と言える。

この調査では、住民の世帯構成、婚姻状況、職業、農業に関すること、通院や買い物など、現代農村で暮らしている人びとの生活実態について詳細に聞き取っていく。それだけではなく、他出している子どもの居住先、子どもの家族構成や実家との関係性、さらには、子どものUターンの有無や後継者についても確認する。そして、各家の現状や他出子の動態を集落住民で共有し、人口減少と世帯の縮小を前提としながらも、家や集落の維持・存続に向けた具体的な将来ビジョンを集落住民と描いていくワークショップ形式の調査である。

すなわち、「T型集落点検」調査は、家族と世帯を明確に区別することによって、現代農村において、空間を超えて存在する家族の機能や家族の拡がりについて把握することができるとともに、人びとの生活構造を射程に入れることができるのである。

2 小規模集落の人口・世帯

(1) 縮小化・高齢化する農村世帯

表1は、九州地方の14の小規模集落の人口と世帯の現状をまとめたものである。ここでは、都市近郊農村（福岡市西区A、B集落）、中山間地域（熊本県上益城郡山都町C、D、E、F集落、福岡県八女市星野村G、H集落、熊本県阿蘇市波野村I、J、K集落）、山村地域（宮崎県東臼杵郡諸塚村L、M、N集落）の計14集落の調査結果を示している。なお、14集落の調査は2007年から2011年にかけて実施した。本章では、世帯規模と人口再生産の観点から、世帯構成を、①極小型世帯（単独世帯、夫婦世帯、中高齢者小世帯（基本的に50代以上の夫婦とその親からなり、夫婦の子どもは他出している）、②安定型世帯（核家族世帯、多世代同居世帯）、③後継者未婚世帯（35歳以上の未婚男女とその親からなる世帯、または35歳以上の未婚男女が単身で暮らす世帯）の3つに分けている。

人口についてまず明白なことは、小規模集落における高齢化率の高さである。14集落中7集落で高齢化率は40パーセントを超えている。さらに、大野晃（2005）の「限界集落」の基準である、高齢化率50パーセントに達している集落は2集落ある。高齢化率を指標として考えると、半数近くの集落は「消滅の危機」に直面している、もしくは近い将来集落が消滅する可能性があるということになる。しかし、これはあくまでも高齢化率を「第一のものさし」として集落を判断したにすぎない。集落を知るには、人口はもちろんだが、世帯構成についてもきちんと見ておくことが必要である。

引き続き表1の世帯構成を見てみよう。極小型世帯の特徴は、中山間地域と山村地域では、極小型世帯の割合が高く、世帯の縮小化が進行していることがわかる。世帯規模は小さく（4人以下）、かつ世帯員全員が50歳以上で

113　第4章　結婚・家族から見た現代農村

表1 14集落の人口と世帯

都　市　近　郊		
	福岡市・A	福岡市・B
人　口	112	143
20歳未満	14 (12.5%)	19 (13.3%)
20～39歳	16 (14.3%)	39 (27.3%)
40～59歳	36 (32.1%)	36 (25.2%)
60～79歳	32 (28.6%)	29 (20.3%)
80歳以上	14 (12.5%)	20 (14.0%)
高齢化率	33.0%	28.7%
世帯数	34	31
①極小型	13 (38.2%)	7 (22.6%)
②安定型	16 (47.1%)	21 (67.7%)
③後継者未婚	3 (8.8%)	2 (6.5%)

中　山　間　地　域				
	山都町・C	山都町・D	山都町・E	山都町・F
人　口	262	272	33	56
20歳未満	38 (14.5%)	45 (16.5%)	0 (0.0%)	7 (12.5%)
20～39歳	31 (11.8%)	39 (14.3%)	1 (3.0%)	4 (7.1%)
40～59歳	72 (27.5%)	80 (29.4%)	2 (6.1%)	16 (28.6%)
60～79歳	93 (35.5%)	84 (30.9%)	21 (63.6%)	20 (35.7%)
80歳以上	28 (10.7%)	24 (8.8%)	9 (27.3%)	9 (16.1%)
高齢化率	42.0%	32.7%	90.9%	44.6%
世帯数	83	70	21	17
①極小型	45 (54.2%)	25 (35.7%)	17 (81.0%)	11 (64.7%)
②安定型	30 (36.1%)	35 (50.5%)	0 (0.0%)	4 (23.5%)
③後継者未婚	5 (6.0%)	9 (12.9%)	2 (9.5%)	2 (11.8%)

	星野村・G	星野村・H	波野村・I	波野村・J	波野村・K
人　口	144	54	104	79	86
20歳未満	27 (18.8%)	6 (11.1%)	16 (15.4%)	4 (5.1%)	14 (16.3%)
20～39歳	20 (13.9%)	6 (11.1%)	20 (19.2%)	13 (16.5%)	10 (11.6%)
40～59歳	28 (19.4%)	17 (31.5%)	26 (25.0%)	26 (32.9%)	22 (25.6%)
60～79歳	51 (35.4%)	13 (24.1%)	30 (28.8%)	21 (26.6%)	28 (32.6%)
80歳以上	18 (12.5%)	12 (22.2%)	12 (11.5%)	15 (19.0%)	12 (14.0%)
高齢化率	41.7%	46.3%	28.8%	35.4%	36.0%
世帯数	48	22	26	26	19
①極小型	22 (45.8%)	17 (77.3%)	10 (38.5%)	12 (46.2%)	10 (52.6%)
②安定型	17 (35.4%)	4 (18.2%)	15 (57.5%)	6 (23.1%)	7 (36.8%)
③後継者未婚	8 (16.7%)	0 (0.0%)	0 (0.0%)	8 (30.8%)	1 (5.3%)

第1部　地域と家族の暮らし

山村地域			
	諸塚村・L	諸塚村・M	諸塚村・N
人 口	27	34	53
20歳未満	1（ 3.7%）	2（ 5.9%）	12（22.6%）
20〜39歳	2（ 7.4%）	2（ 5.9%）	4（ 7.5%）
40〜59歳	8（29.6%）	9（26.5%）	16（30.2%）
60〜79歳	12（44.4%）	16（47.1%）	17（32.1%）
80歳以上	4（14.8%）	5（14.7%）	4（17.5%）
高齢化率	44.4%	52.9%	34.0%
世帯数	9	11	13
①極小型	4（44.4%）	5（45.4%）	8（61.5%）
②安定型	3（ 3.3%）	1（ 9.1%）	5（38.5%）
③後継者未婚	2（22.2%）	3（27.3%）	0（ 0.0%）

出所：木村（2013）

ある。だが、過疎農山村の極小型世帯の中心は、高齢者単独世帯、高齢者夫婦世帯であるため、世帯規模もさらに小さく高齢化も進んでいる。

過疎小規模集落では、世帯の縮小化・高齢化が目立っているが、表1をみると、14集落中6集落では約3〜4割の安定型世帯（ほとんどは多世代同居世帯）が形成されていることに注目したい。多世代同居世帯は、世帯人員も多く、子どもの誕生によって成員の再生産ができている。また、30代から50代の働き盛りの世帯員を軸に多様な所得形成が得られている。具体的に言えば、農外収入、農業収入と年金である。徳野（2014）は、このような世帯員がそれぞれ収入を得ているさまを「複業化」と呼んでいる。ひとつひとつの収入は決して多くはないが、各世帯員の収入を持ち寄ることで、安定した生活基盤が形成できる。つまり、世帯人数が多く、複業化が形成可能な多世代同居世帯は、集落の中核世帯という意味合いを強く持っている。

「T型集落点検」調査からわかることは、現在の小規模集落では、高齢化と世帯の縮小化が着実に進行しつつあるが、3〜4割の多世代同居世帯を中心に、今のところは何とか集落生活が維持されている状況にあると言える。こうしたことからも、安定型世帯（特に多世代同居世帯）は集落の持続性を捉えるうえで大きなポイントとなっている。

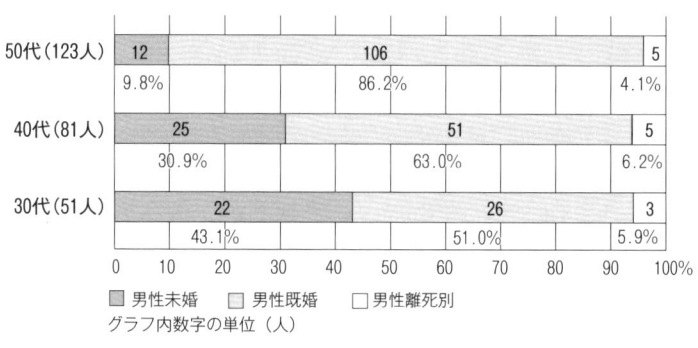

	男性未婚	男性既婚	男性離死別
50代(123人)	12 (9.8%)	106 (86.2%)	5 (4.1%)
40代(81人)	25 (30.9%)	51 (63.0%)	5 (6.2%)
30代(51人)	22 (43.1%)	26 (51.0%)	3 (5.9%)

グラフ内数字の単位（人）

出所：木村（2013）

図1　14集落男性の年代別婚姻状況

（2）後継者男性の深刻な結婚難

表1を見ると、14集落中11集落で後継者未婚世帯が存在する。後継者未婚世帯の割合が6〜10パーセント程度である集落が多いが、中には波野J集落、諸塚M集落のように、後継者未婚世帯が20〜30パーセントと高い割合の集落も現出している。波野I集落と波野J集落、諸塚M集落と諸塚N集落を比べると、後継者未婚世帯の有無が集落の20歳未満人口と安定型世帯の割合に大きな差異をもたらしていることが明瞭である。つまり、現代の過疎小規模集落において、未婚後継者の増加は、集落の少子化を一層加速させているとともに、世帯の縮小化をより進行させているのである。

では、集落で暮らす男女の婚姻状況はどのようなものだろうか。図1、図2は14集落の30代から50代の男女を、未婚、既婚、離死別に区分したものである。

男性では（図1）、30代で4割、40代で3割、50代では1割が未婚者である。40代と50代を合わせると、男性の2割が未婚者となり、中高年男性の未婚化が進行していることがわかる。

一方女性の婚姻状況を見てみると（図2）、30代女性の3割が未婚女性が農村で暮らすことはめずらしいことではなくなってきた。しかしながら、40代では未婚女性の割合は

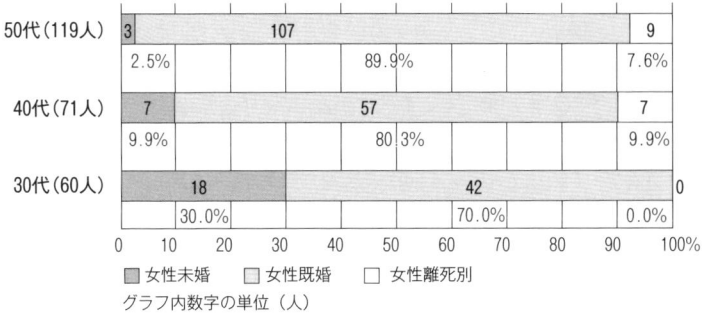

50代(119人)	3 / 2.5%	107 / 89.9%	9 / 7.6%
40代(71人)	7 / 9.9%	57 / 80.3%	7 / 9.9%
30代(60人)	18 / 30.0%	42 / 70.0%	0 / 0.0%

■ 女性未婚　　■ 女性既婚　　□ 女性離死別
グラフ内数字の単位（人）

出所：木村（2013）

図2　14集落女性の年代別婚姻状況

1割にすぎず、50歳を過ぎると未婚女性は皆無である。農村地域では、未婚者は圧倒的に男性に多く、また、未婚男性の年齢層は30代のみならず40代、50代にまで拡大している。農村男性は未婚のままでも農村にとどまる傾向にあるが、女性はそうではない。農村女性は30歳過ぎても未婚の場合は、婚姻圧力の強い農村から逃れて都市部に流出する傾向にあるため（徳野 1998）、現代農村の未婚男性は結婚したいと願いながらも、相手となる農村の未婚女性が少ないという地域構造上の問題も抱えている。

筆者は拙稿（2013）で、農村男性の結婚難問題が実質的に出現したのは、高度経済成長期ではなく1980年代であることを指摘した。さらに農村男性は、35歳までに結婚できなければ、未婚のまま年齢を重ねる傾向にある。農村の未婚男性は、「あととり」として家や農地を守り、親の面倒を見ながら農村での生活を送り続けている。いったん他出しながらもこれらの理由でUターンを経験した男性も多い。

未婚男性の多くは持ち家で老齢の親（特に母親）と暮らしており、自給程度でも家で農業は継続され、自身の収入や親の年金などの現金収入があるため、未婚であっても生活が維持できている状況にある。しかしこの状況はそう長くは続かない。特に老齢の母親を抱える世帯では、母親の死去によって未婚男性がひとりで生活を送ることが大いに考えられる。それにより、家事の負担の増大、収入の減少、農業経営の縮小、精神的不安など

117　第4章　結婚・家族から見た現代農村

前節では「T型集落点検」調査から小規模集落の人口・世帯の現状を示し、現代農村の少子・高齢化、世帯の縮小化、壮年男性の未婚化について明らかにしてきた。本節では、諸塚村N集落を事例に、人びとの世帯・家族、就業、他出子、後継者などに着目し、現代農村における生活実態について迫ることにしたい。

3 現代農村の生活実態――諸塚村N集落を事例に――

その中でも、空間を越えて存在する家族、特に他出子についてはすでに述べることにする。現代農村で暮らす人びとの生活実態を見るとき、他出子抜きでは実態を語れないことはすでに論じられている（高野 2008、山下 2012、徳野 2014）。既存研究では、主に高齢の親に対するサポートが取り上げられているが、20代や30代といった若い世代の他出子の動向を見ていくことも農村社会の将来展望を論じるうえでたいへん重要となる。他出子が何人いて、どこに住んでいるのか、他出子と実家との関係性、Uターンの有無や後継者の確保がどのようになっているのか。ひとつの集落を取り上げることによって、高齢の親へのサポートのほか、若い世代の他出子の現状についても見ていくことが可能となる。事例となる諸塚村は、宮崎県北部に位置する山村で、N集落は村の中心から車で20分程度かかる。N集落における「T型集落点検」調査は2010年2月、4月、2011年2月に実施した。

(1) N集落の人口、世帯

表2にN集落全世帯13世帯の生活実態をまとめている。まずは、N集落の人口、世帯について確認しよう。N集落の人口は53人で、人口構成は図3のとおりである。50代の人口が12人ともっとも多く、集落の中心世代で

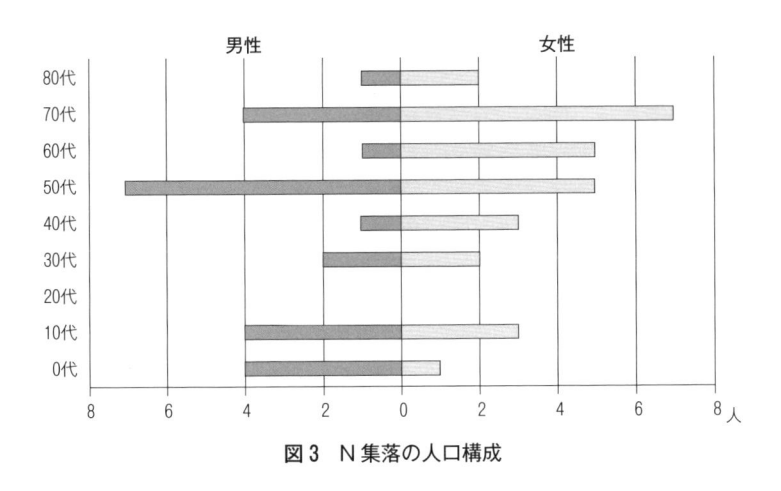

図3　N集落の人口構成

ある。N集落では30代から50代の男女全員が結婚し子どもがいるため、20歳未満の人口が12人と比較的多く、そのためN集落の高齢化率は34・0パーセントと低く抑えられている。

N集落の13世帯の世帯構成は、単独世帯1、夫婦世帯3、中高齢者小世帯4、多世代同居世帯5である。世帯の縮小化も進んでいるが、割合でみれば、多世代同居世帯は4割を超えており、この多世代同居世帯が集落の中核世帯を担っている。

N集落の就業構造は、専業農家2、兼業農家7、年金中心3、非農家1であり、兼業農家では主に夫が農外就労、妻と親世代が農林業に従事するというパターンが多く見られている。つまり、N集落では、女性が農林業を大いに支えており、そして「複業化」が形成されていることにより、安定的な生活基盤を構築している。

今のところN集落では、少子高齢化はそこまで進行していないが、次世代再生産を担う20代が集落にまったく残っていないということが、今後の集落の人口構成や人びとの生活に影響を及ぼすと考えられる。村内に高校がないため、子どもは高校進学を機に他出することが、Uターンできる若者は公務員や森林組合に勤務できる者に限られているという地域構造が大きく関係している。

第4章　結婚・家族から見た現代農村

帰省状況・サポート	後継者について
長女：年1～2回 長男：年2～3回（牛の世話をする） 次男：年2～3回	長男が定年後Uターンすると言っている
長女：月1回 次女：盆正月 三女：年1～2回	希望としては長女に帰ってきてもらいたいが
	将来についてはまだわからない
長女，次女，三女，年1～2回 長男：週末に帰ってきて農業を手伝う	長男が将来Uターンあるかも？
長女：年1～2回（電話はよくある）	子どもが帰ってくることはない。病気になったら誰も看てくれない
長男：3ヵ月に一度。山仕事も手伝う	子どもには帰ってきてほしいが，そういう話をまだしていない
長男，長女：盆・正月（逆に月1～2回日向市に行く） 次女：よく来る	特別には言っていない。娘たちが近くに嫁いでくれてよかった
長女：3ヵ月に1度帰る	子どもは出ていくだろうが，結婚して孫を連れて帰ってきてほしい
	男3人だから何とかなるかも
長男：月2回来る（野菜をもらいに） 長女，次男：盆・正月	長女が村に戻ってくるので，長女が後継者になってくれたら
長男：村内に勤務。よく帰ってくる 次女：年1～2回 長女：よく帰ってくる	長男が継ぐ。以前は福岡市にいたが，日向市へ連れ戻してきた
	後継者についてはまだ話していない。娘2人が近くで働いてくれたらいい
	後継者のことはまだ話し合っていない。帰ってきてほしいけど仕事があるかどうか

表2 N集落全世帯一覧

NO	世帯構成	就業構造	農林業	他出子
① 夫婦世帯	△ (53), ○ (45)	兼業農家	山林10 ha（作業は下刈のみ）畜産（8頭），シイタケ，米，茶（自家用）	長女（25, 横浜）長男（23, 都城）次男（21, 都城）
② 中高齢者小世帯	△ (54), ○ (52) ○ (75)	兼業農家	造林，植林，下刈シイタケ，米，茶	長男（24, 日向）次女（22, 山口）三女（20, 大分）
③ 多世代同居世帯	△ (51), ○ (50) △ (13), ○ (75)	非農家	家庭菜園程度，シイタケ	長女（16, 日向）
④ 単独世帯	○ (78)	年金生活		長女（53, 日向）次女（51, 日向）三女（48, 日向）長男（46, 日向）
⑤ 夫婦世帯	△ (70), ○ (66)	農林業＋年金	山林40 ha，シイタケ，米	長男（39, 東京）長女（36, 京都）
⑥ 中高齢者小世帯	△ (52), ○ (50) △ (76), ○ (72)	兼業農家	畜産（8頭），シイタケ，米，お茶	長男（20, 延岡）
⑦ 夫婦世帯	△ (67), ○ (63)	農林業＋年金	山林5 ha，米，野菜	長女（44, 日向）次女（42, 村内）長男（39, 日向）
⑧ 多世代同居世帯	△ (50), ○ (45) △ (14), △ (10) △ (10), ○ (71)	兼業農家	山林40 ha，畜産，シイタケ，米，牛の牧草の栽培	長女（17, 宮崎市）
⑨ 多世代同居世帯	△ (38), ○ (36) △ (9), △ (7) △ (0) ○ (60), ○ (81)	兼業農家	山林20～30 ha，シイタケ，ブルーベリー，ホオズキ	
⑩ 中高齢者小世帯	△ (54), ○ (52) △ (82), ○ (75)	兼業農家	山林20～30 ha，ミニトマト，ホオズキ	長男（24, 日向）長女（21, 宮崎市）次男（19, 宮崎市）
⑪ 中高齢者小世帯	△ (55), ○ (56) △ (79), ○ (75)	専業農家	山林30 ha，花，野菜，シイタケ，米，畜産	長男（30, 日向）次男（26, 福岡市）長女（22, 日向）
⑫ 多世代同居世帯	△ (47), ○ (40) ○ (10), ○ (9) △ (76), ○ (69)	専業農家	山林40 ha，畜産，シイタケ，ホウレン草，米，お茶（自家用）	
⑬ 多世代同居世帯	△ (39), ○ (36) ○ (15), ○ (13), △ (4) ○ (67), ○ (86)	兼業農家	山林40～50 ha（人にたのんでいる）ホオズキ，米，お茶	長女（16, 日向）

年齢は2010年2月調査時点，△は男性，○は女性

表3 N集落他出子の居住先

	男性				女性				計
	1.村内	2.日向・延岡・門川	3.1と2以外の県内	4.県外	1.村内	2.日向・延岡・門川	3.1と2以外の県内	4.県外	
10代			2			2	1		5
20代		2	2			2	1	3	10
30代		1		1		1		1	4
40代		2		1	1	1			5
50代						2			2
計	0	5	4	2	1	8	2	4	26

(2) 近くに住む他出子

表3は、N集落の他出子の居住先を示したものである。「2.日向、延岡、門川」はN集落から車で1時間程度の場所である。N集落の他出子は26人おり、そのうち20人が宮崎県内に居住している。なかでも「1.村内」と「2.日向・延岡・門川」には14人の他出子が住んでいる。また、20代の他出子は10人いるが、10人中7人が宮崎県内に住んでいる。若い他出子であっても、そのほとんどが宮崎県内にとまっているのである。

こうした傾向は、N集落のみに限ったことではない。これまで実施してきた「T型集落点検」調査での経験に基づけば、多くの集落において、他出子の半数近くは、車で1時間程度の場所に住んでいる（近距離他出）。しかし、そのことは、調査を行うまで住民はあまり認識していないようであった。他出子の配偶者やその子どもといった他出者を含めると、実際には「子どもは近くに住んでいる」のである。他出子だけでなく、「子どもは出ていった」と住民は口にしているが、集落が有する人間関係資源は、かなりの拡がりを持っているのである。

(3) 他出子との関係性と将来について

N集落の住民は他出子とどのような関係を有しているのか、将来に

ついてどのように考えているのか表2から見ていくことにしよう。

N集落には、高齢者の単独、夫婦世帯が3世帯ある。78歳女性の単独世帯④では、他出子全員が日向市に居住しており、長男は週末に帰ってきては農作業を手伝っている。⑤の夫婦世帯では、次女が村内に嫁いでいるため「しょっちゅう来る」と言うが、長女とはよく電話で話している。⑦の夫婦世帯には、次女が村内に嫁いでいるため、むしろ親のほうが「車で月に1～2回行って」おり、孫の面倒を見ている。

このように、高齢者のみの世帯であっても、近くに住む子どもたちが定期的にサポートに来たり、高齢者の生活を支えていることが大いにわかる。遠方に暮らす子どもは頻繁に電話で会話するなど、何かしらの繋がりを持っているのである。特に近くに嫁いでいる娘は強力なサポーターとなっている。ある調査の話をしよう。70代後半の男性がひとりで暮らしているが、近くに嫁いでいる娘4人が毎日のように時間差でやって来ては（ときには娘の夫も）父親の生活サポートをしており、「父親がひとりになるのは朝ごはんのときだけ」という状況である。

近くに嫁いでいる娘の夫が娘の実家の農作業を手伝ったり、集落の行事に参加しているケースや、孫が農作業の手伝いに来ているケースもこれまでの調査から見られている。他出子、他出者は、会話をする、農作業を手伝う、集落の行事に参加するなどのさまざまなサポートを行っている。つまり、家族の一員、集落の一員として、家族生活と集落生活の維持を担っているのである。赤の他人では、農作業の手伝いや観光の面を担うことは可能であるが、あくまで一時的で、サポートにも限度がある。その点、他出子や他出者のサポートは継続的で、支援の範囲も幅広い。農村集落の維持存続を考えるときに、他出子や他出者に焦点を当てる大きな理由はこの点にある。

また、子どもから親へのサポートのみならず、親から子へのサポートが存在することも「T型集落点検」調査から明らかになっている。すでに述べたように、親が孫の面倒を見に行くのみならず、子どもが頻繁に来ては野菜を

持ち帰っているケースもあり⑩、親が孫の面倒を見てくれる、米や野菜をくれるという親から子へのサポートは、子どもの生活にとっても大いに助かっている。

子どもが近くにいるということは、特に子どもが幼子を抱えているときには、親は絶大な援助軍となり、子どもをサポートする。親が年をとれば、老後の面倒を子どもに任せることができる。特に娘が近くに住んでいるのであれば、双方にとってやりやすく、心強くもあるだろう。⑦の女性の「娘たちが近くに嫁いでよかった」という言葉は、娘が近くにいることで実感している、生活のしやすさ、豊かさを象徴しているものかもしれない。

N集落には、若い世代の他出子も多くいるが、彼らも頻繁に帰っている息子もいる。他出子の中には、Uターンする者、将来後継者となっている者もいる。N集落の特徴は、「長男は以前福岡市にいたが、日向市に連れ戻した。将来は長男が後継者となる」、「田舎で就職しやすいように医療系の進学を勧めた」というように、後継者確保のために、家の存続のために親が積極的に働きかけているケースが見られたことにある。また、「息子は戻らないが娘が（就職で）村に帰ってくるので娘が後継者になってほしい」、「（娘はまだ小さいが）娘が近くで働いてほしい」などといった、今の時代、子どもが生まれても必ずしも男が生まれるわけではない。娘が後継者となってほしいという期待も持ち合わせているのである。娘を⑦後継者に据えるという柔軟な考えは、農村のみならず、現代の日本社会における家の継承では重要になってきている。

N集落の30代から50代の男女は、高校進学を機に一度他出したが、その後Uターンをしている。特に男性は、強いあととり意識のもと帰ってきていた。彼らはUターンし、結婚し、子どもを産み育て、主に勤めと農林業でこの地で安定的に生計を立てている。結婚を契機とする家族形成を行い、複業化によって収入を得ていることが、安定的生活の基盤となっているのである。

しかしながら、「子どもには帰ってきてほしいが、帰ってきても仕事がない」といった漠然とした不安感を抱い

本章では、これまで実施してきた「T型集落点検」調査より、現代農村の結婚、家族を通して小規模集落の現状について見てきた。小規模集落の世帯は縮小化し、人口は高齢化しているが、近距離に住む他出子との定期的な相互サポートによって、家族の機能は根強く存在していることを明らかにした。「子どもが近くに暮らす」ということは、農村に居住する人びとと、近距離に暮らす他出子とその家族の双方にとって、安定的に生活を送り続けるための戦略として見ることができる。生活圏が拡大している現代農村において、家族関係の空間的な拡大は、むしろ生活実態に即しているものと言え、現代農村における家族関係をベースとした豊かな人間関係資源の形成は、都市部にはない大きな魅力である。このように考えると、若い他出子に対して、生まれ育った場所へのUターン以外にも、近隣都市に移り住むことを促す働きかけは効果的であると思われる。

しかしながら、本章で見てきた農村家族の姿、関係性は今後大きく変容することとなる。先に触れたように、中高年の未婚男性が高齢期に突入し、他出子からの生活サポートが存在しないなかで、どのようにして生活を維持していくかという新たな課題が現出する。日常的な生活においては社会的サポートの利用が前提となるが（高野2008）、家、農地、農作業についてどうするべきかという農家、農村固有の問題もある。これらは未婚の男性後継者を抱える家のみの問題では決してない。後継者を男系長子相続のみではなく、娘、孫、娘婿などに広げること、

4 ── 農村のゆくえ

ているのも事実である。N集落の人びとの働きかけや柔軟な考えをみる限り、近くに住む他出子たちとの積極的なコミュニケーションの積み重ねによって解消できるのではないだろうか。親の願いに応えている子どももいるのであり、家のこと、将来のことを子どもたちとしっかり話し合う場を作っていくことが、将来の不安を取り除くためにも重要な点であると思われる。(8)

125　第4章　結婚・家族から見た現代農村

家と農業の後継者を別々に据えるといった状況に応じた対応が求められるだろう。また、長寿化と世帯の縮小化は、実家と婚家の双方の親の介護が期待される女性に過度な負担を強いることにもなり、このような女性を支援する体制も整える必要がある。

つまり、農村の生活維持の担い手はこれまで以上に必要となるため、家族関係をベースとしたサポートと外部や行政からの支援をうまく組み合わせるような仕組みの構築が、住民、自治体、研究が一体となって取り組むべき課題と言える。そのために、家族・集落・地域が抱えている課題、そしてこれから起こりうる課題について、人びとが意見を出し合い、知恵を絞って、実践に向かう場が求められよりよい生活を送るために何が必要かについて、人びとが意見を出し合い、知恵を絞って、実践に向かう場が求められるのではないだろうか。

[注]

(1) 国立社会保障・人口問題研究所「第14回出生動向基本調査」（2010年）によると、結婚する意思を持つ若者は9割弱であり、依然として高い割合を保っている。

(2) 2010年国勢調査から、全国、市部、郡部、人口集中地区別の25〜29歳、30〜34歳の男性未婚率を見ると、郡部は他の3つよりもわずかではあるが低い数字を示している。詳しくは木村（2013）を参照のこと。

(3) 靏理恵子（2009）、永野由紀子（2007）、柏尾珠紀（2014）などを参照のこと。

(4) このようなやりとりは、2013年8月25日にNHKで放送された「明日へ 支えあおう 復興サポート〝限界集落〟を未来につなぐ〜石巻市・北上町相川〜」でも見られた。

(5) 表1では、その他世帯（きょうだいのみで暮らしている世帯や祖父母と孫で暮らしている世帯など）を省略しているため、表1の①から③の合計と世帯数が一致しない場合もある。なお、「T型集落点検」調査において「その他世帯」はごく少数である。

(6) 2012年4月から8月に実施した福岡県八女市での「T型集落点検」調査より。

(7) 落合恵美子（2004）を参照。

(8)「山都町他出子調査」（熊本大学文学部社会学研究室、2007年）によれば、「今後の親や家の将来について、兄弟姉妹で話し

合いをしたことがあるか」の問いに、「話し合いはすんでいる」が17・0パーセント、「よくある」「ときどきある」が合わせて19・3パーセント、「話し合うつもりであるが、まだ話し合っていない」が61・4パーセントであった。家族間でこうした話し合いがなかなか行われていないことを表している数字といえよう。

[参考文献]

有賀喜左衛門 1948 [1968]「婚姻・労働・若者」（再録・有賀喜左衛門著作集Ⅵ 未来社）
岩本純明 1995「農村の結婚難」『東京大学公開講座60 結婚』東京大学出版会 p.211-233
上子武次他 1991『結婚相手の選択』行路社
木村亜希子 2013「現代農山村における結婚難——生活構造論的視点から——」『社会分析』40号 p.21-39
小松田儀貞 1993「結婚形態の変容と農村女性——山形県庄内地方における一事例——」『富士大学紀要』第26巻第1号 p.151-78
松本貴文 2014「農村の結婚問題と新しい連帯の形成——熊本県A町の結婚促進事業を事例として——」『西日本社会学会年報』12号 p.51-64.
光岡浩二 1996『農村家族の結婚難と高齢者問題』ミネルヴァ書房
永野由紀子 2005『現代農山村における「家」と女性』刀水書房
内藤考至 2004『農村の結婚と結婚難』九州大学出版会
落合恵美子 2004『21世紀家族へ 第3版』有斐閣選書
大野晃 2005「山村環境社会学序説——現代山村の限界集落化と流域共同管理——」農山漁村文化協会
高野和良 1998「配偶者選択と地域社会——農村社会における結婚難の構造——」山本努・徳野貞雄・加来和典『現代農山村の社会分析』学文社 p.118-39
——2008「地域の高齢化と福祉」堤マサエ・徳野貞雄・山本努編著『地方からの社会学』学文社 p.93-111
徳野貞雄 1998「農山村における「花嫁不足」問題」山本努・徳野貞雄・加来和典・高野和良『現代農山村の社会分析』学文社 p.171-91
徳野貞雄・柏尾珠紀 2014『家族・集落・女性の力』農山漁村文化協会
靍理恵子 2007『農家女性の社会学』コモンズ
堤マサエ 2009『日本農村家族の持続と変動』学文社

山下祐介 2012 『限界集落の真実』ちくま新書
柳田國男 [1931] 1993 『明治大正史世相篇 新装版』講談社学術文庫
―― [1948] 1990 『婚姻の話』(再録：『柳田國男全集12』ちくま文庫)

第5章 生活構造論的視点から現代トルコ農村を読み直す
――T型集落点検のトルコ社会への応用可能性を探る――

トルガ・オズシェン

はじめに

近年、トルコは日本のメディアだけでなく国際舞台においても、中東問題や経済成長などといった政治・経済論的な視点から取り上げられることが多くなった。また、トルコ・日本関係も、とりわけ経済・政治領域において強くなってきている。イスタンブール海底トンネル（マルマライ計画）やトルコ黒海地方シノップ県でのシノップ原子力発電所プロジェクトがその具体例であり、安倍晋三首相が2013年に2回もトルコを訪問したことがその象徴である。

一方で、日本においては、トルコ研究が増えつつあるものの、それらの多くは言語学・歴史学・文化論的な領域のものである。もちろんトルコの農村社会を読み直す研究（中山 2003、星山 2003）などの業績はあるものの、現代トルコ社会が産業化・都市化を進めている中で、その土台となる農村社会の全体構造を総合的に分析する研究は、日本はもちろんトルコにおいても多くない。

またその一方で、トルコでは、社会学を含む社会科学の領域において「移動」が最も議論されているテーマの一つとなっている。その中では、都市化がオスマン帝国以来のバルカン半島からの移住などエスニシティ論的な視点

129

による歴史研究（Ağanoğlu, 2001, Ari, 1960, Cavusoglu, 1999, 2007, 2008）や、共和国成立以降のトルコ東部から産業地域である西部への人口移動について研究など（Tekelli, 2007, Icduygu & Sirkeci, 1999, Yalcin, 2004, Akkayan, 1979, Çelik, 2006, Güreşçi & Yurttas, 2008, Öztürk & Altuntepe, 2010, Pazarlıoğlu, 2007, Sağlam, 2006, Torlak & Polat, 2006）、都市における個人が取り上げられるケースが多い。さらに、農村の女性起業論や経済活性化などについての研究も、最近少しずつ見られるようになってきている。しかし、これらの研究の中では、都市との対立構造の中で農村が理解されており、方法としても量的なものに偏りがある。

このように、トルコの農村社会を分析する枠組みが定着していない中で、本章では生活構造論の視点から、トルコの農村社会を見ていきたい。そして、トルコ農村社会の問題をより現実的につかみ、諸現象や諸問題を全体像（トルコの近代化論）の中で位置づけながら分析することを本章の基本的課題とする。そのために、日本各地で実施されてきた「T型集落点検」を用いる。さらに、同手法の応用可能性についても議論していきたい。

ただ、トルコ（農村社会）の現状を取り上げるだけでは、全体像を把握することは非常に困難である。そこで分析に移る前に、トルコ社会の近代化思想やそれに伴う都市化・産業化の性格などを簡単に紹介しておきたい。これにより、現在の産業化・都市化による社会問題や農村社会の現状や維持・存続・活性化に関する課題を議論するための土台ができるのではないかと考えられる。

1　トルコ型近代化論から見る産業化・都市化

経済発展が著しいトルコでは、とりわけ「建設型開発主義」的な政策が目立ち、多くのメディアや研究がトルコの産業化・都市化プロセスを開発論的な視点から議論している。しかしながらここでは、「インフラストラクチャー」という言葉を用いずに分析を進めたい。というのも、現在のトルコのメディア及び政策において、産業

第1部　地域と家族の暮らし　　130

トルコ社会における近代化思想の誕生は、民主主義運動が始まった19世紀後半にまで遡る。そして、民主主義運動がトルコ型近代化論へと具体的に展開したのは、汎イスラム主義的なオスマン帝国の崩壊から西欧民主主義的な近代国家のトルコ共和国へ移行（1920年代）したことによる。その後の近代化思想やその具体化過程（革命）は、かつてのオスマン帝国軍人のエリート層によるトップダウン方式で進められた。20世紀前半の近代化過程には、大きく2つの方向があった。1つは、国家資本主義的な政策により重工業に集中したインフラ整備を進めること。もう1つは、かつてのオスマン帝国の意識そのものを、政治支配システムをはじめ、日常生活からも取り除くことである。カリフ制やシャリーア（イスラム法）廃止などのマクロレベルでの政治支配システムから、アルファベット改革やトルコ帽子の廃止などの日常生活に至るまで、大きな変化をその成果として挙げることができる。さらに、かつての帝国軍人のエリート層は、トップダウン方式による革命の維持及び安定をはかり、国民の支持を得るために、国家イデオロギーとして「6本の矢（共和主義・国民主義・人民主義・国家資本主義・世俗主義・革命主義）」をベースにトルコ型「近代化」① 思想を生み出した。トルコ共和国成立時に導入された一党制に代わり、1946年に二党制が導入され、近代化過程における新たな民主主義的な動きとなった。しかし、1960年代から1980年代までトルコでは、3回クーデター② が起こっており、その間の政治・社会・経済（生産）システムが破綻し、共和国成立時の（思想上の）近代化思想に進歩は見られなかったと言っても過言ではない。1980年代に、国家資本主義体制から自由経済主義的な体制へと方針を変えたトルコは、産業化・都市化過程において大きな転換を迎えることになった。経済・生産体制の変化により、社会変動も著しくなりはじめた。

ウシュク（Işık 2005）は、トルコにおける人口移動を、産業化・観光業・テロの3つの要因をもって考える必要があると主張している。1960〜1980年の間には、産業化に伴い、人口移動はトルコ東部の黒海沿岸地方か

ら西部の黒海沿岸地方やイスタンブールを中心とする北西部マルマラ地方の工業都市へという流れに集中していた。1980年代からトルコ南部において観光業が伸びたこと、そして東南部においてテロ事件が移動者の出身地によって、トルコ国内の人口移動は非常に流動的かつ激しくなった。80年代頃からクルド系東部トルコ出身者中心へと変わった。その結果、東部トルコの農村が急激に過疎化し、その流出人口は（西部の）工業都市への労働力と（南部の）サービス産業（観光業）の労働力となった。とりわけ西部の諸都市の中でも、イスタンブールはどこよりも人口流入が激しい。1927年（最初の国勢調査）に約70万人（680,857人）であったイスタンブールの人口は、1970年代に200万人を超え（2,132,407人）、1990年代に約700万人（6,629,431人）、2000年に約900万人（8,803,468人）、そして2010年には1,300万人を超えている。この20年間だけでイスタンブールの人口が2倍に増加していることこそが、現在のトルコ社会の人口移動の現状を示した最も現実的かつ具体的な例となっている。

2 生活構造論から見たトルコ農村社会

(1) 対象地：東部黒海地方

トルコではここ数年来、地域開発が重要視されるようになってきている。その行政機構も近年変化しつつある。トルコ中央政府は（最終決定権を持ちながらも）地方での「行政・民間企業・NPO」間の交流を形成し、各地方のニーズに合った開発プロジェクトを企画する、あるいは指導する中間機関として、2005年に26の「開発庁」(Development Agency)を設けた。その一つが、本章を書くにあたってご協力を頂いた東部黒海地方開発庁であり、本庁は6つの県（province）を担当している。オルドゥ県、ギレスン県、トラブゾン県、ギュムシュハネ県、リゼ

第1部　地域と家族の暮らし　　132

県、そしてアルトビン県から構成される東部黒海沿岸地方の総人口は254万5,274人であり、トルコ総人口（約7,600万人）の3・36パーセントを占める。上記の6つの県の中では、トラブゾン県が総人口の29・8パーセント、オルドゥ県が29・1パーセントを占め、この地方で最も人口が多いトラブゾン県の人口（約76万人）は、最も人口の少ないギュムシュハネ県（約14万人）の約6倍にのぼる。人口密度は東部の黒海沿岸部ほど高く、内陸部（中央アナトリア地方）ほど低くなる傾向が見られ、トラブゾン県、オルドゥ県、ギレスン県で密である。トルコ全国の人口密度、1平方キロメートル当たり98人に対し、東部黒海沿岸地方は72人である。

既に述べたように、全国では、1960年代ごろから都市化に伴い農村からの人口流出が始まり、とりわけ1980年ごろに著しくなった。東部黒海沿岸地方の場合、1960年代は海外（ドイツ）への人口流出が圧倒的に多かったが、人口流出はその後も止まらず、1980年代以降も続いた。トルコ全国で見ると、都市人口と農村人口の割合が逆転したのは1980年代半ばであるが、東部黒海沿岸地方の場合は、近年（2000年）である。さらに、全国の人口増加率は13・49パーミル（‰）であるのに対して、東部黒海沿岸地方ではマイナス1・25パーミル、合計特殊出生率は全国が2・08であるのに対して、東部黒海沿岸地方では1・75である。したがって、この地方の人口構造には全国と異なる特徴が2つあることになる。一つ目は、合計特殊出生率からも分かるように、若年層の減少である。全国の場合、0〜14歳の若年層は人口全体の25パーセントを占めているのに対して、東部黒海沿岸地方では20・6パーセントでありやや低い。

若年層の減少よりもさらに著しく現れている2つ目の特徴が、高齢化である。2012年の時点では、全国の高齢化率が11・2パーセントであるのに対して、東部黒海沿岸地方では17パーセントを上回っている（17・3パーセント）。言い換えれば、（一般的な基準をもとに）トルコ社会は現在「高齢化社会」（高齢化率7パーセント以上の社会）であるのに対し、東部黒海沿岸地方はすでに「高齢社会」（高齢化率14パーセント以上の社会）に入ってい

133　第5章　生活構造論的視点から現代トルコ農村を読み直す

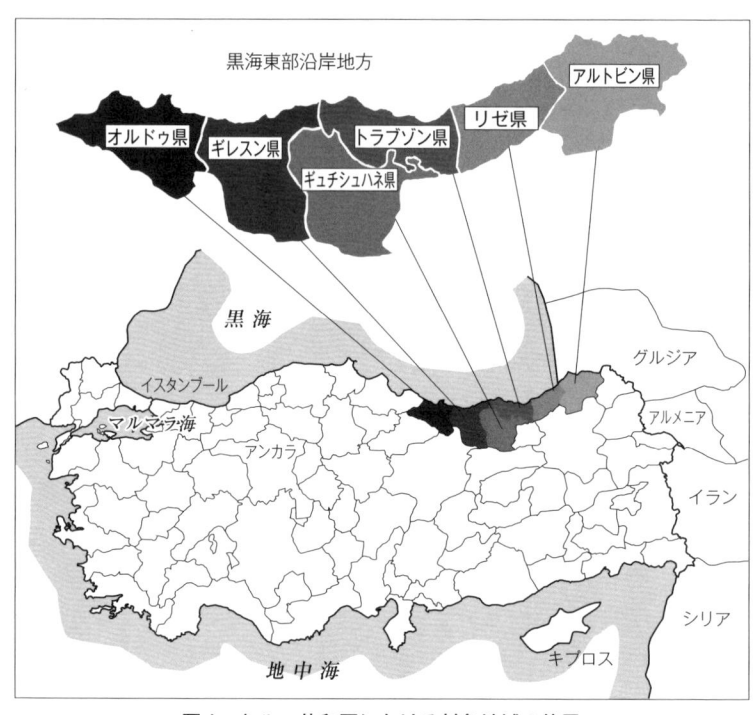

図1　トルコ共和国における対象地域の位置

　東部黒海沿岸地方に属する6つの県はそれぞれ異なった性格／パターンの人口移動（流出）形態を示している。大きくまとめると、基本的にそのパターンは2つある。まず全県の移動傾向を確認しておこう。東部黒海沿岸地方への人口流入傾向を見ると、最大の転入先はイスタンブールであり、ついで中部黒海沿岸地方（サムスン、トカット、チョルム、アマスヤ）、そしてアンカラである。イスタンブールやアンカラから同地方への流入人口は、実質的には東部黒海沿岸地方出身者が多く、Uターン型の移動だと考えることができる。東部黒海沿岸地方には、近年「教育投資」により新設大学などが設けられており、中部黒海沿岸地方からの流入人口の多くは、

　ることになる。このように、トルコでは地方や農村において高齢化が進行し、日常生活の中でも影響を肌で感じられるようになっているとはいえ、高齢化についての研究が進んでいるとは言いがたい現状にある。

教育目的の移動だと言われている。他方、東部黒海沿岸地方から最も人口が流出していく県は、イスタンブール、コジャエリ、サカリヤ、ドゥズジェ、ボル、ヤロヴァである。イスタンブールへは労働・教育目的の移動であり、他の県は、ほとんどが産業地域で、これらの地域では海外企業（ちなみにコジャエリには日系企業が十数社進出している）が工場を多数操業している。

県別に人口流出傾向をみると、黒海沿岸部の県では「地方内型」、内陸部の県では「地方外型」の人口流出の傾向が強い（Doka, 2013）。また、トラブゾン県に関しては、「地方においては注目される都市であると同時に、他県（都会）に移るための1つの階段でもあるから人口流入／流出が最も激しい町である」という見解もある（Vatandas, 2008 p. 14-115）。

次に就業構造を見ると、2011年では、第1次産業従事者が53・6パーセント（全国23・3パーセント）、第2次産業が14・7パーセント（全国20・1パーセント）、そして第3次産業が31・7パーセント（全国57・2パーセント）である。学歴との関連から見てみると、第1次産業にたずさわる者には義務教育を受けていない者や小・中卒の人が多い。一方、第2次産業の場合は中・高卒が多く、第3次産業になると高校及び大学卒が多くなっている。

2012年の時点の失業率は6・3パーセントで、全国平均の10・1パーセントを下回っている。年齢別で見ると、15〜19歳が17・3パーセント、20〜24歳が23・8パーセント、25〜34歳が9・2パーセント、そして35〜54歳が3・6パーセントとなっている。学歴別で失業率が最も多く見られるのは大学卒（またそれ以上）で、12・6パーセントである。高校卒業では10・5パーセント、小中卒業では5パーセント、そして教育を受けていない人では0・4パーセントである。東部黒海沿岸地方の生産構造は、学歴の高い人口を受け入れるほど規模は大きくなく、したがって他県への人口流出を生み出していると考えられる。

(2) T型集落点検から見たトルコ現代農村社会

① T型集落点検応用に当たっての課題：集落とは？

本項では、東部黒海沿岸地方に位置する集落を取り上げ、T型集落点検の結果から、その現状や課題を検討し、近代化過程におけるトルコ農村社会の分析を進めていきたい。データ分析に移る前に調査対象地の範囲、言い換えれば「集落」の定義について説明しておきたい。日本で実施する場合、T型集落点検が対象とする集落とは（非常に概略的に言えば）、歴史的文化的に形成された基礎的地域社会である。それは、通常大字やそれよりも小さな小字と呼ばれる空間に形成されており、その範囲における世帯や人口などの構造や人間関係などが分析されることになる。今回の調査では、この集落概念をそのままトルコ（農村）社会に応用することはできなかった。トルコの農村社会においては、日本のように歴史的文化的な社会区分が形成されていないからである。

トルコにおいて村という概念は農村法によって規定されており、それは人口のみを基準として定義されている。農村法によれば、村は人口2,000人以下の居住地を指す概念である（農村法、第442条）。これはあくまでも法律上の定義だが、一方で、ゲライ (Geray, 1985) は、上記の基準と異なった側面から「分業が発展しておらず、農業をベースとした経済構造のある、また多世代同居世帯がよく見られる、そして近所（近隣）関係が発達している社会」と定義している (Geray, 1985)。トゥテンギルは、村という概念を都市との対立関係の側面から捉え、「都市ではないすべての生活空間」と定義し、村という組織をどちらかというと空間論的な視点から議論している (Tutengil, 1979)。その他にも、生産構造を基準とした分析 (Keleş, 1998) や、地理的な側面（山村・平村）から分析したものもある (Tankut, 1939)。また、その機能的社会的な側面に注目し分析したものもあるが (Boran, 1998)、結局それらも地理的条件によって各社会の生活構造や生産構造が規定されると主張するものである。既存の研究からも分かるように、トルコの農村社会研究においては、その社会の歴史的文化的蓄積や生活構造、共同体的機能などを基準とした社会区分は見当たらないと言っても過言ではない。著者が直接確認したところ、トルコ統計局にお

いても、農村社会に関する何らかの社会区分はないようである。

それでは、トルコ農村社会において共同体的な生活様式は一切存在していないのだろうか。とりわけ農作業組については共同作業組という集団が存在しているが、基本的には親族によって構成されるものであり、同じ「組」の人間といっても必ずしも生活空間を共有するとは限らない。同じ村の中でも距離的に遠いところに住んでいる家族同士が共同作業を行うこともあれば、たまたま隣同士の家族となることもある。

したがって、T型集落点検を実施するにあたって日本と同じように対象地を決めることは困難である。そこで上記の概念的な検討もふまえた上で、今回の調査においては対象を行政上の村にせざるを得なかった。しかし、行政上の村になるとその規模は非常に大きく（場合によっては300～500世帯）、その中での社会関係や生産関係などを測ることは非常に困難であり、T型集落点検の哲学や狙いから考えても不適切である。したがって今回の調査においては次のような手続きを行い、できるだけオリジナルの手法に合わせることを試みた。

調査対象地を行政上の村としながらも、その中で区長と相談し社会的・生産的構造が類似していて歴史文化的にも近く、かつ代表と思われる規模の「区」を指定してもらった。指定された区はだいたい30～50世帯の規模のものであった。手法としては、1つの区（例えば50世帯）を一括して調査するのは物理的にも困難であるため、その区内をさらに2～3組に分け調査を試みた。

今回、東部黒海沿岸地方に属する6つの県のうち4県の5つの集落（=行政上の村）を対象に、T型集落点検を用い、集落調査を実施した。対象集落それぞれの人口・世帯構造に特徴が見られるが、一般傾向としては集落の構造や現状は似ている。そのため、以下の分析では、一つの集落を集中的にとりあげる場合と、それぞれの課題に応じて代表例を取り上げる場合がある。

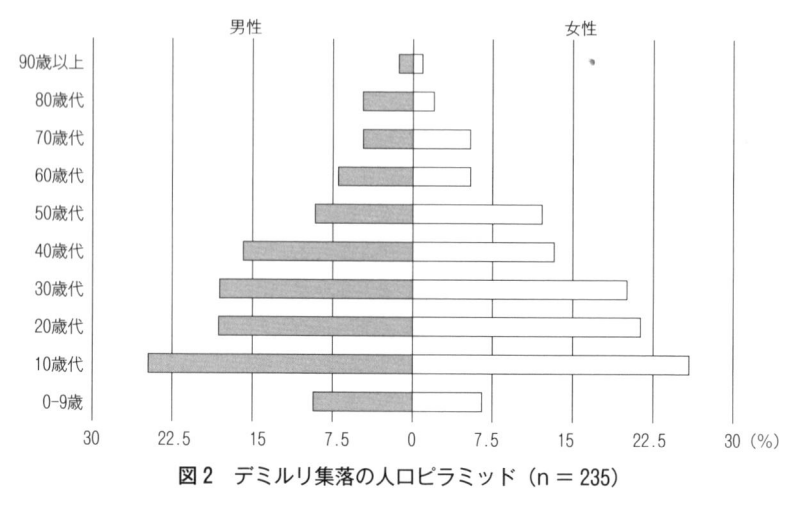

```
                男性              女性
90歳以上
80歳代
70歳代
60歳代
50歳代
40歳代
30歳代
20歳代
10歳代
0-9歳
    30  22.5  15  7.5  0  7.5  15  22.5  30 (%)
```

図2 デミルリ集落の人口ピラミッド (n = 235)

(3) T型集落点検を通して見たトルコ農村の現状と課題

① 「若い人はいない！」

デミルリ集落は、トラブゾン県チャイカラ町に位置している集落であり、県庁所在地のトラブゾン市内から100キロメートルのところにある。この集落の特徴は、国内において最も有名な観光スポットの一つであることである。隣接するウズンギョルは年間60万人を超える観光客が訪れる観光スポットであり、近年はサウジアラビアをはじめ、アラブ諸国からの観光客がその多くを占めている。

デミルリ集落は、チャイカラ町の中心から約30キロメートル離れており、県道から入って、2キロメートルほど登ったところにある、中山間地域の集落である。その入り口（県道）までは交通条件なども整備されているが、村内については現在道路建設作業を実施中であり、2013年9月現在（以下ことわりがなければ、「現在」とは同じ時点をさす）では自動車が走れる状況ではない。

現在、55戸の世帯から構成されているデミルリ集落の人口は登録上235人、実質201人である。集落の住民に現在の課題を聞くと、「若い人がいない」という若年層流出問題をまず言われた。集落の高齢化率は19・8パーセントであり、東部黒海沿岸地方の平均（17・3パーセント）をやや上回っているが、図2の人口ピラミッ

ドからも明らかなように、若年層が全体像に占める割合が非常に高く、40歳以下人口の全体人口に占める割合は53・8パーセントもある。ではこの「若い人はいない」という意識はなぜ存在しているのだろうか。それには、大きく2つの背景があるのではないかと考えられる。その1つは、国内型（労働）人口移動による認識上の問題である。具体的に言えば、1960～70年代に産業都市への人口移動が激しかったことから、現在の50歳代以上の人々が当時の人口を基準にし、現在を評価しているのではないかということであり、そのことはインタビュー調査からも窺えた。そして、もう1つの背景が若年層による時期的な人口流出、言い換えれば出稼ぎ型人口移動の存在である。対象地域のデミルリ集落でも人口の1/4（計235人のうち58人）近くが出稼ぎ人口であった。このような現状のなか、1年の半分（場合によっては8ヵ月間）も「若い人がいない」ことが現状の課題として挙げられているのではないだろうか。このように、人口構成について、量的にだけでなく、その質的な意味まで把握できるという点について、T型集落点検の強みを改めて確認できた。

② 流動性と定住性の問題:「定住型世帯」から「別荘型世帯」へ

現代のトルコの農村社会には、様々な社会的・経済的な問題が存在している。しかし、調査対象地域から得られたデータからも分かるように、一般的な社会・経済問題よりも深刻な問題が、上記の諸問題の土台となる定住性の定義である。もちろんトルコの（農村）社会学においても、人口や世帯が社会を理解するための重要な変数と位置づけられているが、関連する分析において定住性は議論にのぼらず、多くの分析や議論は都市への（労働）人口流動についてなされている。これは、トルコの（農村）社会学が、人口や世帯という概念を量的・物理的空間論でのみ把握しており、その「規模」を軸にした議論にとどまっているからである。一方で調査データからも明らかなように、東部黒海沿岸地方においては人口の流動性が非常に高く、一般論的な定住人口をベースとする人口及び世帯の分析枠組みのみでは、その地域社会の全体像を描き出すことは非常に困難である。たとえば調査対象地域の1つでグルジアとの国境に面している標高1,600メートルのマラル集落においては、

夏期には７００〜１，０００人が居住しているのに対して、冬期にはそれが２００人にまで減少する。世帯数から見れば、夏期２００戸であるのに冬期には５０戸まで減少するのである。

上記のデミルリ集落やマラル集落の事例でも見られるように、人口と世帯の１／４（地域によっては１／３）が流動性が非常に高く、季節型移動を繰り返している。定住を前提とする視点から考えると、これを日本でいう「長期帰省型他出子（者）」として位置づけることもできるかもしれない。さらに言えば、黒海沿岸地方では、東西問わず、住民登録は集落に置かれているものの、集落で生活している期間は半年ほどにしか過ぎない（それも夏期のみ）という居住形態は非常によく見られる。より具体的に言えば、「地元に農地も家も所有している。冬には、生活基盤を都市に置きながら週末のみ農地の手入れのため地元に戻る。夏になると家族を連れて集落に戻り、半年ぐらい集落で暮らす」という形態であり、調査時のインタビューでは、（定住型）集落住民は彼（女）らを定住者だと認識していた。つまり、この人々（または世帯）は日本でいう「他出子（者）」とは少し性格が異なる。その上、集落の出来事についても平等に発言力を有し、家族及び集落の日常生活や生産側面においても重要な役割を果たしていると同時に、場合によって集落の維持に関わる行事・仕事がまかされる存在でもある。

この流動性から発生するもう１つの論点は世帯の形態である。現在、トルコの農村開発論及び地域再生は、外発的発展を重視しており、そこでは人口と世帯の位置づけや機能などはマクロ的な視点で量的にしか分析されていない。しかし、集落維持・開発に関する外発的発展型の政策が実施される以前に、そもそも集落の（社会経済的）「ポテンシャル」を把握しておく必要がある。そして、そのポテンシャルを説明する根本的な要因は人口や世帯であろう。ただ、集落の人口や世帯構成を一般論的な枠組みの中で議論するだけでは、集落のポテンシャルを理解する上で十分ではない。今回の事例のように独特な構造を持つ集落の際には、その一般論的な枠組みには限界があ

第１部　地域と家族の暮らし　　140

例えば、調査対象地の1つであったギュムシュハネ県のイェシルデレ集落の現状を簡単に紹介しよう。イェシルデレ集落は通常300人程度の人口である。40歳代以下の人口が全体の半数以上であり、20〜40歳代の女性人口が女性人口全体の3割を占めている。さらに高齢化率は39・8パーセントで、黒海沿岸地方平均の2倍に達しているが、高齢化は社会問題としてはまだ認識されていない。

イェシルデレ集落の世帯構成を見ると、単独世帯（32・3パーセント）、夫婦のみ世帯（6・5パーセント）、中高齢者小世帯（50歳以上の夫婦とその老親からなる世帯をここではこう呼ぶ）（32・3パーセント）と、今後成員の再生産が困難な不安定型世帯が7割以上（71・1パーセント）を占めている。これに対して、核家族世帯（夫婦と未婚の子どもからなる世帯のみをこう呼ぶ）（16・1パーセント）や多世代世帯（6・5パーセント）などの日常生活を維持していく上で比較的安定している安定型世帯は2割程度（22・6パーセント）である。上記の一般的な視点から分析すれば、イェシルデレ集落は人口構成上高齢化率が高く、不安定的な世帯が集落のほとんどを占めている。

しかし、「別荘型世帯」を見ると不安定型世帯は5割程度に下がり、安定型世帯は4割を超える。「別荘型世帯」というのは、平均半年以上（場合によって8ヵ月間）集落において居住している世帯であり、この存在によって実質上集落生活の安定性が高まっていることは間違いない。このように定住性という論点を明確化し、トルコ農村集落の特徴の1つを明らかにできたことがT型集落点検手法を用いた成果であり、本手法の応用可能性を考える上で、重要なポイントだと考えられる。

③　集落維持と他出人口論――季節型他出子像の位置づけ――

黒海沿岸地方出身の都市在住者はトルコ全国の中でも地元への愛着が強いことで有名である。その代表例として、トラブゾン県出身者が近年よく使用するフレーズ「我々にはどこでもトラブゾンだ！」が全国的に流行語と

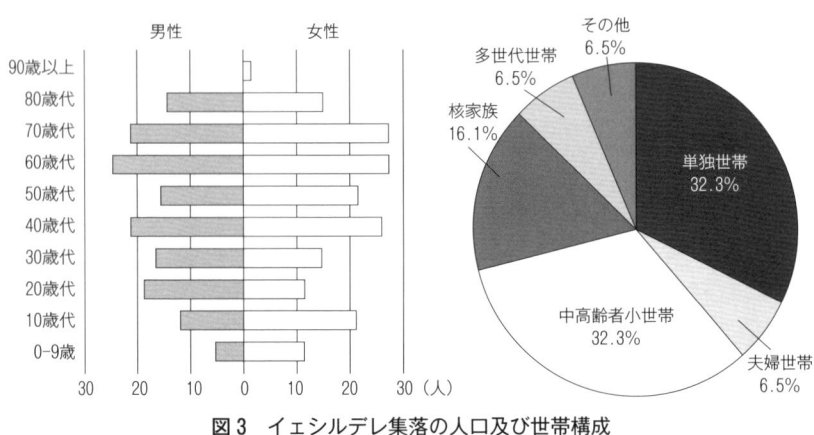

図3 イェシルデレ集落の人口及び世帯構成

なっている。このことからもわかるように、(とりわけトルコ東部の)黒海沿岸地方の他出子と地元集落との社会関係やネットワークは、他出期間と関係なく強く維持されていることが多い。そして、地元とのやり取りが日常生活の中で維持されていることにより、彼らにとっての地元というのは「ロマンチック」な田舎でなく、「日常生活の一部」となっていると言っても過言ではない。

また、黒海沿岸地方においては、人口流出形態が2つに分かれている。1つ目は、前述したように、季節型の流出であり、基本的には冬期において出稼ぎ労働力として産業都市及び黒海沿岸地方の他の都市に他出している人口である。これを「季節型他出子」と呼ぶ。もう1つの流出形態が一年間を通して生活の拠点を都市にうつす「移住型他出子」である。集落によって異なるところもあるが、このパターンの場合も上記の季節型他出子と同様、基本的には黒海沿岸地方の他の都市や産業都市(西部トルコ)への移動が多い。

そこで、「他出人口」の家族及び集落の維持・存続における位置づけを、黒海沿岸地方の両者の他出子の性格・背景を踏まえた上で分析することが重要となる。

例えば、デミルリ集落の他出子人口(季節型及び移住型)をみてみよう(図4)。調査時点では、人口約200人の集落に87人の移住型他出子がいる。その多く(86・2パーセント)は20～40歳代である。20～30

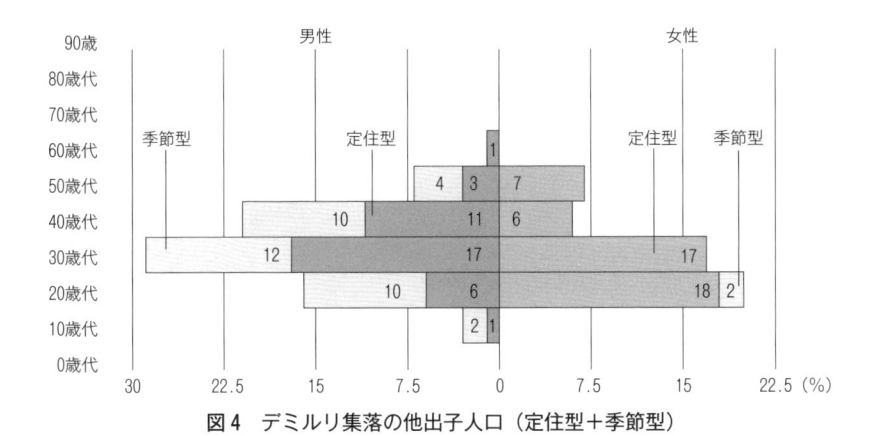

	男性 季節型	男性 定住型	女性 定住型	女性 季節型
90歳				
80歳代				
70歳代				
60歳代			1	
50歳代	4	3	7	
40歳代	10	11	6	
30歳代	12	17	17	
20歳代	10	6	18	2
10歳代		2	1	
0歳代				

図4　デミルリ集落の他出子人口（定住型＋季節型）

歳代の全体の中での割合は66・6パーセントである。上記のデータでも分かるように、現在のデミルリ集落出身の移住型他出子は基本的に若年層人口である。また、これらの数値は他出子のみであり、それにその家族なども含めると、量的にはデミルリ集落の現在の人口よりも多い集落関係者が都市部で生活しているということになる。

一方で、季節型他出子（or出稼ぎ）人口は集落の約1/5（40人）を占めている。そのほぼ全員（95パーセント）が男性である。季節型他出子人口も上記と同様、基本的には若年層の者が多い。詳細に言えば、季節型他出子の85パーセントは20～40歳代である。季節型他出子の多くはイスタンブールを中心とした産業都市に流出しているが、中にはドイツやアメリカ、そして南アフリカなどへの海外型出稼ぎ他出子も少数ながらいる。季節型他出子の多くは建設業・土木業に従事している。

また、収入・所得について述べる際詳細に論述するが、デミルリ集落の場合は、収入の不安定な層が集落の人口の8割を超えているなか、季節型他出子の家族及び集落への経済的貢献（の可能性）が非常に重要となっていると考えられる。確かに、若年層人口の流出により日常生活及び生産過程が影響を受けるのだが、集落全体が不安定的な収入という現状の中で、実質的には「出稼ぎによる仕送り」がデミルリ集落を部分的に支えていることも事実である。

トルコにおける他出子研究（より正確に言えば人口移動研究）は、学

143　第5章　生活構造論的視点から現代トルコ農村を読み直す

界においても行政調査においても、移動の「方向性」を軸にして展開している。生活構造論のパースペクティブやT型集落点検を用いた以上の分析によって、その先のトルコ農村社会における多様な他出子像に目を向けることが可能になったと言えよう。

④ 観光地に最も近くて最も遠いデミルリ集落

前述のように、デミルリ集落は、ウズンギョルに3キロメートルの距離に位置している。ウズンギョルは、ペンションも含め100軒前後の宿泊施設とそれに近い数の飲食店がある観光スポットであり、平均宿泊日数は1・5泊である。このことから、様々な形で（農産物販売や雇用など）デミルリ集落住民もこのウズンギョルを収入資源にしていると予測される。しかし実際には、集落住民のうちウズンギョルを収入資源にしているのは5、6人のみであり、その多くはパートタイムのサービス業型雇用（ホテルのフロント・デスクなど）である。ではなぜデミルリ集落の人はウズンギョルで雇用されていないのか。また、デミルリ集落の農産・畜産物はウズンギョル市場に流されていないのだがそれはなぜか。その背景には様々な要因が働いているが、筆者から見ても、イスタンブールなどに他出している親戚や「地元」（元ウズンギョル集落）の住民を観光開発に取り込んだようである。その後、ウズンギョルが全国で名前が広がるにつれ外部資本が入り、周辺地域とウズンギョルとの関係が希薄になってきたと住民は言う。一方で、周辺地域が経済関係を構成できないということは、筆者から見れば、サービス精神の問題と、大きな国家政策的・国際関係論的な原因がある。ここでまず、サービス精神の問題から述べよう。

⑤ 「質よりも量だ！」

ウズンギョルのホテル・レストランは、旅行者の多くを占めるサウジアラビア人観光客を相手とする経営形態を

とっており、そのニーズに基づき質にこだわるよりも量に集中するという経営意識を持っていると言われている。

そのため、周辺地域の畜産物よりも、半額でそれを購入できる東部トルコ地方との関係が強い。さらに、数年前からグルジアとの国境が開放されて両国民がパスポートなしで行き来できるようになり、グルジアから安く物品の購入が可能になったことで、周辺地域産品の販売がさらに難しくなっているようである。ここで1つ具体的な例を挙げよう。デミルリ集落で生産しているバター1キログラムは2013年8月現在で20～25トルコリラであるのに対して、グルジア産のそれは10トルコリラである。このような現状の中、生産者側としていくら工夫しても市場競争に勝つことは現実的に難しく、ウズンギョルの観光市場で収益を上げられる可能性は非常に低いと住民たちは言う。にもかかわらず、いまだに町役場をはじめ、政府が周辺集落の活性化をウズンギョル中心に考えていることについては、今後のトルコの農村開発論において徹底的に議論される必要があるだろう。

では、上記のような現状の中でデミルリ集落はどのような収入・所得構造を持っているか見てみよう。黒海沿岸地方の農村地域は、収入・所得構造がいずれもよく似ている。ここでは、就業構造を通して集落全体の経済的安定性を測ってみよう。トルコでは、農村地域における経済状況は、量的に測られることが多い。集落には第一次産業従事者が何人いて、サービス産業従事者が何人いるのかという大きな枠組みで計測されることになる。しかし、産業化に伴う都市と農村の社会及び経済（生産）関係は上記のように複雑で深い構造を持つ。デミルリ集落人口の半数以上や収入という概念も、とりわけ農村社会においてはより複雑で深い構造を持つ。デミルリ集落人口の半数以上（51・8パーセント）は収入源のない学生や主婦であり、ついで2割以上の年金所得者（11・8パーセント）も無職者（12パーセント）、そして1割弱の専業農家（9・1パーセント）から成っている。つまり約8割以上（84・7パーセント）が不安定な収入構造を持つ人口から成り立っているのである。ただ、これだけでは各世帯の安定性を測ることは難しい。そこにT型集落点検を導入することによって、世帯ベースの生産・収入構造をより詳細かつ明確に見ることができる。

表1 デミルリ集落1組の世帯別就業構造（△：男性，○：女性）

世帯	世帯員番号	農業者	退職者	労働者/季節型	公務員/労働型	無職	学生	主婦	不明
①	1			△					
	2							○	
	3					△			
	4					○			
②	1	△							
	2							○	
	3								△
	4								△
③	1			△					
	2							○	
	3						△		
	4						△		
	5						△		
④	1				△				
	2							○	
	3					○			
	4							○	
	5							○	
⑤	1		△						
	2		△						
	3			△					
	4						○		
⑥	1				△				
	2						△		
	3						○		
	4							○	
⑦	1		△						
	2							○	
⑧	1			△					
	2			△					
	3			△					
	4			△					
	5			△					
	6							○	
	7						○		
	8						○		
⑨	1	△							
	2		△						
	3							○	
⑩	1			△					
	2							○	
⑪	1			△					
	2							○	
	3					○			
	4					○			
	5					△			
⑫	1			△					
	2							○	
	3							○	

世帯	世帯員番号	農業者	退職者	労働者/季節型	公務員/労働型	無職	学生	主婦	不明
⑬	1		△						
	2			△					
	3							○	
	4							○	
	5								○
	6								○
⑭	1				△				
	2							○	
	3								
	4						○		
	5						△		
⑮	1		△						
	2							○	
⑯	1		△						
	2			△					
	3			△					
	4			△					
	5			△					
	6							○	
⑰	1		△						
	2			○					
	3							○	
⑱	1		△						
	2							○	
	3							○	
	4						△		
	5						○		
	6								○
⑲	1	△							
	2							○	
⑳	1		△						
	2		△						
	3							○	
	4							○	
	5						△		
	6						△		
㉑	1		△						
	2		△						
	3							○	
	4						△		
㉒	1		△						
	2							○	

表1からも分かるように、若年層が多いことから「学生」が非常に多くなっている。世帯レベルで経済的安定性をみると、とりわけ③・④・⑤・⑥のような公務員・労働者給料の「安定型所得」と、季節型労働者による仕送りの「半安定型所得」が同時にある世帯が22戸の世帯のうち4戸である。また、⑨・⑬・⑯・⑰の世帯のような農業と仕送りによる「半安定的型所得」が同時にある世帯が4戸ある。残りの14戸は季節型労働者による仕送りまたは年金もしくは農業の1つのみで世帯の所得が形成されている。つまり、デミルリ集落1組の場合は、世帯レベルまたは世帯レベルにおいても経済的不安定性が目立っている。さらに言えば、多くの場合「仕送り」は個人もしくは世帯レベルでその意義が議論され、位置づけられるのだが、デミルリ集落のように人口の流動性が高く、都市との関係や就業構造が複雑な地域においては、集落全体の日常生活の維持レベルでも「仕送り」が明らかにある程度の機能を果たしていると言っても過言ではないであろう。

3 ── T型集落点検から考えるトルコ農村政策と農村研究

近年、トルコにおいても農村社会の衰退による農業生産の衰退や農村地域の活性化・維持が問題化されつつある。しかし、これらに関する対策などの多くはEU加盟に関連する諸法律の修正及び改善に限るものであり、中央政府からのトップダウン型のアプローチが多い。確かに、2005年に26ヵ所に「開発庁」が設置された。これらの行政機関が今後の地域開発プランを、それぞれの地域の現状やニーズに合わせて構成することが目標である。しかし、例えば農村社会の活性化や集落維持問題に限って言えば、これらのエージェンシーには農村社会や農業生産、そして農業経営などの専門家はほとんどおらず、多くのスタッフは公共政策学などの領域の者である。これでは、政策方針が机上の論理によって決定されざるを得なくなるのではないかと危惧される。そこで、集落の活性化及び維持に関するポテンシャルを読み直す方法であるT型集落点検を導入することによって、これらのエージェン

シーらが作成する諸関連政策や、プロジェクトの基礎となるデータベースが強化されることを期待できる。

トルコの産業化・都市化の過程は、農村からの人口流出を軸にし、「都市（マルマラ地方）第一」という方向で進んでいる。一方で、トルコの農村社会は様々な社会経済問題を抱えているにもかかわらず、農村問題は農業生産の面に限って議論されている。トルコでは、「都市―農村関係」は、中央政府による物質的支援による（日本でいう）「政府依存型関係」という形で読み取られることが多い。近年は、エコツーリズムや農家民宿などといったグリーン・ツーリズムが推進されているが、その多くは企業または地方行政（開発庁）投資による経済活動である。

これらの経済活動に、集落が中心的かつ主体的に関わることはほとんどなく、個人レベルでの雇用が少しある程度である。ウズンギョルの事例からも分かるように、集落の全体的な活性化につながるパターンはあまり見られていない。そこで、地域内のアクターの暮らしに目を向ける生活構造論の視点が非常に重要な意味を持つ。

本章で見てきたように、集落における世帯の構造と性格を考えるだけでもそれが言える。集落における世帯数は夏と冬とでは量的に非常に変化しており、よって、その機能も季節次第で異なっている。このような流動性の高い集落において既存のアプローチをもって政策を導入することには限界がある。これはただ世帯の構造や性格に関する詳細な分析が必要だということではなく、トルコの都市―農村関係を今後においてどのように見ていくべきかという議論にかかわる議論であると著者は考える。本章で分析してきた他出子人口についても同様であり、トルコの都市―農村関係を一般論的な対立構造や依存関係において、都市と農村を総合的な形で取り上げ、その中で農村関係の維持・存続問題を分析する視点が、政策論的に必要なのである。

生活構造論及びT型集落点検のトルコ社会への応用を試みることによって、学術研究においても得られたものがある。トルコの大学では、農村研究といえば農学部が中心となっている。そのため、トルコにおいては農村研究よりも農業研究が中心的に行われており、経済発展論や農業技術論の研究が多い。確かに、トルコの農村地域ではインフラストラクチャーが未整備で、政策としてその点に集中していく意義は否定できない。しかし、現時点でも、

第1部　地域と家族の暮らし　　148

社会を軸とする研究の必要性が生じていることは、本章の議論から明らかである。社会文化科学の領域において農村研究はなくはないが、その多くは民族学的な視点からのものである。近年、社会移動論的な側面からの分析も見られつつあるものの、その多くは農村流出人口の都市社会学的な分析である。若年人口流出に伴う高齢化や生産機能低下などのような社会経済的な問題は日常生活の中で強く意識されつつあり、今後に向けてさらにこれらの問題が深刻化していくと見られる。したがって、トルコにおいても社会文化科学的な農村研究を発展させていかなくてはならない。本章ではT型集落点検を通して生活構造論の視点をトルコ農村研究に応用することを明らかにした。もちろん、T型集落点検をそのまま歴史文化的な背景や社会経済的な現状が異なるトルコ社会に応用することには困難な点もある。たとえば、本章でも述べた集落の定義などである。しかし、それは単に技術的な課題に過ぎないと著者は考える。

今後、本章のような視点を導入し、「トルコ型集落調査」を展開していくことは研究・政策の両面で重要な課題であり、これによってトルコ農村の諸問題に現実的な対策が立てられることになると期待される。

[注]
(1) 実質上は「西欧化」だが、民主主義運動の指導者ケマル・アタチュルクの発言や文章には「西欧化」という用語はほとんど見られない。
(2) 1960年5月12日、1980年9月12日、そして1971年3月12日の「書簡クーデター」
(3) 近年、トルコでは「クルド人」、「クルド系トルコ人」、「東部地方出身者」などの用語が使用されているが、これらの多くは政治的な背景をもってのものである。ここでは、人種的あるいは民族的な議論を避けて、国民の社会移動という立場から上記の議論を展開したいため、"citizien"という意味でクルド系トルコ出身者という用語を使用している。
(4) 東部黒海沿岸地方における本調査は"Capacity Building for Eastern Black Sea Development Agency"プロジェクトの一環として行われたものであり、本章を執筆するにあたってデータ使用に関する許可を得ている。この場を借りて、JICA担当の清家氏をはじめ、調査の際にご協力を頂いた開発庁の方々にも感謝の意を表したい。

(5)「地方内型」とは、東部黒海沿岸地方の各県間での移動を意味する。
(6)「内陸部」とは、海岸に面していない県、あるいは海岸に面している県の内陸に位置している部分を意味する。
(7)「地方外型」とは、東部黒海地方以外の県内または、海外への移動を意味する。
(8)先行研究によれば、トルコにおいては「集落・村・田舎など」の諸概念の区別はほとんどなく、本章ではこの概念を英語でのVillage に当たるものとして用いる。
(9)ここでの「区」は英語での distirct, street に当たるものである。
(10)ここでの「夏」はだいたい4月から10月の間を指す。
(11)イェシルデレ集落はトラブゾン─ギュムシュハネ市内間の都市高速道路から入って3キロメートル、そしてギュムシュハネ市内から10キロメートルの所に位置している都市近郊集落である。歴史的には、オスマン帝国時代にはトルコ人とアルメニア系トルコ人が混住していた集落であり、多文化的な歴史を持っている。地理的には、大きな谷の中を流れているイェシルデレ(直訳：緑川)に沿って形成されている集落である。地理条件によって、集落の上組と下組間には約3～4キロメートルほどの距離が生じている
(12)2014年10月現在では約1,000円に相当する。

[参考文献]

Ağanoğlu, H.Y. (2001) *Osmanlı'dan Cumhuriyet'e Balkanlar'ın Makûs Talihi Göç* (訳：オスマン帝国から共和国にかけてバルカン半島の不幸な運命：移動), Kum Saati Publishing, Istanbul.

Akkayan, Taylan (1979). *Göç ve Değişme* (訳：移動と変質),Istanbul Ünv. Yayınları. Istanbul

Ari. O. (1960) *Bulgaristan'lı Göçmenlerin İntibakı* (訳：ブルガリアからの移民の問題), Rekor Publishing, Ankara.

Boran, Behice. (1993). *Toplumsal Yapı Araştırmaları: İki Köy Çeşidinin Mukayeseli Tetkiki*, Sarımsal Publishing

Çavuşoğlu, H. (1999). *Bursa'da Yerleşik Yugoslavya-Makedonya Göçmenleri'nin Sosyo-Külturel Yapısı Ve Sosyal Bünye Ile Bütünleşme Durumu* (訳：ブルサ県定住のユーゴスラビア・マケドニア系移民の社会文化的適応及び社会的統合), Hacettepe Üniversitesi Publishing, SBE, Ankara.

Çavuşoğlu, H. (2007) Yugoslavya-Makedonya Topraklarından Türkiye'ye Göçler ve Nedenleri, Ahmet Yesevi Üniversitesi Mütevelli Heyet Başkanlığı (訳：アフメット・イェセヴィ大学紀要), No. 41, p. 123-154.

Çavuşoğlu, H. (2008) Yugoslavya-Makedonya'dan Türkiye'ye 1952-67 "Kitlesel" Göçü ve Bursa'daki Göçmen Kesimi (訳：ユーゴスラビア・マケドニアからトルコへの1952・67年におけるマス・ミグレーション、ブルサの移民集団）．*Mülkiye*, No. 15, p. 251.

Çelik, F. (2006). "İç Göçlerin İtici ve Çekici Güçler Yaklaşımı İle Analizi". *Erciyes Üniversitesi İktisadi ve İdari Bilimler Fakültesi Dergisi*, Sayı: 27, Temmuz-Aralık p. 149-170.

Geray, Cevat. (1985). "Türkiye'de Köysel Yerleşme Düzeni", (Ed.) Oğuz Arı, *Köy Sosyolojisi Okuma Kitabı*, Boğaziçi Üniversitesi Publishing

Güreşçi, E. ve Z. Yurttaş (2008). "Kırsal Göçün Nedenleri ve Tarıma Etkileri Üzerine Bir Araştırma: Erzurum İli İspir İlçesi Kırık Bucağı Örneği". *Tarım Ekonomisi Dergisi*, Vol. 14, No. 2, p. 47-54.

Güreşçi, E. (2010a). "Köyden Kente Göçün Köydeki ve Kentteki Yansımaları: Akpınar Köyü Üzerine Bir Değerlendirme". （訳：都市化過程の村及び都市への反映：アクプナル集落を通した一考察）, *Sosyal ve Beşeri Bilimler Dergisi* (訳：社会人文学ジャーナル）, 2(2)

Güreşçi, E. (2010b). "Türkiye'de Kentten-Köye Göç Olgusu". （訳：トルコにおける都市化及び都市から村への移動現象）*Doğuş Üniv. Dergisi* (訳：ドウシュ大学ジャーナル), Vol. 11, No. 1, p. 77-86.

星山幸子 2003「トルコ農村社会における女性の劣位性とジェンダー分業：“アユップ”の行為をとおして」、『国際開発研究フォーラム』24

Işık, Ş. (2005). "Türkiye'de Kentleşme ve Kentleşme Modelleri". （訳：トルコにおける都市化及び都市化モデル）, *Ege Coğrafya Dergisi* (訳：エーゲ地理ジャーナル), 14, 57-71.

Sedduygu, A. Sirkecisi, İ (1999) *Cumhuriyet Dönemi Göç Hareketleri: 75 Yılda Köylerden Şehirlere* (訳：共和国史移動論—75年間で村から町へ).Tarih Vakfı Publishing, Istanbul.

Keles, Rusen. (1998). *Yerinden Yönetim ve Siyaset*, Cem Publishing

Murakami, Ikuko. (2011) "Women's Education in Turkey and Japan for Social Development, Pozitif Publishing *Japanese Women*". Women's Education in Turkey and Japan for Social Development, Pozitif Publishing

中山紀子 1999『イスラームの性と俗――トルコ農村女性の民族誌――』、アカデミア出版会

――― 2003『嫉妬する夫―トルコの夫婦と性的隔離、性の文脈』、雄山閣

Öztürk, M. & N. Altuntepe (2010). "Türkiye'de Kentsel Alanlara Göç Edenlerin Kent ve Çalışma Hayatına Uyum Durumları: Bir Alan Araştırması". *Jurnal of Yasar University*, Vol. 3, No. 11, p. 1587-1625.

Pazarlıoğlu, V. (2007). "İzmir Örneğinde İç Göçün Ekonometrik Analizi", *Celal Bayar Üniversitesi, I.I.B.F. Yönetim ve Ekonomi Dergisi*, Cilt: 14, Sayı, p. 121-135.

Sağlam, S. (2006). "Türkiye'de İç Göç Olgusu ve Kentleşme", *Türkiyat Araştırmaları*, Hacettepe Üniversitesi Türkiyat Araştırmaları Enstitüsü, Erman Artun Özel Kitaplığı, Sayı: 5, Ankara.

Tankut, Hasan Reşit. (1960). *Köy ve Kalkınma*, Ankara Basım ve Ciltevi

Tekeli, İ. (2007) Türkiye'nin Göç Tarihindeki Değişik Kategoriler, *Kökler ve Yollar Türkiye'de Göç Süreçleri* (Der: Kaya, A.; Şahin, B., İstanbul Bilgi Üniv. Yay. (訳：トルコミグレーション史における様々なカテゴリー：ルーツ・方向から見たトルコにおける移動過程）

Tutengil, Cavit Orhan. (1979). *100 Soruda Kırsal Türkiye'nin Yapısı ve Sorunları*, Gerçek Publishing

Torlak, S, F. Polat (2006). "Kentleşme Sürecinde Kimlik Farklılaşması Açısından Denizli'de İki Mahallenin Karşılaştırılması", *Gazi Üniversitesi İktisadi ve İdari Bilimler Fakültesi Dergisi*, No. 8, Vol. 2, p. 167-186.

Yalçın, Cemal. (2004) *Göç Sosyolojisi*, (訳：移動社会学）, Anı Kitabevi. Ankara

第 2 部

地域課題と課題解決実践
多様な生活課題と地域の持つ可能性

第6章 過疎山村における交通問題
―― 大分県日田市中津江村の事例から ――

加来和典

はじめに

過疎地域では、路線廃止や運行本数の削減により路線バスの機能は低下し続け、いまや自家用車なしの生活は難しい状況となっている。近辺の商店は次々と閉店し、交通手段のない高齢者にとっては、食料品・日用品の買い物さえ困難な状況に陥っている。

本章では、筆者らが継続的に調査を行ってきた大分県旧中津江村（現日田市中津江村）を取り上げ、過疎山村における交通問題とその対応について考える。地域社会における交通問題を取り上げる際、公共交通機関のあり方に目が向きがちであるが、住民の生活ニーズと交通手段のマッチングを考慮しながら全体的な交通体系を把握する必要がある。住民の生活ニーズは一様ではない。地域社会構造や個々人の生活構造のあり方によってそれは多様化する。地域社会構造の点からは、生活ニーズを充足する諸機関がどのように配置されているのか、また、それらがどう変化してきているのかが重要である。生活構造の点からは、住民の年齢・職業・家族構成・近隣関係・健康状態などの属性ごとの生活ニーズの違いを見ることが重要である。このような視点なしに地域交通問題を考えてみても対応は難しいであろう。

図1　大分県地図

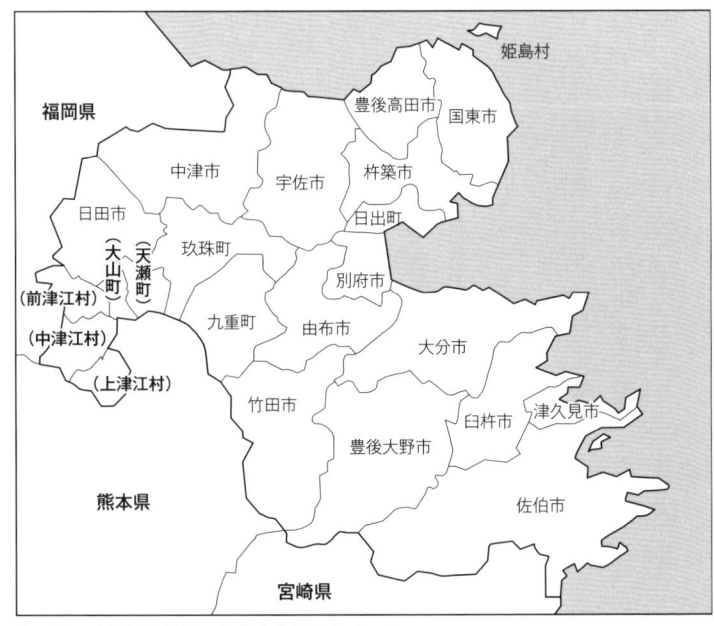

注：日田市には合併前の町村内も記入している。

1 中津江村概況

　大分県日田郡旧中津江村は、県西部の九州山地に位置し、東は熊本県小国町、南は同旧菊池市・旧菊鹿町、西は福岡県旧矢部村に接している。2005年3月22日に、日田市・前津江村・上津江村・大山町・天瀬町と合併し、現在は日田市中津江村となっている。旧村役場には現在、中津江振興局が置かれている。合併前の2000年国勢調査によれば、総人口は1,338人、491世帯で、高齢化率は39・5パーセントであった。就業者総数は681人（うち65歳以上27・8パーセント）で、農業27・9パーセント、サービス業21・6パーセント、建設業11・9パーセント、卸売・小売業・飲食店10・0パーセントなどとなっていた。旧村の総面積81・91平方キロメートルのうち林野が8割ほどを占めている。

第2部　地域課題と課題解決実践　　156

2 過疎地山村の交通問題

(1) 調査票調査から

本章で取り上げる中津江村(1)に関する2つの調査はいずれも、地域社会問題研究会による共同研究である。調査概要は下記の通り。

1996年調査
調査対象：55集落のうち27集落を抽出、18歳以上の全住民を対象
調査期間：8〜10月
調査方法：留置法
サンプル数：681
有効回収数：509
有効回収率：74.7パーセント

2007年調査
調査対象：中津江村の全成人
調査期間：11月
調査方法：郵送法
サンプル数：609
有効回収数：410
有効回収率：67.3パーセント

以下では、2つの調査を通じて、中津江村住民の仕事や買い物などの日常の移動先がどのような変化を生じたか

157　第6章　過疎山村における交通問題

を見ていく。

① 仕事

表1・2・3から、まず全体で見ると、仕事先および通勤方法に関して、11年間の変化は少ない。通勤先は、集落内と村内を合わせると約80パーセントとなる。したがって、村外で就業する人が約20パーセントいる。また、通勤方法では、自家用車が65パーセントほどを占めることが分かる。年齢別に通勤先の変化を見ると、70歳以上を除く、各年齢層で若干の広域化（村内比率の低下）があったことが分かる。

② 生活圏

購買・サービスに関する5つの行動に関してその場所を調べた。

図2・3・4から2時点を比較してみると、全体的に見れば、村内と日田市の比重が低下し、近くの熊本県（小国町）の比重が高まったことが分かる。表4は、用務先上位3地区を取り上げて年次比較を行ったものである。これによれば、行動の種類によって変化が大きいものと小さいものがあることが分かる。日用品食料品では、近くの熊本県で購入するという人が26パーセントから63パーセントへと激増している。通院では、逆に村内が拡大し、日田市が低下しているが、近くの熊本県の比重は高まっていない。これらから、住民の生活空間が変形していることが分かる。行動の種類によって違いはあるが、大雑把に言えば拡大（村内から小国町へ）と縮小（日田市から小国町へ）の同時進行と言えよう。

つぎに、年齢別に見てみよう。表5によれば、1996年には若年層に比して村内での移動が多かった60歳以上層が、2007年には近くの熊本県への移動の比重を高めている。とりわけ、日用品・食料品の購買に関しては激変した。通院のみは逆に村内比重が高まっているが、これは若年層にも共通する。かつては相対的に、高齢者は村内、若年層は村外（特に日田市）という移動の方向性があったが、最近では両者は同じ移動パターンに収斂してき

表1 1996年 仕事先 年齢別 (%)

	29歳以下	30～59歳	60～69歳	70歳以上	全体
集落内	18.2	24.5	46.0	66.7	34.1
村内	51.5	53.1	46.0	25.0	47.7
日田郡内	—	10.9	4.8	—	6.8
日田市	21.2	8.8	1.6	—	7.5
近くの熊本県	—	1.4	—	2.8	1.1
福岡市北九州市熊本市	6.1	0.7	1.6	—	1.4
その他	3.0	0.7	—	5.6	1.4
実数合計	33	147	63	36	279

表2 2007年 仕事先 年齢別 (%)

	29歳以下	30～59歳	60～69歳	70歳以上	全体
集落内	—	17.2	33.3	68.6	33.2
村内	70.0	58.1	36.7	27.5	46.7
日田郡内	—	8.6	6.7	—	5.4
日田市	20.0	10.8	10.0	—	8.2
大分県内	—	1.1	3.3	2.0	1.6
小国町	—	2.2	3.3	—	1.6
福岡市北九州市熊本市	10.0	1.1	—	—	1.1
その他	—	1.1	6.7	2.0	2.2
実数合計	10	93	30	51	184

表3 通勤方法比率 (%)

	1996年	2007年
徒歩	22.7	23.1
自転車	1.9	2.7
原付・オートバイ	2.3	0.9
自家用車	65.9	65.2
乗合いバス・鉄道	1.5	—
勤務先の送迎バス	1.5	0.5
タクシー	0.4	—
その他	3.8	7.7
実数合計	264	221

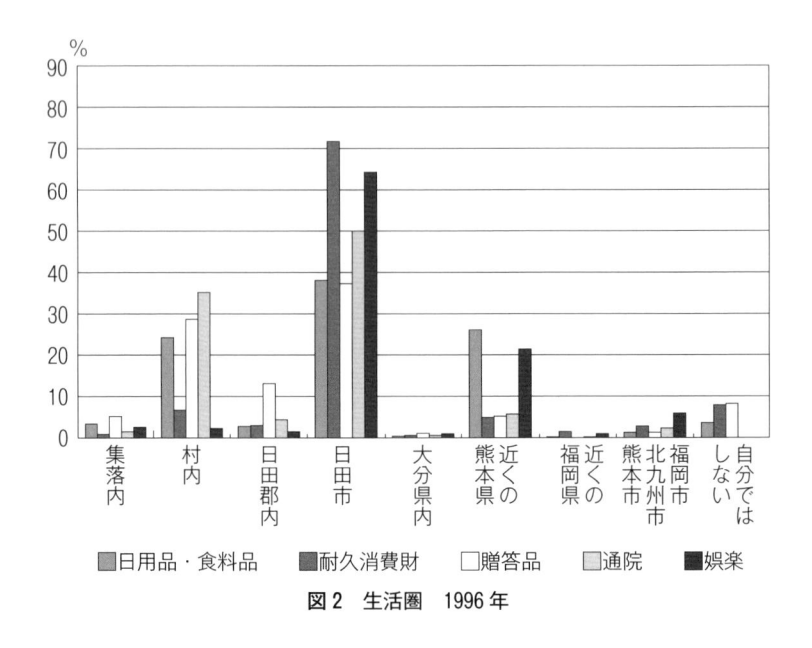

図2　生活圏　1996年

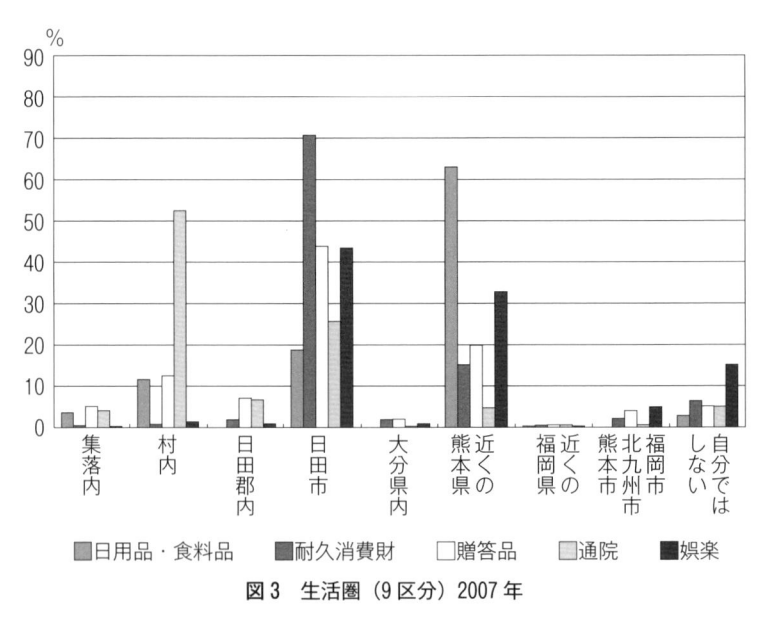

図3　生活圏（9区分）2007年

第2部　地域課題と課題解決実践　*160*

図4 生活圏（10区分）2007年

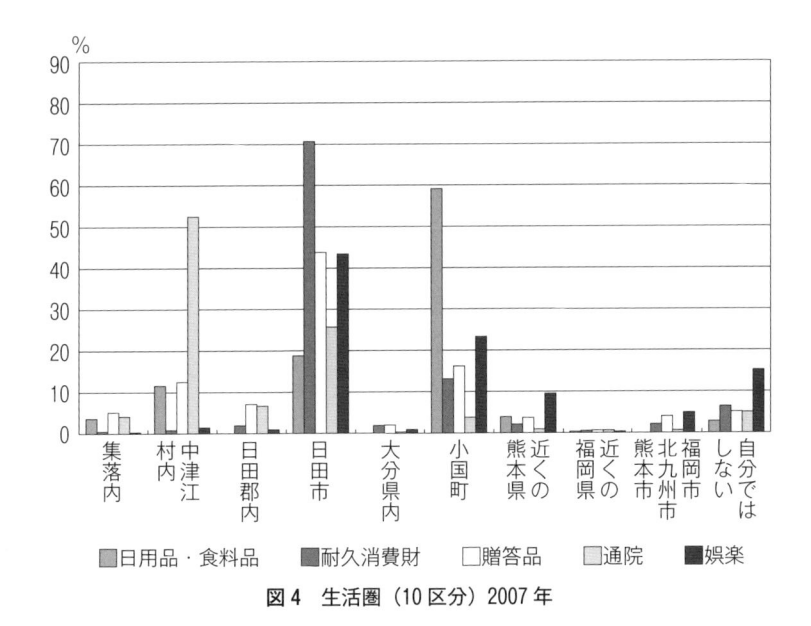

表4 生活圏比率の変動（1996-2007）総数　　　　　　　　　　　　　　　　　　　　（％）

	日用品・食料品	耐久消費財	贈答品	通院	娯楽
	1996年 2007年	1996年 2007年	1996年 2007年	1996年 2007年	1996年 2007年
村内（集落内を含む）	27.6 ＞ 15.2	7.6　　1.3	33.9 ＞ 17.6	36.7 ＜ 56.6	4.9　　1.7
日田市	38.1 ＞ 18.8	71.7　70.7	37.3　43.8	50.0 ≫ 25.7	64.3 ≫ 43.4
近くの熊本県	26.1 ≪ 63.0	4.9 ＜ 15.2	5.2 ＜ 19.9	5.7　　4.7	21.4 ＜ 32.8

注：≫・≪は20ポイント以上の差，＞・＜は10ポイント以上の差を示す。

た。このような変化は、次に見るように、高齢者の移動性の高まりと関係しているものと考えられる。

③ 高齢者の移動性

1996年調査では運転免許証の有無、2007年調査ではこれに加え普段の運転の状況を聞いた。表6・7はその結果を示したものである。免許証所有率で見ると、60歳代で49・2パーセントから79・5パーセントに、70歳以上で25・8パーセントから49・7パーセントへと高齢者層の免許証所有率がこの11年の間に大きく変わったことが分かる。かつての高齢者層は移動手段を持たず、生活ニーズの多くを村内で充足しようとしていたが、現在の高齢者はそう

161　第6章　過疎山村における交通問題

表5　生活圏比率の変動（1996-2007）年齢別　　　　　　　　　　　　　　　　（%）

	30～59歳 1996年	2007年	60～69歳 1996年	2007年	70歳以上 1996年	2007年
日用品・食料品						
村内（集落内を含む）	15.5 >	3.6	31.3 ≫	7.4	51.5 ≫	27.6
日田市	40.6 >	26.4	39.6 ≫	10.3	24.3	14.7
近くの熊本県	**37.1 ≪**	**70.0**	**21.6 ≪**	**79.4**	**11.7 ≪**	**52.1**
耐久消費財						
村内（集落内を含む）	2.2	0.0	11.0 >	0.0	13.7 >	3.0
日田市	83.4	86.8	67.6	65.3	51.6 <	62.4
近くの熊本県	4.6	7.0	5.9 <	25.3	5.3 <	16.4
贈答品						
村内（集落内を含む）	28.1 >	12.1	37.7 ≫	14.5	44.1 ≫	23.9
日田市	47.7	57.0	37.0	44.9	14.0 ≪	35.5
近くの熊本県	4.6 <	17.8	5.8 <	21.7	4.3 <	20.6
通院						
村内（集落内を含む）	26.0 <	42.2	40.0 <	51.5	56.3 <	70.1
日田市	**57.8 ≫**	**30.3**	49.6 >	34.8	27.2 >	17.0
近くの熊本県	8.7	9.2	3.7	3.0	5.8	2.7
娯楽						
村内（集落内を含む）	1.2	0.0	3.6	0.0	21.0 >	3.8
日田市	64.9 >	52.8	67.3 ≫	44.6	59.6 ≫	35.3
近くの熊本県	24.4 <	36.1	20.9 <	36.9	12.3 <	28.8

注：≫・≪は20ポイント以上の差，＞・＜は10ポイント以上の差を示す。

ではない。このような現象を「移動する高齢者層の出現」と呼んでおこう。

④　調査票調査からの知見と考察

○生活圏の変化と安定

行動種別に10年間に変化したものと、していないものがある。住民の日常の移動は別の面から見れば地域間の機能的連結構造を示すものである。この視点に立てば、中津江村と近隣地域の連結構造は10年間に部分的に変化したと言えよう。

○生活圏と行政区域のずれ

旧中津江村は2005年に日田市と合併したが、本調査によれば、住民の日常生活の中では日田市の比重はむしろ低下し、生活圏は熊本県小国町方向へ拡大した。県境地域においては、このような生活圏と行政区域のずれが生じがちである。

○村内消費の比重低下

移動性の高まりにより高齢者層までも

第2部　地域課題と課題解決実践　　162

表6　1996年　免許証の有無比率　年齢別　　（％）

	持っている	持っていない	実　数
29歳以下	94.7	5.3	(38)
30〜59歳	89.7	10.3	(175)
60〜69歳	49.2	50.8	(124)
70歳以上	25.8	74.2	(89)
全　体	65.1	34.9	(441)

表7　2007年　車（原付を含む）の運転状況比率　年齢別　　（％）

	免許証を持っている 運転している	免許証を持っている あまり運転していない	免許証を持っている 全く運転しない	免許証を持っていない	実数
29歳以下	91.7	0	0	8.3	(12)
30〜59歳	93.5	0.8	1.6	4.1	(123)
60〜69歳	71.8	2.6	5.1	20.5	(78)
70歳以上	46.1	1.8	1.8	50.3	(165)
全体	68.3	1.6	2.4	27.8	(378)

が村外での購買を行うようになれば、村内の個人商店の経営は立ち行かなくなり、ますます村内での購買は低下するという悪循環が生じる。中津江村での移動性の高まりの背景には、小国町方面への道路整備も大きく影響を与えている。ただし、移動する高齢者層がいつまでも自家用車を運転できるわけではないことにも注意が必要である。

(2) 中津江村内の商店などの状況——聞き取り調査から(4)
① 食料品・日用品など

まず村外への買い物などについて、聞き取りを元にまとめてみる。

村の東に隣接する熊本県小国町にある2つのスーパー（フレイン・マルミヤストア）には多くの村民が買い物に行っている。小国町への道路は以前は狭くカーブも多かったが、15〜20年前から整備されほぼ完成している（同町にはパチンコ店もあるためか、「パチンコ道路」と呼ぶ人もいる）。中津江村の鯛生地区は村内で最も西に位置しており、地区の住民は、熊本県菊池市や福岡県旧矢部村に出かけている。同地区からは旧矢部村には自動車で10分程しかかからない。また中津江村の南隣の旧上津江町には道の

163　第6章　過疎山村における交通問題

駅「せせらぎ郷かみつえ」があり、村民の中には野菜などを買いに行く人もいる。娯楽についてみれば、小国町や菊池市に飲食に出かける人が少なくない。日田市で頼母子講を行う人もいるが、帰りの代行運転に6千円はかかるとのことであった。

次に、村内の状況について述べる。

日用品雑貨・食料品店・衣料品店について見れば、「上中津江村商工会・会員事業所名簿」(2007年12月発行)[5]に記載の6店舗の内、聞き取り(2009年3月)と現地調査(2010年7月)で営業が確認できたのは4店舗のみであった(道の駅「鯛生金山」を除く)。このうち、1店舗は、かつては上津江村からも買い物客が来るほどの品揃えであったが、現在は店主が80歳を超え仕入れを縮小している。10年ほど前までは、全村で12店舗ほどが営業していたようである。現在、鯛生地区に商店はない。近年の不況のなかで、小売店に商品を卸していた村外の卸商のいくつかがつぶれ、新たな卸商からは現金決済を求められ仕入れが難しくなっているという指摘もある(2010年聞き取り)。

金融機関の支店の閉店が相次いだ。大分銀行が2007年、JAは2008年に閉店している。閉店には市町村合併の影響もあると推測される。住民への聞き取りでは、預金の出し入れに困っているという声をよく聞いた。

郵便局は、職員全員が村外出身者になった。そのためだけではないが、いまでは印鑑や通帳を預けられないので不便だと話す人もいる。また、配達時に、独居者への声掛けなどがなくなったという人もいた(2009年聞き取り)。

② 移動販売車

移動販売車の商品は、スーパーに比べ3、4割高い値段で売られている。以前は村内で4台が営業をしていたが、現在は3台ほどである。村内からは1台のみで、大分県旧天瀬町や福岡県旧矢部村などから来ている。これに加え、不定期に来るものもある。当地には、葬式や法事のときに、近所の人が野菜を供える慣行があるが、その野

菜を移動販売業者から購入しているという例もあった。奥まった集落では、以前ほどは移動販売車が来なくなったと言う（2010年聞き取り）。

③ 高等学校

高校は村内にはなく、日田市の高校へ下宿して通学する場合がほとんどである（小中学校については後述）。高校生2人で月に14〜15万円はかかる。日田市にあった寄宿舎は廃止され、市から補助を出すことになった。なお、進学時に、高校生と共に親が村外に出ていくケースもあるが、子の卒業後に親が村に戻ってこないこともある。小国町にバスで通学する生徒が1名いるが、途中まで親が自家用車で送っているとのことであった（2009年聞き取り）。

④ カメルーンバス

カメルーンバスは旧中津江村で所有していたバスで、村民の旅行や研修に利用されていたが、合併後は、日田市の方針で使用を中止することになった。2008年4月には復活したものの利用は激減している。その理由として、以前と異なり、研修のみ、日帰りのみ、市職員の付き添いが必要などと利用条件が厳しくなったことが指摘されている。なお、利用の際は、中津江振興局に10〜14日前に申請することになっており、利用料は無料である。バスは市有で、運転手は日田バスと契約している（2009年聞き取り）。

(3) 行政の対応 デマンドバスを中心に

① 国土交通省の地域公共交通政策

2007年、「地域公共交通の活性化及び再生に関する法律」（地域公共交通活性化法）が施行された。国土交通省によれば、「現在、全国の市区町村の約2/3の地域 [1,444] で、コミュニティバスやデマンドタクシーなど市区町村等が運営する地域公共交通が存在する」（[ ] は加来が補足。国土交通省関東運輸局 2010, p. 5）とのこと

165　第6章　過疎山村における交通問題

である。同法は、『主体的に創意工夫して頑張る地域を総合的に支援』することを目的として、(1)地域の協議会による「地域公共交通総合連携計画」の作成・実施の支援と、(2)新たな形態による輸送サービスの導入円滑化を目指す」(国土交通省総合政策局 2008, p. 4)という。同省によれば、地域公共交通に対する市町村の役割は変わってきたという。すなわち、「これまで財政補助等で地域公共交通を側面支援していた市町村の役割は、『地域公共交通のプロデューサー』として主体的に関与する立場への変化している。『地域公共交通のプロデューサー』としての市町村の役割は、ニーズや問題の精査を行い、利用者の目線に立って公共交通のあり方を検討し、一体的・総合的な地域公共交通計画の策定において中心的な役割を果たすことである」(原文ママ、国土交通省総合政策局 2008, p. 4)とする。

実施に当たり、同省では、2008年度に、「地域公共交通活性化・再生総合事業」を開始した。2009年度には、240市区町村が総合事業を活用し、活用意向を持つ市区町村は489市区町村となった(国土交通省総合政策局 2008, p. 3)。同事業の2010年度予算額は4,020百万円である(資料1参照)。

② 中津江村への導入経緯

日田市は、2008年度の「地域公共交通総合連携計画」。調査の結果、同市内には、中津江村の国道から離れた地区などに交通空白地域(バス停から半径500メートルより遠い)があることが分かった。日田市では、中津江村で、3年間の実証実験として、2009年度からデマンドバスを導入した。2010年度からは、中津江村・上津江町を1地域にまとめ本格運行に移行した(旧上津江村で運行を開始した。1998年度から旧村で独自にデマンドバスを導入していた)。これと同時に、従来の日田バスの路線を一部市営化した。

デマンドバス導入に関して、市の担当者にいくつか質問をした。まず、このように市の一部でデマンドバスを運

第2部 地域課題と課題解決実践 166

資料1

地域公共交通活性化・再生総合事業

22年度予算額 4,020万円

地域公共交通活性化・再生法の目的を達成するため、同法を活用し、地域の多様なニーズに応えるために、鉄道、バス、タクシー、旅客船等の多様な事業に取り組む地域の協議会に対し、パッケージで一括支援することにより、地域の創意工夫ある自主的な取組みを促進する。

地域公共交通の活性化及び再生に関する法律（平成19年10月1日施行）

- 市町村
- 商店街の人々
- 公共交通事業者
- NPO等団体
- 市町村住民団体
- 地元企業
- 学校・病院等
- 住民 等

→ 法定協議会
 ・協議会の参加要請応諾義務
 ・計画策定時のパブリックコメント実施
 ・計画作成等の協議会事務
 ・協議会参加者の募集義務

↓ 協議会が策定

地域公共交通総合連携計画（法定計画）
地域公共交通の活性化及び再生を総合的かつ一体的に推進するための計画

↓ 策定支援

うち協議会が取り組む事業

地域公共交通活性化・再生総合事業計画（3年）

↓ 取組支援

<補助率等>
(1)「地域公共交通総合連携計画」（法定計画）策定経費 定額
(2) 総合事業計画に定める事業
 ・実証運行（航）に要する経費 1/2
 ・実証運行（航）以外の事業 1/2 ※国政令市設置の協議会の取り組む事業 1/3

<制度の特徴>
・計画的取組の実現
 [協議会によるパッケージで、計画的な事業実施が可能]
・実証運行（航）による手法で支援
 [メニューの実施期間における実施事業の支援]
・地域の実情に応じた支援の実現
 [事業の実施に応じた協議会負担の実現]
・成果重視事業による、効果的な事業実施を確保

地域公共交通活性化・再生総合事業

◇ 地域公共交通の活性化・再生に関する連携計画の策定

◇ 鉄道、バス、タクシー、旅客船等の実証運行（航）
 ・鉄道のダイヤ変更等の実証運行
 ・コミュニティバス、乗合タクシー等の導入、路線バス活性化の実証運行
 ・空港アクセス改善（空港アクセスバスの実証運行）
 ・旅客船の航路新設、増便、ダイヤ変更等の実証運航

◇ 車両等関連施設整備等
 車両購入、船舶関連施設整備、バス停環境整備、デマンドシステム導入、LRV（低床式軌道車両）の導入 等

◇ スクールバス、福祉バス等の活用

◇ 乗継円滑化等
 乗継情報提供、ICカード導入、P&R・C&Rの推進 等

◇ 公共交通の利用促進活動等
 レンタサイクル、イベント、広報、乗継割引運賃、周遊行等の 等

◇ 新地域旅客運送事業の導入円滑化
 システム設計 等

◇ その他地域の創意工夫による事業

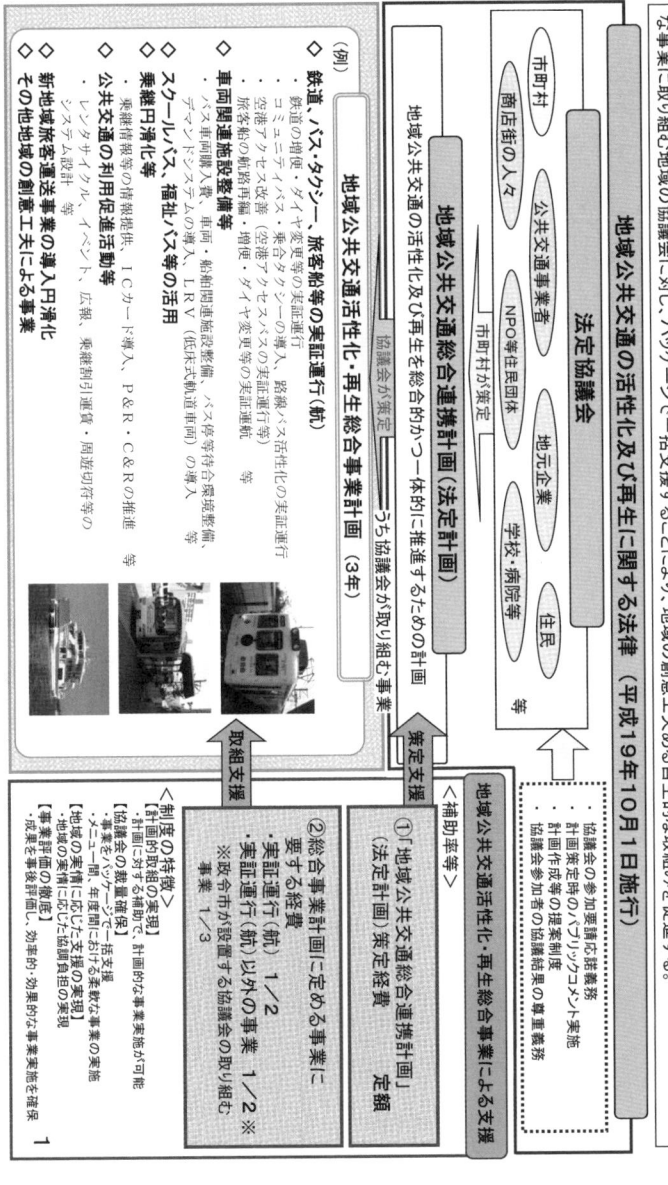

出所：「地域公共交通活性化・再生総合事業」（国土交通省 2010, p.1）

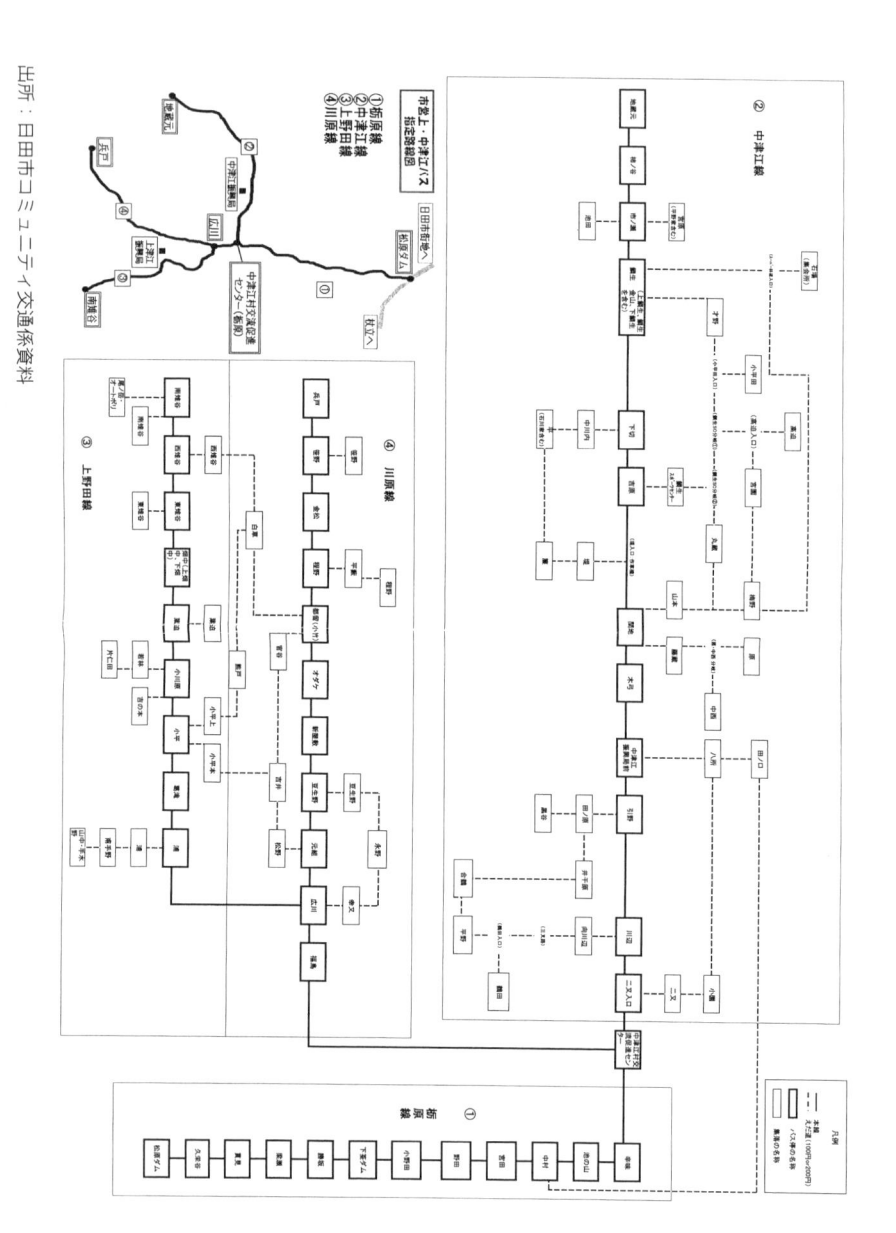

図5 中津江村デマンドバス路線図

出所：日田市コミュニティ交通係資料

第2部 地域課題と課題解決実践　168

行するということについて、日田市全体で見た場合に、サービスの偏りと受け取られていないかを尋ねてみた。担当者によれば、「市議会にも理解いただいている」との回答であった。次に、隣接する前津江町（旧前津江村）の導入予定について尋ねた。担当者の説明では、前津江町には、中津江村にある交流促進センターのような中心になる核がなく（病院もない）、中津江村のように1ヵ所に住民を運べないという。また前津江町は四つの谷に分かれており路線設定にも難しい点があるという回答であった（2010年聞き取り）。

③ デマンドバスなどの運営状況

○デマンドバス

料金は、幹線1区間50円、枝道1区間100円（2キロメートルを超える区間200円）である。タクシーで3,000円のところを700円くらいで移動できるようになった。利用に際しては、前日までに村内のタクシー会社内にある津江デマンドに予約をする。路線は集落を網羅しており、ほぼ自宅前で乗降できる（図5）。

○旧村営バス

デマンドバス導入以前には、村営バスとして、26人マイクロバスを村内の幹線に1日6往復運行していた。導入後は、朝7時10分発の便のみを幹線に定時運行している。この便は、通院や通学（中学生）の利用者が多い。

○日田バスから引き継いだ栃原線

日田と中津江村を結ぶ私営の日田バスは、1996年には1日5往復していたが、現在では4往復のみである（日曜・祝日は運休）。かつては、栃原団地までの運行であったが、2010年4月より一部廃止され、廃止部分（栃原団地～松原ダム）を市が引き継ぎ、市営バスとして定時運行している。

上記3事業は、後述のスクールバスも加え、運行をすべて村内の津江タクシーに委託している（ワゴン4台、マイクロバス1台。ちなみに、市町村運営の場合、白ナンバーで運行できる）。同社は、運転手10名と受付1名（時々2名）を雇用し、運行にあたっている。

ただし、スクールバスの運行時間帯の一般利用者への対応や、イベント開催時の大量の輸送への対応などでは人員のやりくりが難しい場合もある。運転手は村内の人であるが、Uターンの人はいない。このように、デマンドバスは少ないながらも地元雇用を生み出している。なお、津江タクシーは、村内の久末商店が経営しており、自らの経営としては普通車のタクシー2台のみの保有である。

上記3事業について、日田市は、人件費・燃料費・車両費を支出している（年間事業費約3,000万円）。ちなみに、合併前の旧中津江村ではデマンドバスを検討したことがあったが、費用面ならびに地元タクシー事業者への配慮から実現しなかった経緯がある。市町村合併後にデマンドバスが実現したことから、ある住民は「合併して唯一よかったこと」と語った（2010年聞き取り）。

〇小中学校への通学

中学生は、登校には、朝の定時幹線マイクロバスを利用し、下校には、部活終了時間に合わせてデマンドバスを利用している。ちなみに村内の中学は上津江町と合わせて1校のみで、寮を備えている。

小学生は、行きも帰りもスクールバス（教育委員会所管）を利用している。ただし、中学生も含め、家族の送り迎えで通学する児童も多い。小学校は57人在籍（2009年）で、2・3年生は複式学級である。2011年頃には複式学級が2つになる見込みとのことであった。住民には、上津江町と中津江村共同の小中一貫校の要望がある。ちなみに、スクールバスは、日田市内の他地区（上津江町・高瀬など）でも運行されており、いずれもタクシー会社や貸切バス会社に委託されている。

④デマンドバス利用状況

2009年度の中津江村におけるデマンドバスの利用者数は10,090人、走行距離は65,050キロメートル、使用料収入は2,262,140円であった（日田市コミュニティ交通係 2010）。

日田市コミュニティ交通係が、2009年11月に、運行区域内の全世帯に実施したアンケートでは、回答者21

0人のうち、デマンドバスを利用したことがある人は118人（56・2パーセント）であった。1週間あたりの利用回数は、「1回」が55人（利用者に対して46・6パーセント）、「2回」が26人（同22・0パーセント）などとなっている。また、どんな用件が多いかという問い（複数回答）に対しては、「病院」が94人（同79・7パーセント）、ついで「買い物」26人（同22・0パーセント）などとなっている。運賃については、「ちょうど良い」とする人が81人（同68・6パーセント）、「安い」が26人（同22・0パーセント）であった。自由回答から、利用してみてよかったこととして「公民館活動等に参加しやすくなった」とか、「週に1度の通院が2度に増えた人もいる」といった「家または家の近くまで来てくれる」27人、「希望の時間に来てくれる」13人、「運賃が安い」5人などとなっている。一方、利用してみて不便だったことを見ると、「前日に予約しなければならない」7人、「待ち時間が長いことがある」2人、「回り道をすること」2人などがある。なお、利用しなかった人には利用しなかった理由を尋ねているが、筆者らの聞き取りによれば、利用者の評価は高いと言えるだろう。利用しない」79人、「自家用車がある・自分で運転できる」42人などとなっている。

デマンドバスは、日田行きバスへの乗り換えや村中心地への移動のためばかりに利用されているわけではない。村の西に位置する鯛生地区では、週に1度、出張診療が行われているが、近隣の住民は受診のためにデマンドバスを利用している。

おわりに——地域公共交通のあり方を中心に——

本章では、日田市中津江村を対象に、過疎地域における交通問題を見てきた。住民の公共交通の需要は、年齢や免許証の有無などに左右される。高齢化が進んだ中で、通院や福祉施設への通所のみならず、日常的な買い物をど

171　第6章　過疎山村における交通問題

のように維持できるのかが、地域存続の点からも大きな問題となっている。また、過疎地では通学にも交通需要があるが、公共交通の貧弱さから、送り迎えなどで家族に大きな負担がかかっている。

すでに述べたように、地域公共交通活性化法により、行政の公共交通への新しい関わり方に法的な裏付けがなされた。これまでは、公営か民営補助かの二者択一であった。公営の新規事業は民業圧迫になる可能性もあり、行政は動きにくかった。他方、補助金方式では、利用数の割に支出がかさみがちである。

新しい公共交通のあり方はいまだ各地で模索中であるが、次の2点は重要な検討課題となるであろう。第1点は、公共交通概念の再構築である。これまで地域の公共交通を担ってきた民間バス会社による運営は、運行者主体のものであり、その特徴は、大・中規模経営による定時の路線運行にあった。これに対し、デマンドバスが志向する方向は、利用者主体の運営、すなわち、地元の小規模経営による予約でのドア・ツー・ドア運行である。このような概念の再構築が要請される背景には、地域構造・住民の生活構造の変化がある。どのような住民層がどのような交通ニーズを持っているのかを明らかにしていく必要がある。中津江村の例でも示されるように、行政の立場は、事業者への補助から利用者への補助へと転換している。行政と民間の関係のあり方についても、地域公共交通の全体的課題を挙げておこう。

最後に、地域公共交通の全体的課題を挙げておこう。食料品・日用品の戸別配送が高齢者の地域生活を支える上では不可欠であるが、ヒトを運ぶことに加え、モノを運ぶことをどう解決していくかが今後の大きな課題である。また、医療・福祉関係の送迎・移送サービスと地域公共交通との整理も検討課題となるが、これは縦割り行政の見直しとも深く関連するものである。行政はどこまでどのような形で関与すべきであろうか。

[謝辞] 本研究にあたっては、中津江村のみなさんならびに日田市役所に多大のご協力をいただきました。記して感謝申し上げます。

この研究の一部には、科学研究費補助金が用いられている。平成17〜19年度科学研究費補助金（基盤研究（C）研究代表者高野和良、研究課題番号17530427、研究課題『農村高齢者の社会参加によるアクティブ・エイジングの実現に関する研究評価』）。

本稿は、「過疎山村における交通問題──大分県日田市中津江村の事例から」（『自治研やまぐち』No.75, pp.3-14, 山口県地方自治研究センター、2011年）に修正を加えたものである。

[注]
(1) 以下、地域として指す場合には中津江村、合併前の自治体を指す場合には旧中津江村と表記する。
(2) 旧村役場から、日田市へは約30キロメートル、小国町へは約15キロメートルの距離である。
(3) これには、村内の個人病院による出張診療などの取り組みが影響を与えていると考えられる。
(4) 交通に関する住民および市役所への聞き取り調査は2度行った。2009年3月22日調査は山本努氏（県立広島大学）・高野和良氏（九州大学）と、2010年7月20日調査は高野和良氏（九州大学）で共同で行った。
(5) 商工会は2008年4月に合併し、日田地区商工会上津江・中津江支所となった。
(6) 2002年、日韓でサッカーのワールドカップが開催された際、カメルーン代表が中津江村でキャンプを行ったことにちなんで名付けられた。
(7) 日田市全体で見た場合、2009年時点で、交通空白地域に居住していたのは約5,600人（市人口の約8パーセント）であった（日田市 2009, p.6）。
(8) 上津江町はデマンドバスの利用が減少傾向にある。日田市の担当者の見方では、同町の高齢化が進みすぎていることに加え、中津江村にもデマンドバスが導入されたことで同町のデマンドバスが廃止される心配がなくなったために利用が減少しているのではないかということであった。

［参考文献］

日田市 2009『日田市地域公共交通総合連携計画（概要版）』

日田市コミュニティ交通係 2010「平成21年度運行状況」

加来和典 1996「第2章2生活圏」『中津江村農村活性化に関する基礎調査業務報告書』pp. 10-16、地域社会問題研究会
──── 2008「第5章 中津江村における生活圏」『農村高齢者の社会参加によるアクティブ・エイジングの実現に関する研究評価』pp. 5-108、平成17～19年度科学研究費補助金（基盤研究（C）研究代表者高野和良）研究成果報告書

国土交通省 2010『地域公共交通活性化・再生総合事業』

国土交通省関東運輸局 2010『地域公共交通の活性化・再生の進め方に関する調査報告書』

国土交通省総合政策局 2008『地域公共交通の活性化・再生への取組みのあり方 報告書 概要版』

第7章 人口減少社会における社会的支援と地域福祉活動
―― 山口県内の「見守り活動」の実態から――

高野和良

1 人口減少と地域福祉活動

過疎地域の人口減少率は近年再び上昇しつつある。2005（平成17）年から2010（平成22）年の間の減少率は7.1パーセントとなり、徐々に増加している。過疎地域では様々な対策が図られてきた。しかし、施設建設を主とした生活環境の整備、道路整備といった交通環境の改善などの政府による過疎対策も人口減少に歯止めをかけるにはいたっていない。開発的な対策に頼るだけでは、人口減少を抑制することは難しいと言えるのではないか。

過疎地域では非高齢層の人口減少にともなう高齢化率の上昇もあって、高齢者増への対応が重視され、見守り活動などが地域福祉活動の名の下に展開されてきた。しかし、こうした対人的なサービスを通じて、在宅生活を継続したいという高齢者を支えることができるのか、また活動の担い手はいかなる問題を感じているのか、さらに世帯が極小化し地域社会での相互支援が現実には困難になるなかでの専門機関による支援課題など、十分に検討されていない点も多い。

本章では、こうした現状をふまえ、人口減少社会における高齢者を対象とした地域福祉活動、なかでも見守り活動の現状と課題について検討したい(1)。

2 生活機能要件と地域福祉活動

離島や過疎地域といった生活条件が不利な地域における生活継続要件については、十分に検討されてきたわけではない。まず、どのような社会資源が失われれば生活が難しくなるのか、逆に言えば、生活充足のための要件を、基礎的な第一次的機能要件と副次的な第二次的機能要件とに整理した議論を参考に考えてみたい（鈴木 1970, p. 127）。

第一次的機能要件：生産機能、住居保有、教育、医療、福祉、交通、買い物など。

第二次的機能要件：集団参加活動、集落維持活動、祭、社交や娯楽など。

生活要件をめぐる議論では、生活の充足には基本的に、生産機能（所得保障）、住居保有、教育、医療・福祉サービス、交通、買い物などが必要であり、それらが安定したうえで、集団参加活動、集落維持活動、祭、社交や娯楽などが必要になると考えられている。

しかし、現在の過疎地域では、農林業の衰退、病院の閉院、公共交通機関の減少、商店の閉店などによって、第一次的機能要件の水準がきわめて低くなりつつあり、民生委員・児童委員、福祉員や老人クラブなどによって取り組まれている地域福祉活動としての安否確認（見守り活動）、閉じこもり防止のためのふれあい・いきいきサロン活動、自動車を運転できなくなった高齢者の移動支援（移送サービス、買い物支援）などの相互支援機能（地域福祉活動）への期待、つまり集団参加などを通じて形成される関係性を基礎に置く第二次的機能要件の役割が相対的に大きくなりつつある。

過疎地域の状況は、人口減少と世帯の極小化の進行局面にある日本社会の将来像とも考えられるが、過疎地域の住民には将来展望に対する不安感が広がっているとの指摘もある（高野 2013）。こうした不安から導かれる、何とかしなくてはならないという住民側の構えに応える形で見守り活動が広がりつつあるともいえるが、この構図は何も過疎地域に限ったものではない。

(1) 地域福祉への期待と見守り活動

見守り活動に類する活動自体は、近隣関係のなかで以前から行われてきたが、組織化された地域福祉活動として注目を集めるのは、1990年代の社会福祉基礎構造改革が進められた時期と重なる。介護保険制度導入にともなう施設福祉から在宅福祉への転換と在宅福祉を支える基盤としての地域福祉重視が背景にあり、福祉サービスへの支出抑制も目指されていた。

厚生労働省の研究会報告書である『地域における「新たな支え合い」を求めて——住民と行政の協働による新しい福祉』（これからの地域福祉のあり方に関する研究会 2008）では「制度の谷間」にある問題に地域社会で対応することが新しい地域福祉であるとし、2009年からは「安心生活創造事業」というモデル事業（全国58市町村）が実施された。地域において基盤支援（見守りや買い物支援）を必要とする人々を把握し、そのニーズを捉えた上で、こうした人々を支える地域の支援体制をつくり、支援継続のための自主財源確保に取り組むことが目指された。モデル事業の事業成果報告書（安心生活創造事業推進検討会 2012, p.10）において見守り活動には、①早期発見（安否確認、変化の察知）、②早期対処、③犯罪被害等を予防する「危機管理」、④生活に必要な情報提供や助言を提供する「情報支援」、⑤孤独感を軽減したり安心感を与える「不安解消」といった、5つの要素が指摘されている。

また、厚生労働省は、社会・援護局長通知（平成24年2月23日「生活に困窮された方の把握のための関係部局・機関

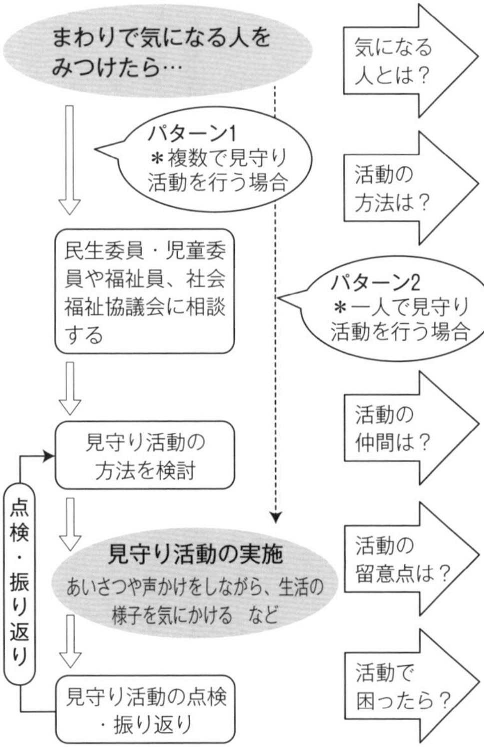

出所：山口県社会福祉協議会，2012，『見守り活動のすすめ～見守り活動指針～』を一部改変

図1　見守り活動の過程

等との連絡・連携体制の強化の徹底について」)、社会・援護局地域福祉課長通知（平成24年5月11日「地域において支援を必要とする者の把握及び適切な支援のための方策等について」）などにおいて、電気・ガス事業者などのライフライン関係事業者などを含む「関係機関との連携により地域における情報の共有や見守り体制の構築、地方自治体の福祉担当部局に必要な情報が適切に集約される体制の構築」（社会・援護局地域福祉課長通知）を図ること、また、「こうした情報を得た地方自治体の福祉担当部局は、民生委員等と連携の上、必要に応じて、生活に困窮された方に対する訪問、電話かけなどを行い、安否、健康状態の確認を行うなど適切な支援」を実施することを求めている。

　このような政策的な後押しもあって、地域社会が抱える地域福祉課題への住民自身による対応策の代表的な取り組みとしての見守り活動は、都市、農山村を問わず組織化が図られていくことになる。

(2) 見守り活動の定義

さて、見守り活動には明確な定義があるわけではないが、例えば山口県社会福祉協議会では「地域の中で手助けを必要としている人や気がかりな人を対象とし、民生委員・児童委員や福祉員などの地域福祉活動関係者や住民が『あいさつ』や『声かけ』『生活の様子を気にかける』といった活動を通じて、住民同士が共に支えあって暮らし続ける地域づくりをすすめること」としている(2)(山口県社会福祉協議会 2012, p. 5)。図1は山口県社会福祉協議会が、地域住民に対して見守り活動について関心を持ってもらい、具体的な活動につなげていくために作成した『見守り活動のすすめ～見守り活動指針～』からの抜粋であるが、見守り活動の開始から評価（点検・振り返り）にいたる過程が示されている。

まず、見守り活動の対象であるが、身体的、精神的、社会的に弱い立場にあり、日常生活において困難な状態にある人、そうした人々のいる世帯、さらにはニーズを表明できない、あるいは自ら表明しない人も対象とされている。担い手は、民生委員・児童委員、福祉員などの地域福祉関係者であり、組織化の契機としては専門機関からの依頼を契機に、あるいは自発的に組織化されることになる。方法は多様であるが、その多くは戸別訪問、注視などである。

見守り活動が必要とされるのは、「身体的・精神的に弱い立場にある中高年者、障害者、子どもなどが、生命や財産の危機を含む何らかの生活上のリスクを持つにもかかわらず、家族・親族や友人などによる見守りや、各種の支援やサービスの利用が行われていない、あるいは、十分に機能していないために、本人とは必ずしも直接の面識のない、地域住民による見守りが期待される」からである（小林 2013, p. 159-160）。すなわち、家族を始めとするソーシャルサポートとしての見守りが維持できなくなった場合に「同じ地域に住む人々への懸念」（小林 2013, p. 167）が動機となり、地域住民による見守りが実施されるのである。

3 地域福祉活動の支援機関

民生委員や福祉員からは、一人暮らしの高齢者が一人で亡くなることは避けられないとしても長期間放置され孤立死に至ることなく対応が図られたことは不幸中の幸いであった、などという話しを聞くことがあり、見守り活動に期待されている対象者の異変の早期発見機能の実際を窺うことができる。

しかし、高齢世帯の極小化などが進行し、地域住民による自発的な相互支援活動の維持も徐々に難しくなり、市町村社会福祉協議会（以下、市町村社協）による見守り活動への支援がより必要となりつつある。この場合の支援とは、見守り活動の過程で地域住民の「見守りに関する意識→見守り行為→見守り関係というような展開のためには、それらを支える地域住民の協力を引き出せるような公的な支援の仕組みが必要」（小林 2013, p. 167）ということである。具体的には、世帯の小規模化といった地域社会の変化とそれに伴う地域福祉課題の複雑化が進行しているという現状を地域住民が認識し、地域福祉活動の必要性を共有することがまず前提となる。そのうえで、地域福祉活動を円滑に進めるための基盤形成を図る地域支援と並んで、例えば福祉員の配置を地区社協に促すこと、活動方法に関する研修の実施、困難な事例などは専門機関と連携する体制を設けるといった支援が求められる。

代表的な公的支援機関は市町村社協である。しかし、全国的に見た場合、市町村社協の活動にはかなり差異があり、支援の内容も多様である。ここで、市町村社協の抱える課題を簡単に整理しておこう。

市町村社協は、社会福祉法（第109条）に設置根拠を持つ組織であり、市町村単位で全国に設置されている組織である。組織の性格はその財源構造を見ればある程度推測できるが、市町村社協の財源構造は補助金や委託金といった公的財源と介護保険収入の占める割合が大きく、自主財源である会費や寄附金の割合は小さい（表1）。ま

表1　平成17年度社会福祉協議会の財源の状況　　　　　　　　　　　　　　（単位：千円，％）

	全体		介護保険を実施している社協		介護保険を実施していない社協	
集計数	1,362団体		1,074団体 (78.9%)		288団体 (21.1%)	
会費	5,616	2.3	5,647	2.1	5,500	4.4
寄附金	5,441	2.3	5,593	2.1	4,873	3.9
分担金	352	0.1	286	0.1	600	0.5
経常経費補助金	43,916	18.3	45,286	16.7	38,805	31.0
助成金	2,649	1.1	2,393	0.9	3,604	2.9
受託金	58,872	24.5	62,132	22.9	46,716	37.4
事業収入	7,622	3.2	7,392	2.7	8,481	6.8
共同募金配分金	6,776	2.8	6,724	2.5	6,970	5.6
負担金	1,326	0.6	1,361	0.5	1,195	1.0
介護保険	86,958	36.1	110,276	40.6	0	0.0
利用料（支援費）	7,619	3.2	9,072	3.3	2,200	1.8
措置費	429	0.2	543	0.2	5	0.0
運営費	1,558	0.6	1,943	0.7	122	0.1
雑収入	1,622	0.7	1,824	0.7	868	0.7
その他	9,826	4.1	11,095	4.1	5,094	4.1
事業活動収入計	240,582	100.0	271,567	100.0	125,034	100.0

出所：全国社会福祉協議会地域福祉推進委員会，2008，『社会福祉協議会活動実態調査報告2006』p. 9-12 より作表

た、介護保険事業を実施する市町村社協の総収入は介護保険収入によって大きくなるため、相対的に補助金などの公的財源ならびに、会費や寄附金の総収入に占める割合は低くなる。財源の多寡が事業規模の大小を示すとすれば、これは市町村社協が介護サービス提供組織としての性格を強め、結果として地域福祉サービス提供の軽視をもたらす可能性がある。しかし、両事業は市町村社協の事業として対立するものではなく、地域社会で潜在化していた介護ニーズが明らかになり、市町村社協の介護サービス利用につながる場合もあり、両事業の連携のあり方も検討が必要である（高野 2010）。

また、自主財源の確保も重要である。しかし、会員制とはいえ多くの住民にとっては自身が市町村社協会員であるという意識は乏しく、会費も自治会・町内会費とともに集められる場合が多く、会費を意識する機会も少ない。そのため会費も低額に抑えざるを得ず、年額600

181　第7章　人口減少社会における社会的支援と地域福祉活動

円未満の市町村社協が6割程度を占めている実態にある（全国社会福祉協議会地域福祉推進委員会 2008）。一方で、地域住民のニーズに対応した様々な地域福祉サービスを提供している市町村社協のなかには、年額数千円の会費を得ている場合もあり、会費に対する理解や寄附の対象としての認知度を高めていく必要がある（高野 2010）。

しかし、広く住民から会費を得ていることは、財源に占める割合がいかに小さくとも、市町村社協の活動が公的な性格を帯びることを意味する。公的とはサービス提供にあたっての公平性の確保といった行政によるサービス提供と重なる意味もあるが、市町村社協の場合には非会員にもサービスを提供する場合が少なくなく、むしろ当該地域におけるサービスの基準設定の役割が期待される。地域福祉サービスの提供は、結果が重視される傾向にあり、例えば、買い物ができない高齢者に対しては、食事のニーズを充足するために弁当の宅配サービスが行われている。確かに基本的なニーズは満たされるが、第二次的機能要件の面から見れば、自宅への食事の配達に加えて弁当を持ち寄って会食する機会があれば、高齢者の集まる機会の提供につながる。サービス提供の目的を対象者の総合的な生活支援として捉え、多機能化も含めたサービスの評価実施が市町村社協に期待されているが、実態としてこうした展開につながる例は少ない。

一因は、地域福祉活動を単なる福祉サービス提供論として捉えている市町村社協が少なくないことにある。市町村社協によるサービス提供には、問題を抱えた人々に対する個別支援にとどまらず、地域組織化を方法論とする地域社会における福祉的な連帯形成が期待されている。議論はあるが地域福祉はまちづくりといった視点も広がりつつある。近年、各地で地域おこしなどの活動が繰り広げられている。これらの活動はほぼ共通して、地域生活の維持（人口増加）を目的とし、地域住民の合意形成を目指しているとされるが（徳野 2011）、単にワークショップなどを行うことが目的化してしまった、いわば自己満足的な活動が増えている懸念がある。しかし、地域福祉活動は、住民の切実な危機意識から活動が始まることが多いため、地域福祉活動を通じて住民の現状認識の共有と活動目的の合意形成は図られやすく、こうした活動に市町村社協が関わることによって裾野の広い展開につながる可能

性は大きいと思われる。しかし、地域福祉活動組織としての市町村社協側から、これらの活動との連携を図ろうとする動きは弱く、結果として地域福祉活動は孤独な存在に陥っている場合も少なくない。地域福祉活動の実施においては、町内会、自治会を始めとして、民生委員・児童委員、老人クラブなどの各種組織、NPOなどの住民による自発的組織などとの連携が必要である。しかし、市町村社協はこれらの組織との関係をサービス提供主体としての観点から捉えがちであり、現状は連携とは言いがたい場合もある。近年、にわかにコミュニティソーシャルワーカー（CSW）への関心が高まり、当事者の抱える課題を個別に支援し、解決に導くための専門職として注目されているが、問われるべきは地域社会における様々な組織や集団と連携し、地域社会の福祉的な基盤形成を図るという市町村社協の本質的な機能であるべきCSW的活動が、なぜこれまで十分に展開できなかったのかという点である。地域福祉活動の支援が、代表的な支援機関である市町村社協において十分実施できていなかったのであれば、やはり問題であろう。

4　見守り活動の実態——山口県内の状況——

こうしたなかで地域福祉活動として拡大してきた見守り活動について、山口県で実施された福祉員を対象とした社会調査結果から、その実態を見ておこう。[4]

(1) 福祉員の属性

まず調査対象の福祉員の属性を確認しておきたい（表2）。性別（a：表中の項目と対応。以下同様）を見ると、女性が約6割（63.0パーセント）、男性が約4割（37.0パーセント）であった。年齢（b）は、65〜74歳が5割強（55.9パーセント）、50〜64歳が3割弱（27.6パーセント）、75歳以上が1割（10.3パーセント）となっ

表2 福祉員の属性と見守り活動の実態

属　性		%
性別 a n＝146	男性 女性	37.0 63.0
年齢階層 b n＝145	49歳以下 50～64歳 65～74歳 75歳以上	6.2 27.6 55.9 10.3
福祉員経験年数 c n＝120	1年未満 1～3年未満 3～6年未満 6～9年未満 9年以上	13.3 17.5 22.5 24.2 22.5
選出の経緯 d n＝118	立候補した 自治会・町内会からの依頼 民生委員・児童委員からの依頼 市町社協，地区社協からの依頼 自治会・町内会の当番として 自治会・町内会長の充て職として その他	2.5 60.2 15.3 6.8 3.4 5.1 6.8
福祉員以外の 役職 e n＝113	自治会・町内会長 自治会・町内会の役員 地区社協役員 民生委員・児童委員 老人クラブ役員 その他 なし（福祉員のみ）	3.5 11.5 24.8 6.2 8.0 14.2 47.8
見守り活動の 実施 f n＝118	現在，行っている 過去に行ったことがある 行ったことはない その他	82.2 5.9 11.0 0.8
見守り活動以外 の活動 g n＝116(MA)	訪問活動 ふれあい・いきいきサロン活動 配食活動・食事サービス 見守り活動への情報提供 地域行事への参加協力 社協会費の徴収 社協広報誌等の配布 その他	57.8 47.4 43.1 28.4 63.8 12.1 12.9 3.4

活動内容		%
これまでの 対象者 h n＝102(MA)	高齢者 乳幼児を抱える世帯 登下校中の児童 児童虐待の疑いがある世帯 障がい児を抱える世帯 障がい者世帯 その他	99.0 1.0 18.6 0.0 2.0 7.8 2.0
活動方法 i n＝100	お宅に訪問し話す 電話で話す 出会ったときに声かけ 生活の様子に気を配る サロン活動などで安否確認 配食等訪問活動で安否確認 その他	69.0 28.0 82.0 50.0 38.0 38.0 4.0
実際の対象者 j n＝97	近隣等との交流の少ない人 単身・夫婦のみ世帯 日中独居世帯 家族関係が希薄な人 心身状況が良くない人 家事等ができない人 その他	40.2 62.9 24.7 15.5 21.6 4.1 11.3
対象者の 決定方法 k n＝92	福祉員が決める 民生委員・児童委員が決める 見守り活動関係者で決める 関係者と専門職で協議し決める その他	23.9 34.8 35.9 2.2 3.3
活動体制 l n＝98	一緒に活動を行う人がいる 単独で行っている	44.9 55.1
活動の相手 m （活動者がいる人） n＝44	福祉員の仲間 民生委員・児童委員 自治会・町内会関係者 老人クラブ員 その他	40.9 72.7 29.5 6.8 9.1
困難経験 o n＝96	ある ない	49.0 51.0
話し合いの機会 p n＝97	ある ない	69.1 30.9
話し合いの相手 q n＝69	見守り活動関係者 福祉員同士 社協，地域包括支援 センター等の専門職 その他	88.1 53.7 25.4 1.5
話し合いの 開催頻度 r n＝69	月に1回程度 年に2～3回程度 年1回程度 その他	27.5 46.4 15.9 10.1

た。福祉ボランティアの担い手が中高年女性層が中心であることは一般的に知られているが、福祉員も同様の状況にあることがわかる。

また、福祉員としての経験年数（c）は、3年以上の経験を持つ福祉員が全体の7割弱、9年以上の経験者も2割強（22・5パーセント）となった。福祉員の任期は3年程度が目安とされているが、ある程度長期間にわたって活動している福祉員が少なくない。経験を重ねることは、地域福祉活動の実施にあたって様々な点で有益であるともいえるが、福祉員に対する聞き取りでは、後継者が見つからない、辞めたくてもなかなか難しいといった発言もあった。

福祉員になった経緯（d）は、6割に達する「自治会・町内会から依頼されたから」（60・2パーセント）がもっとも多く、大きく差はついているが、続いて「民生委員・児童委員から依頼されたから」（15・3パーセント）となった。こうした自治会・町内会や民生委員・児童委員による依頼は、地域福祉活動に理解があるかどうかに基づいて行われており、いわば「一本釣り」的な経路が多数を占めていることは評価されてよいが、一方で「自治会・町内会で当番としてまわってきた」（3・4パーセント）、「自治会長・町内会長の役割として自動的に福祉員になった」（5・1パーセント）のように充て職としての福祉員となる場合も起こり得る。その割合は全体の1割に満たないが、このような福祉員は見守り活動をはじめとする地域福祉活動に取り組む当初は困惑する場面に遭遇する可能性があるため、後述するように適切な支援のあり方を検討する必要がある（山口県社会福祉協議会地域福祉部地域福祉班・ボランティアセンター 2012）。

地域社会で福祉員以外の役職（e）に就いていない人（47・8パーセント）が多く、「地区社協役員」（24・8パーセント）、「自治会・町内会役員」（11・5パーセント）、「老人クラブ役員」（8・0パーセント）への参加割合はあまり多くはなかった。地域社会では、多くの役職が特定の人物に集中する例も少なくないが、今回の調査対象である福祉員にはそうした傾向は強くは認められなかった。

以上から、調査対象である福祉員は、いわばごく普通の中高年女性を中心として担われていることがわかるが、次に福祉員による見守り活動の実態について見ておこう。

(2) 福祉員の活動実態

福祉員活動の実態を見ると、8割強が見守り活動を行っていることがわかる（f）。福祉員としての活動は見守り活動以外（g）に「地域行事への参加協力」（63・8パーセント）、「配食活動・食事サービス」（43・1パーセント）を行っており、「ふれあい・いきいきサロン活動」（47・4パーセント）、「訪問活動」（57・8パーセント）などに気を配る」（50・0パーセント）などが続いている。見守り活動は、声かけや訪問といった福祉員が意識して対象者に働きかける形で行われており、ふれあい・いきいきサロンや配食活動などの機会を利用して安否確認を行うといった、他の地域福祉活動と組み合わせて行う取り組みはあまり意識されていなかった。

地域社会には社会的に弱い立場にある様々な人々が認められるが、見守り活動の対象者（h）は、「高齢者世帯」（99・0パーセント）が圧倒的に多く、「登下校中の児童（小学生〜高校生）」（18・6パーセント）、「障がい者世帯」（7・8パーセント）などはわずかであった。少子高齢化のなかで、地域社会では高齢者が存在感を増しつつあり、見守り活動対象の中心となっている。

見守り活動の方法（i）としては、「出会ったときに声かけ（挨拶や日常会話）を行う」が8割を超え（82・0パーセント）、「お宅に訪問し話す」（69・0パーセント）、「生活の様子（窓の明かりやカーテンの開閉、郵便物など）に気を配る」（50・0パーセント）などが続いている。

対象者は高齢者が中心であったが、すべての高齢者が見守り活動の対象になるわけではない。実際の対象者（j）の多くは、単身、夫婦のみ世帯（62・9パーセント）や交流が少なく孤立している人（40・2パーセント）、心身状態が優れない人（21・6であるが、多世代同居であっても日中は独居状態になる人（24・7パーセント）、

パーセント）などであった。このように、対象者とするかどうかは、行政や市町村社協からの指示によるのではなく、福祉員や民生委員が事例ごとに判断しているが、福祉員は民生委員などの活動関係者と話し合いながら対象者を決定しているのであろうか。福祉員、民生委員・児童委員が相互に連絡を取ることなく単独で決定する場合（単独型）と活動関係者の協議による場合（協議型）に分けてみると、単独型（福祉員23・9パーセント＋民生委員・児童委員34・8パーセント＝58・7パーセント）が協議型（35・9パーセント）を上回っていた（k）。さらに、活動が実際には福祉員単独で行われている場合が半数（55・1パーセント）を上回っていることにも注意が必要である（l）。一緒に活動を行うメンバーとしては、民生委員・児童委員（72・7パーセント）が最も多く、次いで福祉員の仲間（40・9パーセント）であった（m）。少なくない福祉員が見守り活動を一人で行っていることは、見守り活動が一人でもできる負担の少ない活動であることを示しているとも言えるが、対象者決定において単独型が多いこと、また活動が福祉員単独で行われていることなどからもたらされる問題については後述したい。

(3) 活動をめぐる困難

ここまで福祉員による見守り活動の現況を見てきたが、実際に活動を行うなかで福祉員がどのような困難を感じているかを確認したい。その前に、まず困難を感じた経験の有無を尋ねた結果を見ると、「ある」（49・0パーセント）という回答と、「ない」（51・0パーセント）との割合は、ほぼ半数ずつで拮抗している（o）。困難を感じている福祉員の割合を多いと見るか、少ないと見るかの判断は難しいが、活動にあたって困ったことや悩んでいることの内容として、回答者の約3分の2の福祉員が「福祉員として、見守り活動にどこまで関わればよいか判断に迷う」（66・7パーセント）とし、「個人情報の保護に関する法律施行（平成17年）以前には行政関係機関から入っていた情報が法律施行後に入りにくくなったので、支援を必要とする人が把握しづらい」（28・9パーセント）、「単位自治会長・町内会長が作成している名簿や民生委員・児童委員が活動等で得た情報が福祉員に入ってこないので

187　第7章　人口減少社会における社会的支援と地域福祉活動

項目	%
福祉員として，見守り活動にどこまで関わればよいか判断に迷う	66.7
個人情報の保護に関する法律施行（平成17年）以前には行政等関係機関から入っていた情報が法律施行後に入りにくくなったので，支援を必要とする人が把握しづらい	28.9
単位自治会長・町内会長が作成している名簿や民生委員・児童委員が活動等で得た情報が福祉員に入ってこないので，情報が少ない	22.2
各家庭を訪問しても拒否される	20.0
訪問する時間がとれない	6.7
対象者に気がかりなことがあっても，誰に相談していいかわからない	4.4
その他	8.9

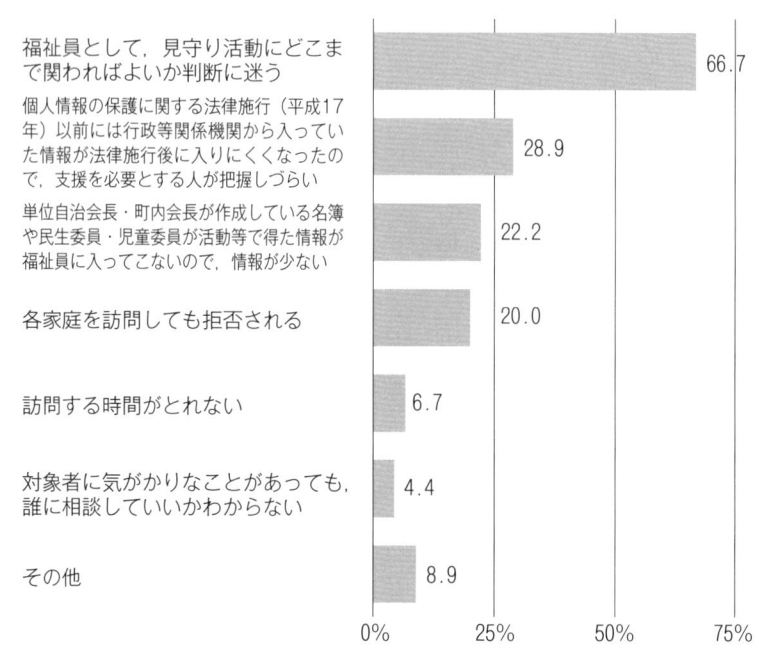

出所：山口県社会福祉協議会，2012，『山口県内見守り活動に関する実態調査報告書』

図2　見守り活動で困ったことや悩みの内容

情報が少ない」（22・2パーセント）、「各家庭を訪問しても拒否される」（20・0パーセント）が続く結果となった（図2）。

見守り活動で困難を感じた経験を持つ調査対象福祉員は約半数であったが、活動をどこまで行えばよいか判断に迷っている姿が浮き彫りとなった。自由記述では、訪問と訪問の間が空いてしまうと、その間に対象者が病気などで倒れたことがあり、見守りが不足していたのではないかと思った、また、自分が入院した際に活動を引き継いでくれる人が見つからず、対象者の急変に対応できなかった、といった趣旨の記述があり、活動中に不安を抱く状況が多数挙げられていた。さらに、福祉員として見守り活動を始めようにも、前任者からの引き継ぎも十分になく、そもそも誰を見守ればよいのか、対象者に関する情報がほとんど見当たらない手探り状態の中で活動が始められる場合もある。この点は地域性があり、都市地域と比べて過疎地域では対象者

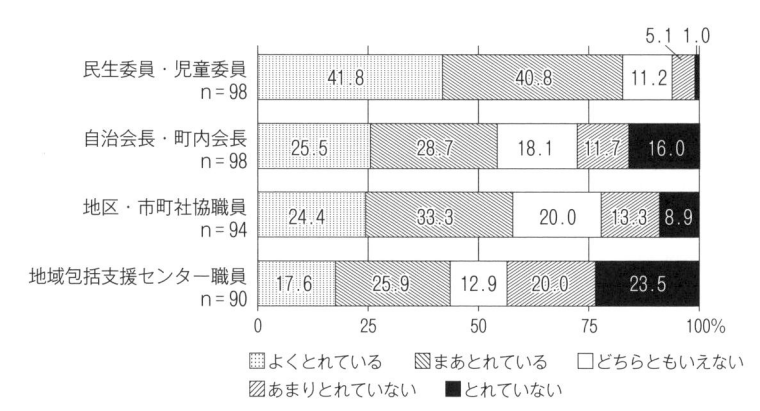

	よくとれている	まあとれている	どちらともいえない	あまりとれていない	とれていない
民生委員・児童委員 n=98	41.8	40.8	11.2	5.1	1.0
自治会長・町内会長 n=98	25.5	28.7	18.1	11.7	16.0
地区・市町社協職員 n=94	24.4	33.3	20.0	13.3	8.9
地域包括支援センター職員 n=90	17.6	25.9	12.9	20.0	23.5

出所：山口県社会福祉協議会，2012，『山口県内見守り活動に関する実態調査報告書』

図3　見守り活動関係者との連携

の把握自体はあまり問題にならないが、担い手が少なく福祉員と民生委員、自治会、町内会役員などを兼務せざるを得ない場合が増えつつあるとされ、見守り活動で起こる様々な問題への対応を一人で判断しなければならないために、負担感を感じるとの声もあった。

実際の活動を単独で行っている福祉員が少なくない一方で、7割近くの福祉員が見守り活動関係者との話し合いの機会を持っている(p)。しかし、話し合いの相手は見守り活動関係者(民生委員・児童委員、福祉員、自治会長・町内会長)(88・1パーセント)、福祉員同士(53・7パーセント)と比べて、社協や地域包括支援センターの職員等の専門職(25・4パーセント)は少ない割合となった。また、話し合いの頻度は、3割弱の福祉員は月に1回程度(27・5パーセント)の話し合いの機会を持っていたが、もっとも多いのは年に2〜3回程度(46・4パーセント)であった(r)。

見守り活動関係者との連携について、「よくとれている」と「まあとれている」を合計した割合は、「民生委員・児童委員」が8割強(82・6パーセント)、「地区・市町社協職員」が6割弱(57・7パーセント)、「自治会長・町内会長」が5割強(54・2パーセント)、「地域包括支援センター職員」が4割強(43・5パーセント)であった(図3)。地域福祉活動においても大きな役割を担っている民生委員・児童委員との連携がとれているとする福祉員の割合が

8割を超えている一方で、地域包括支援センター職員といった専門機関との連携がとれている福祉員の割合は4割超であり、とれていない者の割合も2割（23・5パーセント）を超えている。

見守り活動を行う中で、見守り活動の実施が困難な事例をはじめ様々な問題に福祉員は直面するのではないかと思われる。問題を福祉員だけで抱え込むのではなく、福祉員同士、民生委員・児童委員や自治会長・町内会長といった関係者と問題を共有し、解決に向けて話し合いを行うことは、福祉員の負担軽減や活動継続に必要であると加えて、社協や地域包括支援センター職員などの専門職との話し合いは、何よりも見守り活動対象者の抱える課題の解決のためにきわめて大切な手続きとなるはずである。しかし、民生委員・児童委員と比較して社協や地域包括支援センターなどの専門機関は、福祉員にとってやや距離のある存在となっている。

このように、見守り活動は福祉員の相互支援意識に支えられた一種の責任感に頼らざるを得ない現状にあり、福祉員の活動継続を支える体制が十分に形成されていない場合が少なくないことがうかがえる。

5 見守り活動と生活支援

都市、農村地域を問わず世帯の小規模化が、とりわけ高齢世帯で進むなか、地域住民の危機感とともに、市町村社協による組織化支援もあって見守り活動は全国的に広がりつつある。山口県内の状況を見る限り、見守り活動の担い手にとっては、見守りをどこまで行えばよいのか判断できず、しかもその判断を一人で下さなければならない場合もある。もしも何か問題が起こった場合には、その責任が担い手に及ばないとも限らない。福祉員や民生委員などとの協議の機会が少なく、市町村社協からの支援が弱ければ、見守り活動の担い手は孤独ななかで活動に取り組まざるを得ないことになる。過疎地域では、こうした課題がより強く出現する一方で、様々な地域組織や集団への参加が維持されており、担い手と対象者が活動参加を通じることで見守り活動の機能代替がある程度維持されて

いるとも言える。

組織化の進む見守り活動は誰のためのものかという問いに対しては十分に検討できなかったが、見守る側の不安感を軽減するための側面が強調され過ぎると、それは監視ともなり、生活への干渉にもつながりかねない。こうした事態に陥ることを避けるためには対象者と担い手との関係調整が必要であるが、これは当事者間のみでは対応しにくい面もある。市町村社協が調整機能を果たすためには、地域組織、集団との関係が形成されていることが前提となる。しかし、関係形成を積極的に図る市町村社協ばかりではないことも認めなければならない。

見守り活動の抱える課題は少なくないが、すでに見守り活動は一定の存在感を持っており、その必要性も広く支持されている。活動継続のためには、ひとり福祉員の熱意に期待するだけにとどまらず、見守り活動を支える体制を作り上げていくことがあらためて必要となろう。そのための手がかりとして、福祉員を孤独な状態におかないために専門職を含む見守り活動関係者による協議の機会を活用することが考えられる。

本章では見守り活動を取り上げて検討を行ったが、地域福祉活動の効果は評価が難しいと言われている。地域福祉活動が拡大するなかで、担い手と対象者の実態をふまえた評価が求められている。

[注]

(1) 本章は、日本社会分析学会第128回例会におけるシンポジウム「社会的支援と連帯」において「過疎地域における生活維持のための社会的支援」と題して報告した際の提出予稿に大幅に加筆したものであり、予稿集の内容などと重複がある。

(2) 福祉員は民生委員とは異なり法的な根拠は持っていない。地域住民の中から自治会、地区社協などによって推薦され、市町村社協から委嘱を受けて地域福祉活動を無償で行っている。山口県社協によれば山口県内では8,587人(2013年)が登録され増加傾向にある。65〜74歳が全体の半数を占め、女性が6割強である(山口県社会福祉協議会 2012)。

(3) 市町村社協は、社会福祉法(第109条)において「一又は同一都道府県内の二以上の市町村の区域内において次に掲げる事業を行うことにより地域福祉の推進を図ることを目的とする団体であって、その区域内における社会福祉を目的とする

経営する者及び社会福祉に関する活動を行う者が参加し、かつ、指定都市にあってはその区域内における地区社会福祉協議会の過半数及び社会福祉事業又は更生保護事業を経営する者の過半数が、指定都市以外の市及び町村にあってはその区域内における社会福祉事業又は更生保護事業を経営する者の過半数が参加するものとする」と規定されている。そのために「一 社会福祉を目的とする事業の企画及び実施、二 社会福祉に関する活動への住民の参加のための援助、三 社会福祉を目的とする事業に関する調査、普及、宣伝、連絡、調整及び助成、四 前三号に掲げる事業のほか、社会福祉を目的とする事業の健全な発達を図るために必要な事業」を行うこととされている。

また、社会福祉協議会は市町村単位の市町村社会福祉協議会、都道府県単位の都道府県社会福祉協議会、全国社会福祉協議会といった重層的な組織構造を持っているが、各社協は下位、上位の組織間関係にはなく、相互に独立した法人格を持っている。近年、市町村社会福祉協議会は、中学校区程度を単位とした地区社会福祉協議会の設置を促している。地区社協は連合町内会とその範囲も構成人員も重なっている場合があり、地域社会に密着した地域福祉活動を展開する組織としての性格を持っている。

（4）本章で使用する「見守り活動に関する実態調査」は、筆者も委員として参加した山口県社会福祉協議会に設置された見守り活動検討会において調査項目などの検討が行われた。本調査の調査対象者は、山口県社会福祉協議会が山口県内（東部地区、中部地区、西部地区の3ヵ所）で実施した福祉員研修会参加の福祉員であるため、母集団である山口県内の福祉員全体の姿を正確に反映したものではない。したがって、本調査結果は山口県全体の見守り活動の全体像とは言えないが、福祉員を対象とした見守り活動に関する実態調査は少なく、調査結果には一定の意味があると思われる。

なお、調査結果は『山口県内見守り活動に関する実態調査報告書』（山口県社会福祉協議会 2012）にて報告されている。調査の概要は次の通りである。

調査主体：山口県社会福祉協議会
調査の名称：「見守り活動に関する実態調査」
実査時期：2011年10月31日東部地区　11月1日中部地区　11月8日西部地区
調査方法：福祉員研修会における配布、回収（集合調査）
調査対象：研修会に参加した福祉員、その他（研修会ごとの対象者数は以下の通り）

東部地区（63人）：周南市、岩国市、柳井市、周防大島町、田布施町
中部地区（56人）：山口市、下松市、萩市、光市
西部地区（56人）：美祢市、山陽小野田市、宇部市、下関市（事例報告者のみ）

(5) 連携の程度は、調査票に、「よくとれている」（常に見守り活動に関する情報を共有している）、「まあとれている」（問題が起こった際には、連絡をすることになっている）、「どちらともいえない」（出会うことがあれば、情報交換を行う）、「あまりとれていない」（出会っても見守り活動のことで情報交換したことはない）、「とれていない」（見守り活動以外のことも含めて、話したことがない）と例示し回答を求めた。

調査対象者数：175人　回収数（回収率）：147票（東部地区：50票、中部地区：50票、西部地区：47票）（84・0パーセント）

[参考文献]

安心生活創造事業推進検討会 2012 『見直しませんか　支援のあり方・あなたのまち～安心生活を創造するための孤立防止と基盤支援（安心生活創造事業成果報告書）』

小林良二 2013「地域の見守りネットワーク」藤村正之編『協働性の福祉社会学――個人化社会の連帯――』東京大学出版会 p.159-181

これからの地域福祉のあり方に関する研究会 2008『地域における「新たな支え合い」を求めて――住民と行政の協働による新しい福祉』

総務省自治行政局過疎対策室 2014『平成24年度版「過疎対策の現況」について（概要版）』

鈴木広 1970『都市的世界』誠信書房

高野和良 1997「ホームヘルプサービスの供給主体」地方自治総合研究所監修・今村都南雄編著『公共サービスと民間委託』敬文堂 p. 202-226

――2010「地域福祉の財源および協働の文化づくり」市川一宏・大橋謙策・牧里毎治編著『地域福祉の理論と方法』ミネルヴァ書房

――2013「過疎地域の二重の孤立」藤村正之編『協働性の福祉社会学――個人化社会の連帯――』東京大学出版会 p. 139-156

徳野貞雄 2011「集落の維持・存続の分析枠組み――「T型集落点検」から見えてくるもの――」『福祉社会学研究』8号 p. 25-41

山口県社会福祉協議会 2012『見守り活動のすすめ～見守り活動指針～』

山口県社会福祉協議会地域福祉部地域福祉班・ボランティアセンター 2012『山口県内見守り活動に関する実態調査報告書』

全国社会福祉協議会地域福祉推進委員会 2008『社会福祉協議会活動実態調査報告 2006』 p. 9-12

全国社会福祉協議会これからの地域福祉のあり方に関する研究会 2008『地域における「新たな支え合い」を求めて──住民と行政の協働による新しい福祉』

第8章 地域社会と生活困窮者支援
―― 北九州市での若年生活困窮者への伴走型就労・社会参加支援事業を事例として ――

稲月 正

はじめに

特定非営利活動法人北九州ホームレス支援機構(1)(以下では「支援機構」と表記)は、一般就労に困難を抱えた若者たちへの就労・社会参加支援事業を2011年度から行っている。本事業の特徴は、①若年生活困窮者への伴走型支援(後述)と就労支援がセットで行われていること、②社会的就労の場や居場所など、就労・社会参加に必要な社会資源(支援の受け皿)を地域の中に創り出していること、③社会的就労事業所を通して参加包摂型地域社会の形成を目指していること、にある。

本章では、まず、本事業の仕組みと対象者について紹介した後(1節)、若年生活困窮者の就労・社会参加に本事業が持つ効果を明らかにする(2節)。さらに、就労・社会参加支援の核となる社会的就労事業所が参加包摂型地域社会の形成に果たす可能性と伴走型就労・社会参加支援事業の課題について考察したい(3節)。

```
伴走型就労・社会参加支援 ┌ 生活困窮者個人に対する支援  ┌ 個別型伴走支援
                        │ （対個人）                 └ 総合型伴走支援
                        │
                        └ 地域における参加包摂の
                          仕組みづくり（対社会）
```

図1　伴走型就労・社会参加支援の区分

1　伴走型就労・社会参加支援事業の仕組み

(1)　伴走型就労・社会参加支援とは

伴走型就労・社会参加支援は、働きかける対象の違いによって、「生活困窮者個人に対する支援」と「地域における参加包摂の仕組みづくり」という2つの局面を持つ（図1）。

① 生活困窮者個人に対する支援（対個人）

生活困窮状況にある「個人（ないしは世帯）」に対する支援は、さらに「個別型伴走支援」と「総合型伴走支援」とに区分される。

● 個別型伴走支援

個別型伴走支援とは、図2に示すように、伴走支援員（以下では「支援員」と表記）が生活困窮の当事者に伴走し、その人の状況に応じて必要な制度や社会資源をコーディネートすることによって、日常生活自立、経済的自立、社会的自立の実現を目指す支援である。

従来の就労支援は、ともすれば研修を通した就労スキルの習得にとどまりがちであった。もちろん、就労スキルの習得やそのための研修自体は必要である。だが、社会的に排除され、複合的な課題を持つ人たちの中には、そうした研修以前に、まずは家から出て社会とのつながりを持つことが必要な人、昼夜逆転の生活を立て直すことから始めなければならない人、依存症の治療や金銭トラブルの解消などが必要な人など、生活自立

第2部　地域課題と課題解決実践　*196*

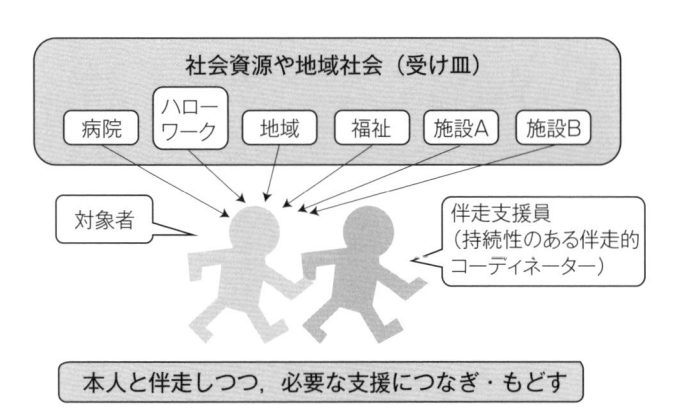

```
┌─────────────────────────────────────┐
│      社会資源や地域社会（受け皿）      │
│ ┌──┐┌ハロー┐┌──┐┌──┐┌───┐┌───┐│
│ │病院││ワーク││地域││福祉││施設A││施設B││
│ └──┘└───┘└──┘└──┘└───┘└───┘│
└─────────────────────────────────────┘
```

対象者　　　　　　　　　　　　伴走支援員
　　　　　　　　　　　　　　　（持続性のある伴走的
　　　　　　　　　　　　　　　　コーディネーター）

本人と伴走しつつ，必要な支援につなぎ・もどす

出所：奥田知志 2014b, p. 73

図2　個別型伴走支援のイメージ

の支援や社会参加のための支援が必要な人たちも多い。そうであれば、就労支援とともに様々な制度やサービスの活用が必要となる。しかし、それらの利用については、①申請主義のため窓口に行って手続きをしなければならない、②縦割りとなっているため総合的な制度利用が難しい、③生活困窮の当事者には制度についての知識が乏しかったり、排除の経験からサービスの利用意欲が減退している、などの問題が指摘されてきた。

個別型伴走支援は、このような問題を乗り越えることを意図した支援の仕組みである。本事業では、支援員は支援のプランナーであり、また、持続性のある伴走的コーディネーターである。彼ら／彼女ら（以下では「かれら」と表記）は、生活困窮当事者の状況を把握し、本人と相談しながらサポートプランを策定する。そのプランは、就労、福祉、医療、法律、社会参加など、さまざまな領域を俯瞰した総合的なサポートプランとなっている。そして、プランに応じて、支援員が伴走しながら生活困窮の当事者を必要な制度、サービス、地域社会などにつないでいくのである。

たとえ制度運用は申請主義であっても、制度に詳しい伴走者がいることで生活困窮の当事者を窓口につなぐことが可能となる。また、支援員は単に「つなぐ」だけではない。サービスなどによって生活が安定すれば「もどし」て次の制度やサービスにつなぐ。あるいは、つな

ぎ先の施設やサービスが当事者にとってふさわしくない場合も「もどし」て別の受け皿につなぎなおす。「つなぎ、もどし」の連続行使によって、支援は「点の支援」から「線の支援」となる（奥田 2010, p. 43）。こうした「制度もどし」の支援（奥田 2010, p. 44）によって、制度やサービスは縦割りであっても、それらに横串を通すような包括的な支援が可能となる。

さらに、伴走型支援は、自らの生に意味を与え社会への信頼を回復させる「存在の支援」となることを目指している（奥田 2014a, pp. 65-6）。孤立している生活困窮者が支援を拒否する背景は複雑であるが、その一つには「相談したって仕方がない」「自分なんかどうなってもいい」という気持ちがあるだろう。実際、野宿者の調査で筆者はこうした声をよく聞いた。そうだとすれば、必要なのは「これがだめでも、次、ここにいってみよう」と継続して伴走してくれる人の存在である。生への意欲や希望は、伴走を通して醸生される人や社会への信頼から立ち上がってくるものである。それが制度やサービスの利用意欲にもつながる。

● 総合型伴走支援

生活困窮者個人に対する支援のもう１つの形が、総合型伴走支援である。個別型伴走支援において伴走者は支援員一人であった。それに対して総合型伴走支援では、支援員のほか、ケースワーカー、ハローワーク職員、研修先や就労先の担当者、当事者にとってのキーパーソンなど、複数の人・機関が伴走しながら多様な自立を支える（図3）。

総合型伴走支援の核になるのが、支援関係者が集まってサポートプランの確認と支援の方向性を検討する総合的ケースカンファレンスである。カンファレンスのメンバーは、支援の段階に応じて変化する。最初は支援員やケースワーカーが中心である。次いで、ハローワーク職員、研修先企業の担当者、キーパーソンなどが加わるようになる。かれらが一堂に会してサポートプランを検討することによって、情報の共有とプランの改善が可能となる。

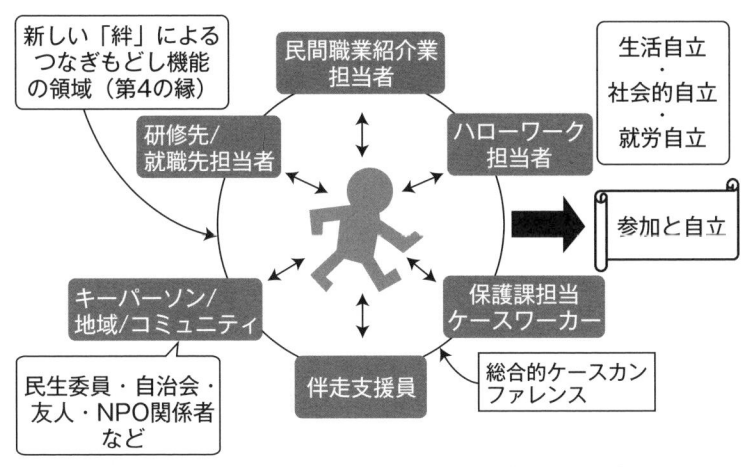

図中ラベル:
- 新しい「絆」によるつなぎもどし機能の領域（第4の縁）
- 民間職業紹介業担当者
- 生活自立・社会的自立・就労自立
- 研修先/就職先担当者
- ハローワーク担当者
- 参加と自立
- キーパーソン/地域/コミュニティ
- 保護課担当ケースワーカー
- 民生委員・自治会・友人・NPO関係者など
- 伴走支援員
- 総合的ケースカンファレンス

総合的ケースカンファレンスによって，社会的資源との連携をコーディネートし，複数で生活困窮者を支える

出所：奥田知志 2014a, p. 80

図3　総合型伴走支援のイメージ

同時に、総合的ケースカンファレンスは、個々の生活困窮の当事者の問題を通して、既存の制度や地域が抱える課題や多様な自立に必要な社会資源を見つけ出し、解決策を構想する場でもある。その意味で、総合型伴走支援は、次に述べる「地域における参加包摂の仕組みづくり（対社会）」と個々人の生活困窮状況とをつなぐものとしても位置づけられる。

② 地域における参加包摂の仕組みづくり（対社会）

生活困窮は、当事者自身の要因によってのみ生み出されているわけではない。その背後には社会的な排除がかかわっている。たとえば、障がいを持っていながら制度の隙間に置かれつづけていた人々は、なかなか一般就労につくことができないが、それは支援を受けながら自らの状況に応じて働くことができる場が少ないからである。

生活困窮者を排除する社会自体が変わらなければ、個人に対する支援によって地域での生活が始まっても、かれらが再び排除されるリスクは高いままである。また、地域に社会資源がなかったり、あってもうまく機能していないことが、生活困窮状況を生み出す要因の一つで

199　第8章　地域社会と生活困窮者支援

あった。

そうだとすれば、生活困窮状態の改善のためには、生活困窮者個人に対する支援とともに、地域を参加包摂型の社会に作り替えていくことが必要である。これは何よりも国の社会保障政策の課題でもあるが、そうした政策を生かしながら地域で実施できることも少なくない。就労・社会参加支援事業に関して言えば、①就労先の開拓や連携の仕組みづくり、②社会的就労や中間的就労の場の創出、③安心できる居場所や相談の場の設定、④偏見をなくすための広報・啓発活動などが挙げられる。伴走型就労・社会参加支援事業は、地域に社会資源がなければ地域そのものが参加・包摂の受け皿になるための仕組みづくりも構想する。地域住民（生活困窮者を含む）が相互に支えあうコミュニティづくりに、就労・社会参加支援をつなげていくことが本事業の最終的な目標となる。

(2) 2013年度伴走型就労支援事業の仕組み

2011年度から北九州市で始まった伴走型就労支援事業は、年度ごとの検証を踏まえて修正・変更されてきた。2013年度事業の仕組みを示したのが図4である。なお、スタッフは、責任者1名、支援員3名、後述する社会的就労

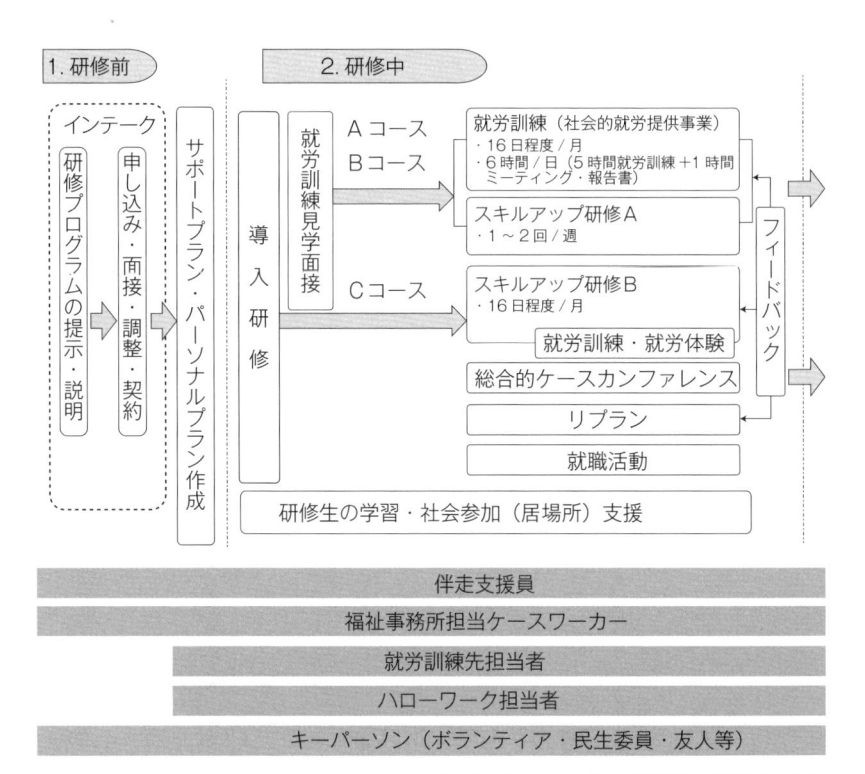

図4　2013年度伴走型就労支援事業の流れ

業所「笑い家」(出し巻き玉子の製造・販売)の主任調理指導員1名、調理指導員(常駐)1名であった。以下、図に沿って簡単に事業の仕組みを見ておこう。

① インテーク──研修生の募集・説明・申し込み・面接・契約

本事業の参加希望者(以下では「研修生」と表記)に対しては、最初に「研修プログラムの提示・説明」が行われた。本人の「申し込み」の後、「面接・調整」を経て、本事業の利用契約が結ばれ、支援開始となった。

② ニーズの把握と研修コースの設定

その後、数度の詳細な面接をもとに、本人のニーズと課題が、「就労」「生活」「住宅」「健康」「金銭」「社会保険」「人間関係」「法律」「生き甲斐」「総合的ニーズ」という9つの項目に整理された。

また、研修生に対しては以下のような

201　第8章　地域社会と生活困窮者支援

コース設定が行われた。

(A) 社会的就労Ⅰ型‥訓練型就労を通して、一般就労へのステップアップを目指す
(B) 社会的就労Ⅱ型‥すぐには一般就労を目指すことが困難であり、「半福祉・半就労」など、社会参加に重きを置いた就労を目指す
(C) 生活自立優先型‥まずは日常生活の立て直しを優先し、ボランティア活動への参加などをとおして社会とのつながりの回復を目指す

③ サポートプランの作成

それらを踏まえて研修生各人の「サポートプラン」が作成された。そこには、「総合的な支援の目標」「1ヵ月後の目標」「2ヵ月後の目標」「1年後の目標」が記載された。支援員は、このプランに基づいて伴走支援を行った。サポートプランに記載された各支援領域の内容は以下のようなものである。
また、プランは、総合的ケースカンファレンスでの検討を経てリプランされた。

(1) 就労‥研修継続、求職活動、就労継続に必要なあらゆる支援、勤務・研修週間スケジュール作成など
(2) 生活‥住居‥家事や生活リズムなどのフォロー、自立生活の獲得と継続のための支援など
(3) 健康‥病院受診、食生活、予防的アプローチなど
(4) 社会保険‥利用可能な制度へのつなぎ、これまでの加入歴の確認など
(5) 人間関係‥友人や地域とのつながり、相互に支えあえるような関係の確立、家族との関係回復につながる支援
(6) 法律‥借金や相続などの課題を解決するための各種相談窓口との連携など
(7) 金銭‥日常生活における生活費管理への助言など
(8) 生きがい‥本人の趣味や関心のあることへの情報提供、NPOや各種ボランティア活動などへの参加勧誘、自

第2部 地域課題と課題解決実践 202

己肯定や有用感などの獲得を目指す支援など

④ 導入研修

サポートプランの作成の後、すぐに就労訓練に入った場合、急激な変化に耐えられず欠席する人も出てくる。そこで、最初に導入研修が行われた。内容は、対人面での不安や葛藤の克服をはかるためのアサーティブトレーニング、作業適正検査、ビジネスマナー研修、野外活動を通しての仲間づくりなどである。研修後、研修生は感想、質問、気づきなどを「レポート」に書き、それに対して研修担当者（キャリアカウンセラー）がコメントを付して研修生に渡すようにした。

⑤ 就労訓練

その後、(A)社会的就労Ⅰ型コース、(B)社会的就労Ⅱ型コースに対しては、2種類の就労訓練プログラムが用意された。

第1は、協力企業による体験型就労である。協力いただいたのは、株式会社サンレー（冠婚葬祭業）、株式会社さわやか倶楽部（介護福祉業）、社会福祉法人グリーンコープであった。原則として、研修期間は3ヵ月、研修日数は月16日（週4日）、研修時間は1日6時間（5時間は就労訓練、1時間は訓練担当者とのミーティングや報告書作成）であった。

第2は、支援機構が八幡東区大蔵地区に開設した社会的就労事業所「笑い家」での就労訓練（出し巻き玉子などの総菜製造業）である。研修日数は、原則として週4日、内容は、9時からミーティング・地域清掃・調理場清掃、10時から調理開始・納品、12時から販売（交代休憩）、15時から片付け・調理場清掃・ミーティングというものであった。なお、研修生は、出し巻き玉子の調理や店頭販売の他、生協店舗での販売に出向くこともあった。

⑥ スキルアップ研修

就労訓練と並行して、(A)社会的就労Ⅰ型コース、(B)社会的就労Ⅱ型コースに対しては、週1日（金曜日）、スキ

ルアップ研修のふり返り」が行われた。

すぐに就労訓練に入るのが難しい(C)生活自立優先型コースの研修生に対しては、日常生活自立と社会生活自立を目指したスキルアップ研修が週3〜4日実施された。内容は、グループワーク型研修（モチベーションと日常生活のスキル向上、アサーティブトレーニング、ビジネスマナー研修など）と生活体験型研修（調理実習、ホームレス支援の炊き出しボランティア、公園清掃など）であった。

⑦ 学習・社会参加（居場所）支援

そのほか、スキルアップ研修の一環として、週に1度（水曜19時〜20時30分）、学習・社会参加の場が設けられた。

目的は、以下の3点である。

第1に、十分に学校に行けなかった人たちへの基礎学力の提供や資格取得支援である。定時制高校への入学、高等学校卒業程度認定資格などの取得を希望する人に向けた学習支援が行われた。

第2は、居場所の提供である。孤立しがちな研修生にとって、自宅や研修の場とは別に、フリーでフラットな関係の中で安心できる場が必要だと考えた。

第3は、他者と話をしたり話を聞いたりすることができるようになることである。研修生の中には、長期間引きこもっていて家族以外とはほとんど人と接することがない方もおられた。ボランティアとの学習や世間話を通して、他人と接することへの抵抗感が徐々に薄れていくことが期待された。

⑧ 伴走型支援

上記のような研修や就労訓練を支えるのが個別型、総合型の伴走支援である。図4では下部にある5本の矢印がそれを示している。矢の長さは異なっているが、それは各関係者が関わる段階、期間がそれぞれ異なるからである。研修中は5本すべての矢印が、それぞれの役割を通して利用者に関わる。しかし、徐々に矢印の数は少なくなり、「安定した地域生活」の時点では「支援員」の関わりもほぼ消えて「キーパーソン（ボランティア・民生委

表1 研修生（2013年度）のプロフィール

学　歴	特　記　事　項
高校卒	介護のため一般就職活動経験なし
大学卒	精神的落ち込み，引きこもり
高校卒	統合失調症（躁鬱）
高校中退	生育家庭の経済的困窮，記憶喪失
中学校卒	生育家庭の問題（中学校時代から一人暮らし，中学にほとんど通えず）
高校中退	発達障がい、生育家庭の問題（不和），家出・放浪を繰り返す
高校卒	生育家庭の問題（両親養育不能），療育手帳B2（軽度の知的障がい）
中学校卒	生育家庭の問題（不安定な養育環境），精神的に不安定
高校中退	生育家庭の問題（DV被害）
中学校卒	生育家庭の問題（養育環境），精神科通院，引きこもり気味
高校中退	鬱，生育家庭の問題（親のギャンブル依存）
高校卒	精神科受診（引きこもり）
大学中退	精神科受診，鬱，引きこもり
高校卒	発達障がい（療育判定ボーダー）
高校卒	鬱，発達障がいの可能性

員・友人など」だけになる。この段階で伴走型支援は終わり、支援された人は支援する側にも回ることが期待されている。

(3) 対象者のプロフィール

2013年度の事業対象者は15名（うち1名は途中で辞退）であった。募集時の要件は「原則として39歳以下の生活保護受給者」であったが、実際には39歳以下の人が9名（10歳代が2名、20歳代が4名、30歳代が3名）で、40歳代が6名という構成となった。性別は、男性12名、女性3名であった。

表1は、かれらのプロフィールを見たものである。学歴については、15名の対象者のうち7名が「中学卒・高校中退」である(8)（アミかけの部分）。また、特記事項からは、多くの人が療育的課題や精神的な困難を抱えていることがわかる。貧困、DV、不安定な養育環境など、生育家庭に何らかの課題があった人も8名を数える。

研修生が困難な状況に置かれていることは、支援開始時点での以下のような記録からもうかがえる(9)。

○生育家庭の貧困などによる低学力やホームレス経験

205　第8章　地域社会と生活困窮者支援

・中2の時から独り暮らしを余儀なくされ、中学にほとんど通えず、読み書きが苦手。18歳以降は期間工をしながら全国を転々とする。
・母子家庭で育ち、中学時代は新聞配達。私立高校に進むが半年ほどで経済的困窮から中退。
・両親離婚後、母親に育てられる。高校中退後は家出を繰り返し、放浪生活を続ける。

○コミュニケーションが不得手
・人の目を見て話すことができない。アルバイト中の事故の後遺症からか、ところどころ記憶喪失。
・人の話を聞いたり、コミュニケーションをとったりすることが苦手。自立支援センター入所後、発達障がいであることが分かった。
・面談中も極度に緊張し、落ち着きがない。
・会話の際、発語に時間がかかる。説明が苦手であり、療育的な課題が疑われる。

○精神的な落ち込み・引きこもり
・大学卒業前、就職活動でつまずき精神的に落ち込む。以後、正社員に応募したことはなく、派遣やパートの仕事をしてきた。
・妻と離婚後に気力を失い、引きこもるようになった。

このように、かれらは就労に関してはかなり困難な状況に置かれた人たちであった。

2 伴走型就労・社会参加支援事業の効果

(1) 研修生の状況変化

では、かれらの状況は支援を受ける中でどのように変化していったのだろうか。図5は、研修生14名の支援開始

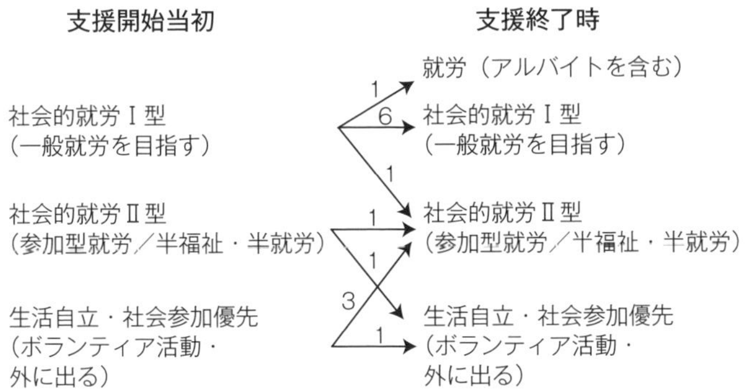

```
支援開始当初                    支援終了時
                              就労（アルバイトを含む）
                          1
社会的就労Ⅰ型            6  社会的就労Ⅰ型
（一般就労を目指す）          （一般就労を目指す）
                      1
社会的就労Ⅱ型          1  社会的就労Ⅱ型
（参加型就労／半福祉・半就労） （参加型就労／半福祉・半就労）
                      1
生活自立・社会参加優先   3  生活自立・社会参加優先
（ボランティア活動・       1  （ボランティア活動・
外に出る）                   外に出る）
```

注：支援開始日が異なるため、支援期間は人によって違いがある。

図5　支援開始当初と終了時の状況

当初と終了時の状況を示したものである。状況に何らかの変化が見られた人は6名であった。このうち「社会的就労Ⅰ型→一般就労」は1名であった。このことからも、一般就労へのハードルはかなり高いことが分かる（なお、2014年9月時点で就労している人は3名である）。「生活自立・社会参加優先→社会的就労Ⅱ型」は3名、「社会的就労Ⅰ型→社会的就労Ⅱ型」、「社会的就労Ⅱ型→生活自立・社会参加優先」はそれぞれ1名であった。

(2) 伴走型就労・社会参加支援の特徴

このような変化は、単に「上昇―下降」といった視点でのみとらえられるべきではない。たとえば、社会的就労Ⅰ型から社会的就労Ⅱ型への変化は、支援を通して当人が抱える課題がより明確になったとも考えられる。それは同時に社会の支援体制が十分に機能してこなかったことを示すものであり、今後必要な社会資源を示すものでもある。

このような観点から、支援記録を基に伴走型就労・社会参加支援の特徴（メリット）を抽出した。それは以下のように整理できる。

① 継続的に伴走することによって、より的確なアセスメントが可能となる

支援記録からは、伴走型支援自体が継続的なアセスメントになっていることが分かる。

たとえば、Aさんのケースである。彼は、当初の見立てでは、コミュニケーションが苦手ではあったものの「社会的就労Ⅰ型」と判断された。導入研修にも熱心に参加していたAさんであったが、就労訓練が始まると連絡なしの遅刻が続いた。支援員の記録によれば「一緒に働く他の研修生と自分とを比較し、マイナスな発言も見られるため、自己肯定感を高められるような働きかけや役割の付与が必要と思われる」と記載されている。第2回目の総合的ケースカンファレンスでも、「見えてきた課題」として以下のようなことが挙げられている（一部抜粋）。

- 良好な人間関係が築けると、引っ張られるように意欲的になるが、逆にマイナスな方向にも流される。他の人に流されずに研修を継続できる力を身につける必要がある。
- 他者と自分を比較し、できている部分よりもできていない部分に目を向けてしまいがちである。それが結果的に劣等感につながり、他者からの評価を素直に受けることができない。

これらは当初のアセスメントでは把握できなかったことである。Aさんの課題が明確になることによってサポートプランのリプランが行われた。それに基づいて総合的ケースカンファレンスでは以下のような対応が各支援者に要請されている。（一部抜粋）。

- 研修先企業へ‥意欲的に研修継続ができるように、（苦手な「製造」だけではなく）本人の得意な部分を生かした「販売」などの役割をつくっていただきたい。
- ハローワークへ‥本人の希望する職種や職場に関する情報収集へサポートをお願いしたい。
- キーパーソンへ‥本人が苦手な分野にもチャレンジできるよう、励ましや助言をぜひお願いしたい。

これらから、当初の面接だけでは分からないことが継続的に伴走することによって見えてくる。

② 伴走者の存在や支援がニーズや希望を創出する

効果的な支援には的確なアセスメントが必要であるが、当初の面接だけでは分からないことが継続的に伴走することによって見えてくる。

伴走することによって見えてくるのは「阻害要因」だけではない。次に示すBさんは、伴走型就労・社会参加支

援の中で本人が自らのニーズを見いだし、就労につながったケースである。彼は、大学卒業時に進路について悩み、精神的に落ち込んでしまった。卒業後もハローワークで求職活動をすることはなく、主に配送業務のアルバイトやパートで生活してきた。

しかし、彼は支援機構の炊き出しボランティアなどへの参加を通して「福祉関係職で働きたい」と考えるようになった。このようなBさんのニーズを受け、支援員は「介護福祉系の企業での就労訓練につなぎ、将来の方向性を一緒に考える」という支援目標を立てた。

福祉職につきたいと考えるようになったBさんであったが、研修では「会話中に目線をあわせられず、よそ見しがちで対人コミュニケーションを取ることに難がある」こともわかった。そこで総合的ケースカンファレンスでは、各支援者に以下のようなことが要請され、それに対応したサポートプランがつくられることとなった。

• 研修先企業へ：福祉系企業への就労についての見極めと、対人コミュニケーションが向上するような働きかけをしていただきたい。

• ハローワークへ：ハローワークでの求職経験がないため、（福祉系の）求人検索をはじめとして、活用法をアドバイスしていただきたい。

また、Bさんは社会福祉士の資格取得にも関心を持っていたため、学習・社会参加支援の場では社会福祉士資格の取得に向けた学習をしていくこととなった。彼は、本事業終了後、介護福祉系企業に就職し、就労継続中である（2014年11月現在）。

③ 生活全体を俯瞰した段階的なコーディネートが可能となる

支援員は、医療、福祉、法律などさまざまな領域での支援を総合的につなぎながら、就労に向けた支援を段階的にコーディネートしていることが、支援記録からは読み取れた。

たとえば、Cさんは、数年前に見知らぬ男性から「戸籍を譲ってほしい」と言われ、5万円で譲ってしまった。

209　第8章　地域社会と生活困窮者支援

そのままではハローワークでの求職活動はできない。そこで、支援員は、まずは戸籍をつくる作業を進めた。並行して、日常生活の立て直しについても支援を行った。それらの課題が解消されていく中で、料理が得意なCさんには、支援機構が運営する社会的就労事業所「笑い家」での就労訓練（出し巻き玉子の製造・販売）が行われた（2014年11月現在）。Cさんは、事業終了後、病院で食事を作る仕事に就職が決まり、就労継続中である。

④　状況が悪化した後も悪いなりに踏みとどまり、元に戻すことが可能となる

就労支援に限らず、右肩上がりに状況が改善されるといったケースはそう多くはない。そうであれば、状況が悪化した際に踏みとどまり、浮き沈みを繰り返しながら、徐々に生活状況を回復していくことが、支援には重要である。

この点で興味深いのはDさんのケースである。彼は、導入研修には比較的まじめに参加していた。毎週水曜夜の学習支援にも熱心に参加し、ボランティアの学生とも楽しそうに談笑していた。

しかし、就労訓練を予定していた介護福祉系企業の面接を、彼は連絡なしでキャンセルしてしまった。母親によれば「本人（Dさん）は介護の仕事に興味を持つことができなかったが、そのことを支援員にずっと言うことができなかった」とのことであった。その後、入院したこともあって彼は研修に参加できなくなり、しばらくは連絡が取れない状態が続いた。

このような場合、自責の念から失踪してしまったり、生活が大きく崩れたりすることもある。だが、支援員はDさんに継続して連絡を取り続けた。当初は電話に出ないことも続いたが、繰り返し電話することで徐々につくようになっていった。その後、Dさんに対しては「障がいへの理解を深めつつ、本人の特性を生かした就職先を見つける」「仕事内容を本人が理解できるよう、助言やサポートが受けられる環境が備わった就労先を見つける（たとえば、障がい者枠での「雇用」）」といった支援方針が立てられている。

同様の例はEさんにも見られる。彼は、かつてギャンブルで生活が乱れた後、転々と職を変え、車中生活をし

第2部　地域課題と課題解決実践　210

経験の持ち主である。自殺をしようとしていたところで支援機構と出会った。気が優しく、人当たりもよいEさんは、導入研修では研修生の中でリーダー役を買って出ていた。しかし、精神的な波があり、就労訓練を続けることはできなかった。伴走型支援がなければ、再度の失踪や自殺もあり得たかもしれない。しかし、彼は金銭管理や精神科受診への同行サポートを受けながら、踏みとどまった。その支えとなったのが、支援員との信頼関係であった。Eさんは好不調の波はありつつも、配食サービスの仕事を継続している（2014年11月現在）。

⑤ 本人への支援だけでなく世帯への支援につながる

同居している世帯員が複合的な課題を抱えたまま適切な支援につながっていないことが、研修生の就労・社会参加を困難にしているケースもある。精神面での課題を抱えたままFさんの支援を進めていく中で、支援員はFさんから「親に会ってほしい」との依頼を受けた。Fさんの親は、かつて自己破産をした経験があり、そのときにも借金があるようだった。朝9時から夜11時半まで働いても手取りは13万円しかなく、就労先が「ブラック企業」である可能性もあった。こうした親の金銭的な課題がFさんの精神面に影響していることも明らかになった。そこで、ケースワーカーや臨床心理士を交えて親のサポート（ハローワークや社会福祉法人グリーンコープの生活再生相談への同行、法律相談へのつなぎやギャンブル依存治療のための病院同行など）もあわせて行うこととなり、Fさんの精神的負担も少し軽減した。伴走を通して、同居世帯の課題を見つけ、他の世帯員を支援につなぐこともある。それがひいては研修生の状況改善につながることも可能となる。

⑥ 支援を受けながら就労・社会参加を行うことで社会性や自信が生まれる

日本には、福祉作業所を除けば社会的就労の場が極めて少ない。そこで本事業では支援機構独自の社会的就労の場として「笑い家」（出し巻き玉子の製造・販売）を設けた。[10]

社会的就労事業所は単に就労スキルを身につける場ではない。そこでの就労訓練は人と関係を取り結ぶ訓練でも

あり、社会に参加する契機にもなっていた。

たとえば、上述のAさんには独特のこだわりがあるため、出し巻き玉子がうまく焼けず、それが劣等感にもつながっていた。しかし、「笑い家」はAさんが他者との関係をつくっていく大切な訓練の場ともなっていた。研修をふり返ってAさんは次のように述べている。

- 自分は、出し巻き玉子の事業に参加するっていうことを前提に参加しました。「笑い家」に行くようになってから、なんか調子が悪かったんですけど、自分にとって大きかったのは、やっぱり、Gさん（同じく「笑い家」での研修生）が来てくれたことです。それでやっぱ自分が大きく変わったと思います。この事業との出合いによってやっぱ自分自身の、その、幅が広がったという、今までだったら出合えないものと出合ったような日々です。

ただし、Aさんは無断欠勤や遅刻することが多く、それが他の研修生への負担にもなっていたため、支援員はAさんの「笑い家」での就労訓練を一時中断した。そして、本人が就労訓練の意味を自覚するまで待った上で再開している（一般企業のインターンであればAさんはすぐに切られていただろう）。このような社会的就労の継続を通して、Aさんは、少しずつ自信と社会性を身につけているように思われる。同じく研修のふり返りの中で、彼は次のように述べている。

- 商品化率はちょっと良くない状態ですけど、昨日自分で焼いたものを買って食べてみた時に「もしこれがコンスタントに作れるんだったら、もう絶対にいける」っていうふうな確信を持ちました。昨日のやつは、ちょっと「ほんとにこれ自分が作ったのか」というふうな、疑ってしまうほどの出来でした。いい方向に変化は起きたな、っていうことを信じてます。

Aさんは、「半福祉半就労」という形での社会参加を目指して、今も出し巻き玉子を焼いている（2014年11月現在）。

第2部　地域課題と課題解決実践　212

3 伴走型就労・社会参加支援を通した参加包摂型地域の形成——相互多重型支援——

(1) 伴走型就労・社会参加支援の「出口」をいかに創るか

前節では、伴走型就労・社会参加支援が生活困窮者個人の多様な自立に果たす効果について見てきた。だが、個人に対する支援と同時に、重要なことは、その「出口」をいかに構想するかである。

上述したとおり、伴走型就労・社会参加支援の「出口」イメージは、地域での安定した日常の継続であった。生活パターンの立て直しや経済的な自立にめどがつき、社会関係が地域のなかにできてくれば、支援員によるフォーマルな支援は徐々にフェードアウトしていき、地域におけるインフォーマルな社会関係に支援は委譲されていく。

しかし、「出口」を構想する際、解決しなければならない2つの問題がある。

第1は、地域での生活の継続に重要な役割を果たすキーパーソンをどのようにして確保するかである。キーパーソンは、基本的には研修生に1対1で関わる。関係が親密である分、責任も重たい。想定されるのは家族や友人であるが、すでにインフォーマルな関係が切れて久しい人たちも多い。実際、これまでの事業においてもキーパーソンの確保はなかなか進まず、難しい課題であり続けてきた。そのため、支援員の他、ケースワーカー、民生委員、就労訓練担当者など、支援の各ステージで職務等を通して関わりを持つ、複数のライトキーパーソンズで支えることも考えられた（奥田 2014a p.81）。だが、ライトである分、支援終了後も継続的に支えることは難しい。

第2の問題は「支援—被支援」といった関係の固定化である（奥田 2014b p.229）。キーパーソンやライトキーパーソンズも、基本的には「支援する」側である。しかし、支援—被支援の関係が固定化されてしまうと「支援される」側は、自らの存在意義を見失いがちになる。それが精神的な負担になることも多い。地域でいきいきと生きるためには、支援—被支援の関係ではなく、相互に役割を担い合えるような関係をつくることが大切である。その

213　第8章　地域社会と生活困窮者支援

場合、研修生同士での支え合いも考えられる。しかし、かれらは社会的に排除されやすい人々であり、その関係の中だけで支え合いの仕組みをつくることにはかなりの困難が想定される。

(2) 社会的就労事業所が地域の中で果たす機能

こうした状況を考えたとき、一つのモデルとして想定されるのが「なかまの会」である。これは、支援を受けて自立した元ホームレスの人たちがつくった互助組織で、葬儀、炊き出しボランティアへの参加、自立者同士の親睦活動、訪問、会報の発行などを行っている。支援機構は、その運営を側面的にサポートしてきた。2014年度から「なかまの会」は、メンバーを自立者（元ホームレス）に限定せず、支援機構の会員や地域の人にまで広げた「互助会」となった。伴走型就労・社会参加支援の「出口」を考える場合、この互助会のようにNPOなど支援に関わる人たちと生活困窮の当事者が、お互いライトキーパーソンズとして支え合い、運営についてはNPOなどが支援するといった形が現実的だと思われる。

しかし、このような互助組織は、生活困窮の当事者や支援者のネットワークの枠内にとどまりがちである。参加包摂型の地域社会の創造には、相互に支え合う関係が、より広く地域の中につくり出されることが必要である。だが、生活困窮者は地域社会の中で不可視化されやすい存在であり、住民相互の互助的な仕組みの中からも排除されがちであった。こうした状況の下で、地域社会が伴走型就労・社会参加支援の「出口」となるためには、どのような仕組みが構想されるであろうか。

ここでは、社会的就労事業所が地域社会に持つ機能に注目したい。現在、「笑い家」での就労訓練は、研修生にとって、単に経済的自立や生活自立の訓練といったことだけではなく、地域と研修生との接点ともなっている。出し巻き玉子の販売を通して地域の人に「おいしかった」[12]「ありがとう」と感謝される。また、店舗前や近くの公園の清掃も地域の人たちとの交流のきっかけとなっている。

第2部 地域課題と課題解決実践　214

しかし、「社会的に意義のある事業だから買ってあげる」というだけでは、地域での関係の相互性は弱い。また、1～2度は買ってもらえても継続的な事業継続は難しいし、研修生の自己有用感も高まらない。「笑い家」には、単なる地域との接点としての機能だけではなく、相互性を持った関係形成の結節機能が期待されている。そのために、現在、支援機構の奥田知志理事長は「笑い家」を核とした次のような仕組みによって研修生と地域住民とが相互に役割を担い合える地域社会の形成を構想している（奥田 2014b p. 240-246）。

① 研修生がつくった出し巻き玉子を地域の高齢者（特に独居の高齢者）に定期購入してもらう。

② 定期購入した方々に研修生が出し巻き玉子を配達する体制を作る。「笑い家」のある地域（八幡東区大蔵地区）は市内でも高齢化率が高い地域である。配達・訪問した研修生は、高齢者の異変に気づいたり、相談を受けた場合には、支援機構が運営する「自立生活サポートセンター」につなぐ。そこから他の機関とも連携して支援にあたる。研修生は出し巻き玉子を届けることを通して見守りと支援の第 1 段階に携わることで地域への参加と自らの役割を見いだす。

③ 見守りサービスに加え、出し巻き玉子の宅配時に「買い物サービス（有料）」をつける。この地域には傾斜地に立てられた住宅も多く、「買い物難民」問題も生じている。同時に、少し離れたところに大型のスーパーがあるため「笑い家」のある地域の商店街は衰退傾向にある。そこで、研修生は出し巻き玉子の配達前に電話し、訪問する旨を知らせるとともに買い物の注文も受ける。これをワンコイン（500円）程度で請け負う。同時に商店街の売り上げにも寄与する。この収入も研修生の経済的自立を助ける収入となる。

④ この事業に参加することを通して、出し巻き玉子の購入者は「就労困難な若者たち」と接触すること自体も大きな意味を持つ」という感覚を持つ。また、購入者が「就労困難な若者たち」と接触すること自体も大きな意味を持つ。出会いの中でかれらは地域の中で可視化される。さらに、かれらの困難が社会的排除とつながっていることを体感的に理解することにつな

がるかもしれない。逆に、研修生の側にも、孤立しがちな高齢者との接触を通して、かれらの生活を心配する気持ちが生まれてくる。そのような出会いが積み重なる中で「支え—支えられる」という関係の相互性が深まることが期待される。

(3) 「健全なる弱者連合」の形成と「触媒」としてのNPO

このような仕組みは、いまだ構想段階のものであり実現はしていない。だが、就労・社会参加支援を通して、「就労困難な若者」「孤立しがちで買い物難民となるおそれのある高齢者」「衰退傾向にある商店街」が相互に支え合う仕組みとなる可能性を持っている。

ところで「就労困難」「孤立」「買い物難民」「衰退」といった言葉からわかるとおり、ここに関係する人たちは、程度の差はあれ、社会的弱者である。地域での相互多重型支援は「健全なる弱者連合」（奥田知志）として構想されている。

コミュニティの主要な機能は共同防衛にある。そして「異質」とされた人たちが、その「異質」性を越えて連帯（協働・共同）する条件は、社会的、物質的な「剥奪」状況（すなわち社会的弱者化）にあること、連帯はそうした状況への対抗として生じることが、さまざまな研究から明らかにされてきた。

たとえば、民族関係の研究（谷 1992）では、商店街の衰退化という「剥奪」過程の中で在日韓国・朝鮮人商店主と日本人商店主との協働（コリアタウン構想による商店街活性化）が生じたことが報告されている。谷富夫は、それを「地域的ないし階層的な剥奪状況を契機とする互酬的な共同化」と解釈している。

もちろん、社会的弱者化が自動的に連帯をもたらすわけではない。剥奪過程が、逆に分裂、闘争、さらなる排除を引き起こす場合も多い。こうした状況の下で「健全なる弱者連合」が形成されるためには、支援を通した地域づくりといった自覚的な取り組みが必要である。支援機構が構想している「笑い家」を結節点とした相互多重型支援

成の「触媒」機能を果たす可能性を持っている。

(4) 伴走型就労・社会参加支援事業の課題

最後に、この事業の課題についても述べておこう。[14]

第1は、事業費負担の問題である。2014年度事業は厚生労働省ならびに独立行政法人医療福祉機構の助成を受けて行われた。このような助成なしに、NPO単独でスタッフの人件費や事業所の設置・運営費をまかなうことは現時点では難しい。社会的就労の目的が、収益性優先の市場から排除されがちな人たちの社会参加を目指すことにあることを考えれば、公的資金援助、優先発注、仕事の切り出しなど、直接・間接の公的支援が必要であろう。支援によって就労や社会参加が可能となれば、それは社会保障費や医療費の抑制にもつながる。また、社会貢献・社会的責任といった観点から社会的就労に協力する企業に対しては、税制上の優遇措置や優先発注といった制度的なインセンティブ付与も検討されるべきだろう。

第2は、社会的就労従事者（本事業では研修生）への対価について、明確な基準や制度の整備である。雇用関係を結ぶ場合、当然、労働関係法令の適用を受けることとなる。「貧困ビジネス」や「ブラック企業」が問題となっている昨今、こうした規制は必要である。その一方で、社会的就労の内容については、より広範にイメージする必要もあるだろう。たとえば、雇用による経済的自立を主たる目的とするのではなく、社会参加や生活の立て直しを目的とした就労の拡大である。2015年度から施行される生活困窮者自立支援法でも、就労訓練事業には雇用契約に基づく「支援付雇用型」と、雇用契約を結ばない「非雇用型」が区分された。「非雇用型」については最低賃金制度など適用されない。ただし、「貧困ビジネス」や「ブラック企業」を排除する意味でも、認定基準の明確化と不正への監視は厳格に行われる必要があるだろう。（生活困窮者自立支援法では、就労訓練事業について公的認

定制度が導入された）

第3は、就労訓練担当者の職務内容の明確化である。これは上記の就労訓練認定の際のポイントの一つとなるべきものである。就労訓練を組み込んだ伴走型就労・社会参加支援においては、伴走型支援員と就労訓練担当者との連携は極めて重要である。費用負担もふくめ、その養成方法についても今後十分に検討される必要がある。

おわりに

就労支援事業が、単に個人に対して就労スキルを習得させるだけにとどまるのであれば、それは「自立支援という名の労働市場への放り出し」である（湯浅・仁平 2007 p.350-352）。就労支援は、多様な自立をめざす伴走型の生活支援や参加包摂型の地域づくりと一緒に構想されなければならない。生活支援の必要性や社会的企業創出の意義については、これまでの就労支援の研究でも言及されてきた。しかし、就労支援を地域コミュニティの形成とつなげる議論の方向性は弱かったように思う。生活困窮者支援を相互多重型支援事業に展開して、それを通して参加包摂型地域社会の創造を目指していく。それは、いかにして可能となるのか。支援機構の事業展開を追いながら、支援と地域づくりとの関係について、さらに調査を進めていきたい。

[注]
(1) 特定非営利活動法人北九州ホームレス支援機構は、2014年7月、特定非営利活動法人抱撲（ほうぼく）に名称変更を行った。しかし、本章で扱う事業は名称変更前のものであるため、表記は「北九州ホームレス支援機構」「支援機構」を用いることとする。なお、名称変更の理由や新たな団体名「抱撲」に込められた意味については同法人のWebサイト（http://www.houbokunet/profile/message）を参照のこと。
(2) 社会的就労とは「一般就労に困難を抱える人々が、何らかの支援を受けながら働く場／働き方」である（みずほ情報総研 2013

(3) 社会的排除とは、財や権力を持つ人々や機関などが、ある特定の人々を主要な社会関係や社会制度の創造に向けた地域から閉め出すことである（西澤 2010 p. 3）。
(4) 藤森克彦 (2013 p. 28-33) は、各地で行われたパーソナルサポート事業での事例をもとに参加包摂型社会の創造に向けた地域への働きかけについて論じている。
(5) 2011～2013年度の「若年生活困窮者への伴走型就労支援事業」は厚生労働省セーフティネット支援対策等事業費補助金（社会福祉推進事業）の助成を、また2013年度の「若年生活困窮者に対する社会的就労提供事業」は独立行政法人福祉医療機構の助成を受けて行われた。
(6) 各コースは「望ましさ」を示すものではなく、必要な支援の質と量を示すものである。なお、サポートプランの見直し（リプラン）ごとにコース設定の見直しが行われた。
(7) 当初は「サポートプラン」とともに「パーソナルプラン」が作成される予定であったが、2013年度は実現できなかった。「パーソナルプラン」とは、当事者自身が作成するプランである。
(8) 2011年度から2013年度までの研修生の中で学歴不明者を除いた38名のうち「中学卒・高校中退」は23名（60・5パーセント）であった。
(9) ただし、支援員の記録からは、研修生がさまざまな長所を持っていることもわかる。たとえば、「明るく優しい人柄で友人も多く、研修でもムードメーカー的な存在」「優しく、人当たりもよい」といった主語で書かれるプランである。ただ、そうした優しさや責任感の強さが、精神的な負担につながる場合があることも支援記録からは読み取れる。
(10) この事業の内容と成果について、詳しくは報告書（稲月・垣田・堤・西田・坂本 2014）、（堤・西田 2014）を参照のこと。
(11) 本事業の支援記録でも、研修生が「迷惑をかけてしまっていて申し訳ない」と語る場面が何度も出ている。支援員は「謝ることではないよ、心配せずに、無理せずやっていきましょう」と対応しているが、自責の念や「自分は生きていても仕方がない」といった気持ちが引きこもり、失踪への願望、自殺未遂につながっているケースもあった。
(12) そうした活動もあって「笑い家」は地域の祭りに「出し巻き玉子」を出店させてもらった。さらに、それを契機に、支援機構は街づくり協議会のメンバーにもなった。街づくり協議会の役員にその理由をお聞きしたところ「若い人の感覚や新しい考えを入れたかった」とのことであった。
(13) 2010年の国勢調査によれば、高齢化率は、大蔵1丁目で26・1パーセント、大蔵2丁目で28・2パーセント、大蔵3丁目

(14) 本事業の課題について、詳しくは（稲月・垣田・堤 2014）を参照のこと。

で56.1パーセントとなっている。大蔵3丁目の高齢化率は突出して高いが、これはこの地域に特別養護老人ホーム、グループホームなどがあることによる。

［参考文献］

藤森克彦 2013「2・3 伴走型支援によって創造する参加包摂型地域社会——地域に対する働きかけに応じた伴走型支援を行う人材育成のあり方に関する研究事業報告書」（厚生労働省 平成24年度セーフティネット支援対策等事業費補助金（社会福祉推進事業））、特定非営利活動法人ホームレス支援全国ネットワーク

稲月正・垣田裕介・堤圭史郎 2014「若年生活困窮者への伴走型就労・社会参加支援」、奥田知志・稲月正・垣田裕介・堤圭史郎著『生活困窮者への伴走型支援——経済的困窮と社会的孤立に対応するトータルサポート』、明石書店

稲月正・垣田裕介・堤圭史郎・西田心平・坂本毅啓 2014「生活困窮者に対する生活自立を基盤とした就労準備のための伴走型支援事業の実施・運営、推進に関する調査研究事業報告書」（厚生労働省 平成25年度セーフティネット支援対策等事業費補助金（社会福祉推進事業））、特定非営利活動法人北九州ホームレス支援機構

みずほ情報総研 2013『社会的就労支援事業のあり方に関する調査・研究事業報告書』（厚生労働省 平成24年度セーフティネット支援対策等事業費補助金（社会福祉推進事業））、みずほ情報総研株式会社

西澤晃彦 2010『貧者の領域——誰が排除されているのか』、河出書房新社

堤圭史郎・西田心平 2014「若年生活困窮者に対する社会的就労提供事業報告書」（独立行政法人福祉医療機構 平成25年度社会福祉振興助成事業）、特定非営利活動法人北九州ホームレス支援機構

奥田知志 2010「絆の制度化——『第三の困窮』に向き合うパーソナルサポーターの実現へ」、『都市問題』第101巻第7号、財団法人東京市政調査会

—— 2014a「伴走の思想と伴走型支援の理念・仕組み」、奥田知志・稲月正・垣田裕介・堤圭史郎著『生活困窮者への伴走型支援——経済的困窮と社会的孤立に対応するトータルサポート』、明石書店

—— 2014b「相互多重型支援——これからの生活困窮者支援の構想と展望」、奥田知志・稲月正・垣田裕介・堤圭史郎著『生活困窮者への伴走型支援——経済的困窮と社会的孤立に対応するトータルサポート』、明石書店

谷富夫 1992「エスニックコミュニティの生態研究」、鈴木広編著『現代都市を解読する』、ミネルヴァ書房

湯浅誠・仁平典宏 2007「若年ホームレス──『意欲の貧困』が提起する問い」、本田由紀編、『若者の労働と生活世界』、大月書店

第9章 地域の生活からスポーツを考える

後藤貴浩

1 地域社会とスポーツ

1964年に開催された東京オリンピックは、スポーツの振興とともに、高度経済成長期における社会的・経済的な発展を側面から後押しする効果があった。スポーツには、地域社会の抱える課題に対する処方箋としての効果が期待される場合もある。例えば、地域における近隣関係の希薄化や家族の縮小化などの課題に対して、スポーツを通した交流や家族のふれあい、コミュニティの再生などの社会的効果が期待されている。そのほか、全国各地ではマラソン大会やウォークラリー大会など数多くのスポーツイベントが開催されており、そこでは地域のPR効果や経済的効果、交流人口の増加などが期待されている。地方自治体においては、スポーツを通して住民の活動的な地域生活を支援するだけでなく、医療費の削減など医療・福祉面における政策的効果を期待した取り組みも行われている。

これまでの地域スポーツ研究は、そのような社会状況を反映する形で、あるいは、後押しする形で展開されてきた。しかし、このような地域に対するスポーツの機能論的な捉え方は、2つの大きな問題を後景化させていくと筆者は考えている。

まず、スポーツの機能が普遍的なものとして捉えられ、地域社会に対する万能薬として取り扱われてきたという

ことがある。そのため、地域社会に対するスポーツの現実的な機能は不問にされ、具体的な効果の検証はほとんど手を付けられてこなかった。

もう一つは、多くの地域スポーツ研究で設定される「地域」が、常にあるべき地域社会として設定されてきたということである。現実の地域の実体とは大きくかけ離れた議論が展開され、理想的な地域社会形成へと向かうスポーツ主体のあり方が問題とされてきた。例えば、1970年代以降展開された「コミュニティ・スポーツ論」では、スポーツを通した都市的な市民像の確立に力が注がれた。森川は「スポーツにおける地域主体形成」(森川1975)を主張し、厨は、『私的自由』がそれほど犯されず、『適当に距離を置いたうえで理解と共感が得られる』さわやかな人間関係が醸成」(厨 1990, p. 9)されるべきであると説いている。さらに、コミュニティ・スポーツ論以後の地域スポーツ研究では、主体的市民あるいは自立した個人をベースとした議論へと傾斜していった。松尾(2010) は、「スポーツ公共圏」の創出のためには、普遍主義的な個人の自由に基づく自律的連帯主義とスポーツの持つコミュニケーションの場としての機能を説いている。そこでは、ヨーロッパをモデルとしたスポーツ文化の市民的公共性を担保し得る「批判的公共圏」の創出の必要性が説かれている。

このような研究の立ち位置からは、例えば、過疎化・高齢化という現実的な問題に直面する農山村のスポーツなどはあまり議論の対象とはならない。あったとしても、スポーツ活動を下支えする社会経済的基盤の必要性が説かれるか、あるいは、そのような社会的状況を乗り越えるような主体の「力」を養成するスポーツのあり方が問われるだけであった。ところが、それでは構造的にあまり豊かとは言えない地域で展開されるスポーツについて理解することができないだけでなく、地域社会とスポーツの関係性についてリアリティのある議論を展開することもできない。このような状況を乗り越えるためには、やはり地域という現場に立ち返り、そこから学び取っていくしかないと筆者は考える。

地域スポーツ研究が、まさしく地域で展開されるスポーツを研究対象とするのであるならば、当該の地域を現実に即して理解する必要があり、その地域においてスポーツをする主体がどのように暮らしているのかという視点は欠くことはできない。以上のことを踏まえ、本章では地域の生活からスポーツを捉えなおすことで、これまで議論されてこなかった地域スポーツの可能性について論じてみたい。

2　徳野「生活農業論」に学ぶ

では、地域や住民の生活からスポーツを捉え返すという場合に、どのようなアプローチが必要なのであろうか。ここでは、農学・農政を中心に推し進められてきた農業振興策に対して、生活者の視点から多くの問題提起を行ってきた徳野による「生活農業論」（徳野 2011）に学んでみたい。まずは、その援用の有効性について確認しておこう。

農業・農村研究の分野では、その振興という点において、早くからグローバル化する市場に対抗する考え方が模索されてきた。その中で徳野は、現場主義を貫き、産業化社会の理論に対抗すべき理論として「生活農業論」を提出したのである。そこでは、経済・企業原理に対抗する生命・生活原理の重要性が説かれ、縮小型社会を見据えた農業・農村の維持・存続（振興）のあり方に大きな示唆が与えられている。徳野は、従来の農学者の研究対象が生産領域と経済領域に集中している（これを徳野は「生産力農業論」とする）のに対して、〈ヒト〉と〈クラシ〉に重点を置いた農業論を「生活農業論」として整理したのである。

徳野は、徹底的に〈ヒト〉と〈クラシ〉の視点から農業・農村の変化を追求しなければならないとする。このような見方は、人びとの生活が私化・流動化し、メディア・スポーツやゲーム・スポーツなど消費されるスポーツが溢れている現代社会において、地域住民とスポーツの関係を検討する上で重要な視点となりうる。スポーツ界は、

その拡張・拡散のために産業界との結び付きを強め、ますますビジネス化、メディア化、バーチャル化しつつある。まさしく経済・企業原理優先の様相を呈している。しかし、社会は「有限性」や「縮小化」と表現されるような時代になりつつある。そのような社会で展開・実践されるスポーツのあり方も変化しなければならないであろうし、それはやはり「生命・生活原理」に基づくものでなければならない。

次に、具体的な分析枠組みについて見ていこう。従来の生産力農業論パラダイムは、〈モノ〉と〈カネ〉がよくなれば、必然的に〈ヒト〉と〈クラシ〉の問題は解決するという素朴な農業社会の論理あるいは社会経済理論であったと徳野は指摘する。しかし、現在の高度産業社会下では次第に有効性を失っているとし、〈モノ〉〈カネ〉〈ヒト〉〈クラシ〉を相互連関的・総合的に分析する生活農業論こそが現代社会固有の農業・農村問題にアプローチし得るものと位置づけている。

生産力農業論と同じく、従来のスポーツ振興政策・研究では、スポーツ環境を整えれば（施設、指導者、組織を量的に拡大すれば）、地域住民は幸せになるという素朴な機能論的考えがあった。つまり、〈モノ〉と〈カネ〉の問題は解決するということである。一方で、スポーツ研究では、古くからスポーツ社会化研究や運動論的研究などにおいて、〈ヒト〉の領域に関する多くの知見が比較的多くの研究者から蓄積されてきた。つまり、スポーツ実践に関する研究では〈ヒト〉〈モノ〉〈カネ〉については個別的ではあるが比較的関心が薄かったのが〈クラシ〉の領域である。分析対象としてきたと言えるであろう。このように見てくると、生活との関連でその実践的意味が押さえられなければならなかったであろうし、また、徳野が指摘するように、〈ヒト〉〈モノ〉〈カネ〉の領域を個別に議論するのではなく、〈クラシ〉の領域を含め相互連関的・総合的に検討する必要があったと思われる。

先に述べたように、これまでの地域スポーツ研究では、スポーツにおける自立した個人の主体性形成がその要となる。また、スポーツあるいはスポーツ組織活動を分析の中心に据え、それとの関係から地域社会におけるスポー

図1　熊本県

写真1　川辺川

ツ空間のあるべき姿が論じられている。しかし、それは地域社会という枠組みの中では、一つの閉ざされた空間での議論と言える。本章では、徳野の「生活農業論」に学びつつ、事例をもとにこれからの地域スポーツ研究のあり方について検討することとする。

3 五木村の生活構造の変容とスポーツ

(1) 五木村の概要

本章で事例とするのは、熊本県球磨郡五木村である。まず五木村の概要について確認しておく。五木村は、熊本県南部、球磨郡北部に位置し、村全体が九州山地の山岳地帯にある。標高1,000メートル以上の山岳が連なり、平坦部は非常に少なく、深い峡谷が縦横に走る急峻な地形をなしている。総面積は252・94平方キロメートルで、そのうち田0・25平方キロメートル（0・1パーセント）、畑0・34（0・1パーセント）、樹園地0・92（0・4パーセント）、山林243・41（96・2パーセント）となっており、田畑が非常に少ない山村である。山林の状況は、国有林10・6パーセント、公有林19・6パーセント、私有林55・8パーセント、その他（独立行政法人など）14・0パーセントとなっている。私有林の多くが、歴史的にダンナ家と呼ばれる大山林地主によって所有されてきたが、このことについては後述することとする。

人口、産業などの概要について、隣接する球磨郡水上村及び阿蘇郡産山村と比較しながら、確認する。まず、人口（2013年度）は五木村1,103人、水上村2,313人、産山村1,559人、高齢化率（2010年度）は五木村42・07パーセント（県内1位）、水上村38・54パーセント（県内3位）、産山村36・24パーセント（県内7位）となっている。五木村の人口を経年的変化でみると、1960年6,161人、1980年3,086人、2010年1,205人と急激に減少していることが分かる。

総生産額の割合（2011年度）では、五木村は第一次産業9・2パーセント、第二次産業46・2パーセント、第三次産業44・6パーセントとなっている。水上村は順に9・1パーセント、29・5パーセント、61・5パーセント、産山村は31・5パーセント、13・6パーセント、54・8パーセントとなっており、五木村の第二次産業の割合が多いことが特徴的である。農業就業人口（2011年度）を見ると、五木村47人、水上村266人、産山村367人となっている。このように五木村は、度重なる災害復旧工事やダム建設白紙撤回後も続く関連工事などの公共工事によって、村の経済が支えられてきたのである。一人あたりの家計所得（2011年度）を見ると、五木村321万2千円、水上村258万5千円、産山村260万円となっており、農林業以外の生業に依存しつつ、比較的安定した経済水準を維持している山村でもある。

また、普通出生率（人口1,000人あたりにおける出生数、2011年度）を見ると五木村2・6、水上村8・9、産山村5・0と五木村が最も低い。さらに、五木村の昼間人口比率（2011年度）は110・7パーセントとなっており、水上村の91・2パーセント、産山村の95・2パーセントと大きく異なる。他市町村への通勤者数（2005年度）は60人（水上村423人、産山村201人）、逆に他市町村からの通勤者数（2005年度）は202人（水上村245人、産山村142人）となっており、五木村だけが村内への通勤者数が村外への通勤者数を上回っている。このような出生率の低さや昼間人口比率の高さは、一般的には都市部で見られる現象である。この点においても、五木村の山村としての特殊な構造が浮かび上がる。

以上のように、五木村は景観的・地理的にはまさに山村であるものの、その経済的基盤や人口構成は超高齢化という特殊な状況にあると言える。それは、災害復旧工事やダム建設計画に伴う公共事業の投資により、比較的安定した働き口（建設業、公務員）があること、ダム建設計画に伴う人口流失が激しく他の農山村に見られないほど過疎・高齢化が著しいこと、産業構造や昼間人口比率、出生率など都市的な社会構造の側面を有するということである。

このような五木村の社会構造に大きな影響を及ぼした川辺川のダム問題について確認しておこう。1966年に川辺川ダム建設計画が発表されると、すぐに村や議会はダム反対を表明した。しかし、国や県は「下流を洪水から守り、住民の生命財産を守るため」としてダム受入れを要請し、最終的に村はダムを受け入れることとなった。この間、村内はダム賛成・反対に二分され、3つの水没者団体のうち1団体は、国に対してダム中止を求めて裁判でも争った。そして、1981年に一般補償基準が妥結されると、遅れていた代替住宅地造成を待たずに、水没予定地からの離村が相次いだ。その後1980年代後半に、村内5つの代替住宅地が完成、水没予定地である頭地代替地が完成し、水没予定地からの住民移転が進んだ。並行して、ダム関連事業として、付替道路や橋梁の建設等の工事が進められていった。2001年、2004年には、水没予定地の一部が強制収用手続きにかかったが、2005年に国は収用申請を取り下げ、手続きは白紙に戻った。2008年には、相良村村長、人吉市市長に続いて、熊本県知事が初めてダム反対を表明した。2009年には、民主党新政権が発足し川辺川ダム中止を表明した。

このような状況の下で、ダム計画発表から約50年の間、村民の生活は振り回され続けたと言える。1981年の一般補償基準妥結当時の水没予定地の人口は1,457人（全人口の42パーセント）、世帯数は493世帯（全世帯の48パーセント）であったとされる。そして、1981年から1983年の間に、水没予定世帯の約半数、水没予定者の約5割が村外に転出したのである。これは、村全世帯の約3割、人口の約2割にあたる。五木村では、高度経済成長期の都市部への人口流出に加えて、水没予定者の村外移転により、急激な人口減少が引き起こされたのである。特に、村の中心地であり「マチ」（徳野 2006）として機能を果たしていた頭地が水没するということは（実際には、ダム建設は白紙撤回されたため水没しなかった）、非水没地区の「ムラ」の人口流失にも大きな影響を与えたと考えられる。

一方、五木村について語る際には、上述のダム問題とともに大山林地主であるダンナ家の存在についても触れな

けれはならない。このダンナ制度については、これまで多くの学術的調査の対象となってきた。ここでは、それら先行的知見について若干レビューしておきたい。

まず挙げられるのは、熊本大学と同村が中心となって調査した「五木村学術調査 人文編」（五木村総合学術調査団 1982）である。自然科学（別冊）を含め、歴史学、地理学、民俗学、社会学など様々な分野から行われた調査の中で、本研究に関係する知見を取り上げてみたい。一つ目は、ダンナ家とその他の村民との関係についてである。五木村には中世以来33のダンナ家があり、それぞれの地域で大きな影響力を持っていた。一般的にはダンナ家の所有する山林を、他の村民たちが焼畑などの耕地として借用し、それに対してトウド（賦役）、ニシャメロウ（奉公）、現物納が課せられた。しかし、その関係は一方的な支配関係ではなく、例えば、ダンナ家の山は入会地的な性格があり、村民には草や薪の採集が保障されたとされている。

二つ目は、五木村の集落・部落は、統合・分裂を繰り返してきたということである。「部落はムラとして、ある程度の自律性、排他性を保ちながらも、様々な機会に一つにまとまったり、あるいはいくつかの下位集団に分裂する。また、他のムラと統合する。年中行事（堂の祭、神社の祭など）や共同労働（屋根ふき、道普請など）の機会に、小規模な集落が分裂と統合を繰り返す。これらの諸部落間の関係は、個々の家族の結合の契機、およびそれらの家族と山林地主たるダンナ家と密接に関係する」（同書 1982, p.6）と述べられている。

三つ目は、家族・親族関係についてである。五木村では、親族組織を基礎とした互助協同組織が成立しているというよりも、家族を基本単位とした、近隣の、共通の仕事仲間による任意の協同労働がよく機能していたとされている。家族が、土地所有の関係に規制されながら、可動的な生活組織としての役割を持ってきたということである。

最後に、他の農山村と異なり、明治以来、製炭、木材の伐採などに、外部から山師が入り込み、山林開発に盛んに従事することで早くから現金収入を得ていたということが挙げられる。その後、木材価格の低迷と燃料革命によ

り林業は低迷するが、五木村では1963年からの3年連続の大水害に伴う復旧工事、続くダム関連工事によって村内における現金収入の道が維持されてきたのである。

湯川（2010）は、このような五木村の経済開発を、林業→木炭生産→銅山→水力発電→公共事業として整理した上で、ダム建設を契機に土木中心の村づくりへと突き進んだため、これ以外の産業は育たず多くの人材が村外へ流出したとしている。そして、「村の資源を生かすのが本来の開発だが、川辺川ダムは村の中心部を水の中に沈め、人びとをバラバラにすることを前提とした開発計画だった。銅山同様、村から奪うことのほうが多かったと思う」[5]と述べている。

木原（2004）は、ダンナ家と村民の関係について、「ダンナが言うような『ダンナと農民はお互い助け合ってきた』関係だったのか、ダンナによる農民支配だったのかはともかく、中世以来続いてきた社会関係は1960年代に大きく変化した」（木原 2004, p. 11）と述べている。その理由は、農民はダンナ家から山林を借りなくても、森林組合を通じて林業に従事したり、災害復旧工事に従事することで現金収入を得ることができたためであるとする。そして、「それ以来、ダンナ家と農民の従来の関係は、支配・従属関係であれ、相互依存関係であれ、弱まったのである。その結果、村（故郷）への思い（評価）が低下し、いざというときに頼ることのできるダンナ家のような生活上の大きな存在が消え、暮らしの協同性が失われたために、川辺川ダム計画に対する五木村の反対は、かつてのダム計画の反対に比べて強力ではありえなかった」と述べている。

筆者自身も、フィールドワークの中で、ダンナ家と村民の関係をそれほど意識することはなかった。ただし、後述するように集落の祭りがダンナ家の庭で行われたり、奉納の踊り（太鼓踊り）が神社とダンナ家の間の道で行われたりするなどその名残は随所に認められる。

(2) ダムによる人口流出と地域組織活動の衰退

それでは、現在の五木村の生活はどのように営まれているのか、地域組織活動のあり方に大きな影響を及ぼしてきた人口流出の状況について、区（概ね小字集落）ごとにその変遷を確認しておこう。表1に1970年から概ね10年ごとの各区の人口の推移を示した。なお減少率は1970年を100とした場合の2013年までに減少した割合を示している（1975年に団地造成された白水のみ1980年を100とした）。多いところで90パーセント以上の人口が減少している。1970年から約7割の人口が減少しており、他の農山村の中でも類を見ないほどの減少率と言える。区画整理された代替地が用意された水没予定地域（頭地、野々脇、高野など）も平均を上回っており、ダム建設による村の中心地区の人口流出と山間部の人口減少が同時に起きたことが窺える。このことに関してダンナ家のK氏は以下のように語っていた。

非水没地は悲惨なものですよ。向こうは宝くじに当たったようなものですよ。最大の犠牲者は非水没地区。水没地区の人たちが補償金をもらって離村することで、それがみたいな家を建てて。補償金や代替地もあり、御殿みたいな家を建てて。非水没地区の者も出ていくようになった。

このように激しい人口減少が認められる中、地域での組織活動や共同作業はどのように営まれているのだろうか。まず聞き取り調査で分かったことは、ど

2013年	減少率
36(16)	85.6
21(11)	90.7
69(28)	53.4
277(114)	71.6
39(10)	63.2
57(23)	77.8
43(20)	66.1
27(14)	71.6
46(17)	74.6
11(5)	89.1
42(17)	72.4
6(4)	90.6
43(27)	69.9
37(16)	50.7
142(52)	59.3
21(11)	84.7
86(42)	65.0
39(12)	57.1
39(17)	58.9
6(2)	85.0
52(16)	62.0
11(7)	
27(12)	66.7
13(6)	
16(8)	
22(9)	68.1
29(13)	
1257(529)	70.6

表1 五木村各区の人口（世帯数）推移

公民館（大字）	区の名称	集落名	1970年	1980年	1990年	2000年
東分館 （頭地・野々脇）	野々脇	瀬目・野々脇・小浜	250(62)	180(60)	64(17)	37(11)
	葛の八重	葛の八重・宮目木・大平	225(56)	186(61)	33(14)	25(12)
	下谷	下谷・三方谷	148(37)	122(37)	64(22)	67(30)
	頭地	頭地・掛橋	975(251)	960(314)	482(163)	357(137)
	九折瀬	九折瀬・八原・神屋敷	106(21)	83(19)	67(17)	63(19)
	高野	高野・十会平・元井谷	257(65)	225(73)	140(43)	97(34)
	下平瀬	平瀬・折立・辰迫	127(40)	81(33)	49(23)	45(22)
	上平瀬	小椎葉・大藪・椿・坂下・鶯山	95(23)	69(16)	51(17)	40(17)
三浦分館 （三浦・下梶原）	竹の川	竹の川	181(38)	113(32)	62(21)	59(18)
	入鴨	入鴨	101(19)	39(10)	31(10)	28(9)
	梶原	梶原・吐合	152(34)	78(23)	71(23)	59(21)
		小原	64(21)	22(11)	13(9)	9(6)
	下梶原	日当・白蔵・裾川	143(38)	117(34)	96(35)	61(29)
北分館 （宮園・平沢津）	白水	白水・中道		75(18)	69(20)	55(18)
	宮園	宮園・松尾野・穂揚枝・横手	349(80)	236(65)	222(64)	188(57)
	八重	八重	137(31)	84(22)	53(17)	29(15)
	平野・西谷	平野・西谷	246(61)	179(47)	141(44)	124(45)
	栗鶴	栗鶴・鶴	91(19)	70(16)	57(15)	49(14)
	平沢津	平沢津	95(22)	84(21)	82(23)	66(21)
西分館 （小鶴）	端海野	端海野	40(12)	15(8)	15(6)	12(6)
	白岩戸	白岩戸・飯干	137(27)	99(25)	82(18)	57(18)
	中村	中村	153(36)	118(29)	98(29)	17(7)
		山口・番立				40(12)
		内谷（日当）				18(6)
	出ル羽	出ル羽	210(47)	153(44)	125(39)	27(9)
		内谷（日添）				34(9)
		小鶴				39(17)
合　　計			4,282 (1,040)	3,388 (1,018)	2,167 (689)	1,702 (619)

の区においても寄合など村民が集まる機会が非常に減少しているということである。村全体の2つの祭り（「新緑祭り」「子守歌祭り」）のほか、各区では月1回の常会と神社祭りが開催されているだけである。筆者が直接確認した頭地、宮園、白岩戸の常会では、村の区長会（毎月1回）で得た情報を地区の住民に伝達するだけであった。いずれの区も常会費を徴収しているが、春祈祷などの際の酒盛り代、班長への手当、街灯の維持費などに当てられているということであった。区の中には、近隣の世帯で班が構成されることもあるが、日常的に寄り合いや活動が行われているわけではない。

地形的な条件もあり、農業（特に水田）を主たる生業とする農村と比べると近隣関係はそれほど強くなかったと思われるが、それでも、「田植えの際の近隣同士の手間返し」（宮園M氏）や「集落（区）ごとのお堂の祭り」（語り部L氏）などは行われていたようである。しかし、急激な人口減少の中では、「集落（区）でやっているのは、春と秋に祭りだけ。他は何もない。公民館の活動や役場職員の常会だけはある。共同作業は全くないですね」（白岩戸のダンナD氏）というのが五木村の現状である。また、役場職員のN氏が「移転する前は頭地にも少しは田んぼもあったので手間返しはあった。移転したら田んぼがなくなったのでそういう共同作業はなくなった」と語るように、ダム問題の影響も大きい。水没予定地域であり村の中心地であった頭地は、いくつかの集落で構成され、人口も最も多い区である。移転後も集落名はそのまま残っているものの、集落の世帯がまとまって移転したのではない。代替地の場所はそれぞれの家の希望で決めることができたので、各世帯で異なる地区に分散したのである。単に集落の地名のみが残っているということである。宮園のM氏は「みんながダム、ダムだった。心では反対だったけど、ダムでお金が落ちてくるという夢物語でみんな黙ってしまったんですよ。地域での活動は努力すればできるけど、今はみんないろんな好きなことをしたいからですね」とダム問題と絡め現在の状況を語っている。

このような五木村における近隣関係の希薄さを象徴するのが講(6)（五木村では「コウギン」と呼ぶ）のあり方である。宮園のM氏は以下のように説明している。

自分も家の前のガソリンスタンドの人（胴元）が入ってくれというので入った。2万円で15人だから30万円のコウギンに入っている。集まりはない。胴元がお金を集めるだけでみんなが集まるわけではない。希望者を聞いてお金を渡すだけ。ガソリンスタンドと一緒に電気屋をしているので、コウギンをしていればそれで電化製品を買いませんかとか誘えるでしょう。そうすれば人吉から買うわけにはいかんでしょ。その胴元は1万と2

第2部 地域課題と課題解決実践　234

万の2つのコウギンをしている。自分の商売を絡めて、利口かですよ。

通常、講は「共同社会的性格」（鈴木1968）を有するとされる。また内山（2010）は、講は信仰集団であると同時に娯楽集団であり、また助け合い集団でもあったという。しかし、現在、五木村で行われているコウギンにそのような意味を読み取ることはできない。参加者が顔を合わせることもなく、単に経済的な互助組織に特化した活動となっているのである。

(3) 生活組織化する公民館分館の活動

「五木村学術調査 人文編」において明らかにされたように、五木村では、親族組織を基礎にした互助協同組織よりも、家族を基本単位とした共通の仕事仲間による共同労働が機能していたとされる。また、ダンナ家との関係性の中で、小規模な集落の分裂と統合が繰り返されてきた。加えて、明治以来、山林開発に従事することで得ていた現金収入は、その後の大水害に伴う復旧工事、ダム関連工事によって維持されてきた。湯川（2010）は、このような五木村の経済開発を、「人びとをバラバラにすることを前提とした開発計画」と指摘したのである。このような五木村特有の社会構造と高度経済成長及びダム問題による人口減少は、地域における近隣関係のあり方を変質させ、必要最低限の関係性は維持されているものの、地域の組織活動を大きく衰退させていったのである。

さて、村全体をながめた場合、確かにその通りなのであるが、いくつかの地域組織を詳細に見ていくと、希薄化する関係性とは異なる様相が浮かび上がる。一言で言うならば、地域組織の生活組織化である。生活組織化とは、地域組織内外の生活条件の変化に対して、「生活者」が創造的にそのあり方を再組織化していく過程であるとここでは捉えておきたい。以下では、三浦地区（大字、かつての小学校区で公民館の分館の範囲）で取り組まれている公民館の分館活動と太鼓踊りの活動を例にそのことを確認してみたい。

235　第9章　地域の生活からスポーツを考える

表2　五木村公民館の4分館の活動（2013年）

東分館	役員会5回，分館対抗スポーツ大会，分館グラウンドゴルフ大会，駅伝，分館スポーツ交流会，分館夏祭り・クリスマス会	西分館	役員会・運営委員会6回，分館対抗スポーツ大会，分館運動会，駅伝，分館グラウンドゴルフ大会3回，新聞発行，健康講演会，白滝納涼祭り，紅葉散策ウォーキング
北分館	役員会・運営委員会4回，分館対抗スポーツ大会，分館運動会，駅伝，分館グラウンドゴルフ大会，ビーチバレー，分館通信発行，料理教室	三浦分館	役員会10回，分館対抗スポーツ大会，分館スポレク，駅伝，ホタルの夕べ，通年のゲートボール・ビーチバレー・太鼓踊り

　五木村の公民館の活動は、東、西、北、三浦の4つの分館で行われている。各分館では、村から配分される予算をもとに、表2に示したような活動が行われている。

　分館の活動として共通しているのは、分館スポーツ大会（運動会、レクリエーション）、分館対抗スポーツ大会、役員会（運営委員会）である。分館スポーツ大会は、村民運動会の廃止（2007年）以降、分館ごとに開催されているスポーツ大会であり、分館対抗スポーツ大会は、グラウンドゴルフとビーチバレー（ビーチボールを使い屋内で行う競技）の2種目で分館の代表チームが競う大会である。ここで注目したいのは役員会である。基本的に役員会はイベントに合わせた会議であり、それに合わせた回数だけ開催されていることになる。ところが表2にあるように、三浦分館だけはその回数が多く、これ以外にも役員が集まる機会があるという。分館長のL氏は「毎月1回の役員会をしようということでやっている。スポーツ大会などの打ち合わせのほか、除草作業や清掃作業に合わせて、役員会をして集まるようにしている」と述べている。役員は、各区の区長（集落代表）、副分館長、書記・会計、スポーツ推進委員で構成されることになっているが、実際には役員以外も会議に参加していたりするので、会議の度に人数は変化するということであった。さらに、後述する太鼓踊りのメンバーは、ほとんどが役員になっており、役員会で検討される事柄が太鼓踊りの練習の際に話し合われることも多い。太鼓踊りは毎週水曜日に練習しているため、毎週役員会のようなものだと分館長は語っている。

第2部　地域課題と課題解決実践　　*236*

「ホタルの夕べ」は、5年ほど前からホタルがいなくなり、祭り自体は開催していない。しかし、いったん止めてしまうと復活できないので、開催日を設定しレクリエーションや祭りの実情に応じて開催しているということであった。「分館スポレク」も、ゲートボールを行うという名目で、村から補助金や清掃活動をしているということであるが、いずれも、遠隔地（三浦分館の場合最も遠い区は20キロメートル以上離れている）の高齢者を集めた村民の手によって大きく作りかえられているのである。また、分館の活動ではないが、三浦地区には他の地区とは異なる共同作業が存在する。それは水源地の砂洗い（水源管理）である。この地区には簡易水道が整備されておらず、雨が降ると水源地に砂が入ってくるため、タンクを清掃しなければならない。概ね各区（集落）に水源地があるが、区（集落）によっては高齢化が著しく、常会で話し合っても決まらないこともある。その場合、三浦分館の役員らで対応することもあるという。

次に、太鼓踊りについて詳しく見ていこう。現在、梶原分館の活動となっている太鼓踊りは、もともとは梶原という区で古くからおこなわれてきた奉納の踊りである。梶原地区には、梶原、吐合、小原という3つの集落があるが、表1に示したように1970年からの人口減少率が梶原・吐合は72.4パーセント、小原にいたっては90.6パーセントとなっている。そのような状況で、太鼓踊りの保存会として活動してきたメンバーも一昨年には4名となり練習もできない状態にあった。そこで分館長であるL氏が、助っ人を集め分館の活動として存続していくことを提案し現在の活動に至っている。実際に練習を始めたのは、2013年の4月からである。これまでは、分館の公式な活動として、8月の盆の時に神社で奉納してきたが、2014年からは分館の活動として11月の村の祭り（「子守唄祭り」）でも披露するということであった。

現在のメンバーは、梶原の保存会のメンバー4名、竹の川から分館長のL氏を含む3名、入鴨から1名、さらに梶原から母娘（50歳代、20歳代）の2名となっている。女性以外のメンバーは50歳代から80歳代である。メンバー

によると、本来、太鼓踊りは「女人禁制」であったという。そのため母娘は以前の保存会には加わることができなかった。だが、娘から子どもの頃見ていた踊りにどうしても参加したいという申し入れがあり、分館の活動となるのを機に参加するようになった。しかし、今でも神社での奉納の踊りには加わることは許されておらず、通常の練習と11月の村の祭りの際にだけ加わっている。

筆者が参加した練習は次のような流れで進んでいった。19時30分に練習会場となる旧三浦小学校に建てられた集会場に集合する。最初、助っ人の2名が到着し、TVを付けてくつろぐ。徐々にメンバーが集まり、雑談が始まる。TVを見ながら村の病気の人のこと、葬儀のこと、土地のことなど井戸端会議的な会話に終始する。20時ぐらいに、だれからともなく太鼓を担ぎ始める。そこから約6分間の練習が行われた。そのあと、休憩、雑談に戻るが、踊りについては何も話さず、次の消防団の分団長を誰にするか、過去に誰が消防団長を経験したか、太鼓踊りの鐘の話、農作物へのサルによる被害など村の生活のことが中心であった。30分ぐらいすると、誰からともなく太鼓を担ぎ始める。2回目の練習も5分ぐらいで終了し、また雑談となり、21時15分ぐらいに一人二人と帰って行った。

太鼓踊りの時間は正味10分程度であり、非常に「緩やか」な時間の中で練習が進んでいく。その「緩やか」さは、女人禁制の踊りへの女性の参加や普段は練習に参加しない人でも本番のお祭りの際には加わることなど、メンバーシップのあり方にも表れている。彼らにとっては、そのような「緩やか」な時間・空間の中で集まり、話すことに意味があるように見受けられた。当然、会の規則もなければ、出席の確認、次回の練習の確認などもまったくない。

また、長く伝えられた太鼓踊りに対する文化の継承、伝統の維持といった印象もあまり見受けられない。事実、彼らは太鼓踊りの伝統や言い伝えは全く知らないし、休憩時間の話題にもならない。彼らの中にあるのは、20歳代の娘と同じく、子どもの頃、父親に連れられて踊った記憶である。メンバーによると、昔は必ず父親と長男がセッ

第2部 地域課題と課題解決実践 238

表3 五木村のスポーツの概要

村		分館対抗スポーツ大会，新春駅伝大会
公民館分館活動	東分館	グラウンドゴルフ大会，スポーツ交流会
	西分館	運動会，グラウンドゴルフ大会（年3回），ウォーキング大会
	北分館	運動会，グラウンドゴルフ大会，ビーチバレー（宮園：毎週2回）
	三浦分館	スポレク大会，ゲートボール（活動不明），ビーチバレー（梶原：毎週2回）
クラブ・団体		バドミントン：毎週2回，13名程度（正確な人数は不明），通常2〜3人練習参加，五木中学校
		バスケットボール：毎週2回，8名，通常2〜3名練習参加，五木中学校
		グラウンドゴルフ：毎週2回，登録会員は39名，通常5〜6名練習参加，五木東小学校
		ゲートボール：協会はあるが実際にはほとんど活動は行われていない。三浦で一部活動中
		ソフトボール：現在は活動停止中

トで踊りに参加していたという。世代間に継承された慣習にしたがっているということであろう。しかし、地域の伝統や習わしと全く切れるわけではない。例えば、奉納の踊りは、今でも神社とダンナ家の庭で披露され、神社とダンナ家の間を往復するのである。

三浦地区では、1970年以降、約80パーセント以上の人口が減少した。そのため、地域の組織活動に参加するメンバーは限られ、衰退しつつあるように見受けられる。しかし、彼らは、組織のあり方そのものを、メンバー個々の生活状況や地域の状況に応じて、常に変容させ続けてきたのである。そして、それらの活動は、日常の暮らしのリズムと同調するような形で、非常に「緩やか」な時間・空間の中で営まれている。彼らは地域組織の活動を、固有の生活リズムに合わせ生活組織化することで、メンバーの関係性を再構築させ地域の生活に密着させてきたのである。

(4) 五木村のスポーツ活動

それでは、このような地域組織の生活組織化という視点で、村のスポーツ活動を見るとどのようなことが指摘できるのであろうか。五木村のスポーツ活動の概要を表3に示し

た。村全体で行われるイベントとして、「分館対抗スポーツ大会」と「新春駅伝大会」がある。定期的な活動としては、体育協会の活動に位置付けられる「バドミントン」「バスケットボール」「ソフトボール」（現在は活動していない）があり、その他に「グラウンドゴルフ協会」及び「ゲートボール協会」がある。さらに、分館ごとにスポーツ大会が年に1～3回程度開催され、定期的な活動として北分館（宮園）のビーチバレーと三浦分館のビーチバレー及びゲートボールがある。活動に際しては、施設の使用料・ナイター料金などは一切無料で、村から活動のための補助金が支給されている。

バスケット部は、現在、部員8名で五木中学校において毎週2回（20：00～22：00）活動している。創部8年目で、年1回の郡民体育祭のみに出場している。リーダーのI氏が30歳代でその他は全て20歳代である。2名は人吉市に働き口を求め、6名は村内で働いている（建設業、会社、自営など）。仕事や消防団の活動などもあり、通常は8名中2～3名が練習に出てくる。筆者が観察した日は参加者1名、見学者1名だった。しかし、その他に7名ほど村外の若者たちが参加していた。毎回、村外（人吉市、あさぎり町など車で1時間圏内の町村）から練習に参加する若者がいることで練習が成り立っている。村外から来る若者の中には、バスケット未経験者もいる。五木村出身ということではなく、高校時代の同級生や友達の友達といった関係で練習に参加するようになっていらは他のチームには所属しておらず、五木村で練習に参加するだけである。練習は20時に集合するようになっているが、仕事の関係もあり21時ぐらいから練習が始まる。それまではそれぞれ体を動かしたり、シュートを打ったりして、ほとんど会話はない。ある程度人数が揃うと、全員でのシュート練習が始まり、その後試合が行われる。体育館を無料で貸してくれるのもありがたい。これでお金を払わなければならなかったら誰も来ないと思いますよ」と語っていた。

リーダーのI氏はこのような現状に対して、「村外の人が来てくれるのでとてもありがたい。体育館を無料で貸してくれるのもありがたい。これでお金を払わなければならなかったら誰も来ないと思いますよ」と語っていた。

バドミントン部は、20歳代から50歳代まで各年代1～3名（うち女性が3分の1）で活動している。正確な部員数が不明（10～13名ぐらい）なのは、練習にほとんど来ない人や、郡民体育祭前に誘われて参加する人もいるから

第2部 地域課題と課題解決実践　240

である。全員が村内在住で、森林組合やガソリンスタンド、公社などに勤務している。なぜ五木村でバドミントンなのかと聞くと、リーダーのT氏は「だいたい五木の人はバドミントンをしたことがあるんですよ。統合前の各小学校ではほとんどバドミントン部があった」と語っていた。しかし、通常の練習は2～3名程度で、筆者が観察した日は男女1名と小学生1名であった。T氏は、高校卒業後就職し（地域振興公社）、バドミントンをやめていたが、もう一度しようということでO氏（ガソリンスタンド勤務）と2人で再開した。その後、参加者も増え、活動停止していたバドミントン部（30年ほど前から活動していた）の復活という形で現在は活動している。当時の様子を「昔は電気がついていないと帰っていく人がいて、人が集まらなかった。だけど、Oさんと2人で1人でもいたら電気をつけて待っておこうということにして、いつも体育館の電気をつけていたんですよ。そうしたら少しずつ増えてきた。外から見て電気がついていないということで帰ってしまいますから」と語っていた。

北分館（宮園）のビーチバレーは、30年以上続けられてきたというが、発足のきっかけは不明である。メンバーは13～15名程度であるが、宮園に居住する者が10名程度で、頭地からも3～4名程度参加している。メンバー構成で特徴的なのが、家族での参加が多いということである。特に、メンバーの中心的存在であるR夫人の家族は、ご主人R氏（建設会社社長）、娘、娘婿、長男、長男嫁が参加し、メンバーの半数近くを占めている。その他にも、3組の夫婦が参加している。若い夫婦は子ども連れで参加するため、体育館の半数近くを占めている。その他にも、3組の夫婦が参加している。若い夫婦は子ども連れで参加するため、体育館の中は大変にぎやかで、年長の子どもが幼い子どもの面倒を見る姿が見られた。参加者は少ないときでも10名ぐらい、多いときは15名ほどになる。R夫人は、ビーチバレーの活動について「ビーチバレーは地区全体の活動ではない。笑いがあって非常に楽しいですよ。この仲間で、釣りに行ったり、旅行に行ったりしている。夫婦のどちらかが参加して、家族ぐるみの付き合いになっている」と語っている。練習は、20時からとなっているが、だいたい20時30分ぐらいに始まる。参加者は少ないときでも10名ぐらい、多いときは15名ほどになる。R夫人は、ビーチバレーの活動について「ビーチバレーは地区全体の活動ではない。笑いがあって非常に楽しいですよ。好きなものが集まって活動している。いろんな仕事をしている人がいるし、いろんな話が聞ける。夫婦のどちらかが参加して、家族ぐるみの付き合いになっている」と語っている。相方を連れ出してきて、家族ぐるみの付き合いになっている」と語っている。

五木村のスポーツ活動は、表3に示したように、細々としたものである。活動の種類も参加人数も非常に少ない。それは、急激な人口減少と高齢化が影響していることは言うまでもない。しかし、そのような細々とした活動であっても、それを維持するための村民のしたたかな「やり方」を窺うことができる。しかし、バスケットにおいては村外の者を積極的に受け入れ、バドミントンでは体育館の灯りを絶やさず、宮園ビーチバレーでは家族を基点に活動を展開しようとしている。しかし、このようなスポーツ活動の維持は、村民の主体的な「やり方」のみによって達成されるのではない。五木村においては古くから「家族が可動的な生活組織としての役割を持ってきた」（五木村学術調査団1982）のであり、家族を基点とする宮園ビーチバレーには、まさしくそのような関係のあり方が継承されているのである。また、バスケットの若者が積極的に村外の若者を受け入れながらどうにか活動を続けていく様相は、早くから村外からの労働者が流入し行事や共同労働の機会に小規模な集落が分裂と統合を繰り返すという伝統的な村の集団形成のあり方を投影しているようである。五木村のスポーツ活動は、太鼓踊りや三浦分館の活動と同じように、日常の暮らしのリズムと同調するような形で、非常に「緩やか」な時間・空間の中で営まれている。そして、村に引き継がれてきた歴史的・社会的な関係性を投影しながら、状況に応じた「やり方」を駆使することによってどうにか維持されてきたのである。

4 これからの地域スポーツ研究

五木村は、中世からのダンナ制や賃労働の浸透などの影響もあり、他の農山村と比較して早くから流動化、階層化した社会が形成されてきた。そして、戦後の高度経済成長や林業の低迷、ダム問題により、他に類を見ないほどの人口減少が引き起こされた。そのような社会構造の変容の中、地域における近隣関係は希薄化し、かろうじて行われていた共同作業や地域組織活動は衰退していった。

このように一見瓦解していく村において、本章で取り上げた三浦地区の分館活動や太鼓踊りは、メンバーの関係性の再構築を通して、生活に必要な他の様々な活動と重なり合いながら次第に生活組織化しつつあった。これらの活動は、村特有の「緩やか」な時間と空間の中で営まれ、メンバー個々の生活状況や地域の状況に応じて変容し続けることで、三浦地区住民の地域生活の拠り所となっていると解釈された。

このような地域組織活動のあり方とスポーツ活動を見比べてみると、いずれの活動も村特有の「緩やか」な時間・空間の中で営まれているということと、限られたメンバーで活動を維持していくために組織化されていくという点では同じような状況にある。しかし、どのスポーツ活動も分館活動や太鼓踊りのように生活組織化することはなかった。それは、スポーツの持つ汎用的な交流機能が、当該地域の人間関係の交流を促進させるだけでなく、その地域を超えて広く拡散していくからである。スポーツにおける人間関係には地域関係の規制がそれほど働かないのである。そのため、地域の生活とは直接的には結び付かず、活動自体が生活組織化する可能性は低いのである。では、五木村の地域生活にとって、スポーツ活動は単なる同好集団の活動に止まるのであろうか。そうではない。現在の五木村では、人口減少と共に地域組織活動が量的に縮小し、村民の「集まる」機会自体が極端に減少している。スポーツは数少ない村民の「集まる」機会となっている。そして、この「集まる」機会を確保するために（彼らにとっては個人的な趣味活動であったとしても）、彼らなりの「やり方」を駆使してきたのである。彼らは、その「やり方」を駆使する過程で地域生活者としての主体性が要請されるだけでなく、自らの日常の暮らしと向き合わなくてはならないのである。

五木村の概要で触れたように、現在の五木村は急激な人口減少に伴い、近隣関係も希薄化している。しかし、一方で、他の農山村と比較して、村内に働き口がある程度確保されており経済的にはそれほど低いとは言えない。また、ダム工事の関係もあり道路も急速に整備されている八代市や人吉市まで30分程度で行くことができる。おそらく、普通に村で働き、食べていくには大きな問題はないであろう。しかし、今後も村民の関係性がますます薄れていく可能性を否定することはできない。そのような中

で、細々ながら維持されてきたスポーツ活動は、村民が「集まり」、地域生活に主体的に目を向けることのできる数少ない機会となっているのである。瓦解していく村と常に対面しながら維持されるスポーツ活動は、それを実践する村民たちに、スポーツのみならず村とともに暮らしていく「やり方」をも要請するのである。

近年、スポーツとコミュニティ形成に関する議論においては、地域のスポーツクラブがコミュニティ形成に寄与するためには、スポーツクラブの活動を通しての「場所性の獲得」とともに「公共圏の成立」が重要であるとされる。スポーツクラブは、「公共圏」の成立原則である「場所性の獲得」「平等性」「公開性」「自律性」を自覚的・意識的にクラブづくりに組み込むことによって、コミュニティ形成に寄与し得るというのである（松尾 2010）。ここでは、スポーツクラブのコミュニティ化による「地域コミュニティ」の形成の可能性が理念的に主張されている。

しかし、このような近代市民社会的な「公共圏の成立」を待たずとも、地域のスポーツ活動が「地域コミュニティ」の形成に寄与する可能性を、五木村の事例は示している。分館活動や太鼓踊りは、生活組織という過程を通して三浦地区という限定的な「地域コミュニティ」において欠くことのできない組織活動となりつつある。スポーツ組織のメンバーたちは、瓦解していく村で活動を維持していくために、彼らなりの「やり方」を駆使するとともに、村で暮らしていく「やり方」を身に付け「地域コミュニティ」の一員となっていくのである。

地域のスポーツ組織がコミュニティ形成に寄与する条件として「公共圏の成立」が主張されている。しかし、それぞれを独立した組織としてコミュニティ化することと、「地域生活〈クラシ〉」の形成にどのように関わっているかが議論されているようである。スポーツ組織活動が、「地域コミュニティ」の形成にどのような局面と関係性を持ち得ているかが分析するためには、活動を実践する主体〈ヒト〉が、地域生活〈クラシ〉のどのような局面と関係性を持ち得ているかが議論されなければならない。これからの地域スポーツ研究に求められるのは、スポーツ実践だけを切り取り、その拡大・充実を図ることによって、いかに社会的な役割を果たしていくのかを議論することではない。たとえ、年に１回のスポーツ活動であっても、生活に密着したものである限り、その地域の中に存在し人々の暮らしに彩りや輝き

を与えるものである。華やかな発展論的な地域スポーツ研究だけでなく、地域の生活に密着したスポーツ実践を後押しするような研究が求められるであろう。

[追記] 本稿は、平成23〜26年度科学研究費補助金（基盤研究（C））、「人口減少・超高齢社会を見据えたスポーツとコミュニティ形成に関する研究」（研究代表者：後藤貴浩、課題番号23500738）を受けており、「地域スポーツ政策を問い直す——生活農業論を手がかりに——」（後藤貴浩 2011）及び「五木村の生活とスポーツ」（後藤貴浩 2014）を一部引用・修正したものである。

[注]
（1）コミュニティ・スポーツ論の政策的背景と批判については多くのところ（森川 1975、関 1978）で語られているためここでは省略する。
（2）2020年の東京オリンピック開催が決定し、今後ますます競技スポーツ、それもトップスポーツに注目が集まりがちになると思われる。本章が示す市民レベルのスポーツの社会的意味についても、早い段階での国民的理解が必要であろう。また、東日本大震災後、さまざまな形でスポーツの「力」が利用され、国民的関心も高まっている。今日、そのような象徴的なスポーツの「力」だけでなく、私たちの日常的な暮らしにより近いところにあるスポーツにも注目する必要がある。
（3）熊本県球磨郡五木村において、2013年11月から2014年9月までの間、聞き取り調査、参与観察、資料取集などのフィールドワークを実施した。
（4）ここで使用するデータは、五木村勢要覧2005、五木村HP、熊本県統計調査課データ、都道府県・市区町村ランキングサイト（http://area-info.jpn.org/index.html）、国勢調査データを用いた。
（5）2014年8月2日付熊本日日新聞記事
（6）講は、江戸時代に「遊行」を禁じられた修験者が各地に定住し、住民を組織する形で広がったとされる。内山（2010）によると、講は信仰集団であると同時に娯楽集団でもあったという。また、助け合い集団でもあった。私有財産であるお金を他者のために使う仕組みである。自分たち助け合いの仕組みを講というかたちでつくりだしていた。「都市の共同体はお金を用いた助け合いの仕組みを講というかたちでつくりだしていた。私有財産であるお金を他者のために使う仕組みである。自分たちとともに生きる世界をつくりあげるためには、それが必要だった」（内山 2010, p. 174）と述べている。

[参考文献]

五木村総合学術調査団 1982『五木村学術調査 人文編』五木村役場

木原滋哉 2004「ムラの近代化とダム開発——五木村の川辺川ダム反対運動について——」『呉工業高等専門学校研究布告』66号 p. 9-16

菊幸一 2000「『公共圏』としての地域スポーツに関する一考察」『日本体育学会第51回大会 体育社会学専門分科会発表論文集』p. 1-6

厨義弘 1990「共同性を拓き、豊かな地域活動を育てるスポーツクラブ」厨義弘・大谷義博編『地域スポーツの創造と展開』大修館書店 p. 78-91

松尾哲矢 2010「『つながり』の方法としてのスポーツクラブとコミュニティ形成」、松田恵示・松尾哲矢・安松幹展偏『福祉社会のアミューズメントとスポーツ——身体からのパースペクティヴ』世界思想社 p. 164-186

森川貞夫 1975「コミュニティ・スポーツ』論の問題点」、体育社会学研究会編『体育社会学研究4』道和書院 p. 21-54

関春南 1978「現代日本のスポーツ政策——その構造と展開——」、中村敏雄・高津勝・関春南・唐木国彦・伊藤高弘編『スポーツを考えるシリーズ④ スポーツ政策』大修館書店 p. 96-214

鈴木榮太郎 1968『日本農村社会学原理 上・下』未来社

徳野貞雄 2006「現代農山村における平成の大合併と戦略的な地域政策」『熊本大学文学部論叢』88号 p. 35-59

―― 2011『生活農業論——現代日本のヒトと「食と農」』学文社

内山節 2010『共同体の基礎理論』農山漁村文化協会

湯川洋司 2010『近代山村開発史の民俗学的研究——五木村を事例として——』科研報告書

第10章 現代日本の森林問題における木育の意義
―― 森林化社会に向けた都市住民活動の分析視角から――

田口浩継

1 社会運動としての木育

「木育（もくいく）」という言葉は耳慣れないことばである。2004年に北海道で生まれた新しい言葉だからである。「子どもをはじめとするすべての人びとが、木とふれあい、木に学び、木と生きる」こと学ぶ活動が木育である。その後、2006年に政府が閣議決定した「森林・林業基本計画」の中で、「市民や児童の木材に対する親しみや木の文化への理解を深めるため、多様な関係者が連携・協力しながら、材料としての木材の良さやその利用の意義を学ぶ、『木育』とも言うべき木材利用に関する教育活動を促進する」と記載された。

このように木育は政策から生まれた言葉であると言える。けれども、筆者は、木材消費促進のための消費者教育というニュアンスの強い政策としてではなくて、現代日本における森林と人間たちの関係を見直す運動のなかで木育を理解したいと思う。今の日本の人々の生活にとって森林はやや遠い存在になっているが、このような疎遠化した森林と人との関係を変えていこうとする活動が始まっている。本章では、木育を、こうした森林と人との関係の組み替えの1つとして位置づけ、広い意味での森林保全を目指す社会運動に見立ててその意義を考えてみたいのである。

247

もっとも、森林保全の活動にはさまざまなものがある。さらに、森林ボランティアや里山保全の活動のように、都市の人々が森林に出かけていって汗を流す活動もある。さらに、林道建設などの開発に反対する環境運動も森林保全活動と呼ばれている。その中にあって、木育とは何かを考えるなら、その特徴は、都市部の住民が都市にいて行う「森林親和運動」ということになる。つまり、森林からいったん離れてしまった人々が、緩やかに森林への関わり方を模索する活動が社会運動としての「木育」なのである。

ここではその事例として、筆者も関わる熊本ものづくり塾をとりあげてみたい。この熊本ものづくり塾の活動における事業の設計・運営・組織体制・資金管理・指導者の人材育成などの社会過程を視野に入れた組織論、事業論を考察したい。さらに、この熊本ものづくり塾での一連の実践活動を通じて、参加者の木・森・自然への態度・認識の変容と習得過程の効果測定を行うとともに、教育学的視点も加味してその意義を考えていきたい。なお、この熊本ものづくり塾には、年間1万人以上の人々に木育やものづくりの場を提供しており、木育の指導者を養成する講座修了者も千人を超え、木育の体験者・理解者は拡大しつつある。社会運動としての木育が確実に芽吹き始めていると言える。

次節ではまず、木育の背景となる森林と人との関係の見直しの方向について概観し、その上で本論に入ることにしよう。

2　現代日本の森林問題

日本は森林国家であり、豊かな森や木の文化を育んできた。しかし、現在の日本は森林資源が充実しているにもかかわらず林業が衰退し、山村社会の崩壊が危惧されている。過疎化や少子高齢化が進行する中山間地域におけ

る、環境保全的な発展や荒廃した社会的共有材である森林の再生にどう取り組むかが主要な課題である。一方、都市部においても物理的環境、生活環境、人間関係など、人間的生活条件の悪化が問題視されている（徳野 2007, 2011）。

このような中、1980年代に山村問題と都市問題を解決する1つの取組みとして、森林と人間との関係、森林と社会との関係をいま一度構築し直すという取組みがはじまった（平野 1996, 2003）。それが、「森林化社会」を目指す取組みである。この「森林化社会」という言葉は、1987年制定の第四次全国総合開発計画（四全総）の作成過程で、国土庁により生み出された。当時、20世紀の近代化は、工業化と都市化によってなされてきたが、脱工業化社会が唱えられ、ダニエル・ベルが情報化社会と命名したと同じように、当時始まっていた「脱都市化」の風潮を「森林化」と読み替えようとしたもので、脱都市化した社会を「森林化社会」と命名したものである。

1989年に出版された《森林社会学》宣言』の中で北尾邦伸は、「日本人は長い時間をかけて伝統的な「半自然的生態系」をつくり出してきたのである。（中略）かつての「共生社会」に学びつつ自然と人間とのそして人間と人間との共生関係を新たな水準で獲得していくこと」が森林化社会としている。この運動出現の背景には、地球規模での森林破壊に多くの国民が関心を持ち、それが国内森林問題に関する意識形成がなされたことと、木材産出のための森林資源が充実してきたにもかかわらず、林業が衰退し、あいつぐ人口流出により山村社会が崩壊目前であることが起因しているとしている。このように山村問題と都市問題を一体として捉えたところの「森林化社会」を構想したことは注目に値するとしている（北尾 1989）。

一方、住居環境の変化、生活様式・構造の変化、木材に変わるプラスチック製品などの代替物の出現などにより、森林と人間との関係が遠のいてしまった。我々の生活の変化が森林と人間との関係性の悪化を生み出していると言える（浜田 2008）。

森林と人間の関係性が密であった時代は、人間は森林や木から多くの恩恵を受けていた。それは、あるときは食料、燃料、建物や道具の材料などの生活資源であり、それらを利用する段階では知恵と生活技術を得ていた（貝木 2004）。それが、代替物の出現により、それらの物資を利用しなくなるにつれて、「生活技術の総合性」が低下していった。代替物の使用は、生活が豊かで快適になる一方で、人間の能力を後退させてしまったのである。日本の森林は青々と茂り豊かであるにもかかわらず、各国の違法伐採も、その材を受け入れる限りなく輸入する日本の姿は矛盾に満ちている。片方に見向きもされないスギ・ヒノキの森林があり、他方で外材を止めどなく輸入する日本の姿は矛盾に満ちている。

この「森林化社会」を目指したファースト・ステージは、地球規模での森林破壊に国民の関心を向けさせ、さらに国内森林問題に関する意識の形成に繋げることも意図している。これらの運動は、森林問題を山村問題と都市問題を一体として捉えたこと、経済・産業からの政策に人間・生活からのアプローチを含めたことから注目に値する。この間に取り組まれた森林環境教育や里山保全運動は、森林（川上）をフィールドとし、直接森林・里山と関わらせることにより国民の関心と意識の形成をねらったものであった（田中 1989）。これらの運動には、林野庁を中心とした多くの補助金が投入され、全国各地で取り組まれ問題の所在を認知させる効果はあった。

しかし、これらの運動が開始され約30年が経過したにもかかわらず、森林化社会の実現はなされていないばかりか、森林と人間の関係はますます遠のいてしまった（北尾 1989）。これほど、森林と人間との関係が遠のいた時代は未だかつてなかった。今まさに、関係性が低下した要因の分析とともに、森林と人間の関係回復のための新たな方策の提案が求められている。

前述のように、里山保全のための植林活動などで森林を守ろうという動きが活発になっているが、これにも限界がある。意識の高い一部の市民が参加しているに過ぎず、多くの都市住民はその重大さに気づかず我関せずの状況である。さらには、今でも「森の木は伐ってはいけない」という、天然林と人工林の区別さえつかない都市住民が

多い。天然林は人が余計な手を加えず保護することが大切である一方、国土の森林面積の約7割を占める人工林は、人の手で定期的な間伐を行い、伐りだした木材を有効に活用することではじめて、森林としての機能を発揮するのである。こうした違いは川下（都市部）の人々に十分理解されているとは言えないのが現状である。今まさに、関係性が低下した要因の分析とともに、森林と人間の関係回復のための新たな方策の提案が求められている。

3 ── 木育運動

林野庁が中心となり勧めてきた森林保全運動とは、単に木を伐らず森林を保全することを指しているのではなく、「保全」「適切な管理」「回復」という3点から広く捉える必要があるとしている。この「適切な管理」の中に、木材資源の適切な利用も含まれている。

近年、森林保全運動の一環として、里山保全運動を中心とした川上からのアプローチに加え、川下に注目した運

木について知る

木に触れる（観察・実験）

木を使ったものづくり

写真1　森林自然運動の一環とした木育の具体的要素

251　第10章　現代日本の森林問題における木育の意義

動がいくつかの地域で見られるようになった。子どもの頃から木の良さや利用の意義を学ぶといった教育活動としての「木育」である。木育では、木に「触れる」「創る」「知る」ことを通じて、木に親しみ、森への理解を深めていく(写真1)。たとえば、木について学ぶ木育の授業や体験活動、木を素材にしたものづくり教室の実施などである。

この「木育」という言葉は、2004年の北海道木育プロジェクトによる造語で、その後、2007年に林野庁の「木材産業の体制整備及び国産材の利用拡大に向けた基本方針」に、「木材利用に関する教育活動」と明記された。「市民や児童の木に対する親しみや木の文化への理解を深めるため、多様な関係者が連携・協力しながら、材料としての木材の良さやその利用の意義を学ぶ教育活動」としている(煙山・西川 2008, 山下・原 2008)。林野庁の木育は、理念や目標は示されているが、実際にどのように進めるかについては不明確であった。また、ヒト・カネ・モノ・ネットワークなどの資源が不十分であり、その資源の獲得方法についても明確なものを持っていない不完全な運動であった。

4 木育にかかわる状況

(1) 生活体験と木材や木製品に対する親和性

各世代の児童期における生活体験の調査より、木材や木製品に対して高い親和性を持つことが明らかとなった。つまり、木材の需要拡大には、木や森を理解するための生活体験の有無が作用しているということである(田口 2011)。

しかし、調査により現代の子どもたちの生活世界が大きく変容していることが分かった。具体的には、「人間関係」「自然体験」「野外活動」「技術体験」の各次元の経験が若い世代ほど減少する傾向が見られた。つまり、現代

の子どもたちは、生活体験が少なく、木材や木製品に対する親和性が低い状況にある。

(2) ものづくりの現状

「木材需要拡大に関する意識」の獲得に大きな影響を与えるものづくりなどの体験が、実際にどの程度実施されているかについて調査を行った。2004年度の調査によると、熊本県内では14の組織・団体がものづくり教室などを提供している。その事業の開催は年間169回、参加人数11,630人であった。また、熊本市内の中学生（8校320人）において、学校外でのものづくりの経験者は僅か13.0パーセントであった。近年、多くのものづくりの機会が保証されているように見える。しかし、実態は受け入れ可能な人数は極端に少なく、開催地にも偏りがあり、恩恵を受ける子どもには限界があった。その他の課題として、指導者が少ない、単独開催がほとんどで他団体との連携がないことが明らかとなった。さらに、木材を積極的に利用していこうという意識と、従来の単なるものづくり体験との関わりが薄く、ものづくり体験自体にも工夫が必要であることが明らかとなった（田口・西本 2009）。また、2010年の調査でも同様の結果が得られた（田口 2010a）。

(3) 学校教育・社会教育の現状

現代の学校教育および社会教育における森林環境教育の現状から課題を整理した。小学校教育においても2011年度全面実施の学習指導要領の中で、森林環境教育は大きく取り上げられるようになったが、その実践は少なく現場の教師にとっては暗中模索の状態である。また、全国共通のテキストはあっても地域に即した教材は少ない。さらに、森林環境教育については、地域の実態に応じた教育が効果的であるにもかかわらず、各地域においてどのように進めるべきかについては、未だ明確に示されているとは言えない。同様に、現役の教師は過去に学習した経験もなく、教員養成の課程においても「森林環境教育」に対応する講義はなされていないのが現状である。このよ

うな中、具体的にどのような教材を使用し、どのように指導していくかについて課題がある。

5 木育運動の生成と展開

(1) 森林親和運動としての木育

林野庁の木育は、理念や目標は示されているが、実際にどのように進めるかについては不明確であった。また、「ヒト」「カネ」「モノ」「ネットワーク」などの資源が不十分であり、その資源の獲得・拡大方法についても明確なものを持っていない不完全な運動であった。さらに、木材需要拡大を目指した「消費者教育としての木育」の運動が、現在の都市部住民の実情に適合しないこと、木育は経済的目的とはなじまないことから、本研究では木育を「木に対する人間の社会的・文化的な関係を再認識・再構築する活動」と位置づけた。このように、本研究は木材の需要拡大や森林保全のみを目的としているわけではなく、人間と森林との生活の中での関係性を見直し、親和性を高めること（森林親和運動）にある。特に、森林とかけ離れた生活をしている都市部の住民に対して、森林と人間の関係性を高めることが望まれる。また、この木育運動は、運動の担い手により分類すると利害的・地元主義的な住民運動や同じ価値観を持つ有志が行う市民運動とは、運動の目的や展開において異なる運動であり、都市部の住民を対象とした木や森に対する親和性を高めようとする「森林親和運動」としてモデル化することができる。

(2) 木育への正統的周辺参加論の導入

国民の多くは聞かれれば「森林に親しみを感じる」「森林は大切で守るべき」と答えるが、いざ日常生活になると木のことや木を使うことに関心がない存在となる。徳野の言葉を借りれば、意識と行動が分離している消費者「分裂型消費者層」という位置づけである（徳野 2007, 2011）。このような無関心・不理解な層は、一般的には共同

体から排除される層である。しかし、正統的参加論を用いることで、これらの人々を共同体の一員と見なすことができ働きかけることができる。一見かけ離れた存在であり役に立たない存在に見えるが、これらの存在を認めることにより森林保全運動が変化する。これらの層を、正統な森林の担い手であると位置づけ運動を展開することが、木育のスタート地点となる。

それでは、木育のゴールは何であろうか。林野庁であれば、森林の公益的機能を理解し、国産木材の需要拡大に貢献する人の育成であろう。北海道の木育であれば、水産林務部木材振興課の意向としては道産木材の需要拡大であるが、人間教育にも重点が置かれている。森林保全運動で見るならば、最も高い位置にいる者（十全的存在）が、たとえば森林保全運動や里山運動に先導的に関わっている人たちであろう。さらに、実際にこれまで生活していた都会を離れ、職を変え森林保全に関わる人たちの姿もある。森林親和運動としての木育では、「木や森林との関係性を高めた人」となる。

一方、その対局にいる共同体の一員（周辺的存在）が、都市部の住民に多い。木や森林、自然を守ることに対して否定はしないが、木や森林との関係性は薄く、森林の公益的機能を十分理解してもおらず、理解しようともしない。自ら森林保全運動に積極的に関わろうとしない人であり、公益的機能は享受しながらも、それに対する対価を払おうとしないフリーライダー的な存在とも言える。

そこで、都市部の住民を緩やかに自身と木や森林との関係性を高め、森林保全活動の中心へと導く試みがなされている。たとえば、沢畑亭の行う愛隣館での「水源の森づくり」（春の植林）、「働くアウトドア」（夏の下草刈り）は、直接森に入り、林家の仕事を手伝いながら易しい仕事から体験をしていく活動である。いろいろな体験を数年にわたり行うことで、森林を保全する実践共同体の一員という自覚と行動が身についてくる（沢畑 2005）。その他、各地で植林や下草刈りを行う活動・イベントが開催されるようになったが、これらも同様の取組みとみることができる。

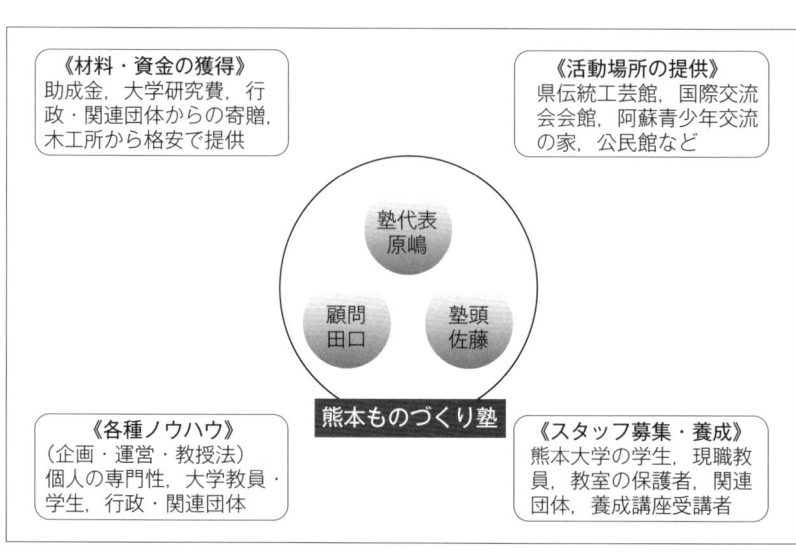

```
┌─────────────────────────────────────────────────────────┐
│ 《材料・資金の獲得》            《活動場所の提供》         │
│ 助成金，大学研究費，行         県伝統工芸館，国際交流     │
│ 政・関連団体からの寄贈，       会会館，阿蘇青少年交流     │
│ 木工所から格安で提供           の家，公民館など           │
│                                                         │
│                    ┌─────────┐                          │
│                    │ 塾代表  │                          │
│                    │ 原嶋    │                          │
│                    └─────────┘                          │
│               ┌─────────┐ ┌─────────┐                   │
│               │ 顧問    │ │ 塾頭    │                   │
│               │ 田口    │ │ 佐藤    │                   │
│               └─────────┘ └─────────┘                   │
│                  熊本ものづくり塾                        │
│                                                         │
│ 《各種ノウハウ》                《スタッフ募集・養成》     │
│ （企画・運営・教授法）         熊本大学の学生，現職教     │
│ 個人の専門性，大学教員・       員，教室の保護者，関連     │
│ 学生，行政・関連団体           団体，養成講座受講者       │
└─────────────────────────────────────────────────────────┘
```

図1　熊本ものづくり塾の発展の要因

このように、直接森林・里山と関わらせることにより国民の関心と意識の形成をねらった活動も有効であるが、都市部の住民にとってはハードルの高い活動であり参加者も増加したとはいえ、依然一部の市民に止まっている。多くの市民が住む都市部において森林化社会実現のための裾野を広げる活動を捉え直す必要がある。

繰り返しになるが、これらの都市部の住民に対して、林野庁の目指す「啓発的な消費者教育」を行おうとしても、その素地ができておらず拒否反応さえ出る可能性もある。実践共同体の一員でありながら周辺部にいる人々を、少しずつ中心部に導くのが木育の役割であろう。この森林化社会という目標があり、その一翼を担う社会運動の1つである木育をすすめる過程について、正統的周辺参加論により説明することが理解を容易にする。

(3) 熊本ものづくり塾の生成と展開

熊本県における木育は、2007年に設立された任意団体である熊本ものづくり塾を中心に開始された。現在は、多種多様な業種・団体の連携により「材料・資金の獲得」「活動場所の確保」「スタッフの獲得・養成」「推進の各種

図2 中学生・大人用のテキスト

ノウハウ・ノウホワイの蓄積・更新」がシステム化され、安定的に実施できる段階に入った（図1）。熊本ものづくり塾を中心とする先導的な担い手は、森林・林業に関係する行政・企業のみならず、教育関係者や各種NPOにその広がりを見せている。主な活動内容は、子どもとその保護者を対象としたものづくり教室、運動の担い手を育成する木育推進員養成講座などである。

(4) 木育運動推進のための資源

木育を推進するにあたり、その資源の質や量は重要な要素となる。まず、木育用のテキストは、林野庁の木育の理念は継承しながらも、ヒト・クラシの視点を導入したものを開発した（図2）。ものづくり教室などで製作させる題材については、木の良さが伝わり地域の森が想起できることを目標に開発した（写真2）。さらに、木育講座のカリキュラムについては、子どもと大人用に分け開発した。この時、ヒト・クラシの視点を重視するとともに教育手法として正統的周辺参加を用いた。

257　第10章　現代日本の森林問題における木育の意義

6 木育運動の成果

(1) ものづくりフェアなどのものづくり教室

熊本ものづくり塾主催による子どもとその保護者を対象とした木育は、年間150日実施され1万人の参加者があった。2004年度の調査で、14の組織・団体で年間約1万1千人の参加者であったことからも、その活動の大きさが分かる。この活動は、継続されており参加者数も2013年度以降は1万5千人規模に拡大している。木育運動としては、全国でも希有な事例である（写真3）。さらに、木を素材にしたものづくり教室は熊本ものづくり塾から離れて、県内各所、他県においても実施されるようになり、今後、森林と人間の関係性を高めるための運動モデルとして示唆を与える活動と言える。木育の中心理念にヒト・クラシの視点を導入し具現化したこと、活動の場所を都市部にしたことにより、多くの参加者・理解者を得ることができたと考えられる（田口 2010a、2010b）。

い草と杉の小物入れ

ヒノキのコースター

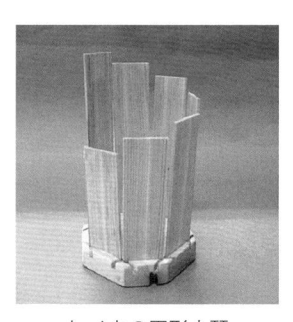

ヒノキの円形木琴

写真2　木育で製作させる教材の例

(2) 木育推進員養成講座など大人の木育

ものづくりフェアなどの開催も熊本ものづくり塾だけでは、開催回数・参加者数にも限界がある。それらの活動の担い手を養成する取組みが、木育推進員養成講座である。木育推進員に求められる能力として、木育に関連する知識、技術・技能、教授・支援法、企画・運営力の4点を挙げている。これらに関する講義と演習により講座は実施される（写真4）。

本講座などへの参加者は、この6年間で31回講座を実施し1,170人に達した。修了者には、熊本大学主催の「木育推進員養成講座」では、熊本県知事より「木育指導員」の修了認定証書が発行されている。なお、その認定基準は、①木育の推進員として地域の木育活動に積極的に参加する意志のある者、②木育に関する講座（講義・演習・実技講習）を5時間以上受講した者、③講座内容を踏まえた「木育推進プログラム」が作成できた者としている。

参加者の目的は、林業の再生、木材の需要拡大ばかりでなく、子育て、環境、福祉、地域おこしなど様々である

写真3　子どもを対象とした木育

259　第10章　現代日本の森林問題における木育の意義

（図3）。参加者は、この講座から自らの目的を達成するだけでなく、木や森林についても緩やかに関心が向くとともに、自らの活動との関係性を見いだし、次の活動へとつなげている。さらに、講座に参加した人が相互に影響し合い、学び合うことになる。講座終了後も、それぞれの団体・個人にネットワークが生まれ、拡大している。木育の捉え方は多様であり、それぞれの目的のもとに参加（周辺的）が見られ、木育を取り巻く雑多な環境から様々な情報を享受しながら、環境に取り込まれていく、または順応していく過程が見られる。これは正統的周辺参加でいう「学習」であり、十全的な存在へと移行する過程である。

このように、木育は共同体の一員でありながら周辺部にいる都市部の住民を、緩やかに中心部へと導き、裾野を広げる役割を果たす可能性を持っている。誰でも参加でき、楽しみながら参加できる木育を提供することが、ゆっくりであるが「森林化社会」という目的に近づくという構造を持っている。

近年、この講座の修了者が各地でそれぞれの木育を実践する段階に進んできている。このような、講座の修了者

写真4　大人を対象とした木育

第2部　地域課題と課題解決実践　　260

```
         ヒトの暮らしを考える  ←  →  経済性を中心に考える
      ┌─────────────────────────┬─────────────────────────┐
公的   │ 高校生（林業，建築）     │ 子育て・福祉系          │
機関   │   ┌─────────────────┐   │   ┌─────────────────┐  │
       │   │小中学校・幼稚園の教員│   │林野庁・九州森林管理局，│  │
       │   │少年自然の家・公民館・│   │県農林水産部林業振興課 │  │
       │   │生涯学習施設等の職員  │   │                     │  │
 ↑     │   │社会教育指導主事      │   │                     │  │
       │   │教育学部学生          │   │                     │  │
 ↓     │        [教育]           │        [行政]          │
       │              ┌──────────────┐                    │
私的   │              │ 木育の       │                    │
組織   │        [NPO] │ 普及・推進   │ [企業]             │
       │              └──────────────┘                    │
       │   環境・福祉・子育て・    │ 公務店・建築業・       │
       │   地域活性化              │ 製材所・家具製造・流通 │
       │                           │ 林業                   │
       │ 地元のPTA活動，ボランティア活動│ 農業，土木          │
       │ 福祉施設（老人ホーム，介護施設）│                    │
       │        [一般市民]         │     [行政・企業・団体] │
      └─────────────────────────┴─────────────────────────┘
```

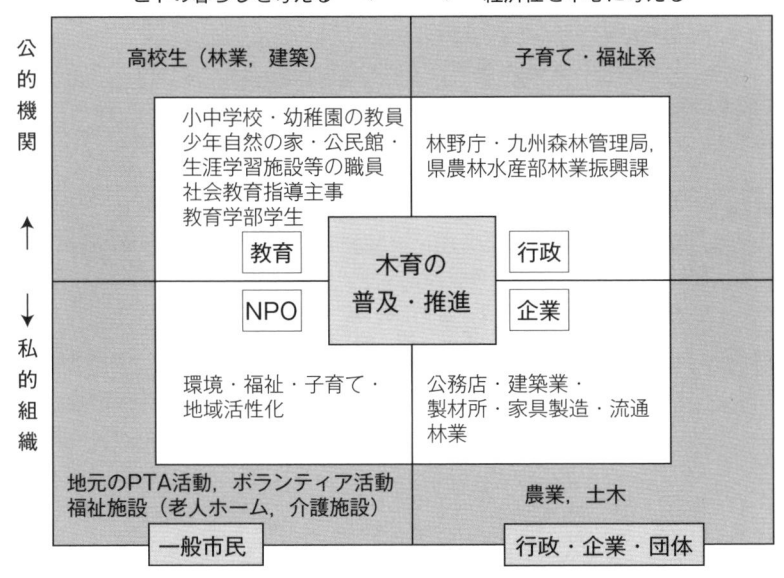

図3　大人の木育の参加者分析

が所属する企業や団体が取り組むようになった木育活動には、力強さと今後の発展の可能性が感じられる。人が本を読みたくなれば図書館へ、映画を見たければ映画館に行くように、木と触れ合う木を素材にしたものづくりに取り組みたくなった場合の受け皿（施設）の設置が望まれる。講座の修了者の中から、自らの会社の一部をそれにあてる動きや、廃校となった小学校を会社・団体で買い取り（または借り受け）活動の場とする案が熊本県でも現在浮上し、実施に移る段階にある（田口・西本 2009）。また、熊本県でも新生児が誕生した家庭に、木製玩具を贈呈する「ウッド・タッチ」事業が2013年度より開始されるのに伴い、個人的な活動として展開していた木工作家らの支援と組織作りが行われるようになった。

(3) 学校教育や社会教育での実施

木育を森林環境教育の一環として、学校教育や少年自然の家などでの恒常的な教育活動に導入できる可能性が高い状況となった。すべての国民がある時

表1　森林保全に関わる運動

分類	森林保全の住民運動	森林保全の市民運動	森林親和運動
志向性・論点	生活保全，権利防衛	自然・環境の保護	対立する対象を持たない 改善・回復を目的とした運動を持たない 人間と木や森林との関係性に重点
担い手	地域住民・関係者	同じ価値観を持つ有志	一般市民 （特定の地域的，利害的，価値的な関係性を持つ担い手に限定されない）
形態	地元完結型	ネットワーク型	穏やかなネットワーク型
運動例	里山保全，造成に反対する運動	「知床問題」 「森は海の恋人」	「エコツーリズム」「グリーンツーリズム」 「田舎暮らし」「スローライフ」

期、一定の時間を費やし木育を経験する状況になれば、最も効果が望めると言える。熊本県では、小学校5年生の社会科、中学校の技術・家庭科用の副読本と指導案・ワークシートが作成され、県内の児童・生徒と教師に配布されている。また、森林と触れ合う貴重な機会として、少年自然の家などでの集団宿泊的行事に木や森林を知る学習とウォークラリーなどの木育プログラムが開発された。現在、講座の修了生により県内の一部の施設で実施されている（田口・岡田 2009）。

(4) 森林親和運動としての成果

森林親和運動としての木育は、環境教育、森林環境教育、ものづくり教育など子どもを中心としたソフトな運動スタイルをとっていることが特徴である。さらに、表1に示すように運動の担い手は各種NPOや行政、研究者、一般市民など多様であり、運動自体も重層的に行われている。その運動推進も、都市部の住民を中心に「主体性を生かした」「経済的な運動でなく」「参加者も楽しみ、主催者も楽しむ」という主体性・感受性を重視した運動にすることで参加者が増えることが明らかとなった。また、目指す価値観にも柔軟性があり、一方的に押しつけるものではなく、木育を通して「生活見直し」を行うお互いに考え創りあげていく運動であった。さらに、

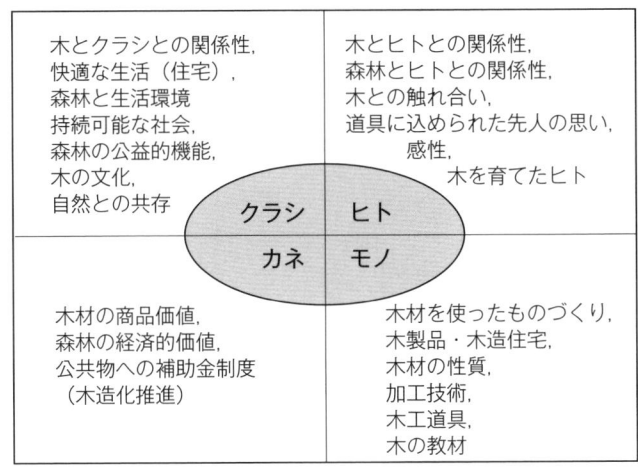

```
┌─────────────────────────┬─────────────────────────┐
│ 木とクラシとの関係性,   │ 木とヒトとの関係性,     │
│ 快適な生活（住宅）,     │ 森林とヒトとの関係性,   │
│ 森林と生活環境          │ 木との触れ合い,         │
│ 持続可能な社会,         │ 道具に込められた先人の思い, │
│ 森林の公益的機能,       │ 感性,                   │
│ 木の文化,               │       木を育てたヒト    │
│ 自然との共存            │                         │
│         クラシ   ヒト                             │
│         カネ    モノ                              │
│ 木材の商品価値,         │ 木材を使ったものづくり, │
│ 森林の経済的価値,       │ 木製品・木造住宅,       │
│ 公共物への補助金制度    │ 木材の性質,             │
│ （木造化推進）          │ 加工技術,               │
│                         │ 木工道具,               │
│                         │ 木の教材                │
└─────────────────────────┴─────────────────────────┘
```

徳野を参考に田口が作成（2009）

図4　国産材の利用推進のための取組み

参加者も見られ、「森林化社会」を創る活動としてその第一歩を踏み出したと言える。森林親和運動は、これまでの市民運動型や住民運動型の森林保全運動と協力可能な第3の運動と言える。さらに、この分析概念を用いることにより、現在行われているエコツーリズムやスローライフ、合鴨農法、逆手塾など種々の運動との共通点が明らかになり、関係性も見えるようになった（田口 2011）。

(5) 木育の現代的意義

社会学における農業論を生活論的に再構成した「生活農業論」に示唆を得て木育の意義を提示した。また、都市部の住民を対象とした木育の意義、木育運動の資源から、なぜ今日木育が必要とされているかについて論究した。これらの木育運動を構築・推進するにあたり、「生活農業論」を参考にするとともに運動論の分析パラダイムとしても用いた（図4）。木や森林との関係性が希薄な都市住民に対しては、林野庁の「消費者教育としての木育」は先駆性があったが効果が望めず、ヒト、クラシといった生命・生活原理の視点から、丁寧に伝えていく必要がある。木を育て、森を守る人間やそのクラシ、また木育によりもたらされる自らのクラシの

7 ── 今後の課題と展望

(1) 今後の課題

林野庁をはじめとする行政は、木育を経済的な視点から捉えているが限界性がある。また、里山保全運動などの環境保全運動は、生活や経済的な視点の環境保全運動は、生活や経済的な視点を導入したが、経済的側面からのアプローチが弱くなっている。さらに、本章で扱った森林親和運動としての木育は、ヒトやクラシの視点が抜け落ちている。さらに、本章で扱った森林親和運動としての木育は、ヒトがなぜ代替物に移行していったかという現象については、その機能性や経済性などが考えられるが、ヒトがなぜ代替物に移行していったかという現象の1つであるプラスチックや金属製品などの代替物の出現がある。ヒトがなぜ代替物に移行していったかという現象については、その機能性や経済性などが考えられるが、木育の経済的な視点からの論考はなされておらず残された課題である。これらの代替物とヒトとの関係性についてや、木育の経済的な視点からの論考はなされておらず残された課題である。森林化社会の実現には、これらの要因について、今後総合的な分析と取組みが求められると言える。

木育を食育と比較した場合、食育の対象物である食材は基本的に農水産物であり、それに替わる代替品は少ない。それに対して、木の代替品は豊富にあり、優れた素材も多い。樹木や森林の機能で代替できないのは、地球温暖化防止、治山治水、水資源の涵養、野生動物の生息の場などの公益的機能であり、これらを前面に出さざるをえない状況でもある。さらに、自らと対象物との関わりにおいても、食育は毎日の生活で意識でき、命や健康などその重要度も理解しやすいが、木育はこの点からも弱い。このような理由から、食育に比べ木育は論理的な展開が難しいとも言える。

また、熊本県における木育運動の推進は、各地でいろいろな取組みがなされるようになってきたが、依然として

熊本ものづくり塾を中心においての活動である。これはボランティア的な活動により支えられている部分が多く、彼らが撤退した場合には何も残らない可能性も含んでいる。それぞれの地域、組織・団体で恒常的な活動ができるような支援やシステムの構築が喫緊の課題である。本研究では、取組みが開始された事例を紹介したが、その取組みがきちんと継続し機能するかについては、言及することができなかった。

一方、「木材需要拡大を目的とした消費者教育」を木育の1つの側面と捉えた場合、「教育」に伴う課題が見えてきた。木や森林に関する興味・関心を高め、知識を身につけさせることは可能であるということが明らかとなり、開発した木育カリキュラムや製作題材についても、その有効性を検証することができた。さらに、消費行動に繋がる態度育成についても、木の良さを理解させ、我が国の森林の現状、それに従事するヒトの経済的困窮についても理解させることができ、自らが取るべき理想的な意識や行動を想起させるという機能を明らかにすることができたように思う。しかしながら、実際に消費という明確な行動までには、本研究では確認することができなかった。理解することと行動することには隔たりがあり、どのような要因や、どれくらいの期間で行動が変容するかについても明らかにすることはできなかった。

おわりに

ものづくり教室へ参加する子どもは増え、それらを支える木育を理解した大人を増やすことはできた。この数がある域を超えれば、何らかの大きな社会的な変化が見込めるであろうか。また、それが見込めるとすればどれくらいの規模であろうか。さらには、森林化社会はいつ実現することができるのであろうか。木育は都市部の住民に間口を広くすることができたが、それは木や森林、環境、子育て、ものづくりなどに関心のある人に止まっており限界がある。すべてに無関心な人には、アプローチすることさえできないというジレンマが存在する。これらの点に

ついても言及することができず多くの課題を残している。まだ、木育は緒についたばかりであり、もうしばらくは辛抱強く継続してみなければその答えは得られそうにない。木の生長に長い年月がかかるように、森のことを理解する人を育てるのにも多くの時間が必要である。

[注]

(1) 正統的周辺参加（LPP: Legitimate peripheral participation）は、学習そのものを「社会的な実践共同体への参加」と捉える考え方で、レイヴとウェンガーによる著書の翻訳とともに日本でも注目を集めることになった（Lave, Jean and Wenger, Etienne. 1991 ＝ 1993）。正統的周辺参加という考え方は、徒弟制の人間関係を観察した研究がもとになっている。徒弟制は、通常、熟練者である親方が未熟な弟子を教育するシステムとされている。これに対して、正統的周辺参加論は、親方の仕事ぶりを見よう見まねで覚えていく弟子の学習が、親方の教育の成果というよりも工房という実践共同体への参加という特徴を持つことに注目する。徒弟制における弟子の学習は、共同体の正規の一員（正統的）が、実践共同体への参加の度合いを高めていくこととなのである。このように、実践共同体のメンバーが、学習によって新入りの時点での「周辺的」な位置から「中心的」な役割（十全的参加）を果たすようになっていく姿を、参加度を徐々に増していくという意味を込めて「正統的周辺参加」とレイヴとウェンガーは名付けたのである。

(2) 主な構成員は、代表の原嶋友子（EMS環境推進室代表・熊本市）、塾頭の佐藤眞巳（㈱眞建・代表取締役・福岡県）、顧問の田口浩継（熊本大学・教授）であり、自然の素材を活用したものづくりを通して子どもたちの健全育成を目指している。塾の運営は、子ども夢基金などの国や県からの助成金、教材の販売をもとに行う。現在、会員は県内外で100名。

(3) 水稲作において、アイガモを利用し除草を行うことで農薬を減らしたりする農法。その根底には、環境に寄り添いながら、環境負荷を最小限にしながら共生するという意思がある。

(4) 前身の「過疎を逆手にとる会」は、2001年に発足した。過疎を嘆き、あきらめることなく、逆境をバネにして「輝く地域づくり」に挑戦している組織。

(5) 徳野貞雄は、モノとカネに重点を置いた従来の農業論を「生産力農業論」と名付け、ヒトとクラシに重点を置いた農業論を「生活農業論」として整理し、ヒト・クラシの大切さを指摘した。

[参考文献]

浜田久美子 2008『森の力 育む・癒す・地域をつくる』岩波新書

平野秀樹 1996『森林理想郷を求めて 美しく小さなまちへ』中公新書

——— 2003『2020年日本の森林、木材、山村はこうなる 森林化社会がくらし・経済を変える』全国林業改良普及協会

北尾邦伸 1989『森林化社会の社会学』内山節編《森林社会学》宣言』有斐閣

煙山泰子・西川栄明 2008『木育の本』北海道新聞社

Lave, Jean and Wenger, Etienne, 1991, Situated Learning: Legitimate Participation, Cambridge: Cambridge University Press. (=1993、佐伯胖、翻訳、『状況に埋め込まれた学習 正統的周辺参加』産業図書)

沢畑亨 2005『森と棚田で考えた』不知火書房

田口浩継・岡田拓也 2009「技術・家庭科における木育推進用副読本の開発」『日本産業技術教育学会第52回全国大会講演要旨集』p. 72-73

——— ・西本彰文 2009「技術科教師を対象とした研究会および教科関連イベントの参加状況等に関する調査」『日本産業技術教育学会51』p. 123-127

——— 2010a「地域活性化をめざした社会教育の展開——熊本ものづくり塾の地域的な活動展開の限界と可能性——」『西日本社会学会ニュース No.133』p. 5

——— 2010b「社会教育におけるものづくり活動に関する一考察」『熊本大学教育学部紀要59号、人文科学』p. 257-264

——— 2011「児童期の生活体験と木材利用意識に関する一考察」『九州地区国立大学間連携論文集』第4巻第2号

田中茂 1989『森林と流域の社会史』内山節編《森林社会学》宣言』有斐閣

徳野貞雄 2007『農村の幸せ、都市の幸せ 家族・食・暮らし』NHK出版（NHK生活人新書）

——— 2011『生活農業論 現代日本のヒトと「食と農」』学文社

山下晃功・原知子 2008『木育のすすめ』海青社

第11章 「食と農の分断」再考
―― 現代日本における「食」と「農」の結び直しの事例を通して ――

堀口彰史

はじめに

動物は他の生物を食してそれを糧として生命を維持する。自然界に棲む野生生物が、本能的に食す対象を見定めて他の生物を捕食する様子を今でもよく目にする。しかし現代人は、自然界から本能的に何かを直接食すということはほとんどなくなった。自らが栽培しまたは飼育したものがほとんどとなり、農耕畜産を含んだものが、人の食という行為になっている。言い換えれば、食は人間がこれまでの英知で培った知識の上にそれを文化として受け継いでいる行為となっている。

日本の国土は南北に長く急峻な脊梁が国土のほぼ中央に走り、地域ごとの気候が大きく異なることから、それぞれの地域風土に合わせた工夫を約1万年前の農耕の始まり以来重ねてきた。日本の農耕の特徴を、単なる食料生産だけではなく、その過程で比較的狭い地域独自の生産・生活・生態環境が1つの空間で重なり合い、農村が独自の風俗・文化を形成し、地域性の強い農村社会を作り出していると、全国を踏査した民俗学者宮本常一（1977）によると、日本ほど雑草の豊かな国は世界になく、日本の農耕の特徴も雑草を抜くということであったが、野菜が足らねば雑草を食っていたのであり、万葉集の中にも「若菜つむ」という記事が多い。また、日本民族は田んぼに四つん這いになって草を取り、

とにかく土に手を触れて国土を愛撫するという点からも、これほどに国土に愛情を持つ民族はいないとの見解を述べている。

山口（2006）によると、日本列島で、食物を作らない狩猟採集では人口1万人が限度であった。しかし、約1万年前に、食物を作る農耕が始まり、調理を覚えて1万年で約1万倍に人口が増加した。その中でも明治後半から昭和までの100年ほどにかけて人口は4千万人から1億2千万人という有史以来ないペースで増加した。その結果、農耕と食が融合する自給的暮らしだけでは食料をまかなえなくなった。あわせて1960年以降、都市部への人口の移動が重なり、これらにも対応する形で、食料増産と食料の輸入拡大、都市部への大量物流の仕組みが構築され、食料を消費することが一般化することで、食料生産と食料消費の場所が分離し、各主体が機能的に分化され、いわゆる「食」と「農」が分断された状態となっている。

「食」と「農」の分断に関しては、先行研究では、国という単位でのマクロな制度や農家側からのものが多く、「食」する消費者側からのアプローチがほとんどない。

一方、食に関する社会学的研究として、食が豊富で不自由のない社会においては、ブルデュー（1990）による食材の選択や調理、食事そのものが、社会階層の振舞いをあらわすものであり、大衆のエートス、大衆的倫理のもっとも基本的な部分であると述べている。また、それを前提としつつ、栄養学や食に関する情報化が進んだ現代オーストラリアで、食べる人の身体性と主観性に関するインタビュー調査を行ったラプトン（1999）は、さまざまな食に関する言説の中で「よい食べ物」と「悪い食べ物」、「健康的」「不健康」に関する概念をめぐって、「自然な」ものであるという、一種道徳的な考えが絡むことが多くなっていることを指摘した。そのような理念の下で、その関心は食の安全性へ向かうことが多い。日本においても、食と農の関連で安全な有機作物を志向した都市住民による産直運動がその先頭であったことは周知の事実であり、桝潟（2002）も工業化都市化による近代化路線で、世界的な社会システムにその組み込まれた食の見直しが自然発生的に起こったことを重視すべきであると述べている。

本章では、このような理念のリアリティや必要性は認めながらも、これまであまり論じられることがなかった、食べる側にある人々の具体的な生活実践からの食と農の分断の具体的な過程を明らかにする。手法としては、現在農業体験農園の園主である男性のライフヒストリーを取り上げる。対象者は、日本国内で食と農が分断された、1960年以降は、ごく一般の消費者であった。食べるという行為の当事者から見た場合の食と農の分断とはどのようなものかを、対象者の食事というたいへん具体的レベルに視点を当てることによって明らかにしたい。また、対象者はその後、食と農を結びなおす取組みに向かっていくことになるが、その過程を追うことで、消費者の行動パターンの変容の可能性についても検討したい。

1　研究視座

(1) 食と農の分断に関する先行研究と研究視座

本論に入る前に、食と農の分断についての先行研究を少しだけ紹介し、本章の位置づけを明確にしておきたい。

まず、マクロレベルでは、戦後の政治的・経済的近代化から分断の発生要因を説明する研究がある。たとえば暉峻 (2011) は、戦後から70年までの時期に、占領政策、日米安保体制の中、日本経済と食と農の原型が形成され農業がゆがみ、70年以降、新自由主義、グローバル化の潮流の中での農業の変化によって分断がさらに深まった。と述べた。また、古沢 (2010) は、食の連鎖であるフードチェーンのモノカルチャー（工業）化、寡占化、グローバル化などにより、経済面の効率化が進むが、食と農の文化的発展の阻害要素となっている、と分析している。マ

その際、農業政策や国家戦略などの基板となる一国規模でのマクロレベルの分断、都市と農村の関係性や生産消費間の流通など地域間関係に見られるメゾレベルでの分断、消費者の生活行動におけるミクロレベルの分断に便宜的に分けて先行研究を整理することとしたい。

第2部　地域課題と課題解決実践　　270

クロレベルでは、前提として、農業政策の失敗により農業が衰退、これに食の国際化が追い打ちをかけるという構図で分断が語られることが多い。

これに対してメゾレベルでは、戦後の都市-農村という地域間の変化を要因として注目する研究が多い。たとえば、桝潟（2002）は、高度成長期の急速な工業化が都市と農村を分断して農の荒廃をもたらし、その後基本法農政で農の工業化がすすみ、それまでの日本の農の兼業的性質は軽視されたと述べている。北川（2010）は、食と農の距離の拡大を「時間・地理的距離」、流通経路などの複雑化による「段階的距離」、加えてそれらの中で、消費者に発生する「心理的距離」に分類している。メゾレベルでは、戦後の都市化や人口移動に対応して、生産流通の近代化や技術革新が豊かな食生活を実現したものの、距離や仕組みによる物理的な遠さが、心理や信頼などの主観的な距離を生んでしまった。その行き過ぎた部分として捉えられることが多い。

これに対して人間の生活実践というミクロレベルへの注目はごく最近出てきた分析の方向である。たとえば農業経済学・社会学研究者の池上甲一（2011）は、日常の食生活に不自由のない消費者、売上や価格に意識が集中する生産者の登場を分断の内容であると考える。その上で、このような分断の要因を消費者の理解不足や生産流通の消費者不在に帰することは一方的すぎると考える。すなわち分断をマクロな政策レベルの「国産」重視、「自給率」向上の問題に収斂させることは視野を狭めることとなり、安さを求める多くの消費者がいる中、食と農に関する各主体や仕組みなどの諸様相の総合的な分析が必要であると述べている。これに対して、徳野（2008）は1960年以降の高度経済成長期に、「現代的消費者」が出現し、作る人と食べる人が分離し、この時発生した消費者はその後、グローバル化の中で何でも食べる消費者となり、国際的には日本は食糧安全保障上危険な状態にある中、危機を感じられない状態に置かれている、と述べている。ミクロレベルでは、満ち足りた食の中で、ほとんど危機感もなく、全体が捉えられない中、食と農の分断を加速するような食行動を漫然と続けていることを批判的に扱う研究も多い。

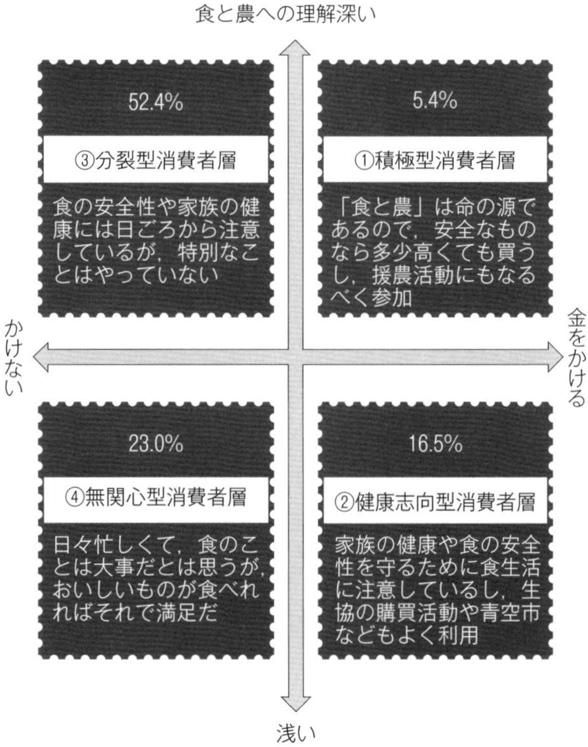

図1 消費者の四類型

食と農への理解深い

③分裂型消費者層 52.4%
食の安全性や家族の健康には日ごろから注意しているが、特別なことはやっていない

①積極型消費者層 5.4%
「食と農」は命の源であるので、安全なものなら多少高くても買うし、援農活動にもなるべく参加

かけない ← → 金をかける

④無関心型消費者層 23.0%
日々忙しくて、食のことは大事だとは思うが、おいしいものが食べれればそれで満足だ

②健康志向型消費者層 16.5%
家族の健康や食の安全性を守るために食生活に注意しているし、生協の購買活動や青空市などもよく利用

浅い

注：図および数値は、徳野（2003）福岡都市科学研究所

徳野（2002）は、マクロやメゾの研究対象である政治や経済が変わることや、消費者の問題を批判することでしか食と農の問題が解決しないのではなく、人間が作ったものを人間が食べるというシンプルな食と農の連携を軸とした生活農業論を提唱し、ミクロレベルでの議論を一歩進めている。この議論は、これまでの分析枠組みに新たな消費者からのアプローチの視点を加えた点で評価できる。しかし、徳野が生活農業論で試みた4つの消費者分類（図1）について見てみると、分析の軸は、「食と農への理解度」と「金をかけるかどうか」という視点であり、生産者側の関心事である購買という視点が1つの軸となっている。この分類は、過半数が分裂型消費者と分類できる層で、生産者からのアプローチがとても難しい消費者層であることを初めて明らかにした点で大変有効な分類であるが、徳野自らも消費者側の食からのアプローチを重要としながらも、そこまで至っていない。

本章においては、徳野の議論の方向性は踏襲しつつ、改めて食する側からの研究から、食の主体である消費者自身から見た、食と農の分断の実態分析を可能にすることを目指すものである。つまり、消費者を売る対象として見ていたこれまでの研究から、食の主体である消費者自身から見た、食と農の分断の実態分析を可能にすることを目指すものである。

(2) 食と農を結び直す取組みの事例とその位置づけ

ミクロレベルの分断の研究が進まなかったのは、観察者の関心が「食べる」という個人の行為に向かいがちで、食と農の分断という社会現象との関連を分析しづらかったためである。個人の食を出発点として食と農の分断という社会現象を分析するためには、分析の対象を、食材を得る方法や価値観(たとえば家族に何を食べさせたいのかなど)や食卓を囲む人間関係までを含めた食の社会化に広げる必要がある。そこで、ここでは、食の現代的な社会化が明瞭に現れた例として、消費者による「農業体験農園」の取組みを取り上げることにしたい。「農業体験農園」の取組みは、すぐあとで説明するように、消費者と農との関係の見直しの延長線上に出てくるものであるから、消費者の側の行動の変容を通した食と農の結び直しの実態がよく見えるからである。

「産直活動」、「農産物直売所活動」、「市民農園」、「農業体験農園」をならべると、もっとも早い時期に始まったのは「産直活動」である。「産直活動」は、近代農法における食の安全性に疑問を持った都市部の人々を中心に1970年前後から生協をはじめとする消費者グループが有機農産物を志向する取組みとして始まった。その後参加者も増えて1990年代まで拡大。当初は、共同購入など積極的な消費者だったが、宅配など効率化が進み、有機以外の品物や卸売市場経由の准産直を扱うなど変質、2000年代以降生協で産直離れが進行している。

次に、「農産物直売所」については、1990年代中盤以降に増加する。地域の生産者は名前を明示することで安全性を示し、消費者は匿名での購入活動が基本的なスタイルの販売所である。採れたての新鮮さ、流通経費がか

表1 「食」と「農」の分断を修正する取組みごとに見た
消費者サイドの農の理解度と近接度

分　類	農の事前の理解度	食と農の近接度
一般消費（参考）	低い	低い
産直活動	やや高い	やや高い
農産物直売所活動	低い	やや高い
市民農園	高い	高い
農業体験農園	低い	高い

「産直活動」と「農産物直売所」は、生産は農家が担うが、「市民農園」と「農業体験農園」では直接消費者が生からないため安値を求める傾向にある。消費者も近隣の地域の農業の維持継続に多少貢献しているという意識も持ちつつ利用。供給側は、多品種少量型の兼業農家や高齢者・加工品は女性グループなどが参加しやすく、彼らからスタートしたケースが多い。直売所の売上げは全国で8,767億円に増加している。このような中、道の駅やJAの大規模直売所などでは、仕入れ品を増やすなどスーパーマーケット化や観光地の幹線道路における土産物店化している事例も見られる。

一方、「市民農園」は、1990年前後に特別法（特定農地貸付法）の農家による農地利用の一手法として制度が開始。土地の供給側は、農地の耕作を続けることが困難な中、税法などのデメリットを最小にする方向で、行政やNPOなどを仲介として活動を進めることとなる。農家は生産に不利な土地から手放すことが多いため、耕作不利地が「市民農園」には多いというリスクが聞かれる。一方、利用者側は、生産知識を自ら有する場合が多いが、素人の場合仲間組織を作り研鑽をつむという動きが見られている。賃貸費用は安価であるが、資材費などの負担は大きく意欲が高い層が参加している。

「農業体験農園」については、首都圏の消費者と農民の取組みから始まった。都市部で農的な暮らしに関心はあっても、「市民農園」までの積極的取組みができない層も、種苗や道具は提供され、農家の指導付きという手軽さから、活動が広がっている。首都圏の「農業体験農園」は現在順番待ち状態である。また、2014年2月、福岡県内など地方においても、取組みの動きが起きて徐々に広がりつつある。

産を行う点が大きく異なる。また、「市民農園」に比べ、「農業体験農園」はまったく農業に接したことがない消費者でも比較的参加が容易である。食と農の分断を結び直す取組みごとの、農の事前の理解度と、食と農の近接度をまとめると表1のようになる。

(3) 分析対象と手法

分析の対象として、現在農業体験農園の園主として2012年に新たな取組みをスタートしたO氏を取り上げる。また、結婚後にO氏の食を担うことになるO氏の妻(以下、O氏妻)についても、ヒアリングの対象とする。

両氏のプロフィールは次頁の通りである。

分析手法としては、ヒアリングによりライフヒストリーを把握し、本章の問題関心に沿って分析することにした。O氏に対しては、2013年7～8月にかけて4回計12時間のヒアリングを行った。今回は、聞き書きによりまとめた文書を確認・修正いただき利用している。O氏の妻に関しては同年8月に1回4時間のヒアリング調査を行った。今回のヒアリングを表2の区分ごとにまとめる。

2 O氏のライフヒストリー

(1) ライフヒストリー毎の状況

① O氏の子供・学生時代の状況(1948～1971)

O氏は近所の公立小中学校を卒業後県内の高校、工業系大学に家から通学。食に関してはその栽培、購入、調理などにいたるまで学生時代ほぼ母親にゆだねられている。ほぼ自給自足の野菜が中心であるが、戦前生まれのO氏の母が、地元で引き継いできた自給的作物による豊富な食が中心となっていた。父は地方の事務所勤務での単身赴

275 第11章「食と農の分断」再考

○氏プロフィール

　○氏は熊本市内の南部の有明海に近い農村地域に戦後の 1948 年に生まれる。姉は 5 つ年上で戦前生まれ，両親と 4 人暮らしであった。父親は県庁の土木職。母が祖父から引き継いだ土地を耕作する兼業農家であった。○氏も草取りなど力仕事の手伝い程度はするが，県内の高校と大学（工業系）を卒業後，東京の大手電機メーカーにシステムエンジニアとして就職，上京し多忙な企業人生活を送ってきた。30 代半ば福岡に転勤，その後定年近くになって，母親が兼業農家として守ってきた土地を引き継ぐ目的で帰郷し，熊本市内で唯一の体験農園の園主となっている。

○氏妻プロフィール

　○氏妻は，1953 年生まれで，父は畜産関係の県職員，戦後開拓団の入植の僻地の開墾や畜産の援農の仕事をしていた。実家は熊本県北部の菊池地域の農村地帯である。その後父の転勤で県内山間部の阿蘇，人吉に家族で移った。父は熊本県へのジャージー牛の導入，北海道や茨城でのサイロや飼料の研究にあたるなど畜産関係に携わっていた。小学 5 年の正月に菊池の実家に再び転勤になり，それからは自宅から通える高校，短期大学幼児科へ進学し，卒業後幼稚園勤務の後，○氏と結婚した。

表 2　ライフヒストリー年代区分

	区　分　名	○氏年齢	生　活　状　況
Ⅰ	子供・学生時代 （1948〜71）	0〜23 歳	熊本市内南部の農村地帯。公務員の父・農業の母のもと姉と 4 人家族。
Ⅱ	妻：子供・学生時代 （1953〜77）	0〜24 歳 （妻）	熊本県内北部菊池の農村地帯。公務員の父・弟と 4 人家族。山間部へ小学 5 年まで転勤生活。
Ⅲ	単身時代：東京 （1971〜77）	23〜29 歳	大手電機メーカーに就職後東京都府中市で，前半 4 年間は賄い付きの寮，後半はアパートで一人暮らし。
Ⅳ	新婚時代：東京 （1977〜79）	29〜31 歳	東京都稲城市で，夫婦 2 人でアパート住まいの生活。○氏妻も熊本出身で東京は初。
Ⅴ	子育て時代：福岡 （1979〜2013）	31〜64 歳	長男が誕生，福岡に転勤となる。社宅住まいからマンション住まいに。
Ⅵ	農園準備・開設 （2006〜現在）	58〜64 歳	福岡に在住のまま農業研修，母介護と併行で熊本の往復生活。2010 から熊本で単身生活，農園を中心に，福祉施設にも勤務。

〈インタビュー1の発言〉

● 農業・生産に関するもの
- 戦前は地主で小作人がいたが，農地解放で土地は分けられ6反の農地が残った。母親は，大根，ニンジン，サツマイモ，サトイモ，大豆，菜種，白菜，陸稲などを畑作し，1反半に水稲。農協にも入って肥料などを購入，自家消費外で農協出荷の量が揃わない場合は，近くの青果市場の卸商が車で引取りに来てくれていた。
- 自宅で鶏を飼っていたので卵はあった。
- 姉も多少は母親の手伝いはしていたが，当時の農業は草取りはじめ力仕事中心で，O氏が小学校くらいから手伝っていた。近隣の人も季節の手伝いに来ていた。
- 草取りで土に触れた記憶がそれ以降もずっと残っている。
- 草取りはお小遣いをくれたので，大学時代には友人も誘ったら来てくれていた。

● 農産物以外の調達に関するもの
- 買い物は，商店街が近くになく，肉屋（馬肉が安く肉食のときは馬肉が多かった），米屋，雑貨屋（野菜，食品全般）がバス停の前にあり，週1くらいで母親は買い物に行っていた。魚は御用聞きの魚屋がおろして持ってきてくれた。また，日販品の豆腐，コンニャクや味噌，醤油を売りに来ている近隣の業者がいた。
- 牛乳は配達で頼んでいたが，チーズ，バター，マヨネーズなどの油脂は子供の頃に食べた記憶がない。油は自家製の菜の花を近くの業者に頼んで絞ってもらった。
- 雑貨屋にミカン，リンゴ，バナナなども売ってあり購入していた。

任が多かった。このため，母親が実質的に農作業に当たり，姉も多少は母親の手伝いはしていたが，当時の農業は草取りはじめ力仕事中心で，O氏が手伝っていた。O氏のその後の農園への志向や土に触れたいという思いなど，活動に向かわせる1つの要因となっている。

また、醤油、味噌、豆腐、コンニャク、菜種油など、加工品は御用聞きによる配達や、雑貨屋で購入された。また、鶏がいたので卵は自給で、肉屋で肉、魚屋はこの地域が海に近いこともあり豊富でおろして配達されていた。ほぼすべての食材が近隣で賄われているO氏の記憶では肉や油物は少なく、蛋白源は貝や魚が多かった。食事も単身赴任の父を除いて、家族揃って食べていたようである。これらはインタビュー1の発言から分かる。

食材などでは、生食野菜は少ない。1958年にドレッシングが発売され、それ以降キャベツやレタスなどの生食野菜が急増する中、O氏宅では、味噌で食べたキュウリやトマト程度である。また、朝食には必ず漬物があったようで、大根や地元野菜である高菜など

277　第11章 「食と農の分断」再考

〈インタビュー2の発言〉

●食していたものについて
- メニューは家で採れた野菜中心で，蛋白質類は魚料理が多く，アサリ，シイバの煮込み，太刀魚，ジャガイモ，ナス，大根，ニンジン，ジャガイモなどの煮付けが多かった。朝食には必ず地元の高菜や大根の漬物があった。
- 採りたての野菜の味を覚えている。たとえば熟したトマトの味。
- 季節には里芋，ツル芋の具を思い出す。里芋やツル芋は醤油味の煮っ転がしでおやつにも食べていた。キュウリは生で味噌をつけて食べていた。
- 庭には果物のイチジクや柿や梅の木があり季節にはそれらを食べていた。
- 小学校時代（1955～61），夏場，豆と小麦粉を練った団子を近所の人たちが作ってくれた。小麦粉をハンバーグの形で，枝豆や水で戻した大豆を絡めて蒸す。味付けは塩のみ。ほんのり甘い。砂糖は入れないが，自然な甘さのおやつ。また，井戸では，スイカ，キンウリ(4)，トマトを冷やして食べていたのを覚えている。

●食べ方などについて
- 高校を卒業するまで採れたての野菜を自宅で食していた。
- 朝夕食は3人で食べることが多く，夕食は午後7時くらい。高校に入ってすぐ東京オリンピック（1969）がありその前に白黒テレビを購入。それまではラジオを聞き流し会話をしながら食事した。
- 外食はほとんどなく母親による手作りが多かった。

の漬物であった。

一方，ジャガイモ，里芋，ツル芋などの芋系の料理が多い。また，お菓子では，豆団子がとてもおいしかった記憶が残っている。甘いものは自宅庭のイチジク，柿などであり，雑貨屋で買ったミカン，バナナくらいであるが，特に豆団子から，小麦と豆の自然な甘さを感じていたようである。インタビュー2のような発言から分かる。

〈考察〉

O氏の学生時代までの食は、母の手作りで、戦後すぐではあったが、近隣の食材で満たされ、肉類を除いてはほぼ自給で賄われて食と農が密接に関係していた食生活であり、農家の豊かな食であった。野菜類も戦後の外来種は少なくそれ以前から全国的に食べられているもの、また、味の記憶で残っているのは豆団子と言われる、熊本でもO氏の住んでいた地域でのみ昔から食べられていたものである。

民俗学者宮本常一（1977）によると、日本全国いわゆる月のウサギが搗いている手杵がどの地方でも発達

第2部　地域課題と課題解決実践　　278

〈インタビュー3の発言〉

● 新しい食習慣に関するもの
- 小学校の給食は，コッペパン，牛乳が多く，おかずはカレーが多かったと思う。
- たまに市街地のデパートに出かけることがあり，その際外食し，お子様ランチやチキンライスが好きだった。
- カレーはルーを使わず汁っぽいものだった。姉は地元の女子大の食物科に入学し，新しい食にも目覚めていて，姉はスパゲッティやホットケーキも好きでよく食べていた。自分もたまには食べていた。
- 昼食は麺類もよく食べた。夏は乾麺の冷麦を家でとったかつおだしと，近所に生えているミョウガを刻んで食べた。高校大学以降は，母親もチキンラーメンや棒ラーメン（即席乾麺）などを買ってきて済ますことが多くなった。昼食では，夏はソーメン，ラーメンという感じで手軽に済ませていたが，夕食はきちんと作ってくれていた。

し、保存食としての小麦や大豆などを石臼で挽き粉にして食することが盛んに行われていた。また、宮本（1968）は、百姓は米より雑穀や里芋をよく食し、サツマイモや小麦が代用となっていた。このようなハレの日の餅や団子は、挽いた粉によるものであったと述べている。このような芋や粉の文化を引き継いだ食がまだ残っていて、その食をO氏は経験している。

一方で、新たな食への変化も見られる。まず給食である。O氏の記憶に残るものも、コッペパンと牛乳、おかずはカレーであった。また、たまのデパートでのチキンライス、姉の影響で、スパゲッティやホットケーキなど、半加工品も食していた。高校時代以降（1963〜）には、1959年に発売になっていたチキンラーメンやそれに続いて地元の棒ラーメンなどで昼食を過ごすこともあったようである。また、夏場は冷麦なども食すようになっていた。ただし、朝夕食については、母の献立に大きな変化はない。

まず、小中学時代の集団給食、高校以降の手軽に済ませるための休日麺食など、主に昼食から、農との関係が薄い食が徐々に始まったようである。インタビュー3のような発言があった。

〈考察〉
O氏の学生時代では、母以外からの食の定期的提供は唯一給食のみで

あった。子供時代の戦後給食におけるパン食や洋麺食が嗜好の変化をもたらしたと指摘する論者は多い。これらはアメリカの余剰小麦対策として当初提供され、牛乳も脱脂粉乳として借款で購入し、戦後の飢えから子供を救うという大義名分もあり普及した。

牛乳については、明治時代の日本の農村の状況を滞在する外国人の手記からまとめた渡辺（2005）によると、家畜は一般的に農耕用で、牛乳の摂取はほとんどしていなかった。日本人には牛馬を食する習慣がなく、牛乳を飲むことも子牛の乳を盗み取る行為に思えたようである。給食メニューについては、それ以降もほとんど、カロリーや栄養バランスを重視するメニューはほぼ変わらず、地域の旬の食材や食文化とは乖離したメニューが見られる点を幕内（2009・2012）が指摘している。

② O氏妻の子供・学生時代の食生活

O氏妻の学生時代の状況（1953〜1977）も、家は兼業農家ではなかったが自給的であり、O氏に近い状況である。まず、野菜類に関しては、転勤先や実家近くの畑で自給がなされていた。祖母の麦粉と芋を使ったお菓子や、鹿児島出身の祖母の節句のあくまき、母親のもち米を使ったお菓子など米穀類を使ったお菓子の記憶がある。また、母方の祖母宅には多くの漬物の樽が並んでいた。後述の東京在住時はO氏妻も野菜などを漬物にするなど、それらを伝承した部分があったようである。一方、その他の食材も中学くらいまで（1970年くらい）は、近郊でほとんど賄われる。

また、O氏妻は小学校くらいから母親の手伝いをよくし、母親との買い物経験が多い。中高時代（1965〜71）当時賑わっていた熊本市内の子飼（こかい）商店街には来客者の用意で買出しに行っていた。1960年代後半までは、商店街が県内の産品を並べていた状況が推測できる。インタビュー4のような発言がある。

〈インタビュー4の発言〉

● 自給および食材調達に関するもの

- 両親は，官舎の裏庭でジャガイモ，ナスなどを栽培し家で食べていた。
- 菊池の実家には父方の祖父の土地はあったが，農地はおじが管理，その一部で自給をしていたようである。
- 人吉で，入植者や周りの方から，落花生や一升瓶に入った牛乳などの土産をもらっていたのを覚えている。人吉では川で鰻を取って子供たちが家庭まで売りにきていた。おろしてあるものを届ける形でそのような宅配の川魚は多かった。
- 御用聞き（醤油，味噌，クリーニング）がいろいろ届けてくれていたが，週に1回食材の買い出しに行っていた。
- 御用聞きは中学くらいまでで，高校生の1970年くらいからはスーパーがどんどん増えてきた。
- 人が集まるようなときには熊本市内の子飼商店街（熊本市民の当時の台所的存在）にも母親と買出しに行った。

● 食していたものについてのもの

- メニューは，ご飯と汁物と魚類，酢の物や煮物が思い浮かぶ。
- 母方の実家は熊本市内南部の農村地帯で，実家の近くに畑と田んぼがあった。母の実家で祖母がいきなり団子(6)を葉っぱでまいたものをよく作ってくれた。母方の実家には樽が土間にいっぱい並んでいて，沢庵，高菜その他多くの漬物がつけられていた。
- 父方の祖母は，鹿児島出身で，あくまきをつくっておやつに食べさせてくれた。5月の節句によく食べていたと思う。
- おやき，余った干し飯をフライにしてはじけて開かせ，あられのようにして砂糖をかけておやつで食べていた。油は近くの畑で採れた菜種を絞る店があり，絞って家まで届けてくれていた。

● 食べ方などについて

- 小学校時代人吉でよく手伝いをしていた。井戸での皿洗いなど。中学高校時代には調理も手伝い，父の弁当も作るなど，いろいろと覚えていった。
- 県内短大の幼児教育科に進学（1971），電車通学をしていた。インスタントが出だした頃であったが，母親はインスタントをあまり使わなかった。学校には手作りの弁当持参が多かった。家食の延長。
- 小中高のころ，朝食は6：30，夕食19：00に弟含めて4人，テーブルで食事を取っていた。テレビはかなり早いうちからあり，ニュースをよく見ていた。父の仕事の都合で遅くなることもあったが，ほぼみんなで食事を取っていた。

〈インタビュー5の発言〉

●新しい食習慣に関するもの
- 人吉では小学校2年の時から給食がスタートした。1年までは弁当であったのを覚えている[7]。パンと脱脂粉乳，小学5年のときにチーズが初めて出た。これがチーズ初体験であった。鯨肉が給食によく出ていた。
- 菊池の実家に来て変わったのが，馬肉料理が多くなった。
- 高校くらい，お母さんがホットドッグをおやつで作ってくれた。
- 肉にこだわる父が家でジンギスカンを主導し，卓上でプロパンガスの焼き機があった。
- 短大時代の休みの日などは昼食は夏ソーメン，冬うどん，など麺類を食べだした。

〈考察〉

O氏妻が商店街を利用していた当時はスーパーがまだ少なく，市場から商店街の個店経由という流通ルートであり，熊本県中心の物流であった。全国的には1960年代にスーパーが急増する。その都市部での需要に答えるため，1963年キャベツ，トマト，キュウリ3品目が選定され，国の産地指定制度がスタートする。その後1965年のコールドチェーン勧告，続く冷蔵大量物流が進展する。熊本地域では，自給的家庭が多かったこともあるが，少し遅れて1970年以降スーパーが増加した。

給食に関するパンと脱脂粉乳の記憶があり休日昼間の麺類食などはO氏と同様の状況が窺える。また，O氏妻は，中高校生以降頻繁に台所に立ち，父親の弁当も作るなど，母親の料理の手ほどきを受けている。しかし，O氏の姉同様，新しい食への好奇心からパンやホットドッグなど目新しい食に対しては敏感に楽しんでいたし，父の職業柄，肉料理も日常的にありO氏に比べればこのような新しい食や肉食への学生時代までの経験は多い。インタビュー5のような発言から読み取れる。

〈考察〉

O氏同様，朝夕は家族揃っての母親の作った"素性"の知れた食をとり，やはり昼食から多少の"素性"の知れない食の購入もはじめている。熊本地方におい

第2部 地域課題と課題解決実践　　282

〈インタビュー6の発言〉

● 日常の食に関するもの

- 就職後4年間は寮が賄い付きで朝晩は食事が用意されていた。昼は会社に食堂があり，食事に関して関心なく過ごす。内容的には肉が多くなり野菜が減った。宿舎に調理場がないため，土日昼はパン，弁当，加工品などで済ます。
- 賄いメニューで味噌汁は必ずあった。夜はご飯食べ放題。肉魚の料理が一品，和え物，添え物，ナポリタンも多かった。
- 会社の食堂のメニューは定食と麺類が多かった。味噌汁とお漬物と付け合せ2品くらい。
- 果物はあまり食べなくなったが，カップラーメンもたまに食べていた。

● 食の修正についてのもの

- 肉はあまり好きではない。会社の食堂では魚があれば魚の定食を選んで，ハンバーグやシチューなどはあったが選ばなかった。
- 寮を出て電気炊飯器，冷蔵庫を購入し自炊をスタート。アパートでは朝味噌汁を作っていた。夕食はスーパーで惣菜のコロッケなどを購入して食べた。
- 仕出し弁当を食べることもあったが，キャベツや豆腐も加えて食べ，洋食中心から和食への修正を心掛けた。

● 外食の状況について

- 勤務先が都心になって外出が増え，肉類や丼ものが増えた。システムチェックで深夜まで仕事をして夜勤が多かった。その際は店屋物をとっていた。親子丼，カツ丼など。
- 寮を出てから中古のカローラを購入，休日は旅行によく出かけた。郊外のファミリーレストランなどで食べることもあった。

③ 単身時代の状況：東京（1971～77）

O氏は1971年東京の大手電機メーカーのシステムエンジニアとして就職。東京近郊の府中市の工場勤務で，徒歩10分の賄い付き単身寮に4年間入居。初めての土地と仕事で，仕事にも慣れるため多忙な時期を過ごす。1975年に寮から出て，同じ府中市内のアパートで一人暮らしをはじめた。この時期，国関係機関のシステム構築プロジェクトに関わったため，勤務先が都心となり，夜勤も多くなった。

O氏が就職して以来，肉が多くなり野菜が減ったという印象はあるが，自分で食を掌握できるのは休日のみで，ほとんど加工

ても，1970年以降は，スーパーが増えてくるにつれて，自給的活動が変質するなど，その利用の方法次第でいわゆる一部食と農が分断された動きが広がっていく時期であったと考えられる。

283　第11章「食と農の分断」再考

品や完成品を買って賄われた。それは、自分が望んでいたのでもなく、そう選択せざるを得なかった。もしくは、関心がそちらに向かなかった。賄い料理および企業の食堂に関しては食べないわけにはいかない。O氏は寮を出て多忙になった時期でも、せめてもと思い朝晩に味噌汁、野菜、豆腐などを摂取するなど意識的な増加や修正は試みるが、仕事が忙しい中、スーパーの惣菜、揚げ物系の店屋物などが増え、独身時代の食生活は、食を知らない第三者が担いそれを購入する形態となり食の消費者となった。

これはインタビュー6のような発言から分かる。

④ 新婚時代の状況：東京（1977～79）

O氏は仕事の忙しい状態が続く中、1977年に結婚し、郊外の稲城市のアパートで2人の生活が始まった。結婚後、朝晩は妻の手料理に任される生活へと変わる。妻の手料理が中心になるものの、O氏妻もスーパーでの買い物が増え、食材はある程度限定され大量輸送された指定産地の品の選択で、近隣の農からとはいかない。上京間もない時期で、生活適応の努力が優先し、多くの上京した農村出身者は同じ状況であったと思われる。それまでの食生活とは大きく変わる。その中でも、若干の新しい料理などへの志向の違いはありつつも、仕事が忙しいO氏の希望する食への嗜好に合わせる工夫が何とかされている状況が窺える。また、O氏の行く末は地元に帰りたいという気持ちはこの頃に芽生え始め、社内人事情報収集に当たる。1979年2月には長男が誕生して、その年の夏に第一歩として福岡転勤が決まった。インタビュー7のような発言がある。

⑤ 子育て時代以降の状況：福岡（1979～現在）

O氏は福岡のシステム部に借り受け社宅（マンション）に住んだ。業務的には福岡が中心であったが、九州内の他県のシステム導入の仕事もあり、出張も多かった。転勤後も勤務時間に変化はない。1981年5月に長女が誕生し4人世帯になる。その後九州内のシステム開発・運用確認の仕事で多忙となり、

〈インタビュー7の発言〉

● 新婚時代の食に関するもの

(O氏の発言)
- 結婚後9時に仕事は終わっても,外出先が遠いと帰りは11時になる。納品近くなると泊まることもあった。夜勤明けにも仕事があり,かなり疲れるが,朝食は家でも外でも必ず食べるようにしていた。
- 結婚後は妻が食を担う。独身時代はパン食も多かったが,結婚後はご飯食が多くなった。ただ,就職前より肉が増えたように感じる。
- リンゴ,ミカン,柿など果物が好きで,妻が買ってきてくれた。

(O氏妻の発言)
- 基本は家食であったが,平日は朝6時に出て,午後11時帰りであったので,それまで待っていた。生活時間は大きく変わり,東京での生活はその状態でずっと続いた。
- ご飯とパンを主食として食べていたが,ご飯が圧倒的に多かった。
- 冷蔵庫は冷凍庫つきの1つドアの冷蔵庫。週3回くらいスーパーに自転車で出かけた。
- O氏は好き嫌いが多く,ハンバーグやグラタンなどが苦手,カレーを作ると手抜きと言われるイメージである。漬物を欲しがるので,東京でも漬物は作っていた。ゴーヤやフキを好んだ。

● 地元への回帰に関するもの

(O氏の発言)
- 帰省は年2回盆と正月,両方の実家に帰った。畑を耕す手伝いもして,土地を守るという意識は常にあった。
- 社内で九州方面はそれまで営業だけだったが,システムの仕事ができるという情報を聞きつけて希望した。

〈インタビュー8の発言〉

● 1990年代前半までの食の調達・調理等に関するもの

(O氏妻の発言)
・社宅時代(1980〜1990年代前半),福岡には連合市場という商店街が活況で,並行してスーパーもできどちらも利用。育ち盛りには頻繁に買い物。その後マンションを購入,近所に露天の八百屋が1軒あり自転車で買いに行っていた。スーパーは7〜8kmと遠く,車でまとめ買い。
- 子供が小さい時にFコープ生協に入り,スーパーで手に入らないものをグループ買いしていたが,子供にアトピーもなく食材を見直す必要性はあまり感じなくなり止めた。
- 料理に興味があり福岡では料理教室にも通って勉強している。調味料にも自分なりのこだわりで,健康によいと思う減塩醤油,米酢,黒酢,三温糖,海水由来の塩,あわせ味噌,味噌屋の講座も受けている。ダシもできるだけ昆布,いりこ,鰹節でとるようにしている。

〈インタビュー9の発言〉

● 1990年代後半以降の食の調達・調理等に関するもの

(O氏妻の発言)
- 1990年代後半にマンションから1.5kmくらいの所に, JAの直販所ができて以降は, 野菜はそこで購入。生産者が書いてあり新鮮で安心できる。魚・肉は500mの距離にあるスーパーを利用して現在に至る。
- 熊本に車で姑の介護に行った帰りには, 道の駅たちばなに寄り道し, 買いだめをする。特に国産大豆・小豆。
- 福岡では幼稚園の仕事を始めたために, 調理に時間がかからないもの手早くできるものが多くなっている。炒め物の卵など。カレーライス, スパゲッティ, やきそばなどは時間がないときによくする。ハンバーグは子供が好きでよく作った。
- 即席のものは留守時や, 足りないときのため補助的に準備。
- 長女はよく料理の手伝いをしてくれる。料理は難なくこなせる。最近自分でアレンジしたりしているので頼もしい。
- 最近極小店舗の八百屋が福岡市内で増えている。とにかく安く数円などの叩き売り状態。外国産ではないかと疑念を抱き, あまり買わない。

各県に出張。その後、九州総括の大型コンピュータ管理業務に移り、社内管理が中心となる。

1991年10月に社宅を出て福岡市南部にマンションを購入。福岡時代は食に関しては多くが妻に任されていたため、O氏妻の記憶を元に検討する。

食材の調達で、O氏妻はスーパーと連合市場という商店街を併用している。福岡の連合市場は、福岡近辺ではかなり最近まで賑わい、現在も市内で柳橋、西新など一部で賑わいを残している。連合市場は地元の商店街の雰囲気に近く好きな買物先であった。子供が小さいときに生協のグループにも入ったが、子供にアトピーなどの症状がなくコアな活動までは至っていない。が、健康によい食のための料理教室には通った。子供ができた後、やはり健康志向が強まったようである。これらに関してはインタビュー8のような発言で分かる。

その後、1990年代後半にJAの直売所ができて、少し距離は遠いが、野菜類は直売所購入が中心となる。その他の生鮮品などを近くのスーパーで補っている。熊本に姑の介護で訪問した帰りには、途中の直売所にたち寄るなど、かなり直売所愛好者となった。

O氏は、出張や残業も多く、また、O氏妻も、子供が小学校に

第2部　地域課題と課題解決実践

〈考察〉

多忙な現代的暮らしにおける食の現状について、岩村（2003・2007）は、首都圏の1960年以降に生まれた世代で子供を持つ家庭に対する調査結果として、仕事・育児・趣味などに追われるクラシにおいて、子供たちが好きなものをかき集めた出来合いの食事やお菓子を朝食にするなどの食卓が増えていること、また追加調査で、面倒なおせち料理などは親からの伝承もなく、食さない世帯が増えることを異常であると報告している。これは首都圏における核家族で、特に忙しい子育て家庭だけを切り取った調査であり、生い立ち、その後の動きまでは分からない。これに関して、本章で調査したO氏宅でも、東京や初期の福岡での一時点を切り取ると食と農の分断の中それに近い状況にあった可能性はある。しかし、農的な食を知る夫婦にとって、そこから農的な食へ回帰したいという意識のほうが大事である。現に、岩村の調査のインタビューでも、親からの伝承は少なくても、意識として和食や伝統食が大切であるという発言は見られる。岩村はこの意識と行動のギャップを問題だと述べるが、筆者は意識をどう実現するかが重要であると考える。O氏妻も1990年代後半以降直販所ファンとなっている。現在O氏一家が食生活を送る状況において、近隣の直売所やO氏の農園などもあり、農との距離は近づいており、昔の農家食からはメニューは現代版に変化はあっても、満足いく日常食であり、それを支えてくれる娘にも満足している状況がある。

上がってから、幼稚園に勤務するようになる。子供が中高生となると生活時間のずれが出て、夕方は手軽にできる料理が多くなった。また、忙しい中、長女は台所に立ち手伝うようになり、料理の伝承もなされている。O氏妻も、当初スーパーを利用し、その点東京とさほど変わらない消費生活であったが、連合市場や直売所利用活動などへの嗜好からは、どこかで、農との繋がりを多少なりとも持ちたいと思っている状況が分かる。インタビュー9のような発言がある。

(2) 農業体験農園へ向けた取組み

① 新たな取組みに向けた前史

O氏の祖先は江戸時代から細川藩の家臣で、祖父は自宅で私塾を開き、地主で小作人を抱えていた。父は3人兄妹。兄は医師で宮崎の病院を経営、妹は県外に嫁に行き、県庁土木職で地元に残った父が土地を継いだ。しかし、農地は、戦後農地解放で小作人に分割され6反だけ残った。母親には土地をなくしてはいけないという強い思いがある。土地の一部が道路の買収などで減ったが、先祖伝来の土地が減っていくのを食い止めたいと母は思っている。母は近隣の農村部出身で、大工の家系、特に農業関係ではなかったが、父が勤めに出ているため、母が畑の世話は続けていた。定年後には父が手伝いをしていた。特にこの母の意志がO氏の原動力となった。

② 体験農園準備の状況（2006〜現在）

企業に退職後に向けたセカンドキャリア制度があり、それを活用して、O氏は社会福祉関係の勉強をし、ホームヘルパー2級を取得した。2008年から有料介護老人施設に勤務。並行して休みの日に居宅訪問介護のアルバイトで介護福祉士のキャリアを積む。当時は福岡在住。

合唱が趣味のO氏は福岡で2007年に地元の合唱団に加入した。その合唱団に定年後に趣味で農園をしている人がいて知り合う。農園の一部100坪の土地を借りて土づくりから教わり、栽培の基礎は習得。また、同時期に、全国体験農園園主会の説明会が福岡市内であった。参加すると周りは大農園ばかりであったが、東京からのゲストで荻窪の農園主と知り合い、実際に見ていただいた。そこで十分可能とのアドバイスを得て自信がつき、土地を守るため園主になることを内心で決めた。

2009年に母が転倒して骨折、病院や施設での療養を続けており、現在も施設で療養中。O氏も、2010年、心臓病で倒れて手術を受けている。介護業務の夜勤明けであった。土日熊本に帰っての母の介護、夜勤と畑の

世話など、過労がたたったと思い、その後介護の仕事は訪問介護だけに縮小した。

それでも、二〇一一年には農園開園に向けた取組みを始める。まず、熊本での栽培経験がないことから、四月から一年実家の畑での産物の栽培試行をするため、熊本の実家で単身生活を始める。また、地元の知人の紹介で、教員を定年前にやめて自家菜園を持ち、高い栽培技術を持つT氏から公民館の園芸講座を受け学んだ。T氏は一九九三年から本格的に園芸の活動を行い、二〇〇五年から市内の公民館の講座の講師となり、厳しい師であった。T氏は種から育てる農業の信奉者で、自然と向き合う農業の厳しさを教えられた。開園にあたって、厳しい指摘もあったが、T氏とのやり取りの中で、自ら葛藤し、自分なりのスタイルを模索して開園に至った。T氏からの指摘内容については以下の通りである。

○ 開園前年のT氏からの書簡など
- O氏の開園計画について、「一年間の栽培経験では無謀である。少なくとも二年間野菜との対話や野菜の生き様を知るべきで、自分は一五年かかって、ほんのわずかな部分を知りました」とある。
- O氏に対して、その「研究熱心さ、活動意欲、行動力に関しては認め、その習得の速さにも目を見張る所がある」との評価はされている。が、T氏は「定植という方法ではなく、土をつくり、種から育てる農業」を信奉され、「土壌のPH、水分、気温変化など年によって変わる変化に対応できる露地栽培の技はそう簡単なものではない」との"さとし"を幾度となく伝えられた。「ホームセンターに苗で売られているものは暖かい地方のハウス内の促成ものが多く、それと違った環境や土で、順調に育つという保証がない」とのアドバイスもされている。種からの発芽と定植に一線を引いて「土と植物との関係性や息遣いに関する技術の習得」というハードルがO氏にも課される。
- 開園後のアドバイザーをO氏が依頼した際に、丁重に断られた。しかし、開園後気になるのか、時々農園を

O氏が運営する農園の概要

- 全10区画（1区画24㎡）40,000円/年（農作業の農具・肥料・種苗込み）
- 照明がないため，作業時間は日の出から日没まで
- 講習会は年間10回程度で，その他の世話は任意（園主が毎日朝夕の見回りあり）
- 農園近所の園主の友人の母親で農業経験豊かなアドバイザー（80代半ば）が立ち会って天候や土の状況植え付けのポイントなどアドバイスあり。
- 作物については園主が指定（2013年作付け予定：37種）

（春作）大根，ニンジン，ホウレン草，小カブ，小松菜，トウモロコシ，インゲン，枝豆，里芋，ニガ瓜，キュウリ，サツマイモ，春ジャガ，唐辛子，ナス，ピーマン，ミニトマト，トマト，スイカ，キュウリ，カボチャ

（秋作）ニンジン，チンゲン菜，落花生，大根，小カブ，カツオ菜，春菊，ゴボウ，白菜，水菜，根深ネギ，ホウレン草，秋ジャガ，キャベツ，カリフラワー，ブロッコリー

O氏はさまざまに悩みながらも，T氏からの指摘は甘受し，思いの実現のために懸命に栽培技術習得を進める。素人では難しいとの指摘に対しては福岡の園主会との情報交換会などの機会にいろいろと意見を聞くなど，行動派のO氏は2012年4月の開園に向けて，準備を進めた。2011年の状況としては，熊本の実家に住みつつ，熊本の介護施設での勤務，訪問介護を続け，体験農園を行う予定の土地で農産物の生産を進める。一部は熊本市内のホームセンターの産直市場にも出荷した。そこで売られて入金があるとかなり自信がついた。

併せて福岡の園主会の勧めもありアドバイザーも探し，T氏には断られたが近所の同級生の母親で，地元での耕作経験が豊富な80代のMさんにアドバイザーをお願いした。開園後Mさんはご意見番として，地元での気候条件や植え方，水の具合など数十年の蓄積を持っていてそれらが様々な面で活かされることになる。2012年4月農園を開園した。

③ 農業体験農園の運営・理念

体験農園は全10区画で上の概要の通りとなっている。入園者は6区画がサラリーマンの定年後の夫婦などで，その他，現役の個人事業主や農家の子弟，子育て中の公務員，30代女性が2名参加している。ビニールハウス内に机椅子を配置し集合場所として改造，作業前と後には，食な

〈インタビュー10の発言〉

● O氏の農園運営方針に関するもの
- 経営面では，材料代がいるので採算がとれれば，他に収入があり気にはならない。皆が集まり，わいわいがやがやと作業をしていくことが，一番の楽しみである。
- 楽しみながら，仕事をやることがしたいとずっと思っていた。土が好きで汚れても抵抗もない。
- 体験農園では入園者との会話が楽しみ。農園の話は介護施設の高齢者にも大変喜ばれている。
- 介護施設の農業経験のあるお年寄りからアドバイスを受けることもある。

● O氏の農園開設の思いや理念に関するもの
- 土が好きで汚れても抵抗もない。作物がうまく育つとうれしい。母親も土地のこと入園者のことを話すと大変喜んでくれる。
- O氏妻は畑への愛着はあまりないようだが，でもよく手伝ってはくれて，料理はとてもうまい。雑煮も母親の味を家の味として受け継いでくれて感謝している。
- 東京に住み食する際，地元熊本での食材と味の違いを感じていた。そのようなわずかながらの違和感が，いつかは戻りたいという行動へとつながる土台になったのかもしれない。
- 農作業経験のある高齢者にとって，これまで培った経験は認知症がある方でも，生活歴として覚えているもので，話を聞くと楽しい。土との関わりの深さを再認識する。

どの情報交換ができる場となっている。特に申し合わせはないが作業日に参加者が料理を持ち寄り試食しあうことも多い。作付け作物以外に，園の周辺に梅，ビワ，ばんぺいゆ(9)，キウィの木と，フキが生える湿地もあり，入園者は採り放題である。8割が2013年度以降も継続で参加して共同作業と収穫を楽しんでいる。作付け方法などについては，O氏の指示が中心となるが，天候不順の折などは経験豊富なMさんの修正を加えられることもかなり多い。

O氏は、運営にあたって入園者が楽しく参加できることを最優先にしている。経営面ではイーブンであればよい。もしていることから，採算はイーブンであればよい。福祉の仕事との関係でも，近隣の施設には元自給的暮らしをしていた高齢者も多く，農園の話がそちらでも活かされるという相乗効果をもたらしているようである。療養中の母親も，畑が活かされていることに対しては大変喜んでいる。

O氏妻は、作業の手伝いという関わりではないが，農園の季節のイベントなどに参加する。それより，O氏妻も自給的な食を知っており，母親の食を継承して

もらっているということの方が、O氏にとっては大切で、農と結びついた食を大切にするという思いも垣間見える。インタビュー10のような発言がある。

〈考察〉

農園の開設に至った要因を検討していくと、原点はまずは母の食の記憶と回帰であろう。幼少期より自給的な豊富な食を経験して、食と農の断絶の中での東京で、食への違和感が強まったようである。次は、母の土地を守ろうという思いで、常に母の思いを身近で感じ農地を継ぎたいと思っていたようである。また、これに加えて、子供の頃からの土に触れた経験からその持っている癒しや親和性と結びついて、土を扱うことへ向かった。農民作家山下惣一（2004）は農作業の癒しについて「百姓は作るときに楽しく売るときに腹が立つ。逆に言うと売るときの憤りや屈辱が作ることで癒される。別の言い方をすれば人間に痛めつけられ、自然界に癒される」と述べている。そのような効果を、O氏も介護の際に認知症の高齢者から、生活歴としての土との関わりの記憶を聞くことでも再認識している。

また、農園開設にあたって、O氏の独特の性格も大きく作用している。人とのかかわりを多く持ちたい性格であり、まず、いろいろな人にかかわりを持って、1つ1つのハードルを越えている。農園運営でもまずは入園者と楽しく活動を行うことが最優先であり、先に技術を教わったT氏とは好対照であり、まず完成形を目指すより、人とのかかわりを広げて動かしながら活動を進めるという特性が見られる。

おわりに

(1) 食から見た食と農の分断

O氏およびO氏妻は、双方とも母親が自給的な食を提供していた。特にO氏の独身時代は仕事が多忙で、全く食のコントロールができなくなった。出されたものを選び食すしかない状況となり、O氏は農が見えない状況となった。結婚後O氏妻もすでに食の流通がスーパーが主流となった東京で、多くは農が見えない食材の購入のみの状態となった。日本全体でも、1960年くらいまでほぼ8割を占めていた農村部人口は、都市への進学就職などに伴い大きな人口移動が続いた。

いわゆる食と農の分断は、仕事の多忙化や都市部への人口移動により、生活が変化し、周辺の食の流通過程や出口、家族の数の減少などにより食と農が分断されたと見ることができる。これらの人々はほとんどが給与労働者であり、収入との兼合いから、前出図1の徳野分類によると、一部の裕福な層を除いて、分裂型消費者と分類される振舞いしかできない状態であった。つまり、O氏家族に見られるように、以前は農とのつながりのあった多くの日本人が経験する、食と農の分断を食する側から見た姿である。つまり、O氏家族に見られるように、以前は農とのつながりのあった多くの日本人が、食の変化を意識しつつ、多少の修正や工夫は試みながらも、いわゆる現代的な消費者として振る舞うこととなったのである。

(2) 現代消費者の変容の可能性

このような、食の分断状況の中での現代消費者の変容について検討をする。まず、O氏妻について見てみると、O氏妻の発言でも、産直活動に関しては、ある程度の特別な理念と動機が必要との認識がある。O氏妻の発言でも、「子供のアトピーがない」などの理由で、産直活動に関しては一部の参加で途中で止めている。しかし、O氏妻は、個人的に料理教

室等への参加や、調味料へのこだわりもあり、その後1990年代後半、近隣に直売所ができると野菜購入はそこが中心となり、農への接近を図る直売所利用を始める。

一方、O氏が、定年を機に熊本での体験農園の園主へと転身するが、今回のヒアリングで、そこに至った要因は4つあり、①子供時代の農家の食への回帰の希望、②母の土地を守るという思いの継承、③土への親和性、④人との協調による目的実現である。この中で、②、④は、O氏の属人的な生い立ちや性格に関する面が多い。③は、今回O氏が食を飛び越えて生産や農園の開設にまで至った大きなばねになった可能性がある。しかし、そのきっかけや土台となっているのは①であると考えられる。母親の自給的で豊かな食を守るという営みがあってこそ、代々受け継がれた安定感のある食の豊かさは、農との繋がりの中でしか実現しないことを都市部での食生活の中で感じている。O氏妻のインタビューと総合すると、2人とも日常的に自給的な食を経験している共通点があり、その取り組みの方向性は違ってもその日常食を思い出して農との繋がりを取り戻したいとの意向は共通している。このように、食を身近な農と関連させたいという意向が、直売所利用や農業体験農園活動への参加等、1つの変容のきっかけとなる可能性がある。

(3) 新たな消費者分類の提示と今後の課題

本節における結果(1)、(2)を受けて、食の視点からの消費者分類を試みる。O氏夫妻の新たな取組みへの主因となったと思われる農家や農村における農と食に密接に関連を持って提供される日常食を、今回〝農食〟と命名し、それに基づいた消費者分類を図2の通り提示する。

この分類の横軸は、食に関して、農家出身（農家の食を知っているか）と非農家（知らない）としている。しかし農家出身という点に関しては、O氏妻のように農業を生業とはしていないが、自給的な暮らしをしていた農村部の家庭も含めて考えることが今回の調査から適当と考える。一方、食と農が分断された状況において、結び直す取

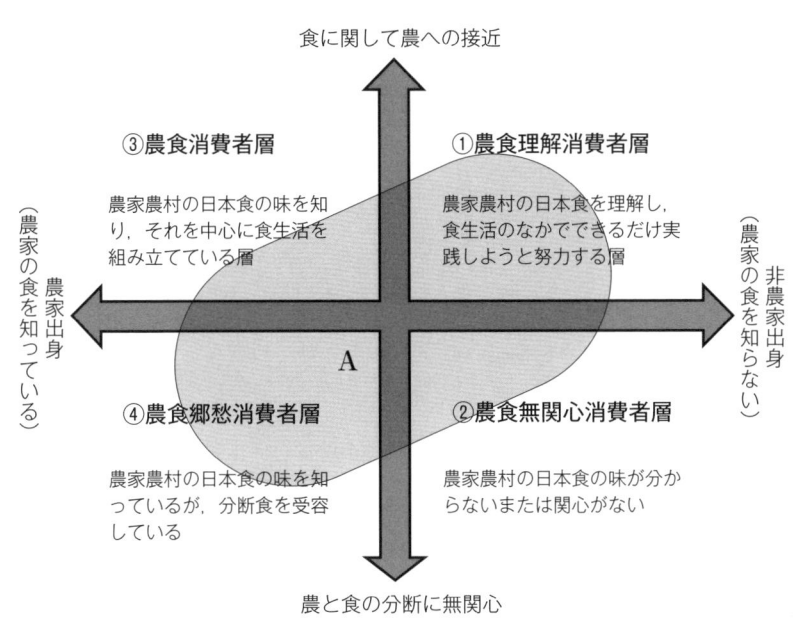

図2 食・農に関する消費者分類

縦軸：食に関して農への接近 ／ 農と食の分断に無関心
横軸：農家出身（農家の食を知っている） ／ 非農家出身（農家の食を知らない）

③農食消費者層
農家農村の日本食の味を知り、それを中心に食生活を組み立てている層

①農食理解消費者層
農家農村の日本食を理解し、食生活のなかでできるだけ実践しようと努力する層

④農食郷愁消費者層
農家農村の日本食の味を知っているが、分断食を受容している

②農食無関心消費者層
農家農村の日本食の味が分からないまたは関心がない

A

組みへと向かうか向かわないかを縦軸とする。この点についても、O氏のように職業変化を伴うようなものに加えて、O氏妻のような直売所利用などへの変化も接近と捉えることとする。

まず①農食理解消費者層は、農家出身でなくても、農食を知り理解を深め、産直、直売所、体験農園などの取組みに参加する層である。次に、②農食無関心消費者層は、特に知る機会もないか知っても関心がない層である。また③農食消費者層は今回の取材対象であったO氏とO氏妻のように、もともと農食を知っていて、すでに継承しているか、近づく取組みに参加する層である。④農食郷愁消費者層は、農食は知っているが、食と農の分断の状況下、それを受容している層である。農食は懐かしい思い出にすぎない。

前出の徳野の分類と違った分類を提示する意味について、今回の分類が食の側からの分類であることから、消費者自らがどのような食生活を志向するかによって、そのために食に関して行う主体的な行動へ繋ぐことが可能な点である。徳野が50パーセント

295　第11章「食と農の分断」再考

以上いると分類する分裂型消費者層も、今回の分類では、農食への理解の有無でAの網掛け領域となり①〜④までにまたがる。分裂型消費者は、生産者からの視点で、否定的な要素を含んでいたが、ここ最近の傾向では一般消費者による直売所利用や、体験農園も増えていることから、分裂型消費者でも、①農食理解消費者や③農食消費者層にも分類でき食と農に向かう行動に変わる層が多くなっていると考えられる。今回の、調査および研究のまとめとして、食からの農と食の活動への1つの方向を示す考え方として本分類を位置づけて示したい。

さらに、今後の課題として、1つには、1990年代後半から売上げを伸ばしている農産物直売所などに関して、食する側から食と農の結び直しを広げる可能性がある点である。西辻（2012）によると、西辻が起業した株式会社マイファームは初心者向けに1区画15平方メートル、年間6〜8万円で事業を展開中で都市部を中心に現在全国百数十箇所の耕作放棄地で活動している。WEB監視システムを完備し金額は高いが、更新率も7割を超え、初回に草履で畑を訪れる人も受け入れるなど、参加者の裾野も広げている。体験農園の取組みはまだ全国的に知られた取組みではないが、食と農を直接結び即効性のある手法であると考えられる。

今1つが、体験農園などの展開である。比較的消費者の参加が簡単な体験農園などの動きを見ると、少しずつ増加しているようである。これらの実体の状況を知るためにも、農と消費者の食を結ぶ直売所のあり方についても研究を進める必要がある。これらにより、併せてTPPなどに対応する消費者側の食からのアプローチにより、農との関係を築く可能性という点も、さらに検討していきたい。

現在、地元で農食を経験し都会に出た層は、60代から70代となり、意識しないと農食の継承すら難しくなる時代に差し掛かっている。さる2013年12月に「和食 日本人の伝統的な食文化」のユネスコ無形文化遺産「代表一覧表」への記載が決定した。この「和食」は、本章における農食がベースとなり日本各地の多様な風土と農から生み出された食であると思われることから、これらを継承して次代に伝えていく重要性は高いと考える。

[謝辞] 今回、全面的に調査に協力いただいたO氏ご夫妻には心からの感謝を申し上げたい。

[注]
(1)「農業体験農園」は、食と農を結び直そうという試みの発展形態であり、従来の「産直活動」や「市民農園」で展開されてきた食と農を結び直そうという活動の延長上にある。その最大の特徴は、食品を購入していた消費者が、自ら農家から直接指導を受けつつ農産物生産を行う点である。「農業体験農園」は、東京の練馬区の野菜農家の都市型農業のモデルの一つとして展開されてきたが、ここ近年福岡県を軸とする九州の農家にも広がり始めている。対象者はこの農業体験農園の指導者の役割を果たしている。
(2) 農林水産省農産物地産地消実態調査・産地直売所調査平成23年7月公表の平成21年度推計値。
(3) O氏の実家の近くには菜種油を絞ってくれる業者があり、そこで自家栽培の菜種を絞ってもらっていた。
(4) 西日本で縄文時代にも栽培されていた黄色い瓜。マクワウリの一種で甘みがある。
(5) サツマイモとあんこをねった小麦粉の生地でくるんで蒸した熊本でよく食べられてきたおやつ。
(6) もち米とあく汁と砂糖でつくり、竹の皮に巻いてある端午の節句の鹿児島の伝統菓子。
(7) 全国的な記録では1952年全国スタートとあるので全国平均からはかなり遅れて熊本の球磨地域では1960年スタートとなる。地域的に欠食児童が少なかった理由も考えられる。
(8) 苗を苗床から移して、田畑に植えること。
(9) 大きさが大人の頭くらいもある柑橘類の一種。

[参考文献]
デボラ・ラプトン 1999 佐藤隆、佐藤恵理子訳『食べることの社会学』新曜社
古沢広祐 2010 祖田修・杉村和彦編『食と農を学ぶ人のために』世界思想社
池上甲一・原山浩介編 2011『食と農のいま』ナカニシヤ出版
岩村暢子 2003『変わる家族　変わる食卓』勁草書房
── 2007『普通の家庭が一番怖い　崩壊するお正月、暴走するクリスマス』新潮文庫

岸康彦 1996 『食と農の戦後史』日本経済新聞社
北川太一 2010 祖田修・杉村和彦編『食と農を学ぶ人のために』世界思想社
幕内秀夫 2009 『変な給食』ブックマン社
桝潟俊子 2002 「いま、なぜ〈食と農〉なのか」『食・農・からだの社会学』新曜社
宮本常一 1968 『ふるさとの生活・日本の村』未来社
―― 1977 『宮本常一著作集』第二十四巻 食生活雑考』未来社
日本学術会議 2001 『地球環境・人間生活にかかわる農業および森林の多面的な機能の評価について（答申）』
日本生活協同組合 2004 『確かな商品を届ける生協農産直――第6回全国生協産直調査報告書――』
西辻一真 2012 『マイファーム 荒地からの挑戦 農と人をつなぐビジネスで社会を変える』学芸出版社
日生協50周年記念歴史編纂委員会編 2002 『日本生活協同組合連合会 現代日本生協運動史下巻』
大江靖雄 2009 「体験型市民農園に見る都市農地利用と市民参加」『食と緑の科学63号』千葉大学園芸学部
ピエール・ブルデュー 1990 石井洋二郎訳『ディスタンクシオンⅠ』藤原書店
暉峻衆三 2011 『日本資本主義の食と農 軌跡と課題』筑波書房
徳野貞雄 2011 『生活農業論 現代日本のヒトと「食と農」』学分社
渡辺京二 2005 『逝きし世の面影』平凡社
山口昌伴 2006 『台所の一万年 食べる営みの歴史と未来』農山漁村文化協会
山下惣一 2004 『農から見た日本』清流出版

第3部

特論：これからの研究課題
過去の農村研究成果から

第12章 鈴木榮太郎の社会学と時間的視点
―― 農村社会学の射程 ――

辻 正二

はじめに

鈴木榮太郎と言えば、社会学の分野では自然村の概念や結節機関説などでよく知られた社会学者である。ところが、農村社会学、都市社会学で金字塔というべき『日本農村社会学原理』、『都市社会学原理』を残し、また『鈴木榮太郎著作集』まで発刊されていながら、彼の生い立ちや生活史については、年譜がこれまでにないので、実は分からない部分が多い。僅かに知りうる手がかりと言えば、著作集の発刊時に出された、友人や弟子や同学の知人たちが寄せた手記である『月報』に求めるしかない。年譜が出されなかったのは何かの理由であろうが、ともかくその点で不思議な社会学者である。そして、弟子や交友のあった人たちからは、長い闘病生活、しかも病床のなかでの大著の執筆（『都市社会学原理』、未完となった『国民社会学原理』）、壮絶なまでの学問への執念が語られる。鈴木が綴った文章に、自身の癖に「凝視は私の癖」と言った箇所がある。

ある生物学者によると、生物の中で人間という動物は、脳を進化させるなかで、五感のなかでは視覚依存型の生物ということである。そのため他の生物に比べて時間感覚が鈍く、そのかわり視覚上に捉えられる太陽や月などの運行から時間認識をする道を選んできたということである。鈴木榮太郎が人一倍、目で見て「凝視」をする様は、彼の学者としての真摯な姿勢であろうが、「凝視」のまなざしを弟子たちに語らしめるものの理由は、彼自身が

301

語った文章に原因があるのであろうが、ただ、人一倍彼が事象を科学的観点で観察する癖があったということであろう。

ところで、社会学の研究の中ではこれまで時間をテーマにした研究は少ないと言われてきたが、実際、わが国の社会学のなかに時間を意識して研究をしてきた学者は少ない。そして、鈴木榮太郎の業績に関しての研究でも、彼の農村社会学の理論や都市社会学の理論についての研究はあるが、彼の時間的な視点は等閑視されてきた感がある。農村と都市というどちらかと言えば空間領域の研究と解され、そのために時間的視点への関心を生まなかったのかもしれない。いずれにせよ、彼の研究ではこれまで時間的な視点が強く働いているということについては、ほとんど触れられてこなかったように思われる。

本章は、日本の社会学が欧米の思想や理論を導入する形成期に、農村社会学を一挙に世界のトップレベルに引き上げ、その独創的な考え方で農村社会学と都市社会学の領域において大きなパラダイムを形成した鈴木榮太郎の社会学がなぜ生まれたか、そして彼の社会学の背後仮説に時間の視点が大きく働いていたということを指摘することを課題としている。そのために本章では彼の社会学の全体像を示し、彼の研究の流れのなかから時間的視点が強化されていったことを指摘したい。

1 鈴木榮太郎の経歴と社会学

最初に、鈴木榮太郎の経歴と彼が遺した社会学の世界について簡単に見ておきたい。鈴木榮太郎は、明治27（1894）年9月17日に長崎県壱岐郡郷ノ浦町に生まれた。生まれた実家は、郷ノ浦では旧家今西家であった。壱岐の島は、日本海の孤島であるが、朝鮮との交流の歴史を持つ島である。彼は、幼少期に母親の不注意で火傷にあい、右指の一部を損傷した。これは本人の自我形成に大きな影響を与えたのであろう。彼は、小学校時代、右手に

第3部 特論：これからの研究課題　　302

手袋をして火傷の痕を隠して学校に行っていたという。壱岐の島には中学校がなかったために小学校を卒業した後、母親と一緒に対馬に行き、対馬中学校に入学する。それまで手袋で火傷の痕を隠していたのを止め、人目に晒すという覚悟を決めたという。中学を卒業した後、東京の第一高等学校一部文化に入学する。その後東京帝国大学文学部に入学して、コント研究で名を馳せていた建部遯吾の下で社会学を学び、1922年に倫理学的分野の論文を書いて卒業した。ただ、その後東大の大学院ではなく、京都帝国大学の大学院に進学した。

当時、京都帝国大学には、建部と並んで社会学の双璧と目された米田庄太郎がいたからである。米田はアメリカの大学生活が長く、欧米の社会学に通暁しており、その弟子の高田保馬は、当時、経済学と社会学で頭角を現し、鈴木榮太郎にとっては尊敬の対象であった。彼はこの時期高校時代の同級生の妹、肥田義子と結婚をしている。そして、この頃、鈴木榮太郎が関心を持っていたのは、近代国家の礎を築いたイギリスの社会経済的な理論や文化科学、そして国家論などであった。彼の最初の書物は、翻訳書で、スペンサーの『個人対国家』（大正12年）とホブハウスの『国家の形而上学的学説』（大正13年）であった。実際には、J・S・ミルの書物も翻訳していたが、これは出版社のミスで原稿が紛失したため出版されずに未刊に終わったという。

京都での3年間の大学院を終えた後、米田の勧めで、大正13年に創設間もない岐阜高等農林専門学校に教授として着任している。着任当時は、英語、独語の授業と倫理学の授業をしたが、その後欧米の農村の研究書を学説的に検討しながら、やがて農村社会学の授業を受け持つようになる。彼が後に感謝の辞で述べている3人の研究者がいる。一人は、もともと実用土壌学や果樹園芸学の研究者であったが、当時は農村工業化の研究を行っていた校長の草場榮喜である。草場は、彼の研究を温かく見守り、激励し続けた人物である。後の2人は、当時、農業経済学を教えていた奥田或と岡村精次の教授である。奥田は農村社会学にも関心を持っており、鈴木が最初に農村社会学の書物を手にしたのは、奥田から借りたジレットの原書の農村社会学の書物である。

彼が社会学者として農村研究を志した頃は、日本ではまだ農村に関する社会学的な実証研究がなかったので、ア

メリカの農村社会学(ジレット、ギャルピン、ソローキンなど)、ドイツの関係学派の村落社会学(ヴィーゼ)、イギリスのルプレー派の書物などを参考に農村研究の方法論を講義録にまとめていった。その講義録は、昭和8年に『農村社会学史』として出版される。その傍ら、民俗学や民族学への関心から、特に柳田國男などと交流して民俗学的な研究へも関心を示し、農村研究の研究成果を次々に発表している。そして、昭和15年に名著『日本農村社会学原理』を書き上げ、出版した。この書は、わが国において実証的な農村社会学に関する最初の体系的な書物であった。

しかし、彼は昭和17年、友人の秋葉隆の誘いで京城帝国大学助教授に転身する。しかし、実際には、この転身劇は、秋葉にとって思いもしないことであったようだ。なぜなら、内地には助教授を捜しにやってきたが、当時、鈴木は教授の身分であり、しかも『日本農村社会学原理』を著した後で、農村社会学者としての地位を不動にしていた。その彼から、秋葉に向かって直接「採用しないか」という言葉が出たのであるから、さぞや予想外のことであったであろう。結局、彼は降格の身で京城帝大の助教授として朝鮮に赴任する。鈴木にしてみれば、日本の農村社会研究に目処がつき、朝鮮・中国の農村の比較研究への関心を抑えることができなかったのであろう。京城帝国大学で彼は、精力的に朝鮮の調査研究を続けている。昭和18年には『朝鮮農村社会踏査記』を出版した。だが、残りは論文として出されたものに留まり、彼の朝鮮研究はまとめられることはなかった。教授から助教授へと降格してまでの京城帝大での研究生活は、日本の敗戦と共に幕を閉じる。彼の死後、弟子たちによって『朝鮮農村社会の研究』(『著作集』V)として発刊されたが、この書を見ると、彼がこの時期、日本の農村社会と朝鮮、日本の農村社会と朝鮮、中国の農村社会の比較研究を目指していたことがよく分かる。そして、朝鮮からの引き揚げは、彼の蔵書類、彼の書いてきた草稿類の多くを失うということにもなった。

失意のなかで、日本に引き揚げて、静岡の伊豆の妻の親戚に身を寄せるが、GHQの知人が見つけ出して、しばらくCIE(民間情報教育局)の顧問になり農村調査の仕事をしていたが、2年後に北海道大学文学部の話があ

第3部 特論：これからの研究課題　304

り、昭和22年に北海道大学教授として札幌に赴任する。ここで彼は11年間を過ごすことになる。昭和23年、喜多野清一と共著で『日本農村社会調査法』を出版するが、これが戦後最初に出版した彼の著作である。この時期、彼は、社会調査への関心を持っており、アメリカの最新の社会調査法を学び、新生日本にとって社会調査の必要性を説いている。彼が北海道大学での研究で当初に期待したのは、北海道の農村社会の研究であったが、農村研究ではなく、都市研究に向かうことになる。この研究は、昭和32年に『都市社会学原理』として完成を見るが、しかし、この書物は、本人の入退院の繰り返しの中で準備され、完成には、本人の不屈の精神と弟子たちの協力がなければ、不可能であったであろう。つまり、この書は、鈴木の執念に近い研究の努力と、偉大な師への尊信の念による弟子の協力体制、そして大学の理解が存在したからこそ発刊できた作品であった。

彼は、翌年の昭和33年に北海道大学を退職し、同年4月より東洋大学教授になって札幌から東京（東京都狛江市）に居を移し、次の仕事に取りかかる。それは「国民社会学原理」の構想に向けての研究であった。昭和40年に新設の和光大学に移るが、結局、教壇に立つことなく昭和41年9月20日に他界した。彼が望んだ「国民社会学原理」は未完に終わってしまったのである。だが、この未完の書は、弟子たちの手によって昭和45年『国民社会学原理ノート』として出版された。彼は、学生時代イギリスのスペンサー、J・S・ミル、L・ホブハウスなどを通してイギリスの社会科学や思想史や国家論の研究に関心を持ち、その後日本の農村研究を行い、北大時代には都市社会の研究へと尽力し、最後に未完になったが、若かりし頃の研究課題であった国家論の研究へと回帰したのである。

鈴木榮太郎という社会学者は、アメリカ社会学の理論を取り入れ、それを単に紹介するだけではなく、その理論に触発されながら、批判検討して、日本の農村と日本の都市の社会分析において壮大な社会学理論を打ち立てた人物である。そして、同時に彼の社会学者としての人生は、幼少時からの苦労と、それを乗り越え、学者になって以後に罹った結核による闘病生活という境遇のなかで、社会学に新たな地平を追い求める求道者のそれであった。こ

305　第12章　鈴木榮太郎の社会学と時間的視点

のすさまじい二重の闘いからこれほどの独創的な研究成果を生み出したという点では、絶賛に値する研究者といえる。

彼は、和歌や短歌や詩を愛し、酒を愛し、弟子を育て、古武士然とした出で立ちを持ち、高校、大学の同窓の知友から「鈴木さん」と慕われた彼は、特別な存在であったのであろう。

彼は、幼くしてスティグマの持ち主であり、何かの理由で今西姓から鈴木姓に代わるという経験も経ている。そうしたアンビヴァランスな葛藤の持ち主であり、長い闘病生活を送った。そして彼の人柄の良さが、弟子たちに畏敬の念を抱かせ、研究生活を支えさせたと言ってよいであろう。日本の社会学者のなかで彼ほどの信頼を得た学者は少ない。かれは友人・知人に恵まれていた。ちょうど彼が研究を開始した大正末期から昭和初期は、日本の社会学の確立期であった。そして、彼に多大な影響を与えたのは、建部遯吾、米田庄太郎、柳田國男、高田保馬、そして東京社会学研究会時代から続いた田辺寿利、蔵内数太、古野清人、喜多野清一などの東大時代の学友たちであった。

2　鈴木社会学の出発と『日本農村社会学原理』

鈴木榮太郎が農村社会学者として地位を不動にしたのは、『日本農村社会学原理』によってである。この書物への努力は並大抵なものではなかったであろう。なぜなら、本書のような農村社会学の書物は、皆無の時代であったからである。その上、当時の社会科学、いや社会学の研究状態の多くが、ほとんどと言っていいほど欧米の書物の紹介書で、社会哲学的な研究に覆われていたからである。このために彼は、欧米の農村社会学者の調査の方法論を学び、自身の実証研究の調査による彫琢により、独自の日本農村の調査法を考案するという作業を行った。昭和6年には、『農村社会学的部落調査法』という論文を、岐阜高等農林の『各務研究報告』に発表している。この論文の中で彼は、アメリカの農村社会調査の影響で、社会学の研究の目的で行う調査を社会学的調査と呼んで、行政の行

う社会関係の事実を自然の姿において認識しようとするもの」で、行政的な地域区に惑わされることなく、「ありのままの社会関係の事実を自然の姿において認識しようとするもの」で、地域区分として「自然地域」を研究するものであると言う。もちろん、彼のこの論文の中でも触れられているが、わが国でも既に調査方法への先蹤の研究があり、特に柳田國男の昭和初期の民俗学的調査法や小野武夫らの農業経済史の研究者たちの調査方法などの影響があったことも付言しておかないといけない。これ以外に、この時期、社会学本流で、実証主義的学風で家族研究を進めていた戸田貞三の影響も無視できない。戸田は、昭和8年に『社会調査』を出版し、昭和12年に戸田との共著で『家族と村落』という書物を編纂する。恐らく、彼の農村社会学者としての名声が出てきたのはこの時期であろう。そして、昭和14年には彼は戸田との共著で『家族と村落』という書物を編纂する。恐らく、彼の農村社会学者としての名声が出てきたのはこの時期であろう。そして、彼は、昭和7年頃から温めてきた『日本農村社会学原理』の執筆に取りかかり、翌年の昭和15年10月にこの書が発刊される。

(1) 鈴木の農村研究

本書の内容を点検する前に、本書を生み出すために彼が抱えた準備作業を指摘する必要がある。後年、喜多野清一が『鈴木榮太郎著作集Ⅱ』に「鈴木農村社会学における村と家」という論文を寄せている。この論文のなかで、喜多野は、彼への畏敬の念で「前人未踏の学問分野を全く独力で踏み拓き、創見に満ちた『原理』として体系的に練り上げた努力苦心[14]」と表現しているが、実際、指導者がおらず、自身で開拓する以外になかった本人の身を想像すると、その「努力労苦」は、喜多野が言うように並大抵なものではなかったであろう。なぜなら、このような体系的な書物を書き上げるには、当時で考えると、農村社会を実証的に調査研究するためには農村社会調査法の確立という作業が不可欠であった（『農村社会学的部落調査法』昭和6年7月刊）し、さらにそのためには前提となる農村社会学の理論的な研究を行うことが欠かせない。彼には、英国ルプレー派の地域社会学の研究やアメリカのジレッ

トやソローキンなどの世界的な農村社会学的な研究動向を点検する作業が必要であった（『農村社会史』昭和8年1月刊）し、さらに農村の地域社会の研究ばかりか、農業経営体である家族の研究も必要であった。いずれにせよ、この『原理』の完成のために、岐阜時代の15年を懸けたのである。この書の登場により、わが国の農村社会学において世界的なレベルの研究成果がもたらされたのである。

では、昭和15年に完成した『日本農村社会学原理』は、日本の農村社会学を一挙に世界的な研究レベルに引き上げたと言われるが、それをまず概観しておきたい。この書の構成は、全体で全10章、第1章の「日本農村社会学」、第2章「日本農村社会研究法」、第3章「日本農村の社会構造」、第4章「農村における家族及び家族本位制」、第5章「日本農村における社会集団」、第6章「日本農村における社会分化」、第7章「自然村の統一性とその社会意識」、第8章「関心共同圏」、第9章「自然村の社会関係」、第10章「日本の村の分類」から構成されている。このなかで第3章から第8章までが中心的な箇所と言える。

鈴木は、第1章でまず日本農村社会学が考察する研究対象と文化的な意義、そして全体的な構想を述べ、その上で第2章では農村の社会調査法を述べている。こうした手順を踏んだ上で、第3章で日本農村の基本構造を社会集団と社会関係の両面で考察し、そして農村社会に10種類の集団が確認できること、それを地図上に落とし込むこと（累積的手続き）によって3種類の社会地区を区別し、自然村の存在と現実に呼ばれる範域（部落、江戸時代までの村）に符合させて自然村概念の重要性を指摘するのである。いわばこの第3章において鈴木は、農村の社会構造という把握の中で全体的な鳥瞰図を指し示すのである。そして、続く第5章以下で、再度、日本の農村社会を社会集団、社会関係、自然村について詳しい説明を施し、社会集団の特徴、社会関係の特徴、自然村の持つ氏神崇拝、村仕事、土地総有制度、村の外貌から村の持つ社会意識の構成を説明するのである。第8章では売買共同圏、通婚圏、文化圏からなる関心共同圏が、詳しい実証研究事例によってそれらの範域がそれぞれ異なることを説明する。第9章では部落のなかでの地主小作関係だけでなく、アメリカ社会

学流の社会移動論、成層論を取り入れた社会分化の特徴を究明している。そして最後の第10章では、農村の社会学的研究と他分野の地理学、歴史学などの研究成果と比較考察して全体を終えている。

この書の中で彼の社会学の中核は、第3章に登場する。そこには彼が実証的な研究で追い求めた「自然村」の概念が分析されているからである。この中で彼は日本農村における集団の種類が10種であることを突き止め、さらにその集団の範域をそれぞれ地図上に累積させて、3つの社会地区に分かれていることを発見した。そして、このなかで累積度が2番目に多い第二社会地区が旧村時代の村、そして部落に該当することを発見した。そして、この第二社会地区を自然村と呼び、この自然村に日本人の精神が存在すると指摘したのである。

(2) 家族と時間的視点

しかし、この書物には、いまひとつの考察領域が含まれている。それは農村家族の研究、つまり、日本の家族の研究である。当時、わが国の家族研究は、戸田貞三を中心に林恵海などの国勢調査のデータを使った実証的な家族研究が推し進められ、戸田は『家族構成』によって日本の家族形態には小家族が多いことを指摘し、林は同じく人口データを使って農村の研究をしていた。その一方で、有賀喜左衛門などにより、同族研究も進められていたのである。家族に関しては鈴木も「屋敷神考」や「血縁に関する二つの方向」で家族に関連する論文を発表してきたが、本格的に扱ったのは『日本農村社会学原理』においてであった。一口で言うと、彼の家族論は、農村社会に当てた分量は、170頁に及び、この考察で彼は独自の家族論を披露する。彼が家族の考察にあたって思われる一つの核の役割を担う家族を機能と家族本位制の中で位置づけ、家族の精神の究明を行うことにあったと思われるが、実際、彼が残した家族研究の成果は、家族を同族家族、直系家族、夫婦家族の三類型に区別したこと、家族の持つ9種類の機能を区分し、家族の機能の減退が家族の衰退をもたらすこと、家族の世代的連続性の分析では、一般の農家は連続できない場合が多いこと、そしてソローキンの家族周期論に触発されて提出された「農家家族の浮

309　第12章　鈴木榮太郎の社会学と時間的視点

沈の周期的律動」の研究である。この周期的律動性の研究で、彼は直系家族が25年サイクルで浮沈を示すことを指摘し、のちに有名になった「総領の十五は貧乏の峠」、「末っ子の十五は栄華の峠」という知見を見出したのである。そして、同族家族と直系家族の比較の中で、家族という集団の持続性から見ると、直系家族が一番安定的な形態であるという見解に達している。ある意味、鈴木の家族論は、彼の文化論研究の影響があるからであろうか、「人間社会の永続性」への価値づけをする見解になっている。

ところで、『日本農村社会学原理』は本文だけで７０７頁にもなる大著である。この書でもって農村社会の全てを考察したと彼自身は断言してはいないが、全体構成の作業自体を見ると、農村社会の総体を捉えている。その意味で、まさに彼の「凝視」の目で、ほとんどの農村に関する研究領域にメスを入れたと言ってよいであろう。並の研究者で行いうるものではない。ところで彼の『日本農村社会学原理』において、時間的視点が一番鮮明に出ている個所は、家族浮沈の周期的律動性に関する研究である。この研究は、昭和17年に出版された『家族と村落』に所収された「日本人家族の世代的発展における周期的律動性について」(病中に執筆)という論文でもさらに詳細な点検が試みられているが、それ以外にも同年に書いた「我が国農家の特性」にも、昭和19年に書いた「家族生活の三つの型について」、この種の家族論においてだけでなく、彼が自然村に認めた村の精神に対する彼の解釈においても、時間的な視点は、はっきり窺えることも指摘しておかなければならない。

以上、彼の『日本農村社会学原理』はアメリカ社会学の成果を利用しながら、彼自身の日本農村の調査法、それに基づくフィールド調査による研究、さらに民俗学的、社会経済学などの隣接領域との交流をしながら完成されたもので、日本農村の原基的存在が自然村にあることを実証した功績は大きい。そして、彼がこの書のなかで家族浮沈の周期的律動の知見に触発されて、時間的視点を彼の新しい社会学に着想として定位したことだけは言えそうである。

3 朝鮮農村社会における「年中行事」の研究

昭和17年に彼は、岐阜の高等農林専門学校を辞して京城帝大のある朝鮮に渡った。壱岐で生まれ、中学時代を過ごした対馬は、長い朝鮮との交流の歴史を持ったところでもある。彼にとっては、朝鮮の地は特別な地域とは映らなかったであろう。

(1) 朝鮮農村研究

京城帝大に赴いた彼は、最初、新しい授業科目に追われることになったためか、いきなり朝鮮農村の調査に足を踏み入れなかった。彼は、半年後から精力的に調査研究を開始する。そして彼のフィールドノートは、『民族学研究』[18]への投稿論文『朝鮮農村社会瞥見記』や翌年の7月には『朝鮮農村社会踏査記』の出版という形で公表される。この3年数ヵ月の間に書いた『朝鮮農村社会踏査記』、総督府の出した調査レポートや『民族学研究』への論考など6本が、「朝鮮農村社会の研究」というタイトルで『著作集Ⅴ』に纏められている。

朝鮮の京城帝国大学に赴任後、鈴木が研究しようとしたものは、当然ながら朝鮮の農村社会の構造分析であった。日本の農村社会の研究で見いだした自然村や社会集団などの知見と分析法と同じ視点で、朝鮮の農村社会の分析を行うことであった。実際、彼は、「朝鮮の農村社会集団について」という論文で、日本農村と朝鮮農村の比較研究を実施し、日本における自然村が、朝鮮の農村社会では、洞にあたることを突き止めているし、その他、講に当たる契、ユイに当たるプマシ、さらには10種類の社会集団に関して聞き取りからその存在を確認している。[19]

しかし、この鈴木が遺した朝鮮の農村社会研究のなかで最大の草稿は、何と言ってもその存在を確認している。この書は、日本の農村と朝鮮・中国の農村の年中行事の比較を試みたもので、全

体の構成を見ると「年中行事の社会的意義」、「行事の時期設定の原型」、「年中行事における日本・朝鮮の異同」、「朝鮮の年中行事と年中行事の社会的機能」などに分けられ、本格的に朝鮮の年中行事を日本と中国の比較のなかで分析したものであり、しかも比較的完成度が高いものである。最後の「歳時記」に関しての論考は、多くの朝鮮、日本、中国の研究書を収集し、年中行事の時期と名称を記しただけで終わっているが、この論考への彼の力の入れ方は並ではなく、昭和19年5月には「朝鮮年中行事の調査（野帳）」を実施しているほどである。この論考は、朝鮮における研究の中で最後に書かれたものとなったし、終戦後引き揚げの際、総督府の調査報告書とともに彼によって持ち出され、紛失をまぬがれた。それだけ彼にとって大事なものであったと考えられる。

(2) 鈴木の年中行事研究

ところで、この年中行事の研究には、他の調査報告書と違い、暦学や暦法に関する研究考察の跡が窺え、しかも民間暦も含めての日本、朝鮮、中国の暦法、暦書の書物を収集した上での考察となっている。その点で彼が本格的な時間的問題の関心から年中行事の研究を行った上で論考に臨んだことが分かる。年中行事の社会的意義の箇所では、彼は、年中行事が「農村の人々の長い経験の中に合理化された一年間の生活予定表」であり、「毎年その日またはその季節に必ず行なわれる一定の様式をもった慣行」であって、「それらを深く観察することによって私等は部落や地方の社会生活の性格の深く秘められている特性を知ることができる」と言っている。そして、朝鮮の年中行事を集団性によって見ると「家族的と同族的と階級的と村落的の四種の性格が大いに異なっている」ことを見つけている。彼は、朝鮮において日本と同じく家族や同族や村落レベルでなされる年中行事があるものの、儒林の釈典のように、両班階級により独占された行事が存在することも指摘している。

この彼の朝鮮の年中行事研究で興味深い分析は、朝鮮の年中行事が果たす機能から年中行事を分析していること

である。彼は、年中行事に8種類の機能を認めている。それらは、①「生活更新の切り目としての機能」、②「生業が休止される行事」、③「親族結合を更新する機能」、④「婦人・子供・僕婢を好遇する機能」、⑤「村落民共同遊楽行事と地方民遊楽行事」、⑥「家庭内の者だけがその行事に参加し体験を共同するところの家庭的行事」、⑦「時食、保健、家事への定期的注意喚起の機能」、⑧敬意と好意の表示の機能を持つ「贈答の年中行事」である。明らかに彼のこの年中行事の機能の分類は、重要性によって配置されている。

このなかで「生活更新の切り目としての機能」が年中行事で最重要視されていると解される。彼はこれについて「年中行事の内には、生活の時間的進行の上に判然とした切り目をつけるものがある」[22]と言って、「この切り目において人は生活の単調から解放されて、休養や娯楽や栄養や気力などを充分に摂取して、また次の切り目までの単調な生活のリズムを続けていくのである。そこには生きて行く力の補強更新の意味がある」[23]と指摘する。例えば、「祓祓」の神事、「追儺」の行事（1年間の禍悪の放逐）、「年賀」の行事（社会生活圏の更新の意味を持つ行事）の伝統的な神事や行事などがそれに当たり、その他には経済活動における決算期や雇人年期にも生活更新の機能を認めている。そして「盆と正月」の行事、「彼岸」の行事、「五月祭天」の行事、中国にも日本にもない朝鮮特有の節日である「流頭」の節日もそれに該当するという。そして、この種の古い年中行事に、新しく官庁会社によって設定された年中行事が加わり、年中行事が混乱している[24]と言って、この混乱を「国民生活のすみずみまでも目をくばる行きとどいた政治の力にまつべきである」と言って、時間政策への卓見した見解が披露されている。

以上、鈴木の年中行事に関する紹介をしてきたのであるが、第一に年中行事研究において暦法などを本格的に取り入れて、年中行事が社会生活の節目として機能することから全体を時間のリズムとして見ていること、第二に彼の年中行事の解釈は、柳田などの民俗学者の年中行事研究と違って、なかでも経済活動のような生業の時間を中心に見ていることを社会学的に（集団論や機能分析的な）機能の側面で捉え、さらに付加すれば、この年中行事の考察においてそれを比較社会学的視点ることが独自な視点と言えるであろう。

313　第12章　鈴木榮太郎の社会学と時間的視点

で見るだけでなく、時間の本質的な問題まで遡及して捉えようとしていることが挙げられるであろう。

(3) 年中行事研究の意義

結局、鈴木の未完に終わった『朝鮮農村社会の研究』に、朝鮮に関する『農村社会学原理』の出版という構想があったかどうかはわからないが、彼が京城大で研究できたのは2年半に過ぎなかったために、彼が研究できたのは、『日本農村社会学原理』で得た農村社会の社会構造論、社会関係論、社会集団論のうち、社会集団論に関しての考察に過ぎなかった。この研究において鈴木の研究は、民俗学での「年中行事」という視点を彼なりに社会学的に補強し、彼の農村研究に時間論的な視点が加わったと見て間違いないように思う。実は、この同じ時期に彼は、日本農村の家族研究で、「一つの恵まれた発見」をしている。それは、『日本農村社会学原理』で扱った家族の周期的律動性の視点である。明らかに彼をして「発見」と言わしめた周期的律動の視点が、朝鮮研究で「年中行事」の研究への「凝視」に向かわせたと思われる。そして、その後の彼の研究にも引き継がれることになる。

この例は、昭和23年に彼が喜多野清一と共著で出版した『日本農村社会調査法』の中身を見るとよく分かる。この書は、彼が岐阜時代に書いた「農村社会学的部落調査法」を下地に編成されるが、彼はこのなかで序論と第一段、第八段から第十八段までを担当している。このなかに先の『農村社会学的部落調査法』にはなかった「年中行事」（第八段）という調査領域が加えられているのである。そして、この中で、「年中行事は一つの地域社会の生活のリズムである。農村のように生活の地域的まとまりが強く、生活の様式と人々の生活意識に比較的斉一性がある社会では、この年中行事が社会生活の全行程の中に筋金となってはっきり現われているものである」と指摘する。さらに、この生活リズムの視点は、この書の第八段の「年中行事」だけでなく、第十二段の「娯楽及び休養」においても余暇論として時間的視点の重要性が指摘されている。このように見ると、この時期に彼の時間的視点への展開が大きく動き出したと言ってよいかもしれない。

4 『都市社会学原理』の生活構造論の視点

昭和22年に鈴木は、北海道大学法文学部の教授に着任する。新開地の北海道でラーバン・コミュニティの実証的研究の転換を行った。だが、彼にとって都市研究は、この地で、しかも50歳を過ぎて都市の体系的研究を志すという大きな研究を考えて赴任したはずの彼は、この地で、しかも50歳を過ぎて都市の体系的研究を志すという大きな研究の転換を行った。だが、彼にとって都市研究は、彼が農村を研究するなかで絶えず浮かんだもう一つの世界であったから、当然の道であったと言えるかもしれない。つまり、北海道の地での彼の研究は、『日本農村社会学原理』で得た知見を活かして都市の社会構造を解き明かし、新たな視角を生み出すことであり、彼の社会学的構想はますます進化していったのである。

(1) 都市の研究枠組み

そこで、昭和32年12月に完成した、彼の第二の代表作『都市社会学原理』を見ることにしよう。この書の全体の構成は、第1章「都市社会学研究法論」、第2章「聚落社会の概念と都市の概念」、第3章「都市の機能」、第4章「都市の社会構造」、第5章「都市における社会集団」、第6章「都市の社会関係」、第7章「都市の内外に存する前社会的統一」、第8章「都市の社会的統一の吟味」、第9章「都市の生活構造」、第10章「都市の新形態」である。

この書物に関しても彼の分析手法は、前著『日本農村社会学原理』と同じく実証主義的な視点を踏襲し、都市調査法の考案、都市社会学の先行研究の検討、そしてモノグラフ的調査とアンケート調査による調査地のデータ収集・分析をしながら、他方でそれらのデータを社会構造の研究、社会集団の研究、社会関係の研究の三本柱の構成で作業を行っている。もちろん、この三本柱に関しては新たな視点である生活構造の研究が導入されることになるのである。この『都市社会学原理』が対象とするのは、農村社会と違う都市社会であり、それゆえに、彼は都市研

315　第12章　鈴木榮太郎の社会学と時間的視点

究において新たな、いくつかの視点を組み込んだ。それは、前著『日本農村社会学原理』ではただ村落社会として漠然と捉えていた農村という概念を、聚落社会という概念で再度捉え返すことから開始される。彼は、都市がなぜ生まれたのかという都市の歴史に立ち戻って、都市には共同防衛が強く働いていた事実から、村落と都市の機能を有するる聚落社会という概念を持ち出すのである。そこからこの聚落社会を「共同防衛の機能と生活協力の機能の統一」であって、村落と都市の二種が含まために、あらゆる社会文化の母体となってきたところの地域的社会的統一であって、村落と都市の二種が含まれる」と定義する。そして、都市という聚落社会には社会関係の累積性が農村と違った形のものとして存在することを見て、「都市とは、国民社会における社会的交流の結節機関をそのうちに蔵している事により、村落と異なるところの聚落社会である」と定義する。そして、都市と村落の違いは、都市の機能を代表するものは、共同防衛の機能と生活協力の機能の2つの機能である。そして、都市と村落の違いは、「それは社会的交流結節の機関の存する聚落であるかないかの違いである」と言い切る。社会的交流の結節機関とは、彼によると、「生業活動の社会単位」であって、合理と打算を原則として活動する機関である。そして、この結節的機関には①商品流布、②国民治安、③国民統治、④技術文化流布、⑤国民信仰、⑥交通、⑦通信、⑧教育、⑨娯楽の9種類の結節機関が存在するという。このうち①から⑤の結節機関は、既に封建都市に存しており、⑤から⑨の結節機関は、現在都市において加わった機関であるという。これらの結節機関は、すべて上位下位の関係を持っており、それによって都市は、権力を保持することになるし、都市間でも上位下位関係が形成されることにもなる。続いて第3章の「都市の機能」では、聚落社会である農村と都市の関係様式や都市の関与圏、社会的交流の結節としての都市が分析される。

(2) 社会構造研究と生活構造論

そして、彼の重視する第4章の「都市の社会構造」で、彼が新たに分析視角として登場させたものが、正常人口の正常生活の理論である。これは彼の都市社会学の方針となる考えであるが、都市研究に当たっては、都市には無

第3部　特論：これからの研究課題　　316

数の塵埃があり、これを除外して、一端自然で正常な都市生活を研究対象とすべきという着想である。彼によれば「正常な生活とは、その生活の型を続けて行く事によって、少なくとも社会生活が存続し得るものであり、異常な生活とは、その生活の型を続けては社会の生活が存続し得ないものである」と。つまり、都市で一般的な現象こそを研究の対象にするというものである。例えば、都市の就学期の正常人口は、「一日のうちの主要なる生活の時間を学校で過ごし、彼らの場合、共通な生活の型が見られるはずである。そして、正常人口の正常生活の代表として世帯、職場と学校が該当する。

次いで、第5章「都市における社会集団」では、都市の住民が過ごす時間は、世帯と職域集団か、就学期で過ごす学校と世帯であるとして、世帯と職域、それに学校が都市の社会集団の基盤的集団として捉えられ、この三種の集団の上に余暇集団としての生活拡充集団と地区集団があるとする。この他に、特殊団体としての地方自治体と生業組合（商店街、同業、労働）が加えられる。

都市における社会集団を、家中心の世界から職域中心の世界への移行として見ていくのである。第6章の「都市の社会関係」に関しては、血縁・職縁・同窓縁、地縁、趣味縁に触れ、社会関係の特質を分析する上では、①物品の売買・貸借関係・与える貰う関係、そして贈答・返礼の関係が重視されている。第7章と第8章で「社会的統一」のうち、第7章では前社会的統一としての生活地区都市における三重の生活地区である近隣的地区（第一生活地区）、副都心地区（第二生活地区）、都心地区（第三生活地区）から捉えられる。そして、第8章では、都市の聚落社会としての生活地区都市青年層が持つ問題を指摘している。第9章の生活構造論においては都市では①交易と、②大密居聚落生活、③社会変動が多き事（垂直的変動・水平的変動）、④未知の人々がはなはだ多く、そこの住民の大部分を占めている、⑤社会的拘束がはなはだ乏しい事とを挙げて、生活構造論という分析視角を都市研究の視点として新たに付け加えたのである。そして、最後の第10章の「都市の新形態」では、都市連合が合併市による新市の形態、大都市と中小都市の連合による巨大都市圏が論

じられる。

(3) 時間的秩序の視点

以上が本書の概要であるが、彼はこの『都市社会学原理』において初めて生活構造という新たな分析枠を提出した。彼は、都市のような複雑で、変化の激しい社会では「社会構造の概念のみによっては理解され得ない社会的統一の動的側面を理解するため」の概念が必要で、そのために採用された概念が生活構造の概念であると言っている。そして、生活構造には「時間的秩序」と「空間的秩序」いう2つの要因が必要だという。この時間的秩序とはどのようなものであろうか。彼によると、「時間的秩序という事は、甲の社会的現象の後には乙の社会的現象が必ず起こるという信仰の存する事によって保たれている秩序である」と述べて、彼は社会的因果の形式で時間的秩序を説明する。即ち、「時間的秩序の多くは、一代のうちの短い時間を一周期としている。年中行事は一年を周期とする時間的社会的秩序である。……一般に我が国でみられる時間的秩序の周期は、一日、一週間、一ヶ月、一年、及び一代である。更に又、人の生活にはもっと長い周期もしばしば考えられている。時間的秩序の周期的反覆は、それを平面の上に描けば波である。物理現象においては、同じ大きさの波が固定して反覆する場合に、最も安定した運動が見られるという。社会生活の場合も、その動きが同一の振幅を以て反覆する場合に、もっともそれが安定しているとみるべきであろう。（傍点は筆者）」、「総ての時間的秩序は、一組の行動の型や現象の型が一周期中に一定の順序を以て進行するという事の約束である」、そして、「時間的秩序を問題としている」とも言う。この彼の時間秩序の概念には、「動き」、「周期」、「同期」の要因といった時間的過程に存する変化発展を意味しているのではなく、時間的過程に存する周期的反覆の秩序を問題としている。

この時間学的概念用具への着想が現れていることを指摘しなければならない。

この時間的秩序は、休業と決済にみられ、これらは毎日、毎週、毎月、毎年という周期的秩序を持つという。こ

れらの考えから、決済や休業の周期、都市における平均人の一代絵巻、古い時代から存する要決済的関係が指摘される。そして、「今日、都市の生活において時間的秩序が明確であるのは、職域集団と学校集団であると思われる。職域と学校における時間的秩序は、都市における他の一切の生活時間の基本になっていると思われる」という。そして、他方の空間的秩序では結節機関の関与関係から、一番身近な日常生活圏である第一生活地区、それより広い第二生活地区、さらに広い第三生活地区の3種類の生活地区が範域として区別され、そこに結節機関の関係の上位下位による都市全体の広がり、大きさから都市の大中小が確認されるのである。

生活構造論は、この書において初めて全体像が示されたが、これは彼の社会構造の研究、社会集団の研究、社会関係の研究に次ぐ第4の柱の研究枠組みとして加えられ、以後の研究に使われることになる。そしてこの生活構造論の中で特に重要視されたのが時間的秩序の視点であることは言うまでもない。付言すれば、彼自身が『都市社会学原理』の末尾の後書き（「最後に」）で感想として、「動いている事」と「規則正しい反復現象を結果する事」に興味を持ったことを吐露するが、これらそのものも時間的視点であるし、この後の研究に「動き」の分析として引き継がれるのである。

5 『国民社会学原理ノート』

(1) 「国民社会学」研究の位置

彼は北海道大学を退職後、札幌から東京に移り、「国民社会学原理」の仕事に取りかかる。しかし、前回の『都市社会学原理』は、病魔を推して幸運にも完成を見たが、この「国民社会学原理」の研究は、残念ながら無理であった。この鈴木榮太郎の未完に終わった「国民社会学」の構想は、弟子たちの手により『国民社会学原理ノート』（以下『国民社会学原理ノート』と略す）として昭和45年に出版された。彼はこの構想の書物を昭和32年から昭和39年

までに、43冊のノートに体系的計画の下に執筆していたようである。実際、出版された『国民社会学原理』の編別構成を見ると、「第1章　国家と国民社会の概念」、「第2章　国民の生活構造」、「第3章　国民社会の社会構造」、「第4章　国民社会における統治構造と統治現象」、「第5章　日本国民の動的理解」、「後書　世界における国家と日本国民社会」となっている。だが、この編集委員会がまとめた『国民社会学原理』の構成には、編者たちの苦労が分かるが、編者たちの考えが反映された編集となってしまった感がする。

なぜなら、鈴木榮太郎の残した作品を見ると、興味深い視点で書かれた論文や書籍（「峠の表裏」、「家族周期論」、「都市社会学原理」など）はしばしば病床の中で書かれていることが多く、彼は、不思議と病床中において新しい発想の成果を生み出す嫌いがあるからである。実際、『国民社会学原理』に比べると、彼が最後に残した構想案である「国民社会学の構成大要」には、第3章「国民の生活構造」、第4章「日本国民社会の階層構造の特徴」、第5章「日本国家と日本領土内に居住した外国移民の生活」、第6章「日本国民の歴史的共同体験」、第8章「国民社会の動的理解」が予定され、その中身からは、新しい発想のもとでの「国民社会学原理」の可能性が見てとれるからである。しかも、それは彼に国家論の研究からよりいっそう彼の国民社会論への把握が期待できる内容となっている。彼の『凝視』の性格からすれば後になるほど良い構想のものが出てくるのは当然で、もし彼が生前に完了しているとすれば、この「大要」も再考されて、もっと興味深い独創的な内容になったかも知れない。

(2) 鈴木社会学の時間的視点の重要性

先にも指摘したが、彼の時間学的指向性は、時間秩序の概念の提出で「動き」、「周期」、「同期」の要因への研究にたどり着いたが、「出来事」論が論究されていなかった。この「大要」の第6章「日本国民の歴史的共同体験」で彼がたどり着いた着想は、彼のこれまでに言及しなかった時間学の要素の「出来事」への言及も含まれていた。

それは、「国民のかがやく歴史」、「国民悪の記憶」、日本人の幸運、日本人の不運などを盛り込もうとしているので

ある。まさにこの構想の中で「出来事」論の視座が取り入れられたのである。その点で考えると、編集委員会編による『国民社会学原理』は、鈴木社会学の創造的な箇所を看過し、優れた時間学的成果を無視した構成で仕上げられてしまったと言わざるを得ない。編集委員会の人たちによって、既成の地域社会論の延長で「国民社会」論が纏められることとなり、編者たちの恣意性が入り込んだ内容になったように思われる。

それでも、この『国民社会学原理』は、断るまでもなく、国家を構成する国民と国家が存する限り存在する統治構造を原理的に考察しようとするものであるから、当然彼の国家論という色彩を持つものであったであろうが、彼は、この未完の書物のなかでも時間的な視点を多数組み込んでいる。国民の生活構造という箇所では、「社会構造というのは生活必要（生業活動以外の）のために人が住居より離れて社会過程を営む反覆的に認められる空間的時間的活動の型である」(47)として、生活の本拠が①住居（物質的本拠）、家族（社会的本拠）、②聚落社会（農村と都市）、③国民社会からなるという。そして、国民社会における三種の社会的交流現象を挙げ、「社会的交流の内容をなすものは、人と物と心である。人の交流を交通と呼び、ものの交流は運輸と呼び、心の交流は通信と呼び、文化の発達とともに交流内容は同一ではなく、最初は人、次に心、最後に物の交流が盛んになった。人の生活の維持向上のための社会的必要が社会的交流を生み出す」(48)と言いきっている。さらに、日本国民社会の動的理解に関しては、文化の重積と部分的更新の原理と日本の地域社会存続における部分的更新の原理が指摘され、「どんなに大きな変化も時間的前後が無関係となり一瞬にして完全に変化することだけは絶対にないであろう」(49)と診断している。

さらに、この社会的交流圏拡大の三段階説では、第1段階では、聚落社会内の家族間の交流が、第2段階では「国民社会内の甲の聚落と乙の聚落との間における機関間の交流」が、第3段階では、「地球上の全部または多数の国家間における生産物交易の関係」へと進展すると見るのである。

この未完『国民社会学原理』は、若き頃に心酔した（恐らく）高田保馬の国家論への彼なりの回答でもあったのであろう、「合理化と中間都市衰退原理」、「文化の重積、蓄積、発展の原理」、「日本の地域社会存続における部分

的更新の原理」、「日本文化におけるシンクレチズム性」など数々の公準・原理が指摘され、彼の独特な国境を重視した国家論ばかりか、国民社会論の書であった。惜しむらくは、編者たちが彼の「国民社会学の構成大要」に近づけて編纂されるならば、それ以上の時間的な視点の濃厚な作品となったであろうと想像するのであるが、そこまでは無理であったのかも知れない。

6 ── 結語：時間的視点の意義

以上、鈴木榮太郎の社会学の営為を時間の流れの中で見てきたが、彼の社会学の学的営為のなかで、時間的視点の利用が斬新な研究成果を生み出してきた。

まず、最初の『日本農村社会学原理』において時間的な視点が一番目につくのは、農村家族研究における家族の周期的律動の研究においてである。これに一番大きな影響を及ぼしたのは、ソローキンらが使った家族周期論の利用である。また、第11章の社会分化の研究も同じくソローキンの研究に追うところが大きい。この他、彼の農村社会の社会分化での社会移動論の視点（水平移動、垂直移動）も、ソローキンの影響が大きいのである。

次いで、柳田による民俗学的な研究への関心は、朝鮮研究で「年中行事」の研究へと開花するが、この研究の時期に彼は家族に関する周期的律動による時間的視点の研究をしていたので、相互に影響し合って、朝鮮研究においては「年中行事」という地域社会の周期的律動の視点から農村社会を考えるようになったと思われる。

そして、『都市社会学原理』で新しい研究枠組みとなる彼の生活構造論における「時間的秩序」の視点、正常時間の正常生活という視点は、朝鮮の農村社会研究で身に付けた「年中行事」の社会学的視点が生かされているのである。年中行事研究は、もとはと言えば柳田の切り開いた民俗学の主要なる研究対象領域であったが、彼はそれをソローキンの時間の社会学的影響から彼独自の時間的秩序の視点を生みだし、正常時間の正常生活論へと展開

し、そうした視点を使って都市社会を解読する理論にまで発展させたと言えるであろう。

そして、最後の未完になった『国民社会学原理』においても時間の視点は多用されており、国民社会の動的理解で示された数々の公準、「文化の重積、蓄積、発展の原理」、「日本の地域社会存続における部分的更新の原理」、「日本文化におけるシンクレチズム性」など、どれ一つをとっても時間的な視点が色濃く出たものとなっており、その点で、鈴木社会学は、農村、都市、国民社会へと進展するにつれて時間的視点が進化し、発展し、なおかつ増強していったということができるように思う。彼の社会学の研究は、最後には単なる時間的な視点による研究ではなく、その歩みは「周期」、「リズム」、「動き」、「同期」、「出来事」という視点を使っての時間学的な社会学へ向かったということができるのではないかと思われる。

鈴木社会学は、学論的には形式社会学や文化社会学の影響下で、社会関係論とそれに基づく社会集団論に依拠した農村と都市を見据えながら、他方で厳格な方法論的立場を遵守して、自らのモノグラフ法による実証主義の上に構成された理論で、彼の枠組みの社会的交流、結節機関などを分析していった。その意味で、中範囲理論を持ちながら、その適応範囲は日本の農村や都市に対する社会学的研究というマクロな視野を持った体系をもっていた社会学者であったということができるであろう。彼は、思弁的形而上学を超えた科学に立脚した立場を持っていた社会学者であったということができるであろう。彼の以上の視点を生み出した背景には「こだわり」に似た「凝視」の精神があり、彼のそうした存在そのものへの通徹した観察の癖は、幼い時に受けた傷痕へのまなざしの不安から、逆に「凝視」することによって現状を打開しようとする精神が生まれ、それが彼の独創的な社会学の世界を造り出したと考えたい。

[注]

（１）鈴木榮太郎 1939「私の農村社会学の揺籃期」（《岐阜農高創立十五周年記念 農学科史》）『鈴木榮太郎著作集Ⅳ 月報4』（以

(2) 本川達雄 1992『ゾウの時間ネズミの時間』(中公新書) 未来社 p.5-8
　　下『鈴木榮太郎著作集』を『著作集』と表記する)
(3) Barbara Adam, 1990, *Time and Social Theory*, Basil Blackwell, 伊藤誓・磯山甚一訳『時間と社会理論』(法政大学出版局) 1997
(4) 見田宗介の『時間の比較社会学』(1981)、加藤秀俊の『時間意識の社会学』(1987)や矢野眞和の『生活時間の社会学』(1995)、見田宗介・井上俊他編『時間と空間の社会学』(1996)、伊藤美登里の『共同の時間と自分の時間』(2003)と『現代人と時間』(2008)がある程度である。
(5) 鈴木榮太郎に関する研究は、著作集刊行時に解説として所収された喜多野清一、竹内利美、余田博通、牧野巽、近江哲男、安原茂、塚本哲人氏など、その後の佐々木衛、富永健一、山下祐介らによって考察されてきたが、多くが自然村や結節機関などの農村、都市の研究であって、彼の時間的視点を巡っての考察はほとんどないように思われる。
(6) 鈴木榮太郎『日本農村社会学原理』の「序」の中で草田校長への感謝の辞が「草場先生の慂遇と指導が無かったならば、農村社会学の研究にこんなにも専念するには到らなかったであろう」と述べられている(『著作集Ⅰ』p.5)。「私の農村社会学の揺籃期」(『著作集Ⅳ』月報 4)でも記されている。
(7) 彼によると、「私がジレットの農村社会学原論を最初に読んだのは奥田氏から同書を借りて柳田と親交があったのである」と言っている(「私の農村社会学の揺籃期」『著作集Ⅳ』月報 4, p.7)。
(8) 鈴木榮太郎が昭和38年に書いている「柳田国男先生の思い出」には、彼が大正14年頃から柳田と親交があったことなどが語られている(『著作集Ⅲ』p.327-332)。
(9) 蔵内数太「若き日の鈴木榮太郎」『著作集Ⅳ』月報 4, p.2
(10) 鈴木榮太郎「わが国農村社会学の回顧と展望」『農村社会の研究』(『著作集』Ⅳ) p.324
(11) 鈴木榮太郎 1948『農村社会調査の意義と方法』『著作集』Ⅶ p.9
(12) 鈴木勁介『ホブハウス『国家の形而上学的学説』と『国民社会の研究』』『著作集』Ⅷ 月報 7 p.7-8
(13) 鈴木榮太郎 1931『農村社会学的部落調査法』『著作集』Ⅶ p.32-33
(14) 喜多野清一 1968『鈴木農村社会学における村と家』『著作集』Ⅱ p.710
(15) 彼が利用した数値は、男子25歳、女子20歳で結婚、5歳間隔に3人の子供がおり、平均寿命が75歳、55歳の父と50歳の母が同居しているという仮定で計算を行ったものである。
(16) 鈴木榮太郎 1942「日本人家族の世代的発展における周期的律動性について」『著作集Ⅲ』p.44-91
(17) 彼は次のように言っている。「生命の時間的発展が中断される事が死を意味する如く、村の精神あるいは行動原理の中絶が村の

消滅を意味すると思われる。村が存続する限り、その発展の相が相互にいかに異なっていようとも、その同一性を常に保っていくであろう。もしかくの如き行動原理が中絶し、過去の一切の伝統が無視された時には、村は滅びた時である」(『著作集Ⅰ』p. 107)。

(18) 鈴木榮太郎が昭和19年に出版した『朝鮮農村社会踏査記』は、半年の調査をまとめたもので、この著作が京城時代の唯一の書籍となった。
(19) 「朝鮮の農村社会集団について」『朝鮮農村社会の研究』(『著作集Ⅴ』) p. 39-88
(20) 牧野巽 1973「朝鮮の自然村を中心にして」『著作集Ⅴ』p. 509
(21) 「朝鮮の年中行事(草稿)」『著作集Ⅴ』p. 328-444
(22) 同上 p. 353
(23) 同上 p. 354-355
(24) 同上 p. 382
(24) 同上 p. 367
(25) 「朝鮮の農村社会集団について」『朝鮮農村社会の研究』(『著作集Ⅴ』) p. 39-88
(26) 鈴木榮太郎「日本人家族の世代的発展における周期的律動性について」『家族と婚姻』(『著作集Ⅲ』) p. 45
(27) 鈴木榮太郎・喜多野清一 1948『日本農村社会調査法』p. 180
(28) この概念は、アメリカのギャルピンが主張した概念で、都市社会と農村社会の融合をめざしたコミュニティを意味する。ラーバンとは農村(rural)と都市(urban)を合成して作った言葉である。
(29) 鈴木の書いた「農村社会ノート」(昭和39年7月28日から記した『草案文雑記』の抜粋)には戦後の日本の農村社会学者たちが同族組織の問題と村落共同体の問題の研究へと向かったことへの不満が語られている。そのことが彼をして都市研究へと傾斜させた理由だろうと思われる(『著作集Ⅳ』p. 354-355)。
(30) 鈴木榮太郎『都市社会学原理』(『著作集Ⅵ』) p. 80
(31) 同上 p. 79
(32) 同上 p. 150
(33) 同上 p. 152
(34) 同上 p. 390
(35) アメリカのW・E・ムーアはタイミングが社会組織の時間を秩序づける鍵であるといって時間秩序に注目している。そして、

(36) 「社会行動というものは……、諸々の出来事を時間の上にどう定位するかという問題をめぐる共通の定義や仮定におおむね依存している」と言って、社会行動の時間的秩序の要素として共時化、順序づけ、行為の進度（予定の時間までに活動を終えるように進度を調整する）の3要素を挙げている。ムーアの場合は、時間の社会学は、結局、経営組織体を基盤にして時間秩序を見ている点で、鈴木のように都市や現代社会の生活者である一般住民の生活構造から捉えるダイナミックな視点は持ち出すことができなくなった。その点で、動態的視点に関しては見劣りがすると言えるであろう（W. E. Moore, Man, Time, and Society, 1963, 丹下隆一・長田攻一訳 1974, 『時間の社会学』（新泉社））。

(37) 鈴木榮太郎『都市社会学原理』（『著作集Ⅵ』）p. 395

(38) 同上 p. 396

(39) 同上 p. 396

(40) 同上 p. 397

(41) 「動き」、「出来事」、「意味づけ」、「同期」について、詳しくは辻の以下の論文を参照。辻正二 2011、「時間社会学の可能性と課題」『西日本社会学会年報』（西日本社会学会）9号 p. 3-20

(42) 鈴木榮太郎『都市社会学原理』（『著作集Ⅵ』）p. 397
10章の後に、「最後に」という彼自身が「添え書き」を記している。ここで彼は、「学問の世界から離れて考えた場合に興味深いと思った事は、次のことである」として、①都市は働く人の生活によって構造化され、動いているという事。②働く人と人との関係は合理を基礎にしている」、③合理を基礎とした社会関係は時間的にも空間的にも規則正しい反覆現象を結果している事」と言っている。ここには彼が、都市という空間現象においても時間的な視点を重視していることが言えるのである。

(43) この動きの視点は、「北海道における社会構造の研究」（『著作集Ⅶ』p. 330-366）や『国民社会学原理』において「人の動き」、「心の動き」、「物の動き」として表現されている箇所に認められる。こうした動きの視点ばかりか、『国民社会学原理』の中の「日本国民社会の動的理解」に見られる「文化のシンクレチズム性」や「社会的交流文化」などに至っては時間学の中心的な概念が意識的に使われていることを指摘しなければならない。

(44) 鈴木榮太郎著作集刊行編集委員会（文責 布施哲次）「国民社会学原理ノート（遺稿）について」『国民社会学原理ノート』（『著作集Ⅷ』）p. 13-43

(45) 本書の編集の代表であった「本遺稿は、昭和32年以降、主として小項目主義によって取りくみやすい明確な事項から論述するという形をとっている」と言っている（『著作集Ⅷ』p. 41）。

(46) 同上 p. 36-38
(47) 同上 p. 158
(48) 同上 p. 340
(49) 同上 p. 316
(50) 鈴木榮太郎の社会学において農村、家族、都市、国民社会の研究で、一番影響をもたらしたのはP・A・ソローキンであろう。彼は総合社会学者として社会学理論、歴史社会学、農村、都市、家族、階層、社会移動などに大きな功績を残したが、社会学者の中で数少ない時間の社会学者であった。鈴木は彼から多くを学んでいる。鈴木の『国民社会学原理』にはソローキンのような文明論への志向さえ窺わせるのである。ソローキンに関しては前掲辻 (2011) を参照。
(51) 彼の関心が「循環論」(「周期論」)、「動き」、「シンクレチズム」などへ広がっていったことを考えると、晩年には時間的視点というよりも時間学的な関心が非常に強まったと言えるように思う。

[参考文献]

Embree, John 1939. SUYE MURA: A Japanese Village, 植村元覚訳、昭和53年『日本の村：須恵村』日本経済評論社
喜多野清一 1968「鈴木農村社会学における村と家」『著作集Ⅱ』未来社 p. 709-731
鈴木榮太郎 1971「鈴木榮太郎の家族論」『近代社会と社会学 武田良三博士古希記念論文集』培風館
見田宗介 1981『時間の比較社会学』岩波書店
森岡清美 1973『家族周期論』培風館
内藤辰美 1976「鈴木栄太郎博士の生活構造論」『関東学院大学文学部紀要』18号 p. 261-276
小笠原真 2000『日本社会学への誘い』世界思想社
ロバート・リケット 2012「鈴木勁介さん、その生い立ちと思想」『和光大学現代人間学部紀要』第5号 p. 165-171
佐々木衞 1981「鈴木栄太郎「社会理論」再考：地域社会研究のパラダイムをめざして」『山口大学文学会誌』32号 p. 21-36
鈴木榮太郎 1922『ホブハウスの政治理論概要』『国家の形而上学的学説』不及社 p. 1-58
―― 1968『日本農村社会学原理』『著作集Ⅰ、Ⅱ』未来社
―― 1969『都市社会学原理』『著作集Ⅵ』未来社
―― 1970『農村社会の研究』『著作集Ⅳ』未来社

―― 1971 「家族と民俗」『著作集Ⅲ』未来社
―― 1973 「朝鮮農村社会の研究」『著作集Ⅴ』未来社
―― 1975 「国民社会学原理ノート」『著作集Ⅷ』未来社
―― 1977 「社会調査」『著作集Ⅶ』未来社
―― 1973 「わが国農村社会学の回顧と展望」(『村落構造と親族組織』喜多野清一先生古稀記念論文集)未来社 p. 207-224
富永健一 1989 「鈴木栄太郎の社会学理論」『現代社会学研究』北海道社会学会 p. 1-26
徳野貞雄 2011 『農業生活論』学文社
山下祐介 2012 『21世紀の村落・都市・国民社会論に向けて――鈴木榮太郎再考――』『人文学報』452号 p. 1-25
矢野眞和 1995 『生活時間の社会学』東京大学出版会

第13章 山の神と祖霊
―― 中国と日本の水と山の事例から ――

鳥越皓之

1 農民の目線

日本の社会学はながく理論的な研究を得意として発展してきた。だが、1930年あたりの時期から実証的な研究が社会学に期待され、農村に入って研究をする社会学者もあらわれてきた。有賀喜左衛門の『農村社会の研究』(1938)、鈴木榮太郎の『日本農村社会学原理』(1940) などがそのはやい成果である。

理論研究を得意としてきたそれまでの日本の社会学は、早くから現場に足を運んでいた民俗学からその調査方法を学ぶことになる。(1) したがって、初期の農村社会学者は、社会学者であるとともに、多くの民俗学からの論考も残した。農村社会学は、民俗学から単に調査方法を学んだだけではなくて、民俗学が知ろうとしたこと、すなわち「農民の生活」の分析という分析目標をも学んだ。

ただ、その後の農村社会学の動向を見ると、このような「生活分析」を得意とする農村社会学者と、他方、戦後の社会学全体の動向を踏まえた「構造・機能分析」を得意とする社会学者に分かれていった。かれの立場は「生活構造論」(2)なのである。「生活」と「構造」というふたつの用語の並立は、表面的には、なんのことはないふたつの分析方法の折衷ではないかと思われるかもしれない。折衷と言えばそうかもしれないが、両者のよいところをとったとも言え

329

る。しかしそれにはとどまらず、二つの意味で深みがある。ひとつは徳野の農村社会学は基本的には農民の生活目線であり、それに構造的視野をかぶせたものである。もうひとつは、すでに経済成長の時代が終わったいま、あたらしく人びとの日常の暮らしこそが大切だという的確な時代認識がその背後にあることである。

本章では、徳野のこの視点と類似の視点、農民の生活目線を使いながら、農民の観念世界に入っていこうと思う。それは神さまの世界である。農民たちは当然のことながら安定した農産物の成長を願う。天候不良などで不作になればたいへんである。そこで神さまにお願いすることになる。農村生活から遠い人たちにとっては、農民の持つ信仰は伝統として行っているにすぎなく、有機農業のための肥料の改良や、合鴨農法などの技法はあたらしくて有効なものに見えるかもしれない。けれども、農民目線からすると、それらはともに収穫を上げるための有効な施策であって、ともに目配りをする必要があるのである。したがって、農民の生活の構造を知ろうとするばあい、農民の信仰の研究は不可欠な分野と言える。

あとで詳しくは述べるが、柳田國男を代表とする日本民俗学は、神さまの大本は先祖であるという主張を持っている。神というものは神社の氏神をはじめとして、山の神、田の神、水の神、雷神、風の神など多様ではすべて（とりわけ山の神）は先祖神と結びつくと柳田國男は考えた。それは説得力のある考え方ではあったが、現在の研究のレベルから見れば、実証的に柳田の主張に反論をしようと思う。こうした神さまの世界の分析は、社会学というよりも民俗学が得意としてきたので、以下の分析は民俗学的な研究と言った方がよいであろう。

2 山の神と祖霊は一致するのか

第二次大戦直後のことであるが、柳田國男は『先祖の話』(1946) と『山宮考』(1947) で、山の神が祖霊であることを示した。柳田は山の神への関心を一貫して強く持っており、これら二書の発表の30年以上前（『山島民譚集』1914）に、すでに山の神は春に里に降りてきて田の神となり、秋の収穫以降に山に戻るという信仰が農民の間にあることを指摘している。

最初に、山の神信仰の研究史の分析を通じて、山の神と祖霊は強い関連性を示すものの、イコールとして結びつけられないものであるということを示す。そして節を改め、具体的な事例を通じて、両者の関連性を明らかにする。すなわち本章では、柳田の「山の神が祖霊である」というイコール論とは異なる見解を示そうと考えている。

じつは、この山の神＝祖霊という柳田の言明は、実証的な事実であるようにも見えるし、そうではなくて、仮説の域を出ないものであるようにも見える。微妙な表現から実際は成り立っている。ただその後、この柳田の言明に強い刺激をうけて、多くの研究者たちが山の神の祖霊（先祖）としての性格について、実証的に証明しようと努めてきた。その過程で、堀田吉雄の『山の神信仰の研究』(1966) とネリー・ナウマンの『山の神』(1963, 訳本 1994) という大部の書物も生まれている。

柳田國男は『先祖の話』の一節である「田の神と山の神」において、山の神＝先祖という言い方をしている。ただ微妙なニュアンスなので、ここにそのまま引用しておこう。「春は山の神が里に降つて田の神となり、秋の終りには又田から上つて、山に還つて山の神となるといふ言ひ伝へ、……我々の先祖の霊が、極楽などに往つてしまはずに、子孫が年々の祭祀を絶やさぬ限り、永くこの国土の最も閑寂なる処に静遊し、時を定めて故郷の家に往来せ

られるといふ考へがもし有つたとしたら、その時期は初秋の稲の花の漸く咲かうとする季節よりも、寧ろ苗代の支度に取りかからうとして、人の心の最も動揺する際が、特に其降臨の待ち望まれる時だつたのではあるまいか」（柳田 1946, p. 57-58）。

柳田は先祖としての山の神が里に降臨するという発想を持っていたようである。ただ、先に述べたように、柳田は早くは１９１４年に田の神・山の神去来の考え方を資料に基づきつつ明らかにしている。この『先祖の話』では、山の神の性格として先祖があたらしく加えられているところがポイントである。ただ、この山の神＝先祖には信頼できる資料に基づいていないという弱さがある。

それが理由かどうか分からないが、柳田は翌年の『山宮考』で、山宮信仰と氏神との結び付けをかなり実証的に行っている。神社の行事から山宮祭（山の神の祭り）と氏神祭（先祖の祭り）の共通点を指摘しつつ、山に氏神をお迎えに行く、あるいは山から祖神が降りてくるという考え方を明示している。この書から確かに柳田は山の神＝祖霊という考え方を自分としては、仮説ではなくて実証したと言い切っているように想定される。

けれどもその論考を読んだ私の判断では、祖霊が山に宿るという事実は言えるかもしれないものの、山の神＝祖霊という点において、現在の実証科学の水準では、それは仮説と言われても仕方のない、そのような資料と論理の立て方であると言わざるをえない。ただ、すぐ後で詳しくふれるように、この二書を契機として山の神＝祖霊という考え方が民俗学では一般化していくことになる。

柳田の上掲の二書が出版されてからは、民俗学者たちによる山の神＝祖霊を意識しての論考が出はじめる。ただ、実証的な論考を具体的に検討してみると、その結論的な表現はあまり明確ではないことに気づく。次の二つの論考をあげておきたい。ひとつは大護八郎の次のような表現、「墓石か供養塔とみられる山の神の石仏は、神奈川県平塚市郊外の観音像とみられる『山神宮』の石像をはじめ、他の地方にも若干みられるが、このことは祖霊との関連において山の神を把えている証拠の一つとなるであろう」（大護

1984, p. 28)。また小野重朗は、南の島々には赤マタ・黒マタというような来訪神がいるが、山の神はそれと類似の来訪神としての性格も備えていると述べる。「山ノ神が一方では秘儀的来訪神でもあるということはどう理解すればいいのだろうか。いわれるように来訪神が祖霊であるとするなら、山ノ神と祖霊との関係が問題になってくる。多元的なものが融合したのか、一元的なものの変遷の諸相なのか、今のところ私には解決できない問題である」(小野 1964, p. 34)。小野の表現は踏み込んではいるものの、最終的には婉曲的な表現をしている。かれら二人の表現は比較的明瞭ではあるものの、注意深くその表現のニュアンスを再考してみると、かれらは山の神と祖霊の両者の「関連」を指摘しているのであって、両者がイコールであるとまでは言い切っていないと言えるのではないだろうか。そういうなかで、ネリー・ナウマンはいくつかの事例をあげた後で、「幾重もの折り重なりあるいは混淆によって、ついに祖霊と山の神とが入り交じってしまったが、そこには、霊魂の担い手としての樹木が重要な仲介役を果たしたのである」(ナウマン 1994, p. 82)と、"入り交じり"を指摘していて、この表現からイコール論に近いかもしれないと想定できる。だが、この結論に至る事例を見てみると、山の神のお産や赤子に関わる事例であって、「清められた先祖の魂が赤子に継承されるなら、山の神とはそれにふさわしい仲介者にちがいないのではないか」(ナウマン 1994, p. 82)をふまえた論理であり、赤子を介在させた先祖概念の不安定さもさることながら、少なくとももどうもイコールとまでは言っていない。

では山の神研究の金字塔と専門家に目されている堀田良雄の『山の神信仰の研究』(1966)では山の神と祖霊をどのように結びつけているのであろうか。堀田はこの著作のなかで、あえて「山の神の祖霊的性格」というひとつの章を設けているので、丁寧にその記述を追うことにしよう。

その章の冒頭で堀田は言う。「山の神に祖霊的な一面のあることは、柳田翁をはじめ多くの先覚によって、もう既に言い古されてきたことである。それを筆者が殊更らしくあげつらうのもいかがかと思うが、山の神の系統的な究明を志している者としては、一度はこの問題に触れないわけにはいかないのである。それに、今日までにこの問

題について、まとまった研究も発表されていない。それで筆者なりにこの問題についてやや詳細な分析を試みしだいである」(堀田 1966, p. 121)。このように断っているように、これまで山の神と祖霊との関係について、柳田以降、断片的な報告や指摘ばかりで、堀田の本よりも3年前(ただしドイツ語)に出版されたネリー・ナウマンの『山の神』(Naumann, Nelly: Yamanokami—Die Japanische Berggottheit)を除いて、じつはまとまった研究者たちの調査報告類が存在しなかったのである。そこで堀田は「まとまった研究」をするために、山の神に関する研究者たちの調査報告類を渉猟し、それに自分自身の調査をも含めて分析を試みる。

堀田は言う。「ウチガミの本来の起源は、氏神に近いもので、同族の本家筋で祖霊を祀ったものではないだろうか。村の草分けの家筋で祀っていた家の神乃至は同族神が、その族党の発展に伴って、村々の氏神に昇格した場合も少なくないであろう。このような家々の神やマキとか、イットウ、イッケなどと呼ばれる同族間で斎き祀っている神々の中に、山の神をしめていることが、しばしばみられる」(堀田 1966, p. 123)と断ったうえで、「陸奥西津軽郡赤石村根子では、山の神が山稼ぎをする村人によって、内神として祀られている」(堀田 1966, p. 123)。「羽後北秋田郡荒瀬村根子では、旧十二月十二日祭をするが、山の神が部落全体の氏神になっている。この日家々でも、女神像をかかげ、オミキを供えてまつる。この根子は秋田マタギの村として有名なところである」(堀田 1966, pp. 123-124)。「羽前南置賜郡中津川村の山の神は、部落によって氏神として祀っているし、屋敷神としている例も多い」(堀田 1966, p. 124)。そして彼は、「右のように見てくると、東北では狩人や山稼人の村に、氏神もしくはウブスナ社としての山の神は多いといえそうである」(堀田 1966, p. 124)とまとめている。

そして農村の事例として、「磐城相馬中村附近の村々では、家々に祀る氏神は、熊野、稲荷、明神勝善等五十余種にわたるが、小泉村、北飯渕、中村(一部)西山(一部)厚釜、黒木の六部落の『氏神祭祀表』という統計を見ると、山の神は十五ほどあり、五十余種の内の第六位をしめていることがわかる。この辺は農村地帯で、ここにいう氏神とは家の神らしい」(堀田 1966, p. 124)。

334

堀田はさらに他の地域の事例を並べたのち、次のように中間的な結論を述べる。「以上の諸資料を通覧すると、日本中の大概の部落に祀られている何万とも知れぬ無数の山の神の中には、僅少ではあるが、部落の氏神として、あるいは、地主的な鎮守神として祀られてまた時には戸々の家の神、もしくは同族神、屋敷神として祀られる山の神が、狩人、山稼人、百姓を通じて存在していることは、よく諒解せられる。数量からいえば誠に少ないけれども、山の神には確かにこのような形で、祖霊的な面影は残っているように見受けられる。数量からいえば誠に少ないけれども、山の神には確かにこのような形で、祖霊的な面影は残っているように見受けられる」と〝面影〟があることを指摘した後、ただ、ここが大切なところであるが、次のように言い切る。「これらの資料から、直に山の神は祖霊であったと早計に断定することは難しい」(堀田 1966, p. 126)。すなわちこの各地の分析結果においては、イコール論には懐疑的なのである。

ついで堀田は、節を改めて、正月に初めて山に入る初山行事と山の神の分析に移る。そして資料は示されていないが、次のような推測を述べる。「山の神に祖霊的な一面がありとすれば、山の陰鬱な一面即ち山中他界観と結びつくと共に、他面は生々蕃殖して止まない陽気性と相関するものと筆者は二面的に考えている。いちじるしく死穢を忌む山の神が祖霊と結びつくということは、一見矛盾することのようであるが、消極的にはその影響を免れなかったと同時に、積極的には祖霊が子孫の繁栄を喜ぶという点で、山の神の信仰と祖霊信仰との間に共通する場があったからであろう」(堀田 1966, p. 128)。ここではめずらしく資料が示されずに、山の神の信仰と祖霊信仰との間に共通する部分があるという自分の見解を述べている。

次に堀田は『綜合民俗語彙』によると愛媛県越智郡の村々でも、正月十一日にノサカケをするという。茅の葉か穂に幣を結びつけたもので、これに松や草を添えて、田畑、井戸、縁や便所の脇までもたてるという。こうなるとノサは正月の輪ジメなどと接近してくる。山の神と年神との重なっている好例である。柳田翁の見解によれば年神も赤祖霊と見られている神である」(堀田 1966, p. 131)。

「以上、初山にあたって、山中で山の神を祀り、神霊をくさぐさの木の枝に他にいくつかの事例を示したのち、

依らしめることを語ったつもりである。その木を家にまで持ち帰って小正月のシメ飾りとし、或は田植えの時にも利用する。これらのことは盆に祖霊を招いて先祖祭りをする儀礼と甚だ似通っていることがわかる」と述べたうえで、つぎのようなまとめを行っている。

すなわち「七月の上旬に盆道作りということも行われている。祖霊が山から降ってくる道を清らかにし、花を依代として採ってきて精霊棚に手向けるわざなど、彼ら此れ相応じるものである。してみれば、初山儀礼が先祖祭に関係深いことは、もはや疑う余地の少ないことだと言えると思う。しかも初山儀礼では山の神まつりが重要な中枢をなしていることを思えばこの神の祖霊的な性格が、一番よくこの儀礼の内に捉えることが出来るといっても、敢えて過言ではあるまい」(堀田 1966, p. 134)。堀田は他の節では、山の神の祭日が先祖祭の季節とほぼ一致していること (堀田 1966, p. 142)、山の神の火祭りと魂まつりとの大火焚きとの関連性 (堀田 1966, p. 159) などのデータを追加し、山の神行事を通じて祖霊とのつながりについてまさに多面的に検討をした。

ところで、結局、堀田は資料からなにを提示できたのだろうかという点を検討してみると、山の神＝祖霊を証明できていないことが分かる。ただ、両者の間になんらかの深い「関係」があることを示していることは明らかである。

このように研究史を追っていくと次のようなまとめ方ができよう。たしかに柳田は山の神＝祖霊という新鮮なアイデアを提示したが、その後の実証的な研究は、どれも両者の関連性を示すことはできたものの、イコールで結びつける資料や論理を示し得ていないことが分かる。しかしながら、堀田の冒頭の引用、山の神＝祖霊は「多くの先覚によって、もう既に言い古されてきた」もそうであるし、あとで引用の辞典類の「山の神」の説明でもそうであるが、山の神＝祖霊という考え方がこの分野では常識化している面があることは否定できない。

そこで、堀田の冒頭の引用の「既に言い古されてきた」と言われている二本の論拠論文にあたってみよう。その ひとりの橋浦泰雄が次のような言い方をしていて、たしかにイコール論である。すなわち、「八百万神ということ

は古くからいわれたことであるBy、これは釈迦の死に当つて、鳥獣虫魚までが集つて悲泣したというのとは異り、多くの人々をさしていつたのであつて、つまり各氏族の祖先等をさしているのである。われわれのこれまでの研究によると鳥獣山川草木にまで神を認知するにいたつたのは、むしろ仏教などの影響によるもので、すでに記したように田の神・山の神あるいはトシガミなどといつてもひつきょうはその季節々々の必要によって降臨して来る各氏の祖霊の別称であって、山や田それ自体の神ではない」（橋浦 1949, pp. 14-141）というかなり思い切った言明である。ただ、少なくともこの著書では山の神についての調査資料は示されていない。柳田の主張をそのまま受け入れたのにすぎないのではないかと想定される(6)。そのため橋浦は、「山の神が山それ自体の神ではない」という、かなり不安定な主張をせざるを得なくなっている。

堀田のもうひとつの論拠論文は折口信夫によるもので、その折口の論文、「神々と民俗」はとくに柳田の『先祖の話』に則って論を立てているのが分かる。『先祖の話』には田の神・山の神去来、および山の神が先祖であるという主張点があり、折口はそれに従っているが、ただ、折口は橋浦の「山の神が山それ自体の神ではない」と言い切るほど過激ではなくて、「だからと言って、日本の神すべてが、先祖観念の向上決着したものだというふことは出来ません」（折口 1954, p. 342）と、クギを差している。先祖と結びつかない神として、折口は、われわれには迷惑な存在、気の知れないもの、あるいは恐ろしい霊物としての自然の神、岩石樹木、火山の神、峠の神などを指摘している（折口 1954, p. 323）ので、本当は山の神＝祖霊と考えていたのかどうか疑問が残る論考ではあるが、ともあれ態度としては柳田の主張を全面支持している。

また辞典類に目を通すと、『日本民俗学辞典』（吉川弘文館、2000）、では柳田という限定ではあるが、「柳田國男によると山は祖先神が留まる他界であって、山の神は祖先神・田の神と同一神とされている」という表現になっている。さらに一般的に読まれることが多いインターネット上のフリー百科事典であるWikipediaの「山の神」の項目では限定なしに「農民にとっての山の神の実体は祖霊であるという説が有力である」とさらに明瞭に山の神＝祖

霊という考え方が示されている。

このようなことから、確かにこの分野の一般常識として、山の神＝祖霊という考え方（説）が、一定程度受け入れられているだろうことは想定できる。けれども、資料が教えてくれている事実に従えば、山の神と祖霊とはなんらかの「関連性」があるということのみである。そこで本章では、柳田の言明にそのまま従うのがよいだろうと考えている。視野を日本にかぎらずに基層的資料に基づいた先行研究が教えてくれている事実に従う立場を採用するのがよいだろうと思う。

そうなると、ではどのような関連性があるのかという点を検討する必要がある。視野を日本にかぎらずに基層的文化としての類似性のある東アジアにも目配りをしながら以下に実証的な研究事例を示そうと思う。

3 ── 水と先祖との関わり──中国江蘇省無錫市──

日本では、川の上流の山の中に神社が設けられ、そこに山の神や水神が祀られていることが少なくない。それは通常、雨乞い行事を持っている。つまりこの山の神は農耕に関わる水を差配する神でもあり、地域により水の神の神社であったり、山の神の神社であったりする。ポイントが山におかれれば山の神という名称になり、水におかれれば水の神の名称になる。観光でもよく知られている有名な神社の例をあげると、奈良県吉野山の水分神社はその祭神は水の神である。他方、埼玉県本庄市の阿夫利神社は山の神であり、それらはともに雨乞いの神であるとも伝えられている。そういうところでは祖霊が直接には出てこない。これらは、平野にあるいくつかの村々が農業用水として利用しているような規模の大きい河川における山中に鎮座する山の神や水の神である。たとえば、吉野の水分神社の場合は、吉野川の源流の喜佐谷川と、吉野川と平野という規模の大きなものではなくて、吉野山、そして大和平野という構成となっている。

本節で対象とするのは、そのような大きな河川の小さな川の場合である。それは、通常、ひとつの集落で完結するもので、湧き水（小川）は集落でのみ使う水から湧き水や湧き水から

あり、その水を育んでくれている山はまた集落の山であり、しばしばその山は先祖が帰る山とも想定される、そのような構成になっている。もっともこの規模の大小は相対的なものであり、明確な線引きがあるものではない。このような祖霊と関連しやすいと想定されるセッティングの場所の大小を持たない。日本の各地で通常に見られるのは、湧き水の場所に水神や、それ以外では仏教の影響を受けて地蔵や弁財天などが安置されていて、それらは祖霊とは関連を持たない。筆者自身が調査した一例をあげると、長野県小諸市諸の「弁天の清水」はその名のとおり、湧き水の湧き口に弁財天宮が設置されている。この「弁天の清水」は集落の管理下に置かれており、現在もおいしい水だということで飲用のために集落外からも水を取りに来る人たちが少なくないし、洗濯の最後の水洗いをこの清水でするとも肌に馴染むからと、朝は主婦たちの洗濯姿を見ることができる。しかしながら、清水のすぐ上から山がかってくるこの地であっても、清水と山の神や先祖とのつながりを聞き出すことはできなかった。

湧き水の信仰の中で、比較的先祖の影が見え隠れするのは、沖縄の事例である。沖縄本島の南部は湧き水地帯となっており、多くの規模の大きい湧き水がある。聞き取りによると、先祖がこの湧き水を使ってきてその結果、自分たちが今あるのだから、湧き水の水神様に拝むときには、先祖からお世話になってきたその気持ちも含まれていると答えてくれる場合が少なくない。たとえば南城市の垣花樋川でもそのような答えをもらった。しかし、沖縄の湧き水では山の神はいないし、また、祖霊そのものを拝んでいるとは言い難い。そもそも沖縄では山の神信仰自体が微弱なのである。あえて山との関わりをさがすと、この集落には集落の山頂に垣花グスクがあり、赤ん坊が生まれた場合、グスクに赤ん坊が生まれたという報告に行く。それはグスクにご先祖様がいると信じられているためだ。この程度の山との関わりは見られる。

これが日本の現状であるが、中国では山にいる先祖の影がもう少し濃厚な事例がある。江蘇省無錫市濱湖鎮大浮村袁家湾集落は中国の上海からさほど遠くない太湖という湖に接する集落である。この集落は集落の中央に泉と池

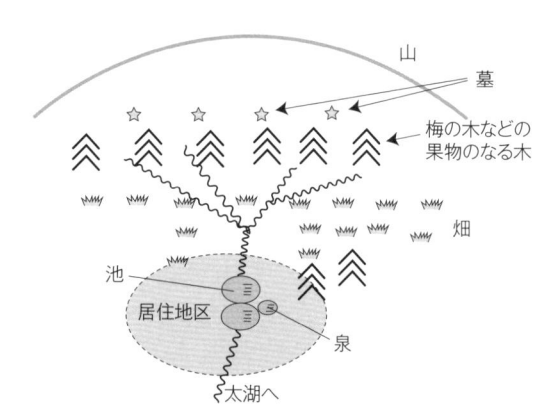

図1　大浮村袁家湾集落の山と川の模式図

からなる水利用の空間を持っており、その上方にこの水を供給する山を持っている。山からの水（湧き水と表流水）は導かれて集落内の池に流入するようになっている。また、図1に見るように、池のすぐ右横に泉があり、それは飲料水として利用されている。この集落にはすでに上水道が設置されているが、それは使用料金が発生する上に、この泉の水の方がうまいということで、集落の人たちはほとんど上水道を使わずに、泉と池の水を使用している。図1に示すように、山からの表流水は山からの小さな流れを集めて、池に流入するようになっている。集落のすぐ上は畑となっており、そこには梅の木などの果実がなる木を意図的に植えている。この木が、山火事のときに集落を守る防火線になるのだそうだ。山仕事に行ったついでに、鍬でコッコツと土の表面を掘ってうまく上の池に水が流れ込むようにするのだという。

泉の周辺など水流に近いところは小さな竹を植えておくのだそうだ。竹の根が水をきれいにしてくれるのだと説明をうけた。このようにして山から水の恩恵を受けて、集落の水利用は成り立っている。地元では「山は命であり水を命とする」という言い方をしている。

文化大革命以降は火葬になったが、それ以前は土葬であった。そしてそれらの古い墓は山にある。地元では山に先祖がいると伝えている。旧暦の三月三日に集落の全体の先祖祭りをこの古い墓のところで行う。先祖はどこで亡くなってもこの山に戻ってくるという信仰がここには存在

第3部　特論：これからの研究課題　　340

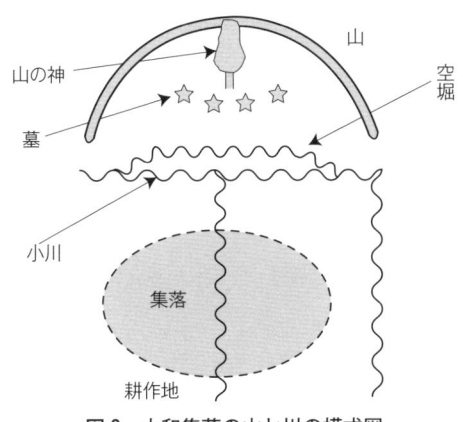

図2 大和集落の山と川の模式図

する。「叶落帰根」と言って魂はその生じた根っこのところに戻ってくるのだそうだ。また、泉には竜神がいると信じられている。そうすると、山にいる先祖の恩恵をうけて、山からの水が集落の人たちを養っているという言い方ができるし、地元でもそのように見なしているが、ここには山の神が存在しない。泉に竜神がいるだけである。そしてこの竜神は、先祖とは結びつきがなく泉を守っているだけである。[9]

以上、山の神の姿のない山の例を出したが、次いで山の神が登場する事例を示そう。

4 ── 山の神と先祖との関わり ── 中国雲南省麗江市

前節の中国の事例は漢族であるが、ここでとりあげるのは少数民族のナシ族の事例である。中国雲南省麗江市玉龍県龍蟠郷星明村は金沙江（長江の上流）に位置し、その対岸にはチベット族の人たちが住むかなり山深いところである。星明村大和集落では、丸い山が集落の後方にある。集落はこの山の麓のなだらかな平地に位置し、さらにその前方に田畑がひろがる。

この山には山の神がいると信じられている。また集落の墓はこの山の中腹にあり、たとえば、ある家の墓は右から順番に古い先祖の墓と

341　第13章　山の神と祖霊

なっていて、そこに五つの墓があるとすると、その近くの象徴的な木に山の神がいると信じられている。木の代わりに岩であることもある。かりに何らかの理由で墓を移動させたり、新しい家が墓をつくるときには、全員が集まって新しい墓地の近くの然るべき大木を自分たちの山の神として選定をする。ここでは竜王などの水の神はなくて、この山の神がまた水の神であるという。このように山の神をその下方から取り囲むように先祖の墓が存在するという形式を取っている。図2に見るように、この集落の上流に小川があるが、その上の方に、いわゆる空堀がこの小川と平行して掘られている。その理由は、大水のときにまず、この空堀が水をくい止める（山火事のときは防火線になることも予想される）。それでも足りないときには、小川がくい止めるために、この小川はムラの上を左右に流れるように設置されているのである。現在も、生活用水はすべてこの川の水を使っている。そしてこの水は集落などを流下した後は、農業用水として使われる。これはパターンとしては、前節の太湖近接の集落とたいへん似ているが、異なるところは、山の神が山に鎮座していることである。

5 奥に山の神、手前に先祖 ——種子島南種子町——

中国の事例は、山の神と先祖との関係について、かなり明瞭な像を示してくれた。これら中国の事例を知ると、次の下野敏見の種子島の泉とガロー山の記述が生彩をおびてきて、われわれに有用な示唆を与えてくれる。最初に下野の「種子島の村落構成」という論文から、われわれの関心に沿って、その内容を要約する。下野によると以下のごとくである。

南種子町広田集落では古い泉（クミカワ）を中心にしてクミができている。各クミカワにはセシ（施主）という管理者がいる。セシは元旦の若水迎えには寺の札を立てて祀る。セシが札をクミカワの脇に立てると、一番水を待ちかまえていた人たちが先を争って若水を汲む。注目すべきことは、クミカワのセシはガローの司祭者であるシッ

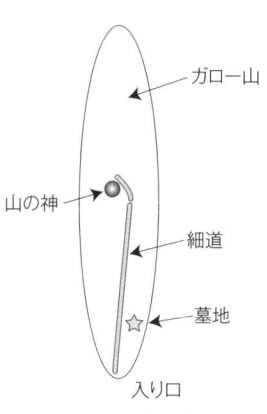

写真1　ガロー山（鹿児島県中種子町平鍋）　　図3　ガロー山の模式図

カを兼ねていることだ。ガロー山（ガラン山）は種子島に百ヵ所ばかりあり、薩南のモイドンと類似の森である。ガロー山は多くは田のカシラにあって水源地を占めていたり、人家、または村落の北東部に屋根山として防風林を形成していたりする。またガローのあるところ、必ずといってよいくらい、泉がそのそばに湧出するのも特徴である。

広田集落のひとつのクミ、浜渡での聞き取りによると「カワの神様とガローの神様は同じというもんじゃ」とのことで、多性格的ガローの一面である水神的性格を示唆するとともに、村落形成の中心であるカワとのクミの古いつながりを示し、その同時発生の関係を示している。また、道上のクミのガロー山の近くに墓地があるのは甚だ興味深い。そしてすべてのクミの事例を集めて下野は次のように要約する。つまり、ガローの性格は多面的であり、荒神、水源地保護、防風林、農耕神（田の神）、蛇の神である。また、ガローには、山の神の性格もあって、これは一番強いようである。（以上、下野1961, pp. 2-7 の要約）

また、下野は別の論考でガローのことを次のように説明している。「ガラン（ガロー）とは、種子島各地にある森の神で、主に立木を依木にして祀る。非常に祟りやすい神で、その森は神聖視される。森をガロー山ともいう。ガラン（伽藍）が訛ったものである」（下野1968, p. 61）。

下野がこの論文を報告した1961年からほぼ半世紀近く遅れて20

343　第13章　山の神と祖霊

写真3　ガロー山の山の神（平鍋）　　　　写真2　ガロー山の入り口の墓（平鍋）

08年に現地を訪れたところ、すでに泉を使用しなくなって久しく（1961年でもすでにほとんど使用しなくなっていた）、泉とガローとの結びつきを下野ほどに明瞭に証拠立てることはできなかった。しかし、この種子島では山の神が出てきており、その山の神が祖霊とはイコールで結びついていないことが下野の研究からも分かる。

中種町の平鍋にかなり明瞭な形をもったガロー山があり、図3に見るように、その入り口が墓地になっており、そのガロー山（ただし平地）の奥へ細道を進んでいくと、そこに山の神が祀られている。山の神は写真3で見るように石で丸く形づくられている。その管理者の主婦に聞くと、自分は女性なので、手前の墓は拝みました手入れをするが、山の神に近づくのは禁止されていて見たことがないと言っていた。下野はこの平鍋のガロー山について、「中種子町平鍋でガロー山の近くに開拓先祖を祀った石塔があって、両者の間に小道も作られていることは注目される」（下野1961, p. 6）と言っている。ともあれ、この山の手前の墓地、その奥の山の神の配置は中国の事例を想起させる。

おわりに——山の神と先祖との関係——

山には山の神がいたりいなかったり、祖霊がいたりいなかったりする。したがって、常に両者が山に存在するわけではない。本章の事例においてもそうである。2節の研究史でまとめたように、柳田國男による山の神＝祖霊論が存在する。そして

第3部　特論：これからの研究課題　　344

それを支持する論考も少なくない。他方、丁寧にその論拠の資料を吟味すると、山の神と祖霊とはなんらかの強い関係があることは明らかだが、イコールで結びつけられる資料は存在しないことを指摘した。

① 祖霊が山におり、お盆や正月など一年のしかるべきときに山から里に来る。② 山には山の神がいて、田の神・山の神去来の儀礼が存在する。③ 山の神の行事と氏神の行事が重なっている。ともに異なった霊格である可能性があるのである。本章ではその点について、異なった霊格として示し得たように思う。

本章で見たかぎり、山の神と祖霊の両者が山にいる場合、空間的には山の神が中心にいて、祖霊がその下（周辺、入り口近く）にいるという構図になっている。つまり両者は一体となった存在ではない。しかしながら両者が敵対関係や競合関係にないことは明らかである。親和的関係にあると言えばよいだろうか。たとえば見たように、両者が同一と見なされるほどに、行事の重なりや強い連携が見られるからである。そのため、両者は共存関係にあるという言い方ができよう。あるいは山に関わる祭祀や儀礼などが両者の存在で引き立っているという意味での相互の親和性を強調すれば、「山の神と祖霊は共生関係にある」という言い方も妥当性を持つかも知れない。日本人は先祖をとても大切にする民族である。先祖の神（ほとけ様と言ってもよい）は、いつも子孫によいことをしてくれる神さまである。すべての神が先祖の神であるとよいのだが、本章で示したように、すべての神を先祖と結びつけることはむずかしい。

本章は先祖神ともっとも近いと考えられている山の神を例として出したのであるが、山の神も先祖とイコールで結びつけることはできない。いわんや、水の神や風の神、雷神などはまったく異なる自然神である。先祖神と異なり、自然神は人間に対していつもよいことをしてくれるわけではない。これらの神さまの本性は「自然」なのである。そこで必死に神さまに祈ることになるし、また講などの組織をつくって、みんなで神さまにお願いをしたり、感謝をしたりする。暴風が来ないようなお願いや、秋の収穫の感謝祭などだ。お米を収穫しただけで、感謝の秋祭

りをしないということは、気持ちとして許されないことなのである。青森県での聞き取りで、大水で集落の多くの人たちが死亡した事件について、村の人たちは、「最近私たちが川を汚していたので、山の神さまが怒って掃除をした（大水で汚れたものを洗い流した）」と解釈していた。山の神はときには、人間に不幸をもたらすのである。

平穏な暮らし、無事な暮らしはだれもが望むところである。自然が与えてくれる恵みを私たちがどのようにコントロールしていくかということはいつも喫緊の課題であった。とりわけ、経済の成長のみに関心を寄せていた時代から、人びとが平穏に暮らせることがもっとも大切であると多くの人がこころづく時代へと、いま変わりつつある。「自然のコントロール」と、「平穏」はともに神さまに期待される役割でありつづけているのである。農民の信仰の分析の必要性はここにある。

［注］

（1）第2次大戦後、1950年から人文系の学会が連合して調査をはじめた。後に九学会連合と呼ばれることになる。日本社会学会も日本民俗学会もこの連合体に所属し、相互協力をしていた。社会学はまた、この九学会連合をつうじて、民俗学から調査法を学んだということを筆者は九学会連合のメンバーであった中野卓との雑談から教えられた。
（2）この生活構造論は、中鉢正美や青井和夫などが言う生活構造論とは大きく異なる。
（3）ここでいっている事実を的確に示している徳野の著作として『生活農業論』（2011）がある。
（4）本章は第61回日本民俗学会（2009年10月）で口頭報告したものである。
（5）雑誌『あしなか』120号が「山の神」の特輯を編んでいる。そこに膨大な山の神についての資料が紹介されている。そこでは改めて祖霊とイコールで結びつける資料が存在しないことを実感させられるが、それでも探すと、宮城県丸森町の事例で「神は山にもどると山の神となり、樹を育て水を貯える仕事をすると言われ、祖霊との関連を匂わせる。なお、小野重朗は、水神信仰が祖霊信仰に変遷した事例を十五夜綱引きの研究から得ており（小野1985, pp. 257-258）、また、他方、山の神が「生活神」となっている熊本県
33」が、「子孫を護る」という表現をしているため、家の棟に止まり子孫を護る」（森口1970 p.

(6) 芦北地方の事例（小野 1971 p. 213）を示しているので、小野の研究全体の信仰解釈からすれば、生活のありようによっては、山の神が祖霊神に変遷してもおかしくないと考えていたと推測できるのではないか。

柳田がはやくは『山島民譚集』(1914) で、田の神と山の神との関連を指摘している。「山ノ神ト田ノ神ト同ジ神ナリト云フ信仰ハ、弘ク全国ニ分布スル所ノモノ」（柳田 467）で、また倉田一郎『農と民俗学』(1943) で、全国の各地の事例をとりあげて、田の神の性格をあきらかにしつつ田の神と山の神の関係を紹介しているが、山の神と祖霊との関係についてはまったく言及していない。柳田が祖霊との関係を指摘する以前であったこともあるが、関係する資料がなかったからであろう。橋浦もこれらふたりと並んで柳田の高弟とみなすことができるが、柳田の『先祖の話』『山宮考』の後に橋浦の書 (1949) が成っているので、二書の影響を受けて橋浦の言明があると想定される。

(7) 岩田重則は墓の研究を通じて、本章と類似の批判を持っているように推測される。すなわち「柳田民俗学（柳田國男とその弟子たちをさすらしい―鳥越注）は論証を抜きにして祖霊への『融合』という形での祖霊祭祀の完成として論じていたのである。これが、その後の民俗学における位牌論の原型となっていったといってよい。『先祖の話』は、集積された資料に基づいて帰納されたわけではなく、伝承者解釈をそのまま学問的結論に移行させている文言も見られ、いずれにせよ、分析を行なわないまま、位牌祭祀の終了は祖霊への『融合』の最終段階と位置づけられていた。しかし、それが綿密な学説としての検討を経ないままに、その後の学説を形成してしまったかのように思われるのであるが、山の神についても見てきたように同様の傾向がある。」（岩田 2003, p. 270）。岩田は位牌研究のことを述べたのであるが、山の神についても見てきたように同様の傾向がある。

(8) 沖縄本島では20ヵ所ほどの湧き水で聞き取り調査をし、山や御嶽との結びつきを意識して聞いてみたが、明瞭な聞き取り結果が出なかった。沖縄の水の神を民俗学の立場からもっとも体系的にまとめあげた古家信平の著書『火と水の民俗文化誌』にも山の神と祖霊と泉との関係を指摘する記述がない。また、口頭で個人的にお聞きしたところ、農民の信仰する山の神は民間信仰のなかには見いだせなくて、沖縄北部の海神祭で神人たちがウミをウムイを歌うときに、海の神と山の神という対比で、山の神の名が出てくるだけだということであった。

(9) 沖縄本島では山に先祖がいなくて、山に先祖がいるという点では同じであるが、少し異なる例として広西省桂林市全州県白宝郷登甲村の事例をあげることができる。そこでは山に宗族の墓があり、山には先祖の魂があると言われている。そしてその山から集落の水を得ていると考えられている。湧き水的な井が各所にあり、そこには井神という名称があって、井神には先祖に近い気持ちがあるという言い方をしていた。このあたりは沖縄の事例に似ている。

(10) なお、下野敏見は、近著で説を改められ、結果的には本稿と近い見解を披露されている。すなわち「もともとガローヤマに祖霊祭祀の機能があって、それが分離したものというふうに、筆者は『南西諸島の民俗 II』に書いたが、その後、幾多の事情の検討の結果、この考えは改めねばならないと気づいたのである。梶山（平鍋）ガローの場合も、ガローヤマと石塔が近くにあって永い間併存してきたこと自体、両者の機能が別であり、ガローヤマは祖先祭祀とは関係ないと理解すべきである」（下野 2004 p. 168）。

(11) ただし本稿では墓の所在で確認をするという方法を採った。山の祖霊の存在確認の難しいところは、祖霊は通常、宮や石碑などの象徴的存在の確認が難しく、儀礼を通じて確認するところにある。日本でも中国でも祖霊が「山にかえる」「山にいる」といったとき、それは漠然とした山であるのが本来であるからである。ただ、山において、宮や石碑その他の象徴物によって「特定の場所」を示すときがあり、その典型が墓であると言えよう。

なお、墓で関わったことで言えば、柳田の『山宮考』は伊勢神宮の内宮の禰宜をしていた荒木田家の分析が論理上大切なところであるが、柳田はこの荒木田家の山宮の祭場は葬地かもしれないという言い方をしている。すなわち「荒木田氏の一門二門が山宮祭をして居たのは、彼等の氏神祭場より一里余の、今の外城田村大字積良谷から、又少し山に入った津不良谷と、そこからさまで遠からぬ椎尾谷とであつた。……内宮の神境とは岡を隔てた北向きの暗い谷で、古い塚が多い処だといふ。二門が独り留つて津不良谷で祭をして居た期間はいつ迄だつたか、是も後終に此地を去つて、神宮々中の風宮祈宮から、やヽ奥まつた山中で祭るこちにしたといふ人がある。どうして其様な忌はしい事をしたのか、私には合点が行かない。……つまりは当人たちももう本の意を知らぬやうになつて居たのである。神都名勝誌には右の積良谷の山宮祭場を、荒木田氏祖先の墳墓なりと明記している。……今から千五百年前の墓制すら、実際はまだ我々に判つて居ないのである。オキツスタへと謂ひオクツキと謂つたものが、どういふ方式で亡骸を隠したかといふことも、是から帰納法によって徐々に訪ねて行かなければならぬ。それをもう断定したのが、山の下（周辺）でそれは先祖の墓であった可能性が高いというもので、本稿の関心からすれば興味深い。

[参考文献]

古家信平 1994 『火と水の民俗文化誌』、吉川弘文館

橋浦泰雄 1949 『まつりと行事』、毎日新聞社

早川孝太郎 1942 『農と祭り』（『早川孝太郎全集』第8巻、1982、未来社、所収）

堀田良雄　1966　『山の神信仰の研究』、伊勢民俗学会
岩田重則　2003　『墓の民俗学』、吉川弘文館
倉田一郎　1943　『農と民俗学』（同名で1969年、岩崎美術社、再刊）
森田雄稔　1970　「蔵王修験と山の神と」『あしなか』120号　山村民俗の会（山村民俗の会編『あしなか』復刻版、1981、名著出版）
ネリー・ナウマン　1994　『山の神』（野村伸一他訳）言叢社
大護八郎　1984　『山の神の像と祭り』国書刊行会
小野重朗　1964　「南九州の正月仕事始め儀礼──山ノ神信仰の展開」『日本民俗学会報』34号 《農耕儀礼の研究』1970、弘文堂、所収）
折口信夫　1954　「神々と民俗」（『折口信夫全集』1996、20巻、中央公論社、所収）
──　1971　「山の神の地域性」『日本民俗学』133号、《南九州の民俗文化』1990、法政大学出版局、所収）
──　1985　「竜神・水神・祖霊と地域性」、『隼人文化』16、《南九州の民俗文化』1990、法政大学出版局、所収）
下野敏見　1961　「種子島の集落構成」『日本民俗学会報』19号、《種子島の民俗Ⅰ』1982、法政大学出版局）
──　1968　「種子島雨田の村落構造と族制」『種子島民俗』18号、《種子島の民俗Ⅰ』1982、法政大学出版局）
──　2004　『田の神と森山の神』岩田書院
徳野貞雄　2011　『生活農業論』学文社
柳田國男　1914　『山島民譚集（一）』（『柳田國男全集』2巻、1997、筑摩書房、所収）
──　1946　『先祖の話』、『柳田國男全集』15巻、1998、筑摩書房、所収）
──　1947　「山宮考」、《柳田國男全集』16巻、1999、筑摩書房、所収）

＊本文における引用の頁は、後に書物になって所収された場合（文献欄でカッコで示している）、オリジナル論文の頁ではなくて、後の所収論文の頁に統一した。

あとがき

本著『暮らしの視点からの地方再生――地域と生活の社会学――』は、私、徳野貞雄の熊本大学の定年退職を期して、私の先輩、長年付き合ってきた研究者仲間、指導してきた教え子たちが、自分の研究領域の玉稿を持ち寄って「徳野貞雄退職記念論文集」的なものを創ろうという企画に甘えて、編集・発刊されたものである。執筆・寄稿していただいた皆様には、深く感謝と御礼を申し上げます。

「退職記念論文集」的なものと言えども、同時に各人の最先端の研究領域の論考でもある。タイトル『暮らしの視点からの地方再生――地域と生活の社会学――』に現れているように、現代の変容の激しい地域社会を生活視点から捉え直していこうとする地域社会学者の専門的研究書でもあり、若い学生たちにも読んでほしい地域社会学のテキストとしても編まれている。この著書を貫く一本の線は、「生活構造論的な地域分析」ということになると思う。

「生活構造論」とは、今までいろいろな定義があるが、私は「個人および世帯、家族、集落、職場などを軸とした生活基礎集団が、日常生活を支えるための生活諸要件群を構成し、その個人および集団の維持・存続を図るための要件群の連関システムである」と定義したい。そして、この生活要件群には、大別して〈A〉世帯・家族要件群、〈B〉経済基盤要件群、〈C〉生活サポート要件群、〈D〉世代継続性要件群、〈E〉地域統合性要件群の5つの要件群を設定している。この要件群の有無と相互連関が、個人や世帯、家族や集落の人々の地域社会での日常の生活構造の基盤を形成し、その分析によって生活基礎集団の生活の安定度や水準を測定していこうという研究手法である。

この「生活構造論的な地域分析」というパースペクティブが、私の身に付いた学問的過程を、私の研究履歴から若干ご紹介したい。なお、私、徳野貞雄は、何ほどか農村社会学の研究者としての看板を上げてきた。そして、近頃、歴史上もっとも農業・農村が変容・変動した時期の研究者であったことも自覚してきた。現代の高度産業化が進展する日本社会の中で、変容する農業と農村（現代的な「家族」と「集落」）の存在意義と存続形態を探り続けることが、今後の自分の学

初めて本格的に学問に触れる場となった山口大学では、故山本陽三先生と木下謙治先生から、社会学および農村社会学の基礎と農村調査の醍醐味と楽しさを教えていただいた。また、船津衛先生からは、ウェーバーなどの古典を学び、卒業論文は「カール・マンハイムのイデオロギー論」を書き、知識社会学的な見方を身に付けていた。自分でも知らないうちに、農村というフィールド研究に知識社会学的な視座を持ち込んでいた。山一證券への就職や無職などの紆余曲折を経て、31歳で故鈴木廣先生に九州大学大学院に拾っていただき、都市社会学的な領域と「生活構造論」的思考を触発された。修士論文は「福武農村社会学の論理構造」を提出し、博士課程在学中に福岡県農協中央会の嘱託職員との二足の草鞋を履く生活で、以降研究室と現場を右往左往する性格ができてしまった。36歳で木下先生の多大な盡力で山口大学助手として就職でき、ようやく専業の研究者としての道を歩み始めた。

　自分自身の研究としては、①農村（地域）研究においては、院生時代の農村の混住化分析に始まり、広島県立大学に移って以降、過疎山村研究を軸に研究を進め、近年はT型集落点検という農村集落の分析手法を開発してきた。『農村の幸せ、都会（マチ）の幸せ』（2007年、NHK出版）や『家族・集落・女性の底力』（2014年、柏尾珠紀との共著、農文協）として一応の整理はしたが、道半ばである。なお、熊本大学に赴任してから、18年間ほぼ毎年、学生・院生たちと各地で「地域社会調査」を繰り返し、報告書を刊行してきた。これが私の学問的な米櫃の1つである。

　一方、②農業研究においては、減農薬運動（宇根豊氏）や合鴨水稲同時作運動（古野隆雄・久美子氏、萬田正治氏）の実践者たちと付き合う中から、農業者自身の主体性に着目する研究視角を【文学部の農学者】として獲得してきた。その延長線上に船方総合農場（坂本多旦氏）、きのこの里（水落重喜氏）、ぶどうの樹（小役丸秀一氏）、コッコファーム（松岡義博氏）などの法人型農業経営者との関係も深まり、彼らが自分たちの農業経営を軸に、消費者のこと、そして農村集落（ムラ）のことまで射程を広げて活動・事業を行っており、その結果、事業活動に6次産業的な性格を帯びることも知ることができた。この過程で、私自身の実践的活動として「全国合鴨水稲会」の結成や、「ミルクタウン構想」から「道の駅」の発

問的な勤めであると考えている。

あとがき　352

案に参画し、結局「道の駅」の命名者ともなった。

それは、従来の農業生産力に傾斜した生産力農業論に対して、消費者をも視野に入れた「食と農」の連続性を重視した視点からの農業論を『生活農業論』（2011年、学文社）として提唱することにもなった。また、モクモクファーム（木村修・吉田修氏）たちと『農村ネット22』を結成し、漁師の直売所集団（村松一也氏）らの知遇を得る中で、【消費者の4類型】を構想するなどの消費者論と「食べ事（食人育）」論への展開に繋がっていった。

③私のもう一つの研究というべきか、活動というべき領域は、農山村振興に関する具体的な実践活動である。山口大学時代から、福岡・大分・熊本の県境の中山間地域の8町村の若者と「徳野山岳塾」を結成し、矢部村を中心に活動していた。その中から、矢部村の「杣の里」事業への参画や仲間の研究者グループとの「中津江村調査」の足掛かりを築いてきた。当時若者だった塾生は、江田秀博氏が八女市建設課長、高野新一氏が日田市地域振興課長、佐藤学氏が林業家などになり、現在も地元で中心的活動家として頑張っている。今でも、連絡を取り合いよく行く。

広島県立大学に移籍直後に待ち構えていたのは、「過疎を逆手に取る会」（和田芳治氏―現在『里山資本主義』（2013年、角川新書）の主人公として大ブレーク中、宮崎隆文氏、熊原保氏―福祉によるムラづくりの提唱者、凄腕の福祉事業経営者）の面々である。約30年間付き合い続けている。会の名称は途中から【逆手塾】に変更したが、その【お座つき学者】としての立場から行動をともにしている。【愛あるサギ師の化け物】とニックネームを贈った和田芳治氏の凄さは、その全国的な人脈の広さのみならずその質の高さである。「生命の応援舎」（山本文子氏）、クローバーリーフ（西窪武・あけみ氏）などの新分野の人々との知遇を得た。何よりも、その生活哲学とパフォーマンス、実行力から様々な影響を与えてもらっている。

熊本大学に移ってからは、「九州番頭さんの会」を中心に活動を行ってきた。小国の「木魂館」の江藤訓重氏、水俣市久木野の「愛林館」の沢畑亨氏、「湯布院観光総合事務所」の米田誠司氏、「阿蘇デザインセンター」の坂元英俊氏、雑誌「九州のムラ」編集長の養父信夫氏、東峰村の「いぶき館」の樋口明氏、そして熊本日日新聞の平野有益氏などのメンバーである。彼らが、オーナーではなく館長や事務局長だったので「番頭さんの会」と名付けた。彼らは、九州のみならず全国レベ

ルの地域おこしやグリーンツーリズムの展開をリードしてきた面々である。その活動の上に乗っかって、私も動きまわらせてもらっており、久木野地域調査を3回、「愛林館」調査を1回、修士論文を書く院生の面倒などを見てもらっている。また、米田氏は熊大の大学院の博士課程に入り、現在愛媛大学の准教授を務め、学者の卵になった。現在ポジションを変わった人もいるが、体型はなぜか太ったまま変わらない者が多い。

ここ4、5年は、上記の集団と絡まりつつも、福岡市を軸に「トクノスクール」なるモノを立ち上げ、【私塾】的な展開を目論んでいる。月1回の塾の日には、農家の人、農産物加工品販売、米屋のおばちゃん、農業改良普及員、県庁職員、地域おこし協力隊、元公務員、プランナー等々、雑多な人が集まってくれる。彼らを軸に先日（2015年1月）「ふるさとシンポジウム in 球磨」というジョン・エンブリー夫妻の来日80周年を期したシンポジウムを地元の人たちと行ってきた。また、熊本県多良木町槻木という55歳以下の住民が全くいない超限界集落で、多良木町（松本照彦町長）の英断の下、T型集落点検から住民生活構造調査を実施し、7年間休校していた槻木小学校を再開校させるプロジェクトを展開してきた。小学校の再開校には、マスメディアの人が、一人の新入生のために50人近く集まり、NHKの朝の『おはよう日本』でも全国放送された。その後も、人口減少問題が政策的脚光を浴びる中で視察が絶えない。このプロジェクトには、広島の熊原保氏や水俣の沢畑氏にも尽力をいただいた。

なお、私の活動に対しては、熊本日日新聞の平野有益氏、西日本新聞の佐藤弘氏、南日本新聞の深野修司氏、宮崎日日新聞の外前田孝氏、大分合同新聞の佐々木稔氏、朝日新聞の後藤たづ子・知覧哲郎氏、毎日新聞の福岡賢正氏、読売新聞の山田真也氏などの人たちが協力してくれることが多い。さらに、NHKの岩崎宏之氏、吉崎健氏とは、10数本の番組を作ってきた。この人たちと、非常に緩やかな「ルーラルフォーラム」というネットグループを作っている。

このように私の研究活動は、調査を媒介として現場と研究室を行き来するスタイルで構成してきた。だから、ここに挙げられなかった人たちも含め、多くの現場の人たちの支えとその暮らしの中から、私の「生活構造論」的な農業・農村分析の視角が形成されてきた。この人たちのことを、別名【徳野貞雄被害者同盟】とも呼ぶ。彼らに、心より御礼申し上げるとともに、

もに、今後ともよろしくお付き合いをお願いいたします。

次に、【徳野貞雄被害者同盟】の中でも、長年にわたり調査や学問上の研究者人生で多くの支援とご迷惑をかけた人々がいる。その方たちを代表して、本書を執筆していただいた皆様を、私との関係を交えて順次ご紹介したい。

第1章「都市・農村の良いところ・悪いところ」の山本努氏は、九州大学の大学院時代からの研究生活35年の連れである。私のよきライバルであると同時に、最良のサポーターでもある。ある時期からともに過疎農山村の実態分析に携わってきた。学風は全く異なり、山本氏は計量社会学をベースとした緻密な論理構成を展開する実証的研究者である。一方、私の方は、モノグラフ書きの研究者である。しかし、いつも一緒に酒を飲み、社会と社会学について語り合ってきた。山本氏の酒も、近年酒量が下がってきた。県立広島大学教授。

第2章「農業と環境」の牧野厚史氏は、熊本大学の同じ地域社会学研究室の同僚である。近年、体形が私と相似形になりつつあるのが、最大の悩み。弱点は、方向感覚。強みは、琵琶湖博物館にもかつて生息していた。環境社会学と農村社会学の二刀流で、水と動植物と人間の暮らしの関係についてのエキスパートである。「最も近くにいる者が、最も被害を受ける」といわれる【徳野貞雄被害者連盟】の事務局長でもある。今回の本書の出版でも最も汗を掻いていただいた一人である。

第3章「新しい地域社会調査の可能性」の松本貴文氏は、下関市立大学の講師である。専攻は、農村社会学であるが社会学全般の理論的研究にも意欲を持っている。熊本大学に11年間在籍し、私の教え子にもなる。私とは性格も違うし、学風も若干異なる。緻密な思考ができる。やはり【徳野貞雄被害者連盟】の事務局次長を務めている。本書製作の功労者でもある。住居も近いために妻子まで生活上の被害を受けている。全くの現代的パパであり、こよなく妻子を愛している。本書の編者。

第4章「結婚・家族から見た現代農村」の池田亜希子氏は、熊本大学大学院でドクターを取った若手の研究者である。私の教え子でもある。フィールドワーカーとして家族や結婚問題から農山村を研究する傍ら、研究室などの人脈のキーパーソ

ンであり、村落研究学会の全国大会を一手に処理する力量を持つ。結婚して東京に居住しているが、目標は立派な研究者と立派なお母さんになることである。隠れた趣味は、【嵐】の大ファンでコンサートに行くこと。

第5章「生活構造論的視点から現代トルコ農村を読み直す」のトルガ・オズシェン氏は、トルコからの留学生で、私の下でドクターを取り、現在母国のチャナッカレ大学で日本語学と社会学の講師をしている。剣道を愛し防具の面の下からは、完璧な日本語が発せられる。一昨年（二〇一三年）JICAの仕事でトルコのトラブゾン県でT型集落点検を、トルガ氏の教え子（私の孫弟子）たちと行い、とても楽しかった。松本氏や池田氏とは親友であり、「T型集落点検三羽烏」とも呼ばれている。何はさておき、トルコ料理は美味い。

第6章「過疎山村における交通問題」の加来和典氏は、下関市立大学の准教授。九州大学での私の後輩になる。下宿も同じ〝寺島下宿〟に強制同居していたため、「徳野さんの研究業績は、私たちが長時間のおしゃべりを黙って聞いてあげた成果」であると、のたまう。天才肌の才能の持ち主で、文学的創作にも長けている。集中講義における学生からの人気者でもある。池田氏とは、【嵐】のファンクラブが同じで密接に連絡を取り合っている模様。しかし、よい意味での硬骨漢でもある。

第7章「人口減少社会における社会的支援と地域福祉活動」の高野和良氏は、九州大学の地域福祉学の教授。九州大学での私の後輩。地域福祉学の主流は都市福祉なので、農村福祉の充実をもくろむ。大分の中津江村の宮原集落の婆ちゃん・爺ちゃんから絶大な信望を得ている。「人間ブラックホール」とも言われ、様々な人の苦情を聞き取る特技を持つ。九州大学という要の大学にいるため、様々な学会の雑務や行政の要請を、ソツなくこなしている能力は驚嘆する。「困った時の、高野頼み」とも言われている。

第8章「地域社会と生活困窮者支援」の稲月正氏は、北九州市立大学の教授である。私と同じ町内会の住民でもある。専攻は、都市社会学であり、特にホームレスらの生活困窮者への実践的支援と、行政との制度設計、およびその学術的理論化に向けて八面六臂の活躍をしている。「世のため人のための社会学」をしている。後輩の学生・研究者からは、「目標とする

研究者像は、稲月先生に、ヒイヒイ言っている」（奥さん談）。も原稿や仕事を抱えて、ヒイヒイ言っている」（奥さん談）。

第9章「地域の生活からスポーツを考える」の後藤貴浩氏は、熊本大学教育学部の准教授から、本年国士舘大学文学部に教授として移籍する。私の研究室の博士課程に社会人入学し、先生と学生を両立させながらドクターを取った。身体的にもすらっとしたスポーツマンである。いつも走っている。学会発表の日も10キロメートル近く走っている。高校のサッカーチームの監督も務めたことがある。熊本城マラソンの開催に疑義を唱えるなどの社会学的な批判精神も、旺盛である。特技は、大型バスの免許を持ち、人員の大量動員ができる。

第10章「現代日本の森林問題における木育の意義」の田口浩継氏は、熊本大学教育学部技術科の教授である。専攻は木材を加工する技術と指導の研究である。特に、木育の重要性を提唱し「熊本県ものづくり教室」を主宰し、実践的な普及活動に励んでいる。私の研究室に社会人入学し、日本の森林問題と木育を結びつけた社会学的研究でドクターを取った。円形木琴の音色は、とても癒される。時々、私と講演と実技のコラボのジョイント・セッションを行っている。

第11章「食と農の分離」再考」の堀口彰史氏は、現在熊本大学大学院社会文化科学研究科の博士課程後期に在学中である。しかし、本職は熊本県庁職員であり、玉名の県道路事務所で県道の統括をしている社会人学生である。従来より、農産物直売所や「道の駅」巡りが昂じて、消費者の「食と農」に強く関心を持ち研究に突入する。現在の最大の課題は、研究と家庭の両立である。性格は、いたって真面目であり、子煩悩でもある。"エコかまど"作りなどの実践活動に親子で積極的に参加している。

第12章「鈴木榮太郎の社会学と時間的視点」の辻正二氏は、保健医療経営大学教授・山口大学名誉教授である。日本時間学会の会長も務める。私の山口大学時代の先輩にあたる。社会学のイロハを教えてもらって以来の長い付き合い。船津衛先生の愛弟子で、理論社会学から高齢者のフィールド調査までこなすオールラウンドの研究者。時間の総合的研究の体制整備に着手するとともに、「時間の社会学」のジャンルを開拓した功労者。長い付き合いの中で、私との様々なエピソードがあるが、公表することには支障があるので省略する。

第13章「山の神と祖霊」の鳥越皓之氏は、現在の日本社会学会の会長である。元日本環境社会学会会長、元日本村落研究学会会長でもある。なぜか私に目をかけてくれて「徳野さんの研究は、田舎の研究者のドスが効いている」という褒め言葉か貶し言葉か判らない批評を頂いている。「生活環境主義」と「生活農業論」の基礎視角には、人々の日々の生活の営みが社会学研究の基礎であるという意識が通底している。近頃は、「社会学的民俗学」に傾斜しながら、多くの教え子を研究者として輩出し続けている。

最後に、私の今後の身の振り方ですが、「明日からプー太郎……」を決め込むことはできない様子です。一般社団法人「トクノスクール・農村研究所」(TRRC) を4月に設立する予定でおります。本部は、熊本県菊池市の「コッコファーム」のインキュベーションセンターに置きますが、準本部を福岡県岡垣町の「ぶどうの樹」と福岡県大木町の「きのこの里」、広島県総領町の福祉法人「ユーシャイン」にも置くつもりです。またまた、松岡義博氏や小役丸秀一氏、水落重喜氏および熊原保氏と和田芳治氏には引き続きお世話になります。さらに、各地のしかるべき人【別名 徳野貞雄被害者同盟】の方々には、各地でサテライト支局を開設していただく予定です。

一般社団法人「トクノスクール・農村研究所」では、①従来からの各地での地域調査活動を継続し、②ときどき講義（来年は、熊大や久留米大の非常勤講師）や、しばしば講演（まだまだ、喋りたいです）を続けます。③地域づくりのアドバイスやプランニング、④ふるさとシンポジウムなどの企画や実施もやるつもりです。⑤【役立ちプレミアム世代】の募集とその活用・派遣事業、⑥「ムラお寺」の基盤構造の変動調査、⑦福祉・介護の領域など……の活動や事業を考えています。すなわち、熊大退職前とほとんど変わりのない活動を行う予定です。

なお、本書の刊行に当たり、牧野厚史熊本大学教授および松本貴文下関市立大学講師に編集の労を取っていただき、熊本大学大学院社会文化研究科の山根亮子さんの手を煩わせたことを記すとともに、感謝申し上げます。また、本書刊行には熊本大学文学部出版助成費の支援をいただいております。最後に、「俊ちゃん」こと九州大学出版会の永山俊二氏には、九州

あとがき　358

大学での後輩ということもあり大変な無理を聞いていただき、辛抱強く出版を進めていただいたことに、心より御礼申し上げます。

―早春の玄界灘の馬渡島にて―
2015年2月　監修者　德野貞雄

執筆者紹介 (名前後ろの○印は編者)

第1章 山本 努 (やまもと つとむ) ○
熊本大学文学部教授
主要業績 『人口還流 (Uターン) と過疎農山村の社会学』 (学文社、2013年、日本社会病理学会出版奨励賞
『現代過疎問題の研究』 (恒星社厚生閣、1996年)

第2章 牧野 厚史 (まきの あつし) ○
熊本大学文学部教授
主要業績 『村落社会研究 第46集――鳥獣被害――〈むらの文化〉からのアプローチ』 (編著、農山漁村文化協会、2010年)
「半栽培から住民参加へ――琵琶湖のヨシをめぐる住民活動から」 (宮内泰介編著 『半栽培の環境社会学――これからの人と自然』、昭和堂、2009年)

第3章 松本 貴文 (まつもと たかふみ) ○
下関市立大学経済学部講師
主要業績 「農村の結婚問題と新しい連帯の形成――熊本県A町の結婚促進事業を事例として」 (『西日本社会学会報』 第12号、2014年)

第4章 池田 亜希子 (いけだ あきこ)
上天草看護専門学校非常勤講師
主要業績 「現代農山村における結婚難――生活構造論的視点から」 (『社会分析』 第40号、2013年、木村亜希子名義)

第5章 Tolga ÖZSEN (トルガ オズシェン)
Çanakkale Onsekiz Mart University, Faculty of Education, Asst. Prof. (チャナッカレ・オンセキズ・マルト大学教育学部)
主要業績 "Meaning of the Japanese Rural Women who received formal education from the viewpoint of Rural Sustainability and Regional Development", In Mete Tuncoku (ed) Studies on Women's Education in Turkey and Japan for Social Development, Pozitif Publishing (2012).
"Unknown face of the Japan: The Rural Society", Journal of Sociological Research, Vol.142 (2011)

第6章 加来 和典 (かく かずのり)
下関市立大学経済学部准教授
主要業績 『現代農山村の社会分析』 (共著、学文社、1998年)
「通勤と地域類型」 (『日本都市社会学会年報』 第15号、1997年)

第7章 高野 和良 (たかの かずよし)
九州大学大学院人間環境学研究院教授
主要業績 「過疎地域の二重の孤立」 (藤村正之編 『協働性の福祉社会学』、東京大学出版会、2013年)
「高齢者介護に関する意識」 (武川正吾・白波瀬佐和子編 『格差社会の福祉と意識』、東京大学出版会、2012年)

第8章　稲月　正（いなつき　ただし）
北九州市立大学基盤教育センター教授
主要業績　『生活困窮者への伴走型支援——経済的困窮と社会的孤立に対応するトータルサポート』（共著、明石書店、2014年）
「日本人住民の民族関係意識と民族関係量」（谷富雄編著『民族関係における結合と分離』、ミネルヴァ書房、2002年）

第9章　後藤　貴浩（ごとう　たかひろ）
国士舘大学文学部教授
主要業績　『地域生活からみたスポーツの可能性——暮らしとスポーツの社会学』（道和書院、2014年）

第10章　田口　浩継（たぐち　ひろつぐ）
熊本大学教育学部教授
主要業績　「初等教育における森林環境教育用カリキュラムの開発——小学校5年生社会科における実践」（共著、『日本産業技術教育学会　九州支部論文集』第20号、2012年）
「児童期の生活体験と木材利用意識に関する一考察」（『教育系・文系の九州地区国立大学間連携論文集』4（2）、2011年）

第11章　堀口　彰史（ほりぐち　あきふみ）
熊本県庁職員、熊本大学大学院社会文化科学研究科後期博士課程文化学部教授
主要業績　「食と農の分断」再考——現代日本における"農"と"食"の結びなおしの事例を通して（『熊本大学大学院社会文化科学研究』第12号、2014年）

第12章　辻　正二（つじ　しょうじ）
保健医療経営大学保健医療経営学部教授、山口大学名誉教授
主要業績　『アンビバランスの社会学』（恒星社厚生閣、2001年）
『高齢者ラベリングの社会学』（恒星社厚生閣、2000年）

第13章　鳥越　皓之（とりごえ　ひろゆき）
早稲田大学人間科学学術院教授（平成27年4月～大手前大学総合文化学部教授）
主要業績　『環境社会学——生活者の立場から考える』（東京大学出版会、2004年）
『柳田民俗学のフィロソフィー』（東京大学出版会、2002年）

〈監修者紹介〉

徳野貞雄（とくの　さだお）

1949年，大阪府貝塚市生まれ。1972年，山口大学文理学部を卒業。山一證券や北九州保育専門学校での勤務ののち，九州大学大学院文学研究科に入学。後期博士課程在学中には福岡県農協中央会の嘱託職員を務め，研究と現場の二足の草鞋を履く。1987年同大学院博士課程を修了。その後，山口大学人文学部助手，広島県立大学（現　県立広島大学）経営学部助教授，熊本大学文学部助教授，同教授を経て，2015年から一般社団法人トクノスクール・農村研究所理事長。熊本大学名誉教授。博士（学術）。

知識社会学的な視点から既存の農学・農村社会学を批判的に捉え，農民の「生活・暮らし」の視点に立った農業論や地域社会論を展開する。2007年にはその成果を概説した『農村の幸せ，都会の幸せ──家族・食・暮らし』（NHK出版）を刊行し，2011年には，農業論に関する専門的な研究成果を『生活農業論──現代日本のヒトと「食と農」』（学文社）としてまとめる。地域社会論についても，自身が編み出した「T型集落点検」による調査結果をもとにした『T型集落点検とライフヒストリーでみえる　家族・集落・女性の底力──限界集落論を超えて』（柏尾珠紀との共著。2014年，農文協）を刊行している。

研究活動にとどまらず，全国合鴨水稲会や逆手塾などの農民運動にブレーンとして関与するほか，「道の駅」の発案・命名や「食と農」に関する【消費者の4類型】を考案するなど，国や自治体の地域政策および民間の活動・事業体についても積極的に発言を行っており，実践派の研究者としても知られる。

2014年度から2015年度まで日本村落研究学会の会長を務めた。2016年現在，西日本社会学会会長。

暮らしの視点からの地方再生
── 地域と生活の社会学 ──

2015年4月25日　初版発行
2016年4月10日　2刷発行

監修者　徳野貞雄

編　者　牧野厚史・松本貴文

発行者　五十川直行

発行所　一般財団法人　九州大学出版会
　　　　〒814-0001　福岡市早良区百道浜3-8-34
　　　　九州大学産学官連携イノベーションプラザ305
　　　　電話　092-833-9150（直通）
　　　　URL　http://kup.or.jp/
　　　　印刷・製本／大同印刷㈱

© Sadao Tokuno, 2015　　　　ISBN978-4-7985-0158-1

人口減少・高齢化と生活環境 ［新装版］
山間地域とソーシャル・キャピタルの事例に学ぶ

堤　研二
Ａ５判・316ページ・3,800円（税別）

日本各地の山間地域の実地調査により過疎地域の状況と地域の生活機能が衰退していく過程を分析するとともに，大都市近郊でも確実に進行している人口減少・高齢化の問題を検討する。そしてこれら諸問題の解決の糸口としての「社会関係資本（ソーシャル・キャピタル）」の可能性を考察する。

九州大学出版会